世界一流强港建设理论与实践研究

杨兵杰 —— 著

宁波出版社

图书在版编目（CIP）数据

世界一流强港建设理论与实践研究 / 杨兵杰著 . -- 宁波：宁波出版社，2023.8
　　ISBN 978-7-5526-5081-5

　　Ⅰ.①世… Ⅱ.①杨… Ⅲ.①港口经济—经济发展—研究—宁波 Ⅳ.① F552.755.3

中国国家版本馆 CIP 数据核字（2023）第 157912 号

世界一流强港建设理论与实践研究

SHIJIE YILIU QIANGGANG JIANSHE LILUN YU SHIJIAN YANJIU

杨兵杰　著

出版发行	宁波出版社
地址邮编	宁波市甬江大道 1 号宁波书城 8 号楼 6 楼　315040
责任编辑	俞　琦
责任校对	余怡荻
责任印制	陈　钰
装帧设计	金字斋
印　　刷	宁波白云印刷有限公司
开　　本	710 毫米 ×1000 毫米　1/16
印　　张	24.5
字　　数	330 千
版　　次	2023 年 8 月第 1 版
印　　次	2023 年 8 月第 1 次印刷
标准书号	ISBN 978-7-5526-5081-5
定　　价	98.00 元

版权所有　侵权必究

序

城以港兴，港以城立，港城相长，衰荣共济，是世界港口城市发展的重要特征。全球60%的经济总量、70%的工业资本和人口主要集中在港口海湾地带及其直接腹地；全球海运贸易量占贸易总量的90%，占贸易额的70%以上；全球排名前50名的特大城市中，港口城市占到90%以上。2022年，我国城市地区生产总值排名前20位中，港口城市就占了14席。可以说，港口城市在世界经济发展版图中具有举足轻重的地位。

港口是宁波最大的资源，开放是宁波最大的优势，宁波"始于港口、兴于开放、荣于贸易"。宁波拥有悠久的港口文化，距今7000多年前出现的河姆渡文化是它的精神起点；早在3000多年前，它就以句章港出现，于公元738年正式开港。宋代时，明州（宁波）与广州、泉州、杭州被共同誉为四大海港，成为中国对外贸易的主要港口。明代时，宁波港是对日交通的主要通道，因为"闭关锁国"政策一度衰落。1842年，宁波与广州、厦门、福州、上海五地成为通商口岸，被迫对外开放。新中国成立后，宁波港又历经内河港、河口港、海港、集装箱支线港、国际干线港的演变，港口范围逐渐从三江口发展到镇海港区、北仑港区，再到拥有穿山、梅山等19个港区的宁波舟山港。宁波舟山港逐步从一个上海港的喂给港发展成为国际化集装箱深水枢纽港，现正从世界一流大港向世界一流强港迈进。

宁波舟山港的发展受到国家的高度关注和大力支持。作为"儒商摇篮""商贾之乡"的宁波,拥有30多万海外"宁波帮"。邓小平同志曾号召把全世界"宁波帮"都动员起来建设家乡,支持宁波港对外开放,宁波也被批复为沿海14个开放城市之一和计划单列市,成为中国改革开放的重要窗口和前沿阵地。1992年,国务院长三角及长江沿岸地区经济发展规划座谈会明确宁波港是上海港组成部分,由此带来宁波港和城市的快速发展。习近平总书记十分关心关注宁波舟山港的发展,曾经10次考察宁波舟山港。他指出港口是宁波最大的资源和最大的优势,一定要大力发展临港工业,将港口建设和推进城市化工作结合起来,并亲自谋划、亲自部署、亲自推动宁波舟山港一体化。2020年3月29日,习近平总书记冒雨考察宁波舟山港,强调港口是基础、枢纽性设施,是经济发展的重要支撑,指出"宁波舟山港在共建'一带一路'、长江经济带发展、长三角一体化发展等国家战略中具有重要地位,是'硬核'力量。要坚持一流标准,把港口建设好、管理好,努力打造世界一流强港,为国家发展作出更大贡献"。

宁波市委、市政府十分重视宁波舟山港的建设和发展。自20世纪80年代初就提出"以港兴市、以市促港"的城市发展战略。1980年,市第五次党代会明确提出将建设现代化港口作为今后的奋斗目标;1984年,第六次党代会上,"以港兴市"战略初步形成,要求尽快建成现代化国际港口城市;1992年,市委七届六次全会首次明确提出"以港兴市、以市促港"发展战略;1999年,市第九次党代会将港口建设与科教发展、对外开放、城市化作为四个突破,成为城市发展的重点;而后从"六大联动"(港桥海联动)、"六大提升"(提升港口大桥带动功能)到"六个加快"(加快国际强港建设)、"一圈三中心"(港口经济圈)和国际港口名城建设,再到2022年市第十四次党代会提出建设现代化滨海大都市和世界一流强港,宁波城市建设发展始终与港口发展紧密相连。

作为宁波高端研究智库的一名学者,我主笔撰写《世界一流强港建设理论与实践研究》这本书,主要有以下三点原因。

一是工作经历使然。由于工作原因,我自 2003 年初博士毕业后到宁波市经济建设规划研究院工作,2006 年适逢谋划建设梅山保税港区,就开始港口研究工作。2007 年调至宁波市发改委工业和高技术产业发展处,开始接触临港工业。而后在市发改委服务业综合发展办公室任规划政策和物流发展处处长时,由于牵头管理全市物流业、电子商务和大宗商品产业,有机会接触大量港航物流企业、港口口岸、海铁联运、贸易物流、智慧物流、大宗商品贸易等具体业务,参与谋划了宁波大宗商品交易所、宁波航运交易所、宁波甬易支付平台、宁南贸易物流园区等重大平台和重大园区建设。2014 年任宁波市发改委规划处处长时,谋划推动宁波港口经济圈、江海联运服务中心建设和港产城融合发展。正是这些工作经历和行业管理经验,为我启动这本书的研究提供了丰富的实践认知基础。2017 年调任宁波市发展规划研究院后,我对世界一流强港建设、新时期港产城融合发展、港航服务业攻坚突破、长三角港口一体化、甬商所转型提升等问题又进行了深入研究。正是由于多年工作经历和研究积累,也正是再次回到宁波发展规划研究院工作,我才能够真正静下心来,有时间有精力做些港口发展研究方面的系统整理并深入思考,也才形成今天这本专著。

二是责任担当使然。宁波是一个十分典型的港口城市,关于港口的研究也是诸多宁波学者和前辈致力耕耘的领域,从而形成丰硕的研究成果,如郑绍昌的《宁波港史》、童孟达的《港口研究与实践》、陈飞龙的《"一带一路"视角下的宁波港口经济圈研究》等。但近年来,宁波智库和学者关于港口研究鲜有系统的、长期的跟踪研究。2020 年 3 月,习近平总书记对宁波港口发展提出新使命后,宁波舟山港迎来新的发展契机。为深入贯彻落实习近平总书记考察浙江的指示精神,牢记嘱托使命,坚决扛起锻造硬核力量、打造世界一流强港的时代重担,宁波市委、市政府十分重视宁波港口理论和实践研究。我有幸参与其中,开始进行港口系列专题研究。可以说,开展《世界一流强港建设理论与实践研究》的撰写,是作为宁波高端研究智库学者接续传承研究的需要,也是自身责任担当使然。

三是团队品牌建设使然。 宁波市发展规划研究院主要围绕服务市委、市政府中心工作,围绕发展改革大局,围绕热点难点问题,"观大势、谋大局、出大策",开展综合性、战略性、前瞻性谋划和针对性、务实性、操作性研究,旨在打造"宁波市一流、长三角有影响力、全国有知名度"的新型高端研究智库。近年来,宁波市发展规划研究院在港口发展、科技创新、产业转型、能源双碳、共同富裕等领域培养了一批优秀的研究团队和学术品牌,多年积累并形成大量珍贵的研究成果。以《世界一流强港建设理论与实践研究》为始,宁波市发展规划研究院将陆续资助推出系列专著和丛书,以扩大特色学术品牌及特色研究团队的影响力和知名度。

《世界一流强港建设理论与实践研究》共有十二章。第一章至第四章是世界一流强港建设的理论基础,包括世界一流强港的内涵特征、时代背景、基本动因、经济特性、评价体系和经验借鉴,本书第一次探索构建了世界一流强港硬核的"七力"模型和强港硬核指数评价体系。第五章是宁波舟山港建设回顾与展望,是本书承上启下的章节,梳理了宁波舟山港40多年的发展历程、发展基础、面临的挑战以及未来发展的展望。第六章到第十二章是宁波舟山港一流强港建设的具体实践,从基础设施支撑能力、腹地辐射能力、全球链接能力、现代航运服务能力、战略资源配置能力、港产城互动融合发展、智慧绿色安全协同治理能力等七个方面阐释了宁波舟山港锻造硬核力量、打造世界一流强港的思考和建议。

本书自2019年启动,历经四年辛勤写作终于问世。首先感谢宁波市发展规划研究院王光旭院长的开明态度和鼎力资助,正是由于他的鼓励支持,我才有决心有时间去实现我的愿望,让本书成为院里第一本受资助出版的学术专著。其次十分感谢我的优秀团队,宁波市发展规划研究院产业部唐秀华副主任、孙学梁助理研究员,他们牺牲休息时间夜以继日地帮我查阅资料、整理素材、安排调研,和我一起交流、研讨、修改、提建议。没有他们的无私付出、辛苦耕耘和大力支持,很难想象我在本已繁重的工作之余,能如期如愿完成这本著作!产业部的胡宇杰副研究员、李佩佳博士,王来、夏知豪、刘汉伟、高宇雯硕士以及综合部夏艺瑄经济师也给予本书一定的资料协助,在此一并表示感谢!最后还要感谢为本书撰写提供帮助的宁波大学郑彭军教授和陈东旭博士、宁波市交通研究中心戴东生主任、宁波市口岸办许杰明处长,以及宁波市发改委、宁波市交通局、宁波市商务局、宁波舟山港集团等相关部门的支持!

由于一些原因,书中对大宗商品储运、长三角港口一体化等问题并未深入展开,部分内容还有不完善和研究不深入的地方,期待在以后的研究中进一步深化。

杨兵杰

2023 年 6 月 12 日

目　录

第一章　世界一流强港的基本认识

第一节　世界一流强港的内涵特征　＞　3

第二节　世界一流强港建设的时代背景　＞　8

第三节　世界一流强港相关研究述评　＞　12

第二章　世界一流强港基本运行规律的理论研究

第一节　港口发展的历史演进　＞　25

第二节　世界一流强港发展的基本动因　＞　46

第三节　世界一流强港发展的经济特性　＞　56

第三章　世界一流强港发展评价

第一节　世界一流强港评价研究现状　＞　65

第二节　世界一流强港评价指数基础要素　＞　68

第三节　世界一流强港评价指数计算方法　> 76

第四节　世界一流强港评价指数结果分析　> 81

第四章　世界一流强港经验借鉴

第一节　国外一流强港建设经验　> 95

第二节　国内一流强港建设经验　> 121

第三节　对标分析启示　> 149

第五章　宁波舟山港建设回顾与展望

第一节　宁波舟山港发展历程　> 155

第二节　宁波舟山港发展基础　> 163

第三节　宁波舟山港发展面临挑战　> 165

第四节　宁波舟山港发展战略展望　> 167

第六章　世界一流强港基础设施支撑能力建设

第一节　港口基础设施基本认识　> 177

第二节　港口基础设施作用机理　> 182

第三节　宁波舟山港基础设施建设情况　> 184

第四节　宁波舟山港基础设施支撑能力提升策略　> 191

第七章　世界一流强港腹地辐射能力建设

第一节　港口与腹地相互作用机理 > 201

第二节　宁波舟山港腹地情况 > 204

第三节　宁波舟山港与上海港腹地竞合分析 > 211

第四节　宁波舟山港腹地拓展策略 > 218

第八章　世界一流强港全球链接能力建设

第一节　港口全球链接作用机理 > 227

第二节　我国港口全球布局进展 > 231

第三节　宁波舟山港全球链接发展情况 > 238

第四节　宁波舟山港全球链接能力提升策略 > 243

第九章　世界一流强港现代航运服务能力建设

第一节　现代航运服务业分类与发展趋势 > 253

第二节　现代航运服务业发展经验借鉴 > 256

第三节　宁波舟山港现代航运服务业发展基础 > 262

第四节　宁波舟山港现代航运服务体系提升策略 > 267

第十章　世界一流强港战略资源配置能力建设

第一节　港口配置资源的作用机理 > 281

第二节 提升港口战略资源配置能力的重要意义 > 289

第三节 宁波舟山港战略资源配置概况 > 292

第四节 宁波舟山港战略资源配置能力提升策略 > 297

第十一章 世界一流强港与产业城市互动融合发展

第一节 港产城融合发展基本理论 > 305

第二节 宁波港产城互动融合发展的实践 > 314

第三节 宁波港产城互动融合发展能力提升策略 > 325

第十二章 世界一流强港智慧绿色安全协同治理能力建设

第一节 世界一流强港智慧治理能力建设 > 337

第二节 世界一流强港绿色治理能力建设 > 345

第三节 世界一流强港安全治理能力建设 > 354

第四节 世界一流强港协同治理能力建设 > 358

参考文献 > 373

第一章

世界一流强港的基本认识

港口是国家重要基础设施、交通运输通道和对外开放门户,具有重要的战略性、基础性和枢纽性作用,对一个国家经济社会发展有着强大的经济带动、开放引领、物流链接和人文交流效应。占据综合优势的世界性大港、强港犹如一颗颗镶嵌在世界各地黄金海岸上的璀璨明珠,打造一批跻身世界一流行列的海洋强港为世界各海洋大国、强国所孜孜以求。进入新时代,中国与世界日益融为一体,中国的大门越来越开放,港口在服务国家战略需求、应对双链安全、拓展海外布局、提升资源集聚配置能力、维护海上通道安全的"硬核"支撑作用越来越重要。顺应时代发展大势、把握港口迭代规律、响应未来发展要求,习近平总书记多次实地考察港口,十分强调"港口建设和港口经济很重要",并做出许多重要论述。2020年3月,他在浙江考察时提出的"硬核力量""世界一流强港"等关于港口建设与发展的讲话精神,是深刻认识世界一流强港的根本遵循。本章通过界定世界一流强港的基本内涵,分析世界一流强港的主要特征,研判世界一流强港建设的时代背景,并梳理相关研究成果,以求更全面深入地阐述世界一流强港。

第一节 世界一流强港的内涵特征

一、世界一流强港的内涵

(一)基本内涵阐释

目前,对于世界一流强港的内涵界定尚没有严格统一的标准。综合相关研究成果以及国家九部委一流港口意见[1]相关表述,笔者认为世界一流强港是指以"四个一流"为标准,以完善的港口设施和畅通的集疏运网络体系为基础,以先进的港口物流为核心,以发达的航运服务业为支撑,以高效的管理机制为保障,具有较强全球资源要素配置能力、综合枢纽作用和高质量发展水平的现代化港口。这是广义上的世界一流强港,不局限于港口本身,还包含港口的延伸。而狭义的世界一流强港聚焦于港口本身,如九部委发布的世界一流港口意见则更偏向于港口本身。

表1-1 世界一流强港相关类似概念溯源梳理

名称	来源	相关表述
世界一流强港	2020年,习近平总书记在浙江考察时指出:"宁波舟山港在共建'一带一路'、长江经济带发展、长三角一体化发展等国家战略中具有重要地位,是'硬核'力量。要坚持一流标准,把港口建设好、管理好,努力打造世界一流强港,为国家发展作出更大贡献"[2]	世界一流强港是指以"四个一流"为标准,以完善的港口设施和畅通的集疏运网络体系为基础,以先进的港口物流为核心,以发达的航运服务业为支撑,以高效的管理机制为保障,具有较强全球资源要素配置能力、综合枢纽作用和高质量发展水平的现代化港口

---

[1] 交通运输部,发展改革委,财政部,自然资源部,生态环境部,应急部,海关总署,市场监管总局,国家铁路集团.关于建设世界一流港口的指导意见(交水发〔2019〕141号).
[2] 习近平在浙江考察时强调:统筹推进疫情防控和经济社会发展工作 奋力实现今年经济社会发展目标任务[N].人民日报,2020-04-02(01).

续表

名称	来源	相关表述
世界一流港口	2019年11月,交通运输部等九部门联合印发的《关于建设世界一流港口的指导意见》	打造一流设施、一流技术、一流管理、一流服务,强化港口的综合枢纽作用,整体提升港口高质量发展水平,以枢纽港为重点,建设安全便捷、智慧绿色、经济高效、支撑有力、世界先进的世界一流港口
国际航运中心	1.2009年4月国务院出台《关于推进上海加快发展现代服务业和先进制造业建设国际金融中心和国际航运中心的意见》 2.2014年首次发布的《新华·波罗的海国际航运中心发展指数报告》	1.到2020年,基本建成航运资源高度集聚、航运服务功能健全、航运市场环境优良、现代物流服务高效,具有全球航运资源配置能力的国际航运中心 2.国际航运中心是以优质的港口设施、发达的物流体系、关键的地缘区位为基础条件,以高度完善的航运服务为核心驱动,在全球范围内配置航运资源的重要港口城市
国际航运枢纽	1.2020年7月,国家发展改革委和交通运输部联合印发《关于加快天津北方国际航运枢纽建设的意见》 2.2021年8月,广州市发布《建设广州国际航运枢纽三年行动计划(2021-2023年)》 3.2022年8月,新华社中国经济信息社《国际航运枢纽发展指数——RCEP区域报告(2022)》	1.天津北方国际航运枢纽是以天津港为中心的国际性综合交通枢纽。以设施补短板夯实发展基础,以区域港口协同增强发展动力,以智慧化、绿色化引领发展方向,创新多式联运体系,改善营商服务环境,加快建设北方国际航运枢纽 2.无相关表述 3.国际航运枢纽是指具有良好基础设施能力和发达的航线网络,具备强大的集散能力和辐射带动能力、丰富的物流延伸服务能力,能够提供高效、便利、全面的运输服务功能,在区域国际航运网络中承担中心节点功能的国际性枢纽港口
国际航运服务中心	没有相关官方表述来源,一般认为伦敦是国际航运服务中心。目前国内各地所提的国际航运服务中心多是指航运服务业集聚区,如上海国际航运服务中心、宁波国际航运服务中心等	相关研究认为航运服务中心是指支撑、服务于港航企业,并不断拓展航运衍生服务业的要素集聚。航运服务中心应拥有聚集的航运资源、完善的航运功能、充分的航运信息,以及规范、健全的航运法制环境,并有能力积极参与世界航运规则的制定,成为国际航运市场的一个风向标

（二）对世界一流强港硬核力量的理解

从世界一流强港硬核力量支撑条件看。港口设施是统筹港产城融合发展的重要基础，是深化拓展海向腹地和陆向腹地的重要支撑，是增强国际航运功能的重要依托。建设集约高效、集疏运体系完善的港口设施，打造国际港航物流网络的战略节点，是形成港口硬核力量的基本条件。

从世界一流强港硬核力量支撑作用看。港口作为联系国内外市场的重要枢纽，与区域经济发展密切相关，不仅带动贸易的增长，还能促进"大进大出、大运载量、资本密集"的临港产业集群发展。建设规模大、链条完善、附加值高、技术先进的临港现代产业体系，打造产业创新战略高地，是展示港口硬核力量的关键所在。

从世界一流强港硬核力量支撑范围看。宁波舟山港处于"一带一路"的交汇点、长江经济带南翼"龙眼"，具有陆海统筹、内外联动、连接东西、牵引南北的独特区位优势，在国家战略全局中具有举足轻重的地位。建设服务"一带一路"倡议、长江经济带和长三角一体化发展国家战略的重要引擎，打造贸易和航运服务战略枢纽，是发挥港口硬核力量的重要标志。

二、世界一流强港的主要特征

通过对世界一流强港密切相关因素的综合分析，笔者认为世界一流强港的主要特征有两个方面，一是结果特征，二是过程特征。总体而言，世界一流强港的"强"体现在功能的"硬核"。

（一）结果特征

根据对上海港、新加坡港等代表性世界一流强港的分析，可以总结出世界一流强港的结果特征。具体来说，世界一流强港具有港口物流强、航运服务强、经济辐射强、资源配置强、现代化治理强等五个方面的显著特征。

港口物流能力强。是指具有世界一流的港口基础设施和便捷高效的港口集疏运网络，能够实现一流的运输规模和高效物流组织，提供完整的一体化物流服务，形成世界领先的港口生产规模。

航运服务能力强。是指具有世界一流的航运服务能力,航运服务体系完善,航运资源特别是总部资源高度集聚,航运保险、航运经纪、船舶管理、航运法律、航运咨询等涵盖航运市场,形成完备的现代化航运服务产业链。

区域经济辐射能力强。是指具有世界一流的港口辐射链接能力,通过多式联运,不断拓展港口经济圈,打造强大的陆向多点辐射的服务半径,港口产业链深度嵌入城市(区域)产业链,形成发展共谋、资源共用、成果共享的港产城文深度融合发展格局;对外通过广覆盖、高密度航线航班链接全球主要港口,深度融入全球供应链、运输链,在全球行业范围内具有竞争力、影响力和话语权。

全球资源配置能力强。是指具有世界一流的资源配置和价值创造力,通过港口吸引集聚全球资源要素,口岸贸易发达,能高效配置大宗商品(战略资源)、高附加值进出口商品和航运资源,形成交易中心、分拨基地和航运服务的"标准、价格、指数"。

港口现代化治理能力强。是指具有世界一流的现代化治理能力,新一代信息技术、5G技术等国际前沿的科技在港口发展中得到广泛应用,港口运行和管理高度智慧化、绿色化,安全生产的管理制度体系完善,港口生产高效,信息化水平、智能化水平、服务效率、服务水平、运营管理模式等在全球范围内具有前瞻性和引领性,可持续发展能力强。

(二)过程特征

世界一流强港建设,是一个动态演变过程,"港口—产业—城市"互为支撑,形成"以港兴市""以市促港""港城联动"的理想局面。换言之,世界一流强港是在"港口—产业—城市"三者的密切良性互动中实现的,世界一流强港建设必须处理好三者之间的关系。

从港口、产业、城市三者之间的关系来看,三者是融合互动发展的关系。港口硬核力量是一流港口的扩展提升,世界一流强港必然是港口、产业、城市三大要素的共同硬核。世界一流强港建设是充分发挥港口的交通枢纽、对外开放、经济辐射作用,推进港口、产业、区域、环境之间协同发展,实现从港口枢纽能力强到港口产业能级强、港口城市功能强的层次渐进过程,集中表现为"港口—产业—城市"的互动发展融合能力强。

从港口与产业的关系来看,二者具有天然的密切联系。港口是基础性、枢纽型设施,是经济发展的重要支撑,港口与产业发展之间具有天然密切关系。港口与产业的互动集中表现为以进出口货物为中心,以临港制造、现代贸易、航运服务为重点的现代临港产业集群以及服务于产业链供应链安全的战略资源配置,是港口硬核力量的关键支撑。

从港口与城市的关系来看,二者是相互依托、彼此成就的关系。港口的功能布局已逐渐延伸到城市规划,港口与城市互相依存、共同发展的关联性日益紧密,港口离开与城市的互动将走向衰落是发展规律。港口与城市的互动集中表现为以港产城的深度融合促进城市功能的提升,形成"港强城兴"共生格局,是世界一流强港的终极目标。

(三)世界一流强港硬核"七力"模型

通过对世界一流强港内涵特征的分析,可以将世界一流强港建设归纳为七个方面,即世界一流强港硬核"七力"模型,具体表现为基础设施支撑力、腹地辐射带动力、全球链接影响力、现代航运服务力、战略资源配

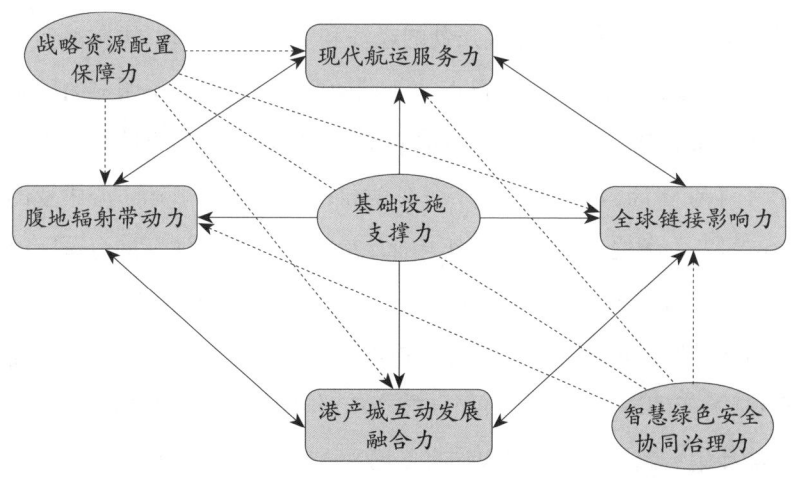

图1-1 世界一流强港硬核"七力"模型

置保障力、港产城互动发展融合力、智慧绿色安全协同治理力七方面优势条件和核心功能处于全球前列。世界一流强港硬核力量的七方面特征是一个有机整体，其中，基础设施支撑力是港口硬核力量的基本硬件条件，腹地辐射带动力是港口硬核力量的关键支撑，全球链接影响力是港口硬核力量的重要表现，现代航运服务力是港口硬核力量的标识性特征，战略资源配置保障力是港口硬核力量的战略价值体现，港产城互动发展融合力是港口硬核力量的美好愿景，港口智慧绿色安全协同治理力是彰显港口硬核力量软实力的关键环节。

第二节 世界一流强港建设的时代背景

一、时代发展新形势

（一）国际航运中心逐步东移

17世纪以来，全球航运格局随着世界经贸重心转移，经历了从"西欧板块"向"北美板块"再向"东亚板块"的东移过程。近年来，全球航运市场进行深刻调整，受亚洲地区强劲的经济和贸易发展带动，国际航运资源进一步向以东亚和东南亚为重点的亚洲地区集聚，形成了明显的国际航运中心东移趋势。从航运中心排名看，全球航运中心城市综合实力前十位中，5个在亚洲，4个在欧洲，1个在美洲；全球43个航运中心中亚洲有18个，居五大洲之首；与2014年相比，2022年新华·波罗的海国际航运中心指数评价结果显示，亚洲航运中心有11个城市排名有所上升，欧洲各大航运中心发展放缓。从吞吐规模看，2021年全球二十大货物和集装箱港口中，亚洲港口分别有18个（较2010年增加2个）和14个；全球十大货物和集装箱港口中，中国均有7席，已然成为国际贸易和航运大国。在国际航运中心由欧洲向亚太地区逐渐东移的过程中，中国特别是长三角区域将扮演重要角色。

（二）维护国家产业链供应链安全

中国是全球初级产品的最大买家,是第一大油气和铁矿石进口国,石油、天然气对外依存度分别高达73%和43%,铁、铜、锰、镍、铬等金属矿产品对外依存度均超过80%（铬矿接近100%）。然而大部分大宗商品定价权掌握在国外巨头手中,受逆全球化等因素影响,产业链供应链安全受到严重冲击。我国90%的货物贸易依靠海运完成,国际航运是否高效顺畅事关国家供应链体系战略安全。港口作为我国初级产品的主要进口口岸,有责任、有基础强化枢纽作用,更好地服务国家战略需要。同时,在《区域全面经济伙伴关系协定》（RCEP）生效之际,港口需要深刻理解RCEP重点国别关税减让承诺,尽享政策优惠,增加优势产品出口,扩大重要设备、关键零部件、原材料进口,不断提升在全球产业链中的枢纽地位。

（三）海洋强国建设加快推进

21世纪是海洋世纪。我国90%的货物贸易依靠海运完成,经略海洋对我国经济社会发展和国家安全至关重要。党中央提出建设海洋强国、智慧海洋、21世纪海上丝绸之路、构建海洋命运共同体等一系列重大战略构想,推动我国参与全球海洋治理和海洋经济发展。建设世界一流强港是我国逐步走向舞台中央,实现由传统陆地大国走向海洋强国的重要支撑。为此要完善全球港口布局,健全全球海运网络,提高本土港口公司综合竞争力,建设绿色智慧平安港口,为我国在全球海洋开发合作和贸易获得中取得更多的经济和战略收益。

（四）长三角港口资源加速整合

长三角是我国水域资源最丰富的区域,港口众多,竞争激烈。为有序发展,近年来,各地以省域为单位,加快港口运营商整合步伐。2019年12月,中共中央、国务院印发《长江三角洲区域一体化发展规划纲要》,明确提出"推动港航资源整合""形成合理分工、相互协作的世界级港口群",标志着长三角区域港口资源整合进入新时期,构建长三角世界级港口群一体化治理体系成为新的时代命题。

二、港口迭代新趋势

目前，国际公认的世界一流强港均已完成"运输码头—加工装卸中心—区域物流中心—资源配置中心"的四代港口演变，并向智能化、绿色化、协同化特色更为凸显的新一代港口演进。具体而言主要有四大迭代趋势。

港口建设从速度扩张型向质量效益型转变。在航道深水化、船舶大型化、码头专业化、运输集装箱化、港航信息化、低碳节能化等港口发展趋势下，呈现出如下趋势：港口建设以高标准基础设施建设和智能化技术运用为核心，高端化配置、协同化布局、集约化建设、智慧化管理、安全化运作和绿色化发展。

港口功能从运输节点向综合服务中心转变。以因地制宜的高附加值服务功能开发为重点，港口发展顺应国际运输进入综合物流时代、多式联运与综合物流服务需求增加趋势，呈现出如下趋势：以多式联运有机衔接、高效协同的航运物流服务为基础，以金融、保险、结算、信息、法律等高端服务为延伸，提供全方位价值链服务，打造融入全球供应链体系的国际航运服务中心。

港口竞争从"单打独斗"向组团联盟转变。顺应全球经济形势变化和港口竞争格局演变，呈现出如下趋势：管理体制民营化，打破原先由国家或政府单独管理港口的模式，形成由地方政府、民营企业多元参与的管理模式；产权经营分离化，逐步采用地主港经营模式，实现产权与经营权分离；港口竞争网络化、集群化，港口间自发或有组织地形成港口群，参与全球港口竞争；港口企业整合化、联盟化，通过参与全球港口资源整合，组建港口联盟，快速扩大规模，巩固港口国际影响力。

港城关系从相对独立向融合互动发展转变。顺应港口升级和城市发展需要，呈现出如下趋势：港城空间协同和集约化，统筹兼顾港口、生活岸线，妥善处理港区用地和城市用地关系，形成功能定位清晰，发展导向明确的港口岸线—港区—腹地空间格局;港口产业链和都市产业链融通化,港口转型升级带动临港产业链同步提升,形成关系紧密、互动发展的港产城关系;港城互促同步国际化,通过探索自由港、自贸区和综合保税区等建设,营造高度自由的营商环境,打造高素质人才队伍,建立完备的港口法律体系,为港口持续提升国际影响力、保持国际竞争力提供要素支撑和环境保障,提高贸易投资便利化水平和城市国际化水平。

三、未来发展新要求

加快建设世界一流强港是新时期更好发挥硬核力量,主动融入和服务国家新发展格局的战略要求。目前,国家正在加快构建以国内循环为主体,国内国际双循环相互促进的新发展格局,正深入推进"一带一路"建设、长江经济带发展和长三角一体化发展等重大战略,目标是全面提升我国内外区域间的互联互通和市场一体化水平,重点是推进贸易流通、产业投资和开放合作,而一批世界级的强大港口群是服务构建新发展格局的"先行官"、实现这些目标和任务的关键支撑。推进世界一流强港建设,能够全方位提升陆上国际多式联运功能,加速构建综合性贸易物流服务体系,打造支撑产业开放合作的支撑平台,在参与国家重大战略中承担更大的责任、提供更好的服务,是新时代的使命担当。

加快建设世界一流强港是全面增强我国港口综合竞争力,提升全球话语权和影响力的内在要求。当今全球经济已从过去纯粹的"市场时代"转向深层次的国际贸易投资"规则时代",同时,以中美贸易摩擦为代表的逆全球化思潮,以及疫情对全球贸易的刺激加速作用正在显现,在规模效应上面临巨大冲击。推进世界一流强港建设,有利于全面提高港口绿色发展、安全发展、智慧发展水平,强化港口综合服务功能和辐射带动能力,进一步提升港口面向全球组织资源、配置资源的能力,实现港口"硬实力"和"软实力""两翼齐飞",提升在全球的话语权和影响力,为交通强国乃至社会主义现代化强国建设展现应有作为。

加快建设世界一流强港是顺应港口升级和城市发展需要,实现港产城融合互动发展的现实要求。探索建设符合城市自身特色的港产城融合模式是现代港口城市发展的必由之路。德国汉堡港、韩国釜山港、荷兰鹿特丹港等世界一流港口,都很好地依托港城空间协调、港城产业互动发展,构建起港兴城兴、良性互动的港城发展模式。推进世界一流强港建设,有利于统筹推动各临港功能区的资源整合,加强区域产业协同和结构升级,通过拓展港口及城市功能,打通港口产业链和都市产业链,形成关系紧密、互动发展的产业生态圈,实现高水平的港产城互动协调发展,为港口城市逐步形成完备成熟的港口产业体系及港口城市形态奠定坚实基础。

第三节　世界一流强港相关研究述评

港口建设与发展工作复杂、系统庞大、周期较长,因而涉及研究领域众多。目前,国内外政产学研各界立足不同视角开展了大量研究。本书从世界一流强港、基础设施、港口腹地发展、港口开放合作、现代航运服务、港口资源配置、港产城融合发展和港口现代化治理等8个维度对相关研究进行梳理。

一、关于世界一流强港建设研究

从目前研究文献来看,关于世界一流强港建设的直接研究还比较少,而且大多偏政策性研究,如郑明辉(2017)提出以"建设世界一流强港"为企业愿景的具有鲜明海港内涵的青岛港精神文化体系[1],毛剑宏

---

[1] 郑明辉.坚守精神文化高地 缔造世界一流强港[J].思想政治工作研究,2017(05):29-32.

（2020）提出宁波舟山港要以"五大工程"为核心，加快率先建成世界一流强港和世界级港口集群[1]，杨兵杰（2020）在对宁波舟山港发展特点总结的基础上，提出了世界一流强港建设的路径和六大"硬核"实力[2]，刘万锋等（2021）认为要谋划浙江港口发展战略建设世界一流综合枢纽港[3]。关于世界一流港口和港口群等方面也有一些研究，陈珺等（2020）提出中国港口建设世界一流港口新路径[4]，周一轩（2020）、封云（2020）分别对天津港建设世界一流港口的战略要点和方向路径进行研究[5][6]，魏俊辉等（2020）对世界一流港口建设背景下北部湾港发展路径进行了研究[7]，李南等（2022）从新发展理念的角度对津冀港口群建设进行研究，认为应从创新、协调、绿色、开放、共享5个方面赋能津冀港口群的高质量发展[8]。

二、关于港口基础设施研究

相关研究集中于港口基础设施与区域经济发展关系。司增绰（2015）认为港口城市经济与港口基础设施之间存在着很强的关联性；港口基础设施建设较快的港口城市，城市经济发展也较快；不同港口城市，"港口基

---

[1] 毛剑宏. 加快率先建成世界一流强港和世界级港口集群 [J]. 中国水运,2020（01）:24-25.
[2] 杨兵杰. 聚焦六大"硬核"实力 加快建设世界一流强港 [J]. 宁波通讯,2020（13）:25-27.
[3] 刘万锋,吴建伟. 谋划浙江港口发展战略 建设世界一流综合枢纽港 [J]. 中国港口,2021（07）:17-20.
[4] 陈珺,张弛,张涛. 中国港口建设世界一流港口新路径 [J]. 中国水运,2020（02）:11-14.
[5] 周一轩. "十四五"时期天津港建设世界一流港口的战略要点 [J]. 中国港口,2020（08）:20-23.
[6] 封云. 牢记嘱托 勇攀高峰 加快实现天津港世界一流港口建设——刍议天津港实现高质量发展的方向路径 [J]. 产业创新研究,2020（17）:11-13.
[7] 魏俊辉,程军. 广西北部湾港口整合经验回顾 [J]. 交通企业管理,2020,35（02）:20-22.
[8] 李南,韩国玥,常文千. 全面贯彻新发展理念 建设世界一流津冀港口群 [J]. 宏观经济管理,2022（06）:61-67.

础设施——港口城市经济"关联系统的性质存在着差异。[1]崔寅（2022）以环渤海地区规模以上港口为例进行研究，认为港口基础设施建设水平影响着城市通过发展对外贸易实现经济增长的效果。[2]董子健等（2022）以北部湾港为研究对象，分析了港口基础设施对国际贸易的影响机制。[3]王孝松（2019）研究认为港口货物吞吐量、泊位数量、码头长度等港口基础设施水平的提高能够促进贸易发展，港口效率对北方港口城市的贸易发展具有显著的促进作用。[4]梁可迪等（2022）研究发现，港口互联互通基础设施的建设在很大程度上显著提升了RCEP成员国的宏观经济指标，认为港口互联互通基础设施的建设对RCEP成员国的经济有着重要的影响。[5]

三、关于港口腹地发展研究

相关研究集中于港口与腹地经济的互动关系。章杰（2020）认为，港口与腹地经济之间的关系是一种典型的互动关系，港口的发展可以促进腹地经济的发展，同时腹地经济的发展也对港口的发展具有一定拉动效应。[6]蒋惠园等（2022）认为，港口竞争力与腹地经济之间普遍存在较强关联效应，腹地经济不仅通过经济总量对港口竞争力产生影响，调整经济结构、提升经济质量均会对港口竞争力提升产生促进作用。[7]房惠法

---

[1] 司增绰.港口基础设施与港口城市经济互动发展[J].管理评论,2015,27（11）：33-43.
[2] 崔寅.港口基础设施对城市对外贸易经济增长效应的调节作用——以环渤海地区规模以上港口为例[J].城市,2022（04）：58-67.
[3] 董子健,沈连芳.港口基础设施对国际贸易的影响[J].合作经济与科技,2022（21）：86-87.
[4] 王孝松.港口基础设施、港口效率与城市贸易发展——基于中国主要港口的经验分析[J].贵州省党校学报,2019（03）：5-21.
[5] 梁可迪,梁晶,代天伦.港口互联互通基础设施建设对RCEP成员国的经济影响研究[J].航海技术,2022（02）：68-72.
[6] 章杰.港口与腹地经济的互动研究[D].对外经济贸易大学,2020.
[7] 蒋惠园,黄苗,田小勇.沿海港口竞争力与腹地经济的关联效应[J].水运管理,2022,44（10）：9-14,23.

（2020）利用面板数据模型研究港口竞争力和腹地经济的关系，发现腹地经济和港口竞争力之间具有相互促进作用。[1]Xia Mingzhu（2021）研究了东京港的集疏运状况，并认为其会对港口物流效率产生影响。[2]

四、关于港口开放合作研究

相关研究主要集中于港口投资合作。在港口投资方面，希腊比雷埃夫斯港、斯里兰卡科伦坡南港、西班牙瓦伦西亚港、埃及马士基港等，均有国内企业参与或即将参与投资。徐超炎等（2021）认为，伴随国家"一带一路"倡议的提出，近年中国"走出去"步伐加快，海外投资结构及投资规模呈现高端化和扩大化的发展趋势。[3]毛鉴明（2021）对"一带一路"框架下的港口合作的进展、挑战与对策进行了研究[4]；张磊（2021）对"海洋命运共同体"视域下我国港口跨境合作的困境与路径进行了研究[5]；冯琳等（2021）运用博弈模型研究了"海丝"沿线港口在对外投资过程中与东道国之间的合作共赢机制及博弈选择[6]；袁炎清等（2017）对中国与海上东盟国家港口合作进行了研究[7]；孙家庆等（2021）对海上丝绸之路沿线国

---

[1] 房惠法.环渤海地区港口国际竞争力与腹地经济互动关系研究[D].大连海事大学，2020.

[2] Xia Mingzhu. Analysis and Research of Port Gathering and Transportation System in Tokyo Port[J]. *IOP Conference Series: Earth and Environmental Science*，2021,831（1）.

[3] 徐超炎,杨皓然,虞霏.关于国外港口投资项目的初步分析过程探索[J].珠江水运，2021（16）：86-88.

[4] 毛鉴明."一带一路"框架下的港口合作:进展、挑战与对策[J].江南社会学院学报，2021,23（01）：55-60.

[5] 张磊."海洋命运共同体"视域下我国港口跨境合作的困境与路径[J].对外经贸实务，2021（07）：14-17,81.

[6] 冯琳,刘龙方,李杨.公平互惠导向下"海丝"港口合作方式的博弈选择[J].工业工程与管理，2021,26（02）：135-142.

[7] 袁炎清,夏新海,易燕,屠琳桓.中国与海上东盟国家港口合作研究[J].广州航海高等专科学校学报，2017,25（03）：1-5.

家港口投资风险进行评价研究[1],这些研究为海外港口投资提供了一定参考。刘园园(2021)对RCEP下的中国与东南亚国家港口合作进行研究,并提出中国与东南亚国家港口的合作方向。[2]赵旭等(2016)提出海上丝绸之路战略背景下,构建涵盖合作平台机制、合作主体机制、合作动力机制、合作运行机制、合作保障机制以及合作协调机制在内的港口合作机制。[3]

五、关于现代航运服务研究

相关研究主要集中于航运服务业发展与航运服务中心(集聚区)建设等。航运服务业发展方面,张晓晴等(2019)在对航运服务产业类别进行全面梳理的基础上,提出基于"市场需求—发展条件"矩阵模型的航运服务产业选择方法[4];陆军荣(2014)认为在世界航运服务业发展过程中,不同港口城市有着基于不同分工地位的航运服务内容,形成了"全球性—地区性—本地性"的航运服务体系[5];孙海宁(2016)、慕光宇等(2021)对辽宁航运服务、天津现代航运服务产业发展进行了研究[6]。航运服务集聚区方面,蒋淑华等(2021)采用2019年航运服务业企业(组织)数据,运用高/低值聚类及热点分析对航运服务集聚区的空间范围进行精准界定,并基于企业经营范围关键词共现网络对其功能进行量化识别,研究发现上海市航运服务业全业态及子行业分布均呈高值聚类,已形成

---

[1] 孙家庆,韩兴华,马悦超,郭春升.21世纪海上丝绸之路沿线国家港口投资风险评价[J].大连海事大学学报,2021,47(02):115-125.
[2] 刘园园.RCEP下的中国与东南亚国家港口合作[J].中国外资,2021(11):56-58.
[3] 赵旭,王晓伟,周巧琳.海上丝绸之路战略背景下的港口合作机制研究[J].中国软科学,2016(12):5-14.
[4] 张晓晴,孙瀚冰,靳廉洁,毕珊珊,刘长俭.航运服务产业选择模型的构建与应用[J].中国航海,2019,42(04):131-135.
[5] 陆军荣.现代航运服务体系构建的国际经验及启示[J].经济纵横,2014(10):96-100.
[6] 孙海宁.发展天津现代航运服务产业的思考[J].中国海事,2016(08):36-38.

8个航运服务集聚区[1];王平等(2018)以厦门国际航运中心为对象,从共生理论的视角探讨了航运服务要素集聚的内涵、特征和共生关系[2];王俊(2019)、姚丽(2018)分别对宁波舟山港国际航运服务基地建设模式[3]、天津航运服务集聚区发展[4]进行了研究。

六、关于港口资源配置研究

关于港口资源配置功能的研究相对较少,主要集中于港口大宗商品中转交易、港航资源配置等。一方面,林珊珊(2018)对宁波港口、物流园区与大宗商品市场一体化发展进行了研究[5];李电生等(2019)通过多因素综合评价法从物流水平、金融水平、信息及电子商务水平和港口城市开放水平4个方面对35个规模以上港口建立大宗商品交易市场的适宜度进行了测评,并进一步研究发现沿海港口在发展港口大宗商品交易市场方面更具优势[6];李电生等(2020)在分析港口传统运作模式弊端的基础上,提出了港口大宗商品交易市场运作模式[7];唐秀华(2021)提出依托宁波舟山港港口优势,打造国家大宗商品战略中转基地重要承载区[8]。另

---

[1] 蒋淑华,焦华富,管晶.航运服务集聚区的空间范围界定及功能识别——以上海市为例[J].长江流域资源与环境,2021,30(12):2843-2853.

[2] 王平,初良勇,蔡应强.共生理论的厦门航运服务要素集聚研究[J].广州航海高等专科学校学报,2018,26(04):15-18.

[3] 王俊.宁波舟山港国际航运服务基地建设模式与策略研究[J].中国水运,2019(09):69-72.

[4] 姚丽.加快天津航运服务集聚区发展的创新思路与对策[J].天津经济,2018(01):3-5.

[5] 林珊珊.宁波港口、物流园区与大宗商品市场一体化发展研究[J].经贸实践,2018(09):60.

[6] 李电生,张欢,高爱颖.中国港口大宗商品交易市场空间布局问题研究[J].地理科学,2019,39(04):541-549.

[7] 李电生,王二战,王一凡.基于供给侧结构性改革的港口大宗商品交易市场运作模式研究[J].供应链管理,2020,1(04):89-107.

[8] 唐秀华.打造国家大宗商品战略中转基地重要承载区[J].浙江经济,2021(08):60-61.

一方面,林锋(2010)提出把上海国际航运中心建成全球航运资源配置中心[1];何传勇(2018)在进一步明确全球航运资源配置能力内涵的基础上,构建评价指标体系并评估上海国际航运中心现状情况,并对未来上海增强全球航运资源配置能力的方向、重点和举措提出相关建议[2]。

七、关于港产城融合发展研究

目前,国内外学者已经对港产城关系进行了较为深入细致的研究,并取得了一系列的研究成果,相关研究主要集中于"港口 — 产业 — 城市"三者的互动关系等。吴晓磊等(2022)将港产城融合发展的内涵归纳为:以港口为龙头、产业为核心、港口城市为载体,依托海陆腹地和综合运输体系,开展生产力布局,发展港口枢纽经济,实现港口、产业、城市三大要素之间的有机结合、协调互动、共同发展,形成经济繁荣、宜居乐业的港口城市。[3] Daamen 等(2013)认为港口与城市之间在空间位置、产业和经济方面存在互动。[4] Bottasso 等基于面板数据的计量经济学方法,研究了港口对区域经济和就业的影响。[5] 张向东等(2022)通过构建港产城协调发展的评价指标体系,利用耦合协调度模型对河北省秦皇岛市、沧州市和唐山市港产城协调发展情况进行实证分析,发现港产城

---

[1] 林锋.把上海国际航运中心建成全球航运资源配置中心[J].社会科学,2010(06):28-36,187-188.

[2] 何传勇.上海国际航运中心全球航运资源配置能力评价研究[J].交通与港航,2018,5(02):81-84.

[3] 吴晓磊,刘健,王嘉琦.港产城融合发展关键问题研究[J].水运工程,2022(02):70-75,111.

[4] Tom A. Daamen, Isabelle Vries. Governing the European Port‐city Interface: Institutional Impacts on Spatial Projects between City and Port [J]. *Journal of Transport Geography*. 2013,27:4-13.

[5] Anna Bottasso, Maurizio Conti, Claudio Ferrari, Alessio Tei. Ports and Regional Development: A Spatial Analysis on a Panel of European Regions [J]. *Transportation Research Part A*. 2014,65:44-55.

耦合协调发展的主要影响因素是货物吞吐量、泊位个数、外贸进出口总额等。[1]朱吉双(2020)对世界一流港口经济贡献测算问题开展深入研究，阐明了港口经济贡献的测算方法、关联产业、地域范围界定等关键问题。[2]王金金等(2014)以典型国际港口城市纽约、伦敦等为研究对象，从空间和产业发展方向为"港产城"融合历程，着重以产业体系演变为主线，结合中国东部沿海等发达港口"港产城"融合提出借鉴意义。[3]战炤磊等(2014)在江苏沿海城市快速发展的基础上，分析"港产城"融合发展的必要性以及当前"港产城"融合存在的问题，进一步分析了"港产城"融合的路径。[4]

八、关于港口现代化治理研究

目前，关于港口现代化治理的研究主要集中于港口运作效率、智慧港口建设、绿色港口建设、平安港口建设和港口一体化治理等方面。港口运作效率方面，吴文玲(2018)在"一带一路"背景下运用数据包络分析法(DEA)研究港口效率问题[5]；丰茂秀等(2017)利用数据包络分析法分析宁波港、上海港的作业效率，研究发现港口大体上发展趋势上升[6]。智慧港口建设方面，肖悦(2022)对中国自由贸易试验区背景下智慧港口评价指标体系进行研究，认为我国港口智慧度得分不均衡，港口间存在较大差

---

[1] 张向东,杨波,李丽杰.港产城耦合协调发展评价及影响因素分析——以河北省为例[J].河北科技师范学院学报(社会科学版),2022,21(02):1-10.

[2] 朱吉双.世界一流港口经济贡献测算比较研究[J].综合运输,2020,42(05):49-55,92.

[3] 王金金,吴一洲.港口型国际大都市的"港—业—城"互动发展——港口型国际大都市产业发展历程研究[J].浙江经济,2014(13):54-55.

[4] 战炤磊,李芸.江苏沿海开发中的港产城联动:动因、问题与路径[J].科技进步与对策,2014(08):47-52.

[5] 吴文玲."一带一路"背景下我国沿海主要港口效率研究[D].华南理工大学,2018.

[6] 丰茂秀,胡坚堃.基于熵权—TOPSIS和DEA算法的港口综合实力评价及作业效率研究[J].华中师范大学学报(自然科学版),2017,51(3):356-363.

距,标杆型港口以上海港为代表[1];周浩青(2022)研究了智慧技术对港口效率的影响,发现中国9个智慧港口立项港口的生产率、综合技术效率变动在示范工程立项后显著提升[2]。袁玉祥等[3](2022)、谭宇等[4](2022)对新兴技术在智慧港口的应用现状及发展趋势及技术驱动视角下的智慧港口建设路径探析等进行了研究。绿色港口建设方面,Zhang Xiaozhe(2020)研究低碳港口的建设,认为我国绿色经济缺乏规划,并提出发展绿色港口的建议[5];刘骥鹏等(2015)研究港口竞争力时提出低碳发展水平这一因素,把低碳理念纳入竞争力评价体系[6]。平安港口建设方面,邹林等(2015)对平安港口建设的内涵从生产安全、应急和治安防控三个方面进行阐述,分析港口安全管理的主要特点和趋势,并多角度提出平安港口建设存在问题的解决途径或措施[7];交水(2008)对我国港口推进全港保安计划、建设平安港口开展研究[8]。港口一体化治理方面,姜沂秀(2019)探究了"港口一体化"的内涵,并从主导力量、客体对象、整合程度三个视角,梳理了国内外港口一体化实践的模式[9];王悦等(2021)对区域港口一体化发展水平进行了评价研究,认为长三角港口群的一体化发展水平处于领先地位,珠三角和环渤海湾的港口一体化发展水平有待进一步提

---

[1] 肖悦.中国自由贸易试验区背景下智慧港口评价指标体系构建研究[D].浙江大学,2022.
[2] 周浩青.智慧技术对港口效率的影响研究[D].浙江大学,2022.
[3] 袁玉祥,随振营.新兴技术在智慧港口的应用现状及发展趋势[J].中国水运,2022(03):60-62.
[4] 谭宇,陈科帆.技术驱动视角下的智慧港口建设路径探析[J].通信与信息技术,2022(01):62-65,42.
[5] Zhang Xiaozhe. Port Development Model Based on Low-carbon Economy[J]. *International Core Journal of Engineering*,2020,6(10):22-24.
[6] 刘骥鹏,王春,李坤宇.基于低碳发展的港口群内港口竞争力评价研究[J].价值工程,2015,34(30):77-79.
[7] 邹林,陈枳君.平安港口建设的思考[J].港口科技,2015(08):40-44.
[8] 交水.我国港口推进全港保安计划建设平安港口[J].港口经济,2008(10):26.
[9] 姜沂秀.我国省域港口一体化的内涵与模式思考[J].中国水运(下半月),2019,19(04):60-62.

升[1];贺向阳(2020)对宁波舟山港参与长三角港口一体化建设的方向与重点进行了研究[2];王丹等(2022)在对国际代表性港口群一体化治理经验总结基础上,提出了长三角港口群一体化治理思路和建议[3]。

综合来看,上述关于港口建设与发展的一系列研究成果,为我们开展世界一流强港研究提供了扎实的理论基础。但从现有文献看,关于世界一流强港的系统性研究还比较少,对世界一流强港的研究往往聚焦于某一视角,缺少综合性的研究成果。这也正是本书的研究重点,以进一步充实该领域研究成果。

---

[1] 王悦,傅海威,宋夏梁,魏杨涛.区域港口一体化发展水平评价[J].物流工程与管理,2021,43(11):130-132.

[2] 贺向阳.宁波舟山港参与长三角港口一体化建设的方向与重点[J].宁波经济(三江论坛),2020(05):34-37.

[3] 王丹,柴慧,崔园园,谷金,王玮.国际代表性港口群一体化治理经验及对长三角港口群的启示[J].科学发展,2022(01):78-84.

第二章

世界一流强港基本运行规律的理论研究

港口是人类经济发展的产物,其形成发展与人类社会经济活动的空间分布和演变过程密切相关,直接反映经济发展的规模和范围,以及经济重心的地理空间变化情况。交通运输特别是海上运输的发展,为人类社会进入商品经济阶段创造了必要条件。近现代以来,海洋港口已然成为经济全球化演进的缩影和强劲动力。17世纪大航海时代至今的荷兰鹿特丹、英国伦敦、美国纽约、新加坡以及中国香港、上海等世界级港口,无一不镌刻着"港兴城兴、港城相长"的共荣共生历史印记。

第一节　港口发展的历史演进

港口是交通运输的天然枢纽，是人类利用河流、湖泊、海洋等自然条件以完成生产资源和劳动成果运输的主要载体。随着人类进行产品生产、交换、分配和消费活动的空间逐渐扩大，港口形态从内河港、湖口港走向了海洋港，功能从"水陆中转港"走向了综合物流中心，组织形式从单一港口走向了集群化、组合式，逐渐成为一个城市、城市群甚至国家参与全球经济合作与竞争的战略性资源。

一、现代港口发展的形态演进

15世纪末，欧洲重商主义萌芽并发展壮大，推动全球范围的地理大发现和殖民运动，开启了海运贸易全球化的时代。海洋港口逐渐替代内河港、湖口港，成为主要的港口发展形态，发展中心逐渐从地中海向环大西洋、环太平洋转移。从空间形态上看，梳理世界经济对海洋港口及对海上运输方式的依赖程度，是十分必要的。现代港口的形成与发展大致经历三个阶段：内海区域港口发展阶段、外洋沿岸港口发展阶段和全球港口发展阶段。

（一）内海区域港口发展阶段

这一阶段主要是指资本主义商品经济形成之前，世界上部分内海或沿海地区的城市间为了满足相互间的贸易交换需要而形成的水上运输发展阶段，以欧洲地中海沿岸为典型代表。在当时的社会经济和生产力水平条件下，人类主要通过风帆、人力划桨为动力的木质船舶来进行水上航行。15世纪初期的郑和下西洋和15世纪末的地理大发现，都展现了这一时期的航海技术和生产力水平。这一时期，人类尚无法进行大规模的跨洋航行和运输,水上运输和对外贸易范围只能局限于大江大河流域、近海或沿海地区,港口形态以河口港、湖口港和近海港口为主。在15世纪前后的欧洲地区,以地中海和波罗的海两大区域性市场为中心,产生了五个方面的主要市场联系。

15世纪前后欧洲地区的主要市场联系

以地中海和波罗的海两大区域性市场为中心,产生了五个方面的主要市场联系:

(1)意大利城市与中东、亚洲和非洲国家之间的贸易联系

(2)汉萨同盟与俄国及其他东欧国家之间的贸易联系

(3)意大利城市与欧洲大陆地区的贸易联系

(4)汉萨同盟与欧洲大陆地区的联系

(5)汉萨同盟与意大利城市之间的贸易联系

这一阶段持续到18世纪初,港口仅作为一种利用自然岸线资源为船舶提供停靠的场所,尤其在海上航运技术和远洋船舶吨位尚未达到一定规模程度的时候,对港口航道、泊位、水深等使用要求并未形成特殊矛盾,主要具备仓储、装卸搬运等基本的物流功能,只停留在为人或货物提供运输环节中的"水陆中转服务"阶段。

这一阶段是世界经济从自然经济状态开始走向商品经济状态的历史时期,伴随着航海技术的提升,海上运输方式发生变革,港口作为海上运输的重要一环,在推动世界经济逐渐一体化发展的同时,也推动社会形态的革命。正如马克思、恩格斯所言:"美洲的发现、绕过非洲的航行,给新兴的资产阶级开辟了新的活动场所。东印度和中国的市场、美洲的殖民化、对殖民地的贸易、交换手段和一般的商品的增加,使商业、航海

业和工业空前高涨,因而使正在崩溃的封建社会内部的革命因素迅速发展。""世界市场使商业、航海业和陆路交通得到了巨大的发展。这种发展又反过来促进了工业的扩展,同时,随着工业、商业、航海业和铁路的扩展,资产阶级也在同一程度上得到发展,增加自己的资本,把中世纪遗留下来的一切阶级都排挤到后面去。"[1]

（二）外洋沿岸港口发展阶段

这一阶段主要是指从18世纪中叶英国资产阶级革命到20世纪中叶的200年间,以英国、美国为代表的西方资本主义国家依托海上运输方式对内完成产业结构调整、对外实行经济扩张的历史发展过程。因主要发生在大西洋东西两岸,又称为大西洋港口发展阶段。

资本主义生产关系和机械化大生产方式的形成,进一步扩大了世界经济的活动范围,也实现了港口发展中心从地中海沿岸向大西洋沿岸的转移。环大西洋沿岸出现了里斯本、安特卫普、伦敦、利物浦、纽约等一批经济高度发达的港口城市。这一阶段,港口已不仅仅具有装卸、储运功能,而是开始作为一个独立的产业单元发挥积极的作用,成为兼具交通运输、生产贸易、货物增值等多重功能的战略性资源。

这一阶段可以划分为前后两个100年,分别以英国和美国为代表。

依靠第一次、第二次工业革命过程发展起来的机械化大生产和大规模海上贸易,英国迅速成长为"日不落帝国":工业总产值占世界工业比重的20%,钢铁和煤炭产量分别占世界总产量的53%、50%,英国商船承运世界海上贸易货物总值的50%,新建的船舶数量占世界总吨位的2/3。此时的英国不仅是"世界工厂",而且是世界市场和国际贸易中心、国际金融中心和国际航运中心。伦敦至今依然是重要的国际贸易中心、国际金融中心、国际航运中心之一。

从19世纪中后期开始,英国在国际贸易总量中所占的比重逐年下

---

[1] 马克思,恩格斯.马克思恩格斯文集(第2卷)[M].北京:人民出版社,2009:32-33.

降,由1870年的25%下降至14%,而同期美国的占比从8%上升到了14%。尤其在出口贸易总量方面,美国已经超过英国成为世界第一。美国经济的发展和国际贸易量的增长促进了大西洋沿岸港口的迅速发展,形成了以纽约港为中心的沿海港口群。二战后,随着美国成为世界上最大的工业化大国、经济强国,纽约港也取代伦敦港成为20世纪至今的国际航运中心、国际金融中心。

(三)全球港口发展阶段

这一阶段形成于20世纪中后期并延续至今,特别是从20世纪70年代初开始,在亚洲及环太平洋沿岸形成了亚太新兴工业化国家和地区经济快速增长的新局面,带动世界港口发展中心从大西洋沿岸向亚太地区转移。

这一阶段的港口发展主要得益于经济全球化进程的强力推动,以国际集装箱运输方式的大力应用为标志,港口日益成为跨国公司在全球范围进行资源优化配置与调节商品生产过程的重要枢纽。以中国加入世界贸易组织为分界,可以分为两个时期。

第一时期是从二战后到20世纪末,以日本和亚洲四小龙经济高速增长为标志。日本、韩国、新加坡及中国香港、中国台湾通过大力吸引国际资本,承接国际加工贸易,推动本国或地区的经济发展与世界经济紧密结合,促进了区域经济快速增长,直至受到亚洲金融危机的严重冲击。

表2-1 1965—1993年间东亚地区与世界经济增长率比较

项目	1965—1973年	1973—1980年	1980—1990年	1990—1993年
世界经济平均增长率	5.0%	3.3%	3.1%	1.0%
东亚地区经济平均增长率	8.1%	6.6%	7.9%	5.0%

来源:根据世界银行统计资料整理

第二时期是从中国加入世界贸易组织至今,中国作为世界经济发展的重要力量走上世界舞台,经济高速发展,规模、增速位居世界前列。规

第二章 世界一流强港基本运行规律的理论研究

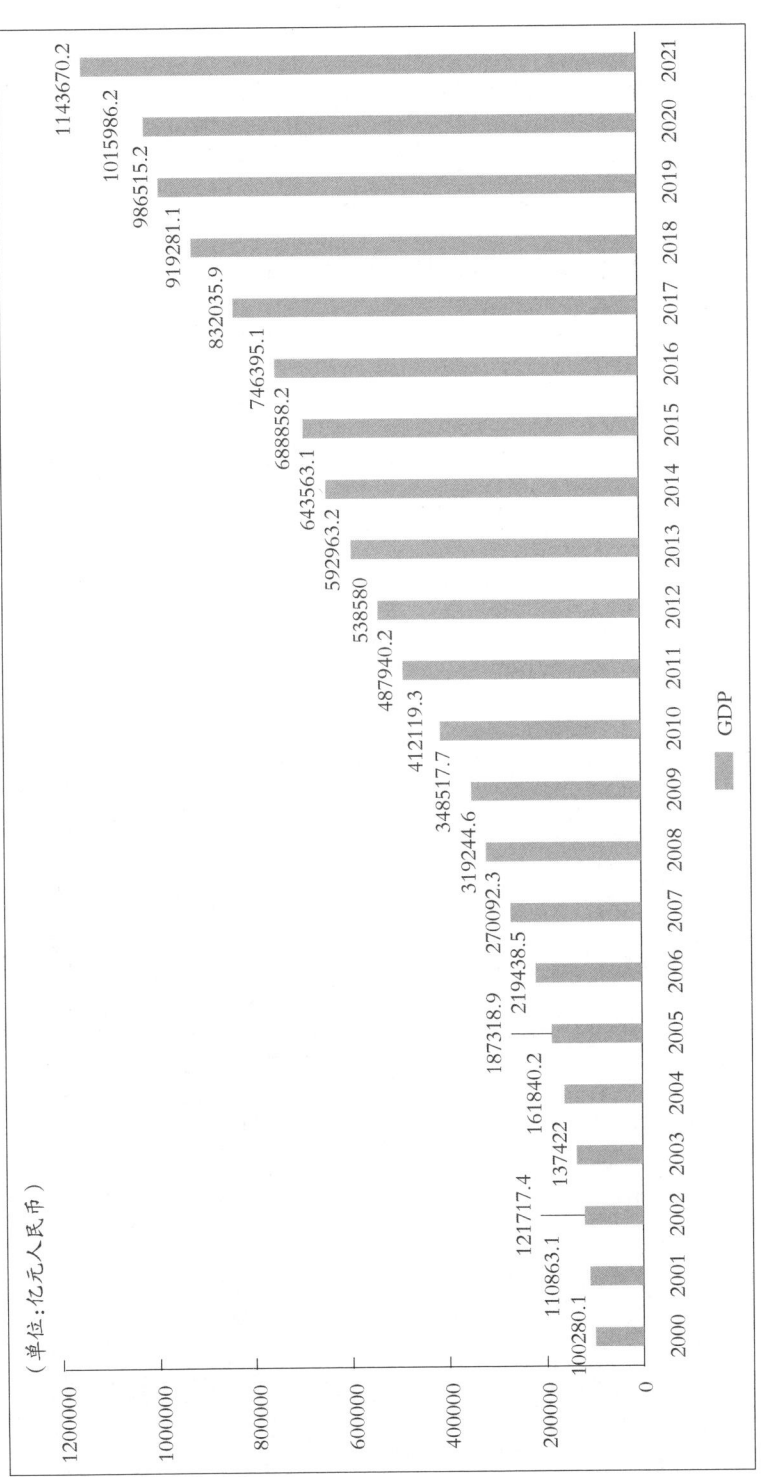

图 2-1 2000 年以来中国国内生产总值（GDP）规模变动情况（1）

来源：根据中国统计年鉴资料整理

29

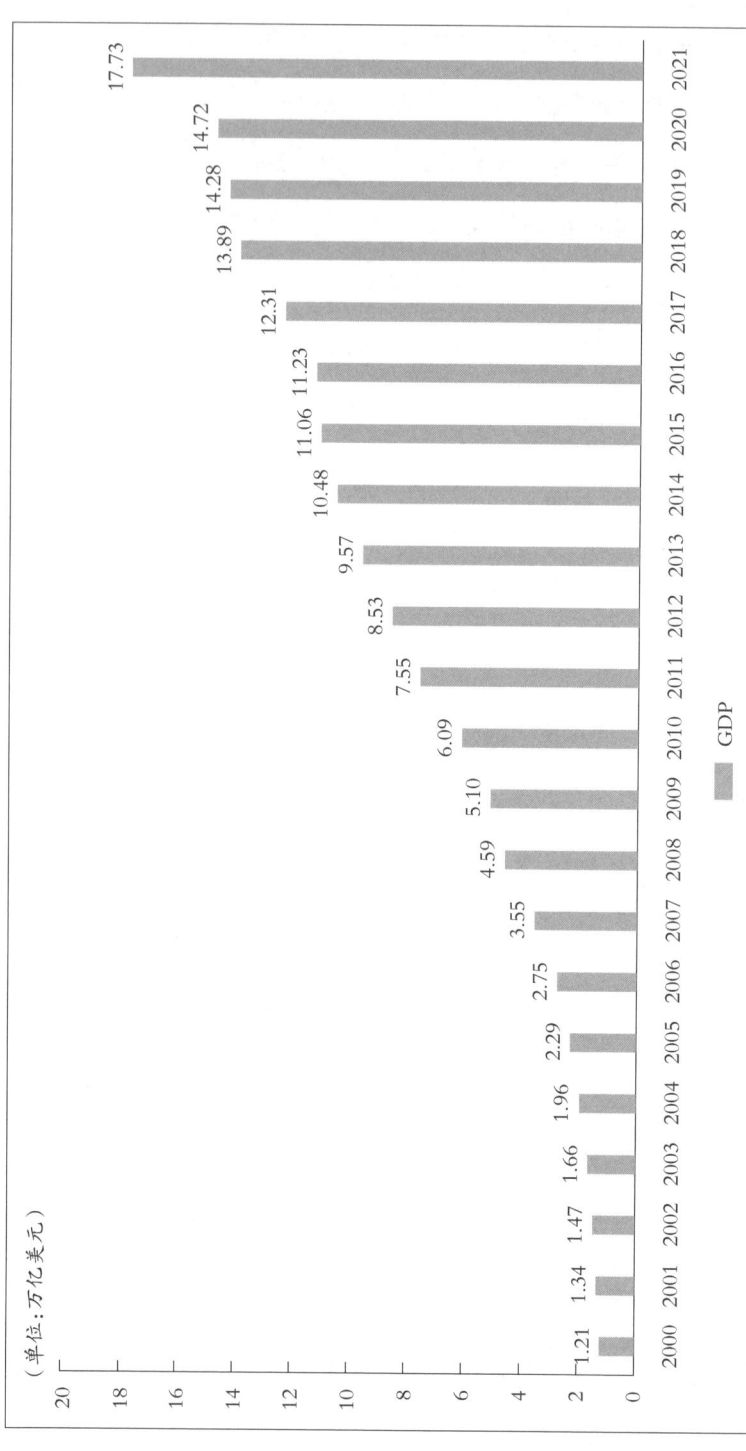

图 2-1 2000 年以来中国国内生产总值（GDP）规模变动情况（2）

来源：根据中国统计年鉴资料整理

模总量方面，2010年，中国GDP超越日本，跃居世界第二位；2012年以来更是实现了翻番式增长，2020年突破100万亿元人民币大关，2021年达到114.4万亿元人民币（折合17.73万亿美元，2012年仅为8.53万亿美元），占全球份额超过18%，是日本的3.6倍左右。发展速度方面，GDP增速长期位居世界第一。

在中国经济发展的强劲带动下，我国一大批港口逐步发展成为国际贸易调度站、产业集聚基地、综合服务平台和融入全球供应链的国际航运中心，港口吞吐规模长期占据全球领先地位，为跻身世界港口强国行列、实现从"海运大国"向"海运强国"迈进奠定了坚实基础。2021年底，从货物吞吐量看，世界前十大港口中，有8个来自中国；从集装箱吞吐量看，世界前十大港口中有9个来自亚洲，其中7个来自中国。

表2-2　2021年全球货物吞吐量前二十强港口

排名	港口	2021年（万吨）	2020年（万吨）	增速	排名	港口	2021年（万吨）	2020年（万吨）	增速
1（1）	宁波舟山港	122405	117240	4.4%	11（11）	鹿特丹港	46871	43681	7.3%
2（2）	上海港	76970	71104	8.2%	12（12）	釜山港	44252	41120	7.6%
3（3）	唐山港	72240	70260	2.8%	13（13）	烟台港	42337	39935	6.0%
4（5）	青岛港	63029	60459	4.3%	14（18）	台州港	35291	30111	17.2%
5（4）	广州港	62367	61239	1.8%	15（24）	江阴港	33757	24705	36.6%
6（6）	新加坡港	59964	59074	1.5%	16（15）	大连港	34553	33401	-5.5%
7（7）	苏州港	56590	55408	2.1%	17（17）	黄骅港	31134	30125	3.3%
8（8）	黑德兰港	55327	54705	1.1%	18（16）	南通港	30851	31014	-0.5%
9（10）	日照港	54117	49615	9.1%	19（19）	光阳港	29206	27332	6.9%
10（9）	天津港	52954	50290	5.3%	20（20）	深圳港	27838	26506	5.0%

来源：上海国际航运研究中心《2021年全球港口发展报告》（括号内为2020年排名）

表 2-3　2021年全球集装箱吞吐量前二十强港口

排名	港口	2021年（万标准箱）	2020年（万标准箱）	增速	排名	港口	2021年（万标准箱）	2020年（万标准箱）	增速
1（1）	上海港	4703	4350	8.1%	11（11）	迪拜港	1374	1349	1.9%
2（2）	新加坡港	3747	3687	1.6%	12（12）	巴生港	1374	1324	3.7%
3（3）	宁波舟山港	3108	2872	8.2%	13（14）	厦门港	1205	1141	5.6%
4（4）	深圳港	2877	2655	8.4%	14（13）	安特卫普港	1202	1203	-0.1%
5（5）	广州港	2418	2317	4.4%	15（15）	丹戎帕拉帕斯港	1120	980	14.3%
6（6）	青岛港	2371	2201	7.7%	16（17）	洛杉矶港	1068	921	15.9%
7（7）	釜山港	2269	2182	4%	17（16）	高雄港	986	962	2.5%
8（8）	天津港	2027	1835	10.4%	18（19）	长滩港	938	811	15.7%
9（9）	香港港	1780	1797	-0.9%	19（21）	纽约-新泽西港	899	759	18.5%
10（10）	鹿特丹港	1530	1435	6.6%	20（18）	汉堡港	870	853	2.0%

来源：上海国际航运研究中心《2021年全球港口发展报告》（括号内为2020年排名）

二、现代港口发展的功能演进

随着经济社会发展和技术不断进步，现代港口逐渐呈现明显的码头大型化、业务物流化、运行信息化等趋势，港口功能得以不断拓展和升级，形成了明显的代际演进现象。联合国贸易发展委员会（UNCTAD）1992年最先提出港口代际划分，并基于港口出现年代、主要功能、运输货物、发展战略、经营组织特点及活动范围等要素，陆续提出了第一代、第二代、第三代、第四代港口的概念。在此基础上，国内学者结合我国港口发展实践，不断丰富和拓展港口代际理论。张何等（2009）探究了第三代港口向第四代港口演化的动因[1]，贺琳等（2011）从港口区位和规划的角度进一步丰富了第四代港口的内涵[2]，杨彬（2016）认为第四代港口将推动港口产业进入新周期的导入期[3]，邵洁等（2019）则认为第四代港口建设应从吸引投资、加强基础设施建设、实现产业升级等方面入手[4]。同时，从2009年起，席平[5]（2009）、李向文[6]（2013）、杜明军[7]（2014）、杨炎龙[8]（2022）等学者就陆续提出了第五代港口的概念，并提出联营子母港、数字智慧港、低碳绿色港等模式，虽然至今尚无定论，但表明港口代际演进进入新阶段已是不争的事实，而且目前正处于从第四代向第五代转型升级的关键时期。

（一）第四代港口理论简溯

1999年，UNCTAD在第19期《港口通讯》中发表《第四代港口》一文，正式提出第四代港口的概念，认为在1990年之后，世界范围内就出现了超越第三代港口的新一代港口——第四代港口，主要处理的是集装箱，并通过实施港航、港际联盟策略，提升设计、策划、组织、管理能力，在国际供应链中扮演重要角色，以具有大型化、深水化、专业化的航道与码头设施，密集的全球性国际直达干线，内外便捷联结全球的公共信息平台等为主要标志，在功能上具有"三性三化"特征。

---

[1] 张何,真虹.引导第三代港口向第四代港口演变的驱动力研究[J].中国港口,2009（06）：14-15.

[2] 贺琳,陈燕,胡松筠,孙辉.第四代港口概念及特点[J].水运工程,2011（06）：49-53.

[3] 杨彬.区域经济驱动下的港口发展模式探析[J].港口经济,2016（05）：5-8.

[4] 邵洁,陈云菲,丁文龙,宋爽.第四代港口视阈下青岛港战略分析与发展规划[J].中国商论,2019（08）：17-21.

[5] 席平.第五代港口——联营合作子母港[J].大陆桥视野,2009（06）：39-43.

[6] 李向文.第五代物联网港口设想及我国港口物联网发展前瞻[J].集装箱化,2013,24（02）：15-17.

[7] 杜明军.大连港建设第五代物联网智慧港发展模式研究[D].大连海事大学,2014.

[8] 杨炎龙.港口代际中的产业升级与管理机制的改革思路介绍[J].珠江水运,2022（13）：88-90.

> **链接**
>
> ## 港口功能的代际区分
>
> - 第一代港口。20世纪50年代以前,港口仅仅是船舶装卸活动的场所,承担海运货物的装卸、收发、临时储存、转运等功能,港口是运输枢纽中心。
> - 第二代港口。20世纪50至80年代,随着临港工业和贸易活动的发展壮大,港口除具备第一代港口的基本功能以外,逐渐增加了加工、服务等工商业增值服务功能。
> - 第三代港口。20世纪80年代到20世纪末,港口服务范围超出自身物理边界,更加深度融入所在城市,为用户提供除海运之外的运输、贸易、信息共享、货物配送等多样化服务,部分港口逐渐成长为集国际贸易、国际物流、国际金融、国际经济中心为一体的综合性区域。
> - 第四代港口。21世纪初二十年,港口通过运营模式、监管制度和工作机制创新,强化对不同港区码头泊位的一体化管理、协同化运作,并扩展贸易调度、产业集聚、公共服务等功能,逐渐成为深度融入全球分工体系的国际性枢纽。
> - 第五代港口。目前尚处于探索阶段,但已初具雏形,以大型海港为母港(中转港),以国际陆港、支线港和内陆"无水港"为子港,形成母港与各个子港共生共荣、联合经营、合作发展的子母港群,以网络形式将港口服务延伸至广阔的内陆腹地,扩大外贸货源揽收渠道,带动内陆地区外向型经济发展,突破大型海港仅局限于海边"转圈式"发展模式的局限。同时,向全球提供航运规则标准、法律等服务,并突出智慧化、绿色化发展。

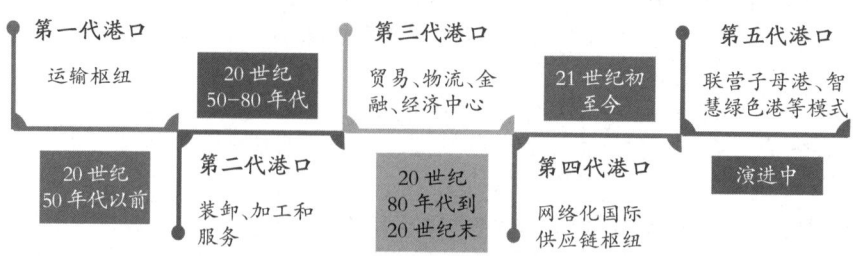

图2-2 UNCTAD提出的港口代际分类

1. **兼容性**。即第四代港口兼容了第三代港口的功能,在原有功能的基础上进行拓展,在新的水平上进行功能重新整合。

2. **整体性**。即第四代港口从强调以自我为中心,转变为更强调自己作为供应链中的一个环节,与供应链上的前后港口联动协调,实现货物和信息在整条链上的快速通过。

3. **集体性**。即第四代港口强调关联主体之间利益的一致性,如船公司与码头的经营、港口参与集疏运业务与配送业务等主体间要构建无缝供应链。

4. **柔性化**。即第四代港口将从提供标准化、规模化的专业服务走向差异化、个性化的定制服务,以满足客户提出的各种需求,减少整个物流业的中间环节。

5. **精细化**。即第四代港口通过作业流程再造(Reengineering),减少货物在途时间,降低甚至消除不增值活动所消耗的成本,以提高生产效率和增加港口收益。

6. **敏捷化**。即第四代港口在精细化基础上逐步形成的港口运营模式,能对差异化、个性化的市场需求做出敏捷的快速反应,是第四代港口发展的高级阶段。

(二)第五代港口演进实践

经过30余年的发展,全球经济突飞猛进,第四代港口的基础设施建设日趋完善,推动港口逐步进行新一轮的代际更替——迈向第五代港口。

目前,业界对第五代港口的发展理念仍无统一定论。席平(2009)在国内最早提出第五代港口的概念,认为它是以大型海港为母港,陆港、支线港为子港的联营合作子母港[1];陈岩(2009)强调第五代港口的

---

[1] 席平.第五代港口——联营合作子母港[J].大陆桥视野,2009(06):39-43.

生态功能,认为它的主要特征是绿色低碳[1];杜明军(2014)则认为第五代港口是以物联网技术为核心的智慧港口[2];陈振春等(2021)则认为第五代港口是在现代商业模式下达到"规模化、专业化、港城一体化、信息化和绿色化"的现代化智慧型港口,核心要义是从建立良好的港城关系角度出发,力求港口重新回归运输枢纽的原始功能,将港口非核心业务转移至腹地城市,通过高效可靠的集疏运体系,最终实现高度的港城一体化[3]。

笔者认为,第五代港口突出体现集群化、组合式,即从港产城文融合和服务世界级城市群建设的角度出发,突出核心港口引领、支线港(喂给港)协同的港口群体系化功能,强化海港、陆港、空港、信息港"四港"联动,具有港腹深度整合、智慧敏捷配置、港企多方协调、绿色本质彰显、港区范围适度、软实力引领等显著特征。

1. 港腹深度整合。港口作为腹地与外部联系的主要通道,服务对象涵盖港口城市本身和腹地中的其他城市。第五代港口阶段,处在枢纽地位的港口城市在发展过程中应该加强而且是大力加强与腹地城市的互动,依托港口平台作用,更大范围地调配腹地城市资源为我所用,通过将港口与腹地深度整合,形成一个整体参与国际竞争,可以充分发挥港口在全国甚至全球范围配置资源的积极作用,提高港口及其所在城市、城市群的国际竞争力。

2. 智慧敏捷配置。海运是全球资源流动的最主要方式之一,因而港口的发展特别强调提升资源配置能力。当前,大数据、云计算、区块链等数字技术加速融合应用,为拓展港口资源配置范围、提高配置效率提供了难得契机。利用先进的数字技术和物联网技术,升级传统港口设施,

---

[1] 陈岩. 论第五代港口[J]. 中国集体经济,2009(21):114.
[2] 杜明军. 大连港建设第五代物联网智慧港口发展模式研究[D]. 大连海事大学,2014.
[3] 陈振春,谢凌峰. 基于第五代港口特征的深圳港高质量发展分析[J]. 水利经济,2021,39(04):24-27,78.

布局新型基础设施,对港口物流的商业模式进行创新,并深入挖掘港口大数据的资源价值,使港口物流更加敏捷高效,供应链、物流链更具韧性,港口资源配置能力从城市、城市群扩大至全国、全球范围,实现竞争力的跨越式提升。

3. 港企多方协调。随着供应链管理的特征和港口功能转变,第五代港口的发展将以港口或者港口企业联盟为核心,应用新一代信息技术,实现对各参与方之间的物流、信息流、客户流、资金流的安全交互,达到有效管理供应链的目的。此外,港口通过优化服务流程,提高管理能力,能高效满足供应链上各利益主体的差异化、个性化需求,从而实现整体经济效益最大化,使各合作方均享受到精细化的供应链服务。

4. 绿色本质彰显。绿色港口作为第四代港口发展的基本要求,在第五代港口建设运营中也将继续深入实践。港口与所在城市居民联系紧密,随着生态文明理念的深入人心,港口对城市居民生产生活环境造成的污染、休闲空间挤占、交通安全等负面影响[1]受到广泛的关注,部分地区港城双方矛盾甚至有不可调和的趋势。因此,第五代港口将在运用先进技术节能降耗减碳的同时,优化商业运营模式,减少港口运营对城市生产生活用地、城市交通资源的占用,实现更深层次的绿色发展,建立更加和谐的港城关系。

5. 港区范围适度。第五代港口将回归港口的原始功能,以运输枢纽为核心,充分利用互联网为市场提供信息服务、航运金融等高附加值业务,不会过度发展以物流配送、仓储服务为主的实体业务,从而控制港区陆域规模。此外,第五代港口以沿海港口、腹地陆港及支线港口的港区为主要活动范围,构建利益共享、命运与共的港口发展体系,实现对港口资

---

[1] 主要由三方面组成:(1)港口及船舶运行期间的废料、粉尘、噪声等污染排放;(2)港区日益扩张对居民生活用地、生态绿化用地的挤占;(3)港口与腹地之间的集疏运体系对城市日常交通的影响,如造成交通拥堵、路面破坏、交通事故等。

产和业务的合理优化配置,共同提高港口群抗风险能力和捕捉市场机遇的能力。

6.软实力引领。受资源、环境条件约束,港口继续做大规模势必长期不可持续。港口的发展水平也不应仅仅体现在吞吐量、集疏运体系和港口装卸能力等硬件方面,还更应该体现在航运服务、航运金融、营商环境等软实力方面。伦敦港、香港港、新加坡港等国际知名一流强港无一不是软实力引领发展的典范,特别都是自由贸易港,背后拥有国际通行的自由化、便利化优惠政策支持。因此,第五代港口将以打造接轨国际的自由贸易政策体系为重要环节。同时,运用先进数字技术,打造多元化平台体系,为涉港主体提供高效便捷的航运金融、航运保险、航运仲裁等高价值服务,成为享誉全球的港口服务品牌。

(三)港口服务化演进

相对应的,随着港口功能的代际升级,从服务化的角度形成了国际航运中心的演进变化,至今已经迭代了三个版本:1.0版是生产航运中心,主要承担货物装卸、造船等基础航运功能,对应第一、二代港口;2.0版是服务型航运中心,主要承担航运经纪、船舶管理、航运金融保险等高价值功能,对应第三、四代港口;3.0版是知识型航运中心,拥有顶尖的航运国际组织和研究机构,开展航运信息、研究、组织、标准、创新业务,对应第五代港口。

表2-4 港口发展代际及功能特征

代际	功能特征	主要标志	代表港口
第一代港口	货物中转、临时堆存和发送	客货水陆换装	17世纪的阿姆斯特丹港
第二代港口	在第一代基础上,增加工业功能,港口成为加工和服务的中心	建立港口产业园区(工业区),设立生产工厂或加工基地(如大型炼化基地、重化工企业、海洋工程基地)	19世纪的伦敦港、安特卫普港

续表

代际	功能特征	主要标志	代表港口
第三代港口	在前两代基础上,更加深度融入所在城市,为用户提供除海运之外的运输、贸易、信息共享、货物配送等多样化服务,部分港口逐渐成长为集国际贸易、国际物流、国际金融、国际经济中心为一体的综合性区域	建立大型物流园区,发展汽车、冷链等增值物流 建设电子口岸和在线服务系统 具有航运金融保险、融资租赁、代理、航运交易、航运信息等高端服务功能	20世纪末的鹿特丹港、新加坡港
第四代港口	通过运营模式、监管制度和工作机制创新,强化对不同港区码头泊位的一体化管理、协同化运作,并扩展贸易调度、产业集聚、公共服务等功能,逐渐成为深度融入全球分工体系的国际性枢纽	港口网络形成 具有自由贸易区	21世纪初期的香港港、上海港
第五代港口	尚处探索阶段,以大型海港为母港的联营子母港群,同时向全球提供航运规则标准、法律等服务,并突出智慧化、绿色化发展	联营子母港群 智慧港口 推广清洁能源,减少碳排放	当前的伦敦港(全球航运市场规则标准的制定者)

表2-5 国际航运中心和港口发展代际演进对应关系

	国际航运中心1.0	国际航运中心2.0	国际航运中心3.0
阶段层次	基础航运层次	服务航运层次	智能航运层次
业务类型	生产型	服务型	知识型
主要业务	货物装卸、造船等	航运经纪、航运金融保险等	信息、研究、标准等
港口发展代际	第一代港口、第二代港口	第三代港口、第四代港口	第五代港口
典型代表	宁波舟山港、深圳港	新加坡港、中国香港港、上海港	伦敦港(部分功能)

三、现代港口发展的组织演进

随着第四代港口逐渐向第五代港口演进,港口的组织形式逐渐由单一港口、港航联盟、港际联盟向集群化、组合式转变,进入了港口群一体化发展时代。

(一)港口群概念界定

一般将临近地域上腹地混合、功能相似的多个港口的组合称为港口群。因此,可以认为港口群是一个由多个全部或部分腹地相互交叉、功能可以相互替代的个体港口组成的大系统。

一般而言,当两个及以上的港口存在地理相近、腹地共用的情况时,就可以看作是一个功能统一的港口群系统,共同为腹地提供物流服务。国外发育较为完整的港口群有纽约港口群、洛杉矶港口群、东京湾港口群等,我国则从北到南分布了环渤海、长三角、东南沿海、珠三角和西南沿海五大现代化港口群。

(二)世界港口群一体化实践

相较于国内城市,国外区域港口的资源整合起步较早,且大多取得良好的效果,纽约大湾区城市群、东京湾区城市群等世界级城市群的崛起,都与世界级港口群的建设密切相关。

1. 纽约–新泽西港

共同建立管理机构,实现统一规划、开发和管理。纽约港和新泽西港分属纽约州和新泽西州,由于两港自然条件相近,且服务腹地互有重叠,进入20世纪后,随着货物吞吐量急剧增加,两港分割管理模式的弊端日益凸显。为提高港口资源利用效益,两港开始寻求合作,通过港口资源整合形成纽约–新泽西港,在与其他港口竞争中取得主动地位,成为北美东海沿岸最大的港口群,在纽约大湾区城市群发展中发挥重要支撑作用。

组建共同管理机构。1921年,美国纽约港和新泽西港所在两地政府联合组建美国纽约新泽西港务局,整合两港的业务、市场和管理行为。纽约新泽西港务局不是行政机构,不隶属于州政府,也不受州政府管辖,拥有独立自主的财会、税收、经营决策等权利,自负盈亏。经过统一规划和管理,纽约–新泽西港实现了码头设施建设与维护、航道建设与维护、码头业务、货物信息交互系统建设、码头安全等方面的全方位统筹和一体化运营。除纽约－新泽西港以外,洛杉矶港与长滩港、阿姆斯特丹港与艾默伊登港也采取通过地方政府协调、打造组合港的模式进行统一管理。

实行"地主港"运营模式。纽约新泽西港务局作为公益性管理部门,负责制定规划、维护和整治航道、建设更新码头公共设施、开展围海造陆等公共职能,不参与码头的日常经营管理。码头的日常经营业务则由专业的船公司(或其他运营公司)通过对设施、场地的租赁来完成。

强化一体化法律保障。由于在地理上纽约港和新泽西港分别属于不同行政区,为确保两港顺利一体化整合,两地议会分别制定地方法案,并在管理体制、会计独立、税收独立、自主经营、决策独立等方面明确相应的法律权利和义务。

2. 东京湾港口群

由国家主导,运输省负责各港口的协调。东京湾区拥挤着东京港、横须贺港、横滨港、千叶港、木更津港、川崎港等六大世界级港口,受地域空间规模狭小所限,港口之间同质化资源抢夺、恶性竞争的现象非常严重。为形成良性竞争合作发展局面,历届日本中央政府和东京都地方政府都注重持续强化对东京湾港口群的统一规划、统筹建设和优化整合。在运输省统一协调下,地方港口管理机构只负责行政管理,经营业务由各子港口独立负责,但在对外竞争中则以一个整体共同联系业务、进行统一宣传。

通过审查和控制预算调节实施国家调控。各港口发展计划由属地政府向运输省(港湾局)提交议案,交由交通省审查。对审查通过提案,由国家拨款实施。而且,区分项目大小,实行不同建设模式:大项目由交通省监督并实施,小项目则由交通省提供补贴、由地方政府负责实施。

港口经营业分工明确。结合港口周边产业发展基础和布局规划,通过政府主动干预的形式,将各个港口的分工、功能定位与之紧密相连,从而实现港口群内各子港口之间错位发展,有效避免了过度甚至恶性竞争现象的出现。

表 2-6 东京大湾区主要港口职能分工

港口	基础特色	职能
东京港	是较新港口;依托东京,是日本最大的经济中心、金融中心、交通中心	输入型港口、商品进出口港、内贸港口、集装箱港
横滨港	是历史上重要的国际贸易港;京滨工业区的重要组成部分,以重化工业、机械为主	国际贸易港、工业品输出港、集装箱货物集散港
千叶港	是新兴港口;京叶工业区的重要组成部分,日本的重化工业基地	能源输入港、工业港
川崎港	与东京港和横滨港首尾相连,多为企业专用码头,深水泊位少	原料进口与成品输出
木更津港	以服务境内的君津钢铁厂为主,旅游资源丰富	地方商港和旅游港
横须贺港	主要为军事港口,少部分服务当地企业	军港兼贸易

以法律保障港口协调发展。日本相继制定了《日本国土港湾法》（1950年颁布实施）、《东京湾港湾计划的基本构想》（1967年颁布实施）等多部港湾发展专项法律法规,明确了港口发展中日本政府的主导地位,为东京湾港口资源整合和优化配置奠定了法律法规基础。

3. 欧洲海港组织（ESPO）

保持各个港口的独立性,保护港口间公平竞争。欧盟地区有大小海港1200多个,分属于20个海洋国家。20世纪90年代起,世界制造业逐渐向发展中国家转移,欧洲与世界各国贸易规模逐年扩张,海港作用日益增强,但原欧共体制定的运输政策机制已明显滞后。为有效指导欧洲地区各海港的利益分配,1993年欧盟设立了专门协调管理机构——欧洲海港组织。

组建协商议事机构。ESPO主要由欧盟地区各海港的港务局、港口行政部门以及港口协会组成,并对少数欧洲自由贸易区内非欧盟国家开放。

保持各港口的独立性。为确保港口间的充分竞争力,ESPO不直接参与各海港的基础设施建设、重大项目投资及日常运营活动,反而高度强调港口自主经营、独立决策的法律地位。同时,ESPO还支持实施自由市场法则,禁止任何扭曲港口之间、海运与其他运输方式之间的行为(如本国或欧盟的公共基金计划援助)。

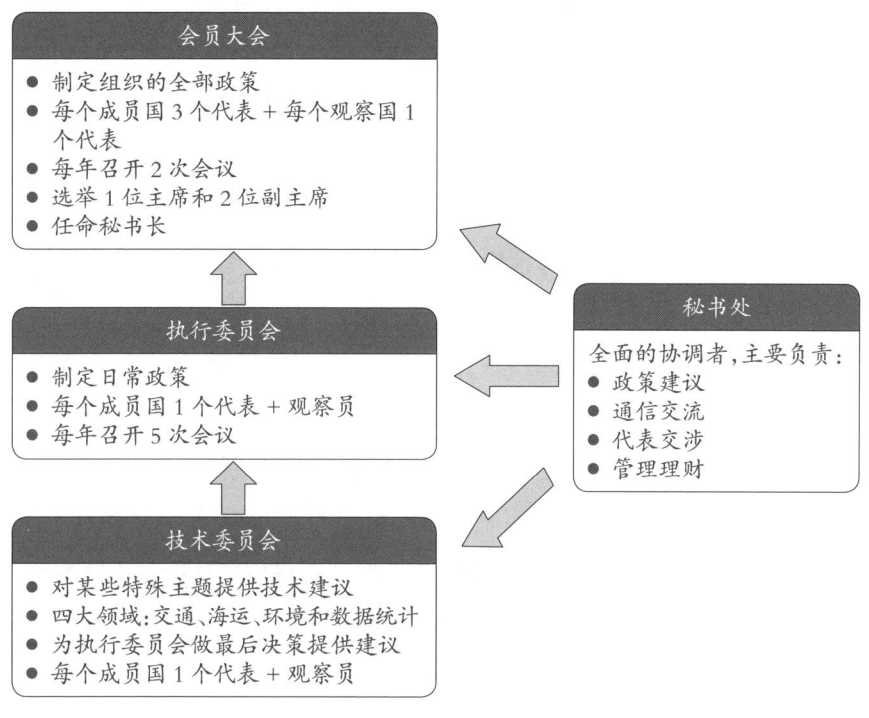

图 2-3 ESPO 组织架构

4. 德国汉堡港和不来梅港

用资本纽带形成共同经营、共担风险的合作关系。两港原为竞争对手,后通过公共经营人组建港口联盟,以共同抵抗来自鹿特丹、安特卫普等其他港口的竞争。

组建合资公司形成联盟关系。汉堡港原先主要由国有的 HHLA 和私有的 Eurokai 两家公司经营,1999 年,Eurokai 集团将其集装箱码头业务与不来梅的国有公司 BLG 物流集团业务合并,建立了各占 50% 股份的 Eurogate 公司,整合并结成联盟,共同参与全球集装箱码头建设和物流及码头配套服务发展,逐步成长为欧洲最大的集装箱码头物流集团。

共建共享信息管理系统。 Eurogate 公司通过建设统一的信息管理系统,将旗下分属于汉堡和不来梅两地的泊位信息进行整合,改变了原先船期表上分为两个不同挂靠港的情况,为来自全球各地的货物提供了更快速度、更高效率的港口及物流服务,使港口服务市场更加拓展、辐射范围更加深入欧洲腹地。

(三)世界港口群一体化发展的类型和共性举措

1.国外港口群一体化发展的类型

四大世界港口群一体化发展,根据港口资源整合主导力量的不同,形成了三种类型。

政府主导型。即港口间的联合行为主要由政府推动,属行政行为,包括以日本东京湾港口群为代表的中央政府主导模式,以美国的纽约-新泽西港为代表的地方政府协调共建模式等。这类模式的整合主要基于推动本地经济发展甚至从实现国家战略的角度考虑,港口个体通过联合成形成紧密的整体,有助于统筹港口布局,避免盲目投资建设和恶性竞争,实现港口的整体发展。这类模式适用于较小区域范围,特别是那些港口位置接近、港口数量有限的情况,但在较大区域且又有众多港口的情况下较难实现,且会抑制港口之间的良性竞争。

企业主导型。即港口间的联合行为主要由港口企业推动,主要通过相互投资、参股等形式进行,政府较少干预,属市场行为,以德国汉堡港和不来梅港合作为代表的第三方控股合作模式是其中的典型。这类合作模式灵活松散,港口行政管理保持相对独立,市场竞争的作用更加明显,因此港口企业合作的地域范围更广,但这类模式下,港口企业联合的初衷是通过资源整合获得盈利或避免各自独立运营造成的损失,如果资源整合未能实现这一目标,则港口企业联合模式或将走向解散。

协会主导型。即依托协会性质的组织,协调港口成员实现一体化,以欧洲港口群合作为典型代表。这种模式避免了政府部门直接参与港口开发经营,各港口主体保持独立,多是通过谈判协商等形式在共同关注的领域合作,有助于充分发挥市场经济优势,提升港口群运作效率。这种模式只有建立在市场经济高度发达、法律制度较为完善的基础上才能发挥有效作用。

2.国外港口群一体化发展的共性举措

四大世界港口群一体化发展路径虽各有不同,但都强调资源统一管理、功能错位互补、突出个体自主经营和品牌共同打造,为世界其他港口群发展提供了重要借鉴。

强调港口资源的统一管理。任何模式的港口群一体化发展,其核心都是跳出单个港口的发展格局,着眼于区域港口群利益最大化,通过共同建立管理组织、协商机构或出台相关政策,实现区域港口资源的统一管理,避免区域港口间的恶性竞争。例如:纽约新泽西港务局拥有纽约-新泽西港建设与发展的直接管理权,日本运输省对东京湾各个港口的规划建设拥有最终决定权(当然也包括日本国内的其他港口)。

强调港口功能定位的错位互补。任何模式的港口群一体化发展,都强调将港口建设与临港工业发展、港城联动战略相结合,错位明确港口分工和定位,并在不同模式下,通过上级政府干预、组织协商谈判、构建统一经营主体等形式,使港口群内各港口发展保持相对清晰的"边界",并在基础设施建设、信息系统管理等方面共建共享,实现共赢发展。例如,欧洲海港组织制定法律条款来统一各个港口安全、环境、服务的标准,并且用会议协商的方式协调各个港口建设和发展方向;日本运输省港湾局早在1967年的《东京湾港湾计划的基本构想》中,就提出将区域内港口整合为一个分工不同的有机群体,并通过这一构想的落实,有效解决了东京湾内的港口竞争问题。

强调港口自主经营和公平竞争。任何模式的港口群一体化发展中,政府除干涉影响港口群整体利益的事项以外,还实行政企分离的港口运营管理体制机制,以确保各个港口独立决策、自主运营、自负盈亏,并通过制定的共同法律管理条例、共同的港口收费政策及搭建公共的信息管理平台等，营造合理公平竞争的环境，提升港口运营效率和港口服务竞争力。例如，东京湾港口群在运输省统一协调下，由地方港口管理机构负责管理港口，港口运营各自独立；纽约-新泽西港依托"地主港"模式实现港口管理运营的政企分离。

强调港口群品牌的共同打造。任何模式的港口群一体化，除了避免港口间恶性竞争，还围绕实现港口群整体竞争力的提升，在推进绿色港口建设、智慧港口建设、港口全球化经营等方面广泛合作，以共同体姿态应对全球港口的竞争，共同提升区域港口群品牌影响力。例如，欧洲海港组织1993年就推出一套环境法规，把建设环境友好型港口提上了日程；日本国土交通省明确提出了建设"与环境共存"的港口的要求，绿色港口建设成为港口群建设的重要内容；Eurogate公司作为合资公司不断参与全球集装箱码头的建设与运营，扩大全球港口资源的配置能力。

第二节 世界一流强港发展的基本动因

从马克思主义政治经济学的视角看，任何事物的发展都与社会生产力之间存在着紧密的相互作用关系。对港口而言，一方面，随着经济社会发展，商品贸易范围扩大，大规模的货物运输需求促进了港口的发展；另一方面，社会生产力水平提高，改善了港口设施环境和海上运输方式，从而满足了大规模国际贸易货物运输的需求。两方面良性互动，推动港口发展从量变走向质变，不断迈向更高的阶段。就此而言，推动世界一流强港发展的基本动因是国际贸易和国际分工两个基本要素。

一、世界一流强港的国际贸易驱动效应

在资本主义生产关系形成前的漫长自然经济状态下，整个世界经济

的年均增长率和人均生产的年均增长率分别只有 0.1% 和 0.09%。[1] 主要原因是自然经济状态下，社会生产力水平低下，人类长期依靠人力或畜力开展最原始的自然手工生产，可供交换的社会产品的数量十分有限，因而对交通运输的需求长期保持在较低水平。而随着资本主义生产关系的形成与发展，社会生产力水平大幅提高，可供交换的产品数量、种类不断扩大，对交通运输的需求日益增长，甚至从一域、一国走向全球，形成了国际贸易大发展。港口因其区位、成本等优势，成了国际贸易货物运输的首要选择。由此可见，现代港口发展的真正动力来自构筑在商品经济基础之上的国际贸易的大规模、远距离货物运输需求驱动。

1760 年，以蒸汽机的发明为标志的第一次工业革命奠定了资本主义大工业生产的物质基础。英国率先在西方资本主义国家中开展工业革命，经济获得快速增长。这一时期，出口工业的快速增长，产生了大量的货物运输需求，由此推进了交通运输的快速发展。特别是囿于英国狭小的国土空间，大量的工业品亟须寻找海外市场空间，利用港口天然优势发展海上运输成了不二选择，伦敦、利物浦等港口由此发展壮大，成为世界一流强港的 1.0 版。

表 2-7 18 世纪英国主要经济指数增长情况（以 1700 年为 100）

年份	国民收入	出口工业	国内工业	农业生产
1700 年	100	100	100	100
1760 年	147	222	114	115
1780 年	167	246	123	126
1800 年	251	544	152	143

来源：《剑桥欧洲经济史（第四卷）》（1967 年伦敦版）

---

[1] S. 佩特尔（S. Pater）.1850—2060 年转变中的世界经济. 转引自姚曾荫主编. 国际贸易概论 [M]. 北京：人民出版社，1987：2.

19世纪中叶,以电气革命为代表的第二次工业革命,在继续提高纺织、钢铁、造船和煤炭等传统产业生产效率的基础上,催生了电力电器、石油化工、航空、汽车制造等先进制造业。美国、法国、德国、日本等国家抓住机遇迅速完成了经济结构和产业布局的重新调整,特别是美国实现了对英国的快速超越(仅用了40年左右的时间)。这一阶段,商品经济的快速发展,不单表现为需要将越来越多的大工业产成品销往世界各地市场,还表现为需要从世界各地市场采购大量原材料,以满足大工业生产所需。

表2-8 19世纪中后期世界主要工业国家工业生产总值排名

单位:百万美元

国家	1860年	1900年
英国	2803	4263
德国	1995	3357
法国	2092	2900
美国	1907	9498

来源:王荣堂、姜德昌主编《新编世界近代史》(吉林人民出版社1980年版)

20世纪四五十年代开始,以原子能、电子计算机、空间技术和生物技术等为代表的第三次工业革命兴起,以跨国公司为主体,以信息技术、新能源技术、新材料技术、生物技术、深空深海技术等诸多领域新技术赋能应用为手段,世界范围内的商品生产、销售和要素联系更加密切,国际贸易更加深度融入全球商品生产、分配、交换、消费等各环节,从而带动海上运输成为实现国际贸易的主要方式(目前全球80%以上的国际贸易货物量通过海上运输方式完成)。港口作为海上运输的起点和终点,发挥着关键的枢纽作用。港口吞吐总规模随着国际贸易规模的扩大而扩大,这一形势延续至今,尚未呈现出明显放缓的势头。

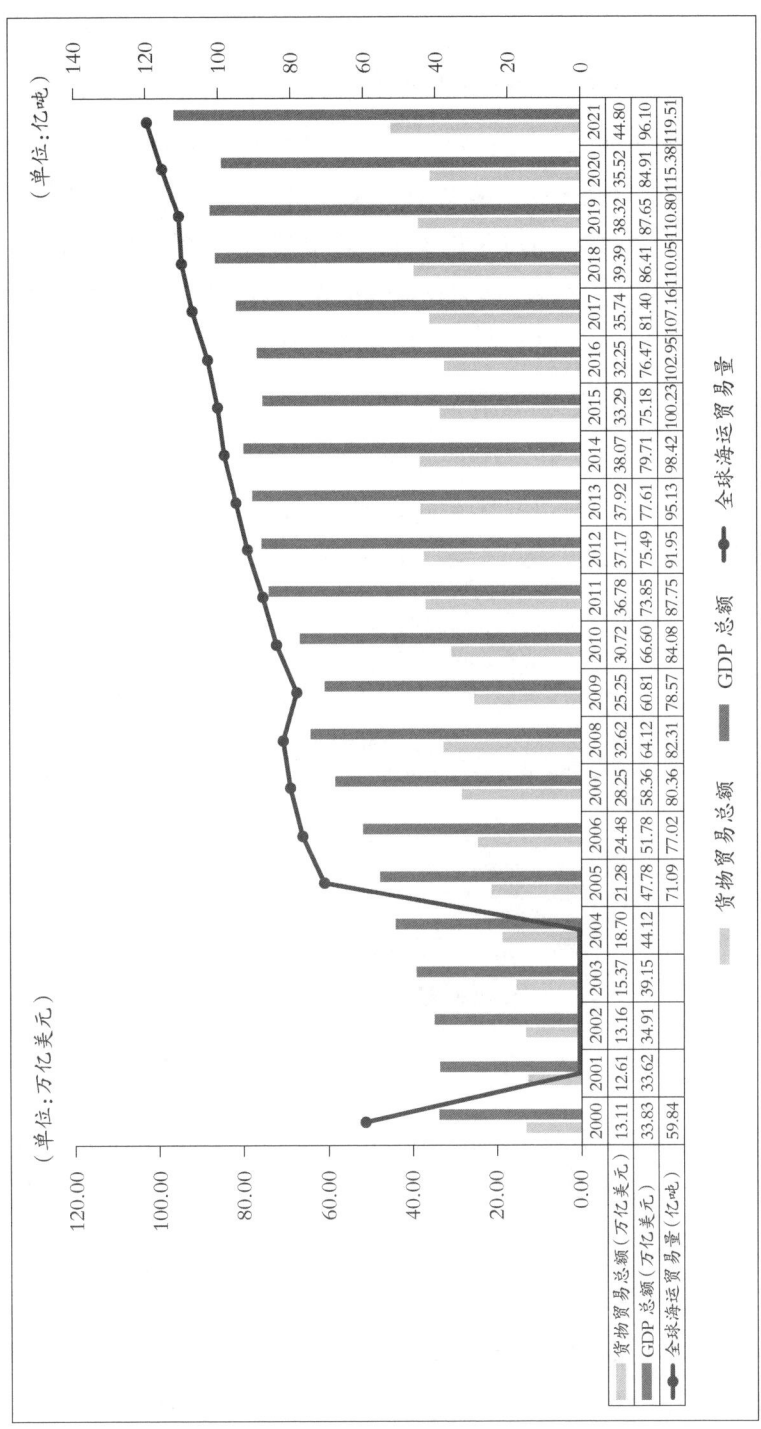

图 2-4 2000 年以来世界海运贸易与世界经济增长变化趋势

来源:(1)货物贸易总额和全球海运贸易量根据 UNCTAD 统计数据整理;(2)GDP 总额根据国际货币基金组织(IMF)公布数据整理

二、世界一流强港的国际分工加速效应

经济全球化将商品的生产、经营、消费和资源配置范围扩展到了全世界，促进了国际商品经济和国际贸易的快速增长，国际分工成为加速港口运输的重要因素。从经济社会发展的一般规律看，当经济社会处于相对稳定的周期性增长时，世界经济增长一般会带动国际贸易同步增长，从而引致港口运输规模扩大，这是典型的"正促进效应"。但当经济发展处于收缩状态时，降低生产成本的要求更加紧迫，在技术水平没有大的革新的条件下，降低生产成本的主要途径是寻找新的劳动力和加工成本最低的生产地区，由此扩大了产品生产的范围，导致运输环节增加，提高了港口运输的货物总量，出现了经济下行时期港口依然保持相对稳定发展甚至高速发展的"逆弹性效应"现象。

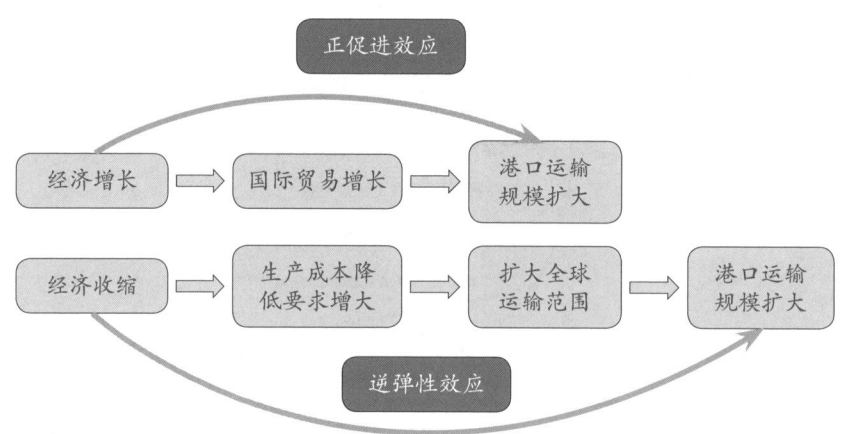

图 2-5　经济全球化背景下现代港口的国际分工效应

可见，经济全球化背景下，无论经济发展是处于扩张还是收缩周期，国际分工对现代港口发展的影响，一定程度上都起到扩张式的促进作用。具体主要体现在以下几个方面。

（一）规模进一步扩大

究其本质而言，商品生产的国际化分工是一种建立在不同国家或地区经济社会状况差异基础上的交换行为，在不同的商品经济发展阶段表

现为不同的运行方式,也伴随不同的港口运行方式。

表2-9 不同商品经济发展阶段的经济运行方式和港口运行方式

商品经济发展阶段	经济运行方式	港口运行方式
早期阶段	(1)发达国家与发展中国家进行不同使用价值商品的相互交换 (2)发达国家之间进行相同使用价值商品之间的相互交换	(1)从发达国家运往发展中国家的商品主要是工业制成品,从发展中国家运往发达国家的主要是原料及初级产品 (2)发达国家之间进行交换的绝大部分是使用价值相同或基本相同的高价值商品
成熟阶段	通过资本和技术输出的方式在全球范围内实现最低生产成本的资源配置和经营生产过程	(1)从全球各地寻找最低价格的原料或初级产品,选择生产成本最低的地区进行高价值产品的生产 (2)将最具竞争力的商品运往世界各地市场进行销售

随着商品经济进入成熟发展阶段特别是全球化阶段,海上运输能力及相应的港口规模反映了一个国家或地区的综合实力。在目前的世界经济运行中,国际贸易量规模扩张导致海上运输量的同步增长。2000—2021年,国际货物贸易规模从13.11万亿美元增加到44.80万亿美元;同期,除杂货船表现相对平稳外,各类投入运营的商业运输船舶总吨位不断扩大(见图2-6、图2-7)。

在国际海上运输规模快速扩张带动下,世界主要港口的吞吐规模和航道、码头等基础设施也发生了巨大变化。

(二)布局进一步优化

当前,发达国家凭借政治、经济、军事等先发优势,通过扩大资本输出和产业输出的投资方式,掌握着国际分工的主动权。发达国家利用其科学技术优势研发先进产品,在生产工艺成熟和标准化之后,通过资本输出的方式将部分产业转移至具备成本优势的发展中国家进行规模化生产,最后又从发展中国家大量进口工业制成品。美国是这方面的典型。自1976年至今,美国长期处于贸易逆差状态,2021年逆差规模达创纪录的

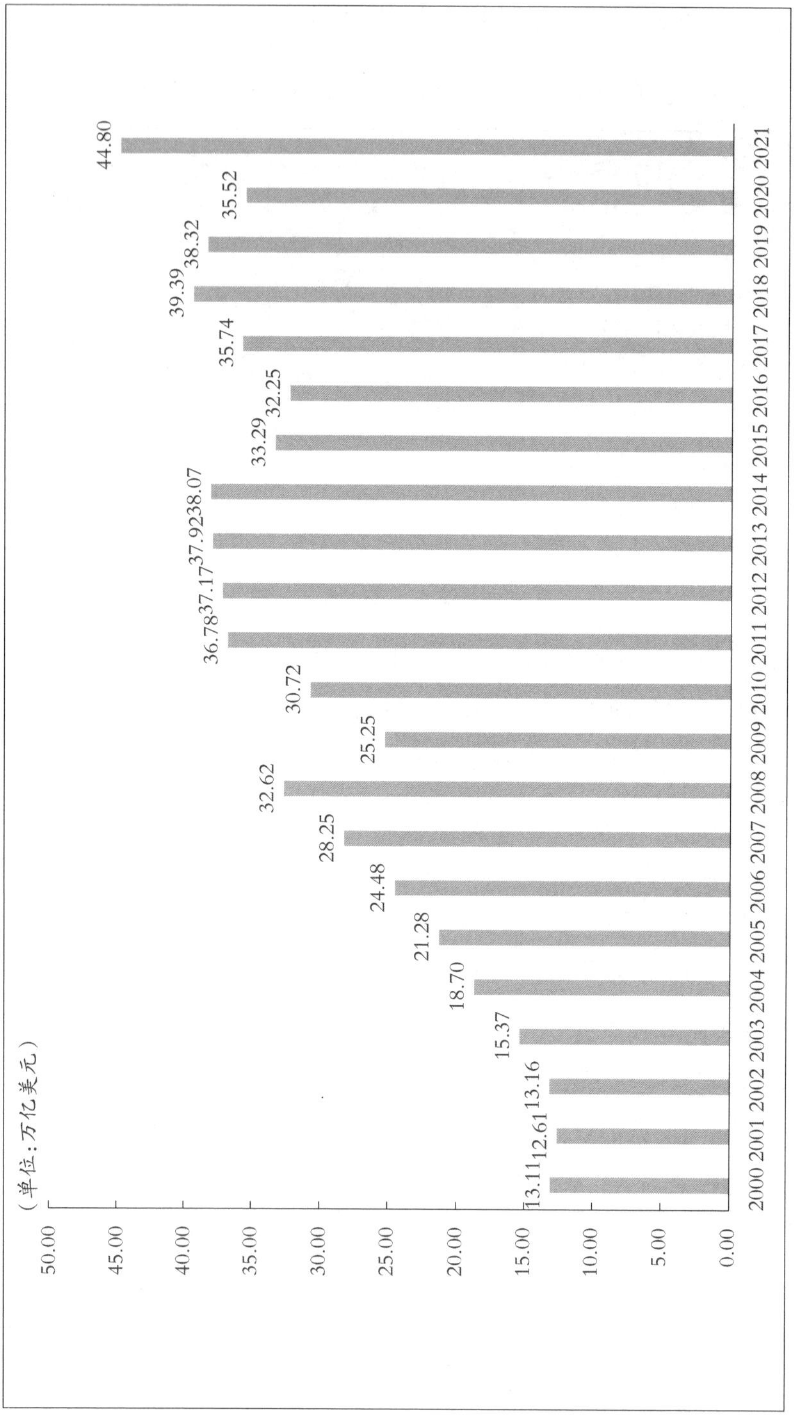

图 2-6 2000 年以来全球货物贸易规模变动情况

来源：根据 UNCTAD 统计数据整理

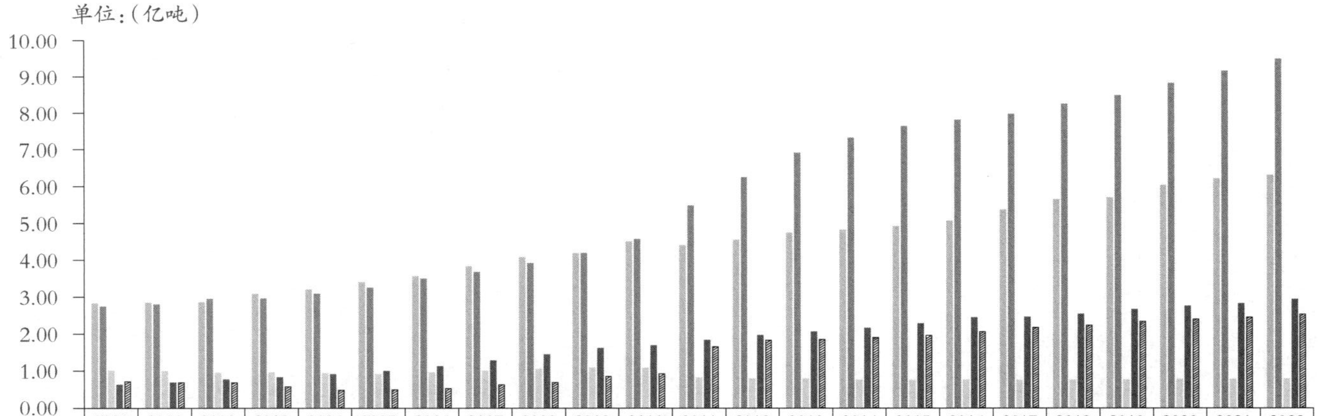

第二章 世界一流强港基本运行规律的理论研究

单位：(亿吨)	2000	2001	2002	2003	2004	2005	2006	2007	2008	2009	2010	2011	2012	2013	2014	2015	2016	2017	2018	2019	2020	2021	2022
油轮	2.83	2.85	2.86	3.09	3.21	3.41	3.56	3.83	4.08	4.18	4.50	4.40	4.55	4.74	4.82	4.91	5.06	5.35	5.63	5.68	6.02	6.19	6.29
散货船	2.74	2.80	2.95	2.96	3.09	3.26	3.50	3.68	3.91	4.18	4.57	5.47	6.24	6.90	7.30	7.62	7.79	7.96	8.23	8.46	8.80	9.13	9.46
杂货船	1.02	1.00	0.96	0.96	0.94	0.92	0.96	1.01	1.05	1.09	1.08	0.82	0.80	0.79	0.76	0.76	0.76	0.76	0.76	0.76	0.78	0.78	0.79
集装箱船	0.64	0.69	0.77	0.83	0.92	1.00	1.13	1.28	1.45	1.62	1.69	1.84	1.97	2.06	2.16	2.28	2.44	2.46	2.54	2.66	2.75	2.82	2.93
其他船型	0.71	0.69	0.68	0.57	0.48	0.49	0.52	0.63	0.69	0.85	0.92	1.65	1.82	1.85	1.90	1.95	2.05	2.16	2.22	2.33	2.39	2.44	2.52

图 2-7 2000 年以来分船舶类型的国际海上货物运输总吨位情况

来源：根据 UNCTAD 统计数据整理

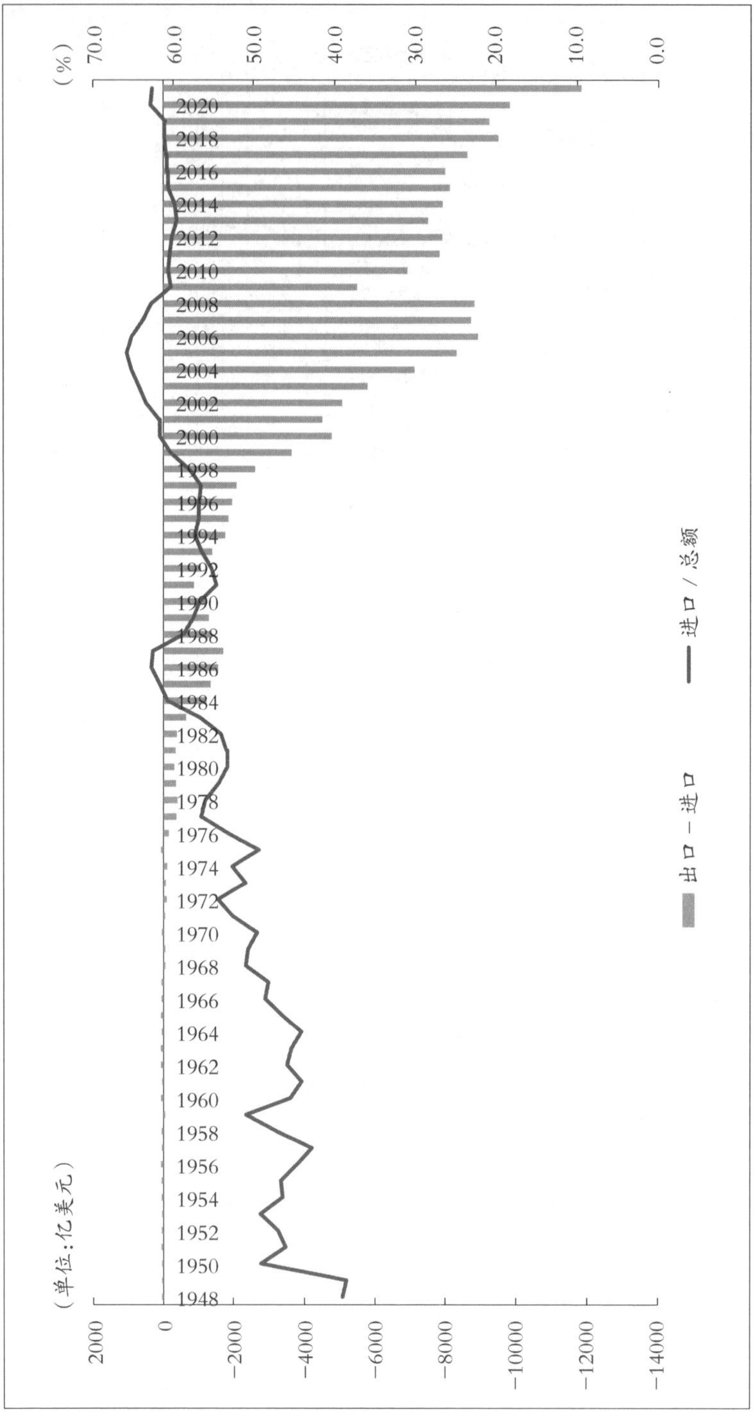

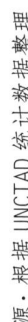

图 2-8 战后美国国际贸易逆差规模及进口贸易占比情况

来源：根据 UNCTAD 统计数据整理

1.18万亿美元。通过美国港口吞吐的货物贸易总量中，出口货物量不足1/2，主要为美国企业生产的高精尖关键零部件及产成品；进口货物分别为来自全球范围的资源性原料和具有成本优势的工业产成品，进口贸易量占其贸易总额的比重维持在53%—66%之间。

这种全球化的生产、交换、分配方式，在提高全球资源配置效率的同时，也极大调动了广大发展中国家通过加快港口建设以参与国际分工、融入全球经济大循环的积极性，优化了全球港口布局格局，形成了资源主导型、产成品导向型、综合型等多种港口类型，以及单个港口内部的货物和集装箱码头相对集中布局的局面。

（三）效率进一步提高

20世纪90年代以来，在经济全球化推动下，国际化分工模式从垂直型[1]向水平型[2]转变，在推动形成全球一体化市场的同时，也极大提高了

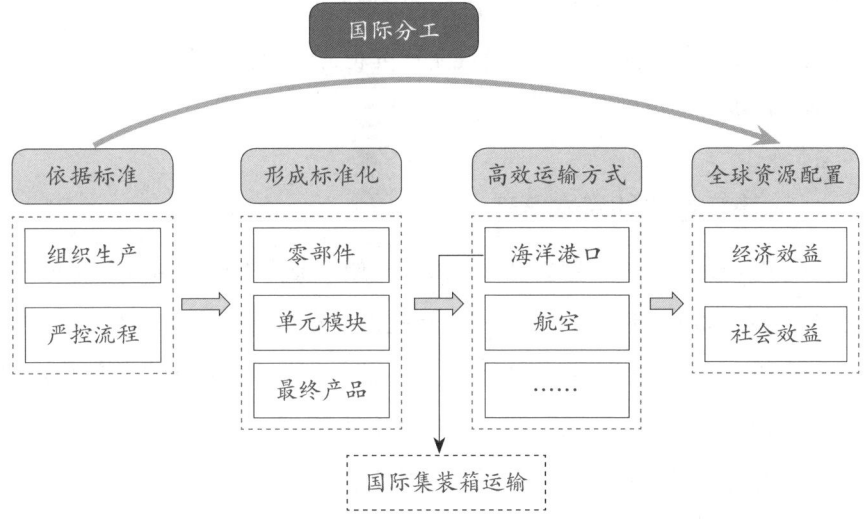

图2-9　国际分工影响港口运输效率的传导机制

---

[1] 发达国家按照原料与制成品、劳动密集型与资金密集型产品的区别，在发达国家与发展中国家之间进行分工。
[2] 发达国家通过资本和技术输出，在一些发展中国家投资设立产品生产基地，根据产品标准和市场需求在全球范围组织配置资源进行生产经营。

世界各国特别是发展中国家加快提高港口运输效率、做大做强港口运输的积极性。国际集装箱运输迅速发展成为典型的港口运输方式。当今位居世界前列的世界级港口无一不是通过大力发展集装箱运输成为全球资源配置的重要枢纽。可见,高效便捷的港口运输网络是发展国际贸易、畅通经济循环的重要支撑。从此意义而言,港口必须超前于国际贸易和社会经济发展,否则容易成为制约后者的"瓶颈"。

第三节　世界一流强港发展的经济特性

港口既是经济社会运行的重要一环,也是国民经济的基础性产业。港口的经济活动既具备产业活动的一般规律,也存在自身特殊运行规律。因此,把握好港口发展的经济特性是研究世界一流强港发展理论和实践的基本前提。

一、港口经济的资本循环

根据马克思主义政治经济学理论,一般产业资本的货币资本循环过程为:原始货币资本投入商品生产,通过商品资本转化形成生产资本,生产资本通过运行转化形成商品资本,商品经过交换、分配、消费,通过资本积累实现货币增值,形成一轮完整的货币循环,增值资本进入下一轮循环,周而复始,推动社会经济发展。即经典的货币资本循环公式为:

$$G - W \cdots P \cdots W' - G'$$

其中:

G——原始货币资本;

W——通过生产资料 P_m 和劳动力 A 转变为商品资本;

P——进入生产过程的生产资本;

W' —— 完成生产过程的商品资本;

G' —— 完成商品交换、分配、消费后实现增值的货币资本。

投资于港口的产业资本具有特殊的运行特性。从投入 — 产出的商品物化角度看,港口所生产的产品并非具体的实物商品,而是一种满足特殊需求的物化效应 —— 对物化的运输实体进行空间位置转移,即港口的生产过程就是货物的空间位移过程,对被运输对象而言并未实现价值和使用价值的增值,其价值增值 G' 是通过港口综合费用(装卸、搬运等)的收入来实现的。

$$G - W \langle {}^A_{Pm} \cdots P - G'$$

可见,港口经济的资本循环过程具有两个独特的个性:港口生产过程所提供的产品不是具体化的实物,港口的生产与消费过程同时开始、同时结束。

> **链接**
>
> ## 港口经济循环的两大特性
>
> 港口的生产活动过程所提供的产品或服务主要表现为货物的空间位移,体现为两大特性:
>
> 港口生产过程所提供的产品不具实物形态。与其他形态的产业经济运行过程不同,港口并没有向社会经济活动过程提供实体形态的物质产品,港口的价值增值通过货物空间位移得以实现。
>
> 港口的生产与消费过程同时开始、同时结束。港口生产过程的结果是实现货物发生空间位移,因此这一过程形成的最终产品无法存储,在货物空间位移过程结束后,消费过程也随之结束。

二、港口的基本功能

港口是海上货物和客流(以货物为主)运输的起点和终点,其生产活

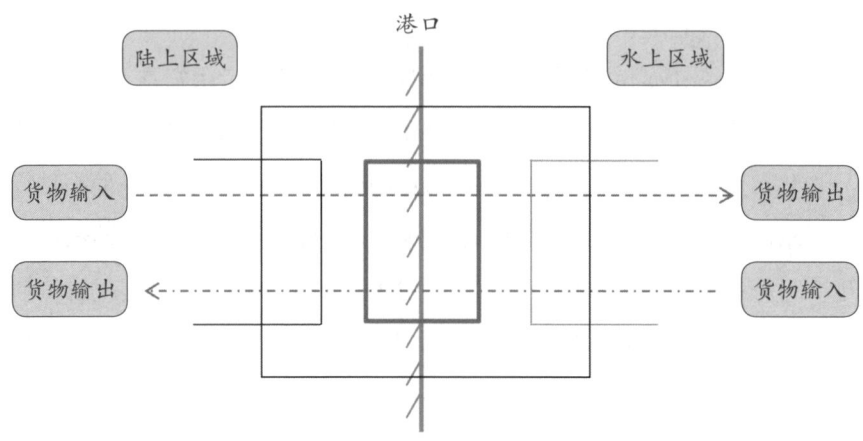

图2-10　港口生产活动的基本过程

来源:杨建勇《现代港口发展的理论与实践研究》(上海海事大学2005年博士学位论文)

动的基本过程如图2-10所示:一是货物由陆向海运输时:货物通过陆上交通系统运至港口,然后通过港口生产系统完成水陆空间位移,转运至海上运输系统,从而实现由陆向海的生产过程。二是货物由海向陆运输时:是前者的逆过程。这两个基本的转运过程组成了港口生产最基本的功能,实现了国际贸易货物进入世界各地市场,最终帮助商品通过消费实现了价值增值。

现代港口的基本功能主要表现在全球资源配置的中枢、区域经济发展的基地和吸引国际资本的窗口三个方面。目前,全球1/3以上的人口居住在以沿海地带为主体的滨水区,35个国际化大都市中有31个是港口城市,我国2022年城市地区生产总值排名前20位中,港口城市占了14席。

*1. 全球资源配置的中枢。*经济全球化进程中,港口因处于海陆交通枢纽的地位,成为一个国家或地区链接、融入国际经济大循环的重要通道。在现代交通体系中,港口(特别是沿海港口)处于核心地位,已发展成为连接铁路、公路、水运、海运和管道等多种交通方式的枢纽节点。目前,仅中国每年就有110亿吨货物通过海上运输。

2.区域经济发展的基地。20世纪50年代以来,港口从单纯的货物装卸、转运场所转变为产业发展的重要基地。由于快速发展的现代工业对大量外来原材料和产品外销运输的需求,以港口为中心的临港产业区域形成,特别是衍生出了以石化、钢铁、金属冶炼、装备制造、港航物流等为代表的产业形态,成为推动一个地区甚至国家发展的重要增长极。

3.吸引国际资本的窗口。与港口功能转变相关,为减少关税政策和国界对国际贸易发展的限制,世界上大部分沿海国家都依托区位优势,在沿海港口周边设立自由贸易区、自由贸易港,通过引进国际资本、承接国际产业环节转移,实现了经济的快速发展,相关港口成长为地区性甚至全球性航运、贸易和金融中心。

世界知名自由贸易区(港)

目前,在亚太、欧洲、北美等贸易活动频繁的地区,依托沿海港口出现了一大批自由贸易区、自由贸易港,成为全球经济版图的耀眼"明星"。

• 亚太地区。典型如中国香港和新加坡,两者通过实施自由贸易港政策吸引外国资本,从港口中转集散服务逐步过渡到一般加工业、深度加工业及高新技术产业,成长为亚太地区甚至全球性国际贸易、国际金融和国际航运中心。

• 欧洲地区。最大的是鹿特丹港自由经济区,通过全港实施自由港政策,吸引外国资本在港口及周边地区设立保税仓库,发展港航物流、加工贸易和大宗贸易等产业。鹿特丹港目前已成为世界上最大的石油现货市场、世界有色金属储运中心和欧洲粮食贸易中心,是重要的国际航运中心。

• 北美地区。典型如美国西海岸的洛杉矶港和长滩港,美国联邦政府在两港实施自由贸易政策,吸引资本集聚发展出口加工业以及高新技术产业。

三、港口设施的社会特性

港口基础设施布局之初大都依赖于一定的自然岸线条件,承担着实现货物和人员空间位移的基本功能,是国民经济发展的社会性公共基础设施,而且由政府作为最主要的提供者,同时引入社会资本形成多元化产权结构,属于典型的准公共产品。下面利用港口设施供需曲线来证明这一属性。如图 2-11 所示。

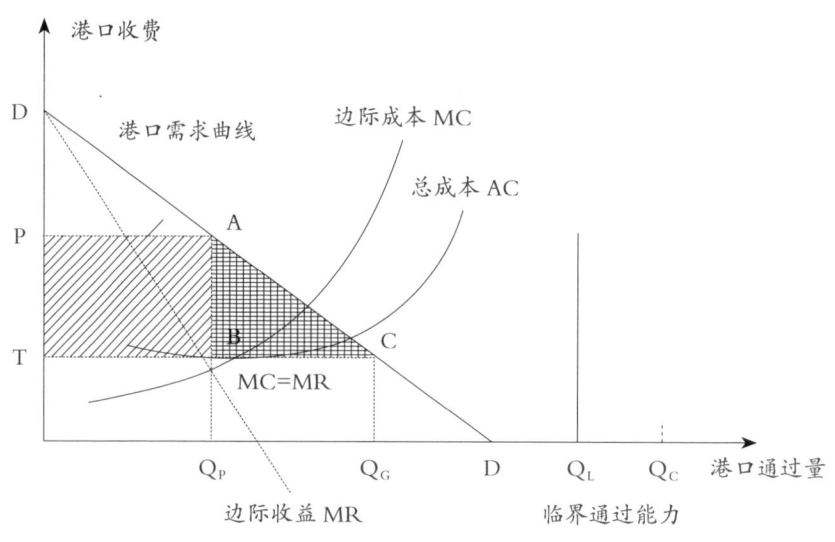

图 2-11　港口设施供需情况分析示意图

来源:杨建勇《现代港口发展的理论与实践研究》(上海海事大学 2005 年博士学位论文)

横坐标代表港口通过量,纵坐标代表港口收费水平,D-D 代表港口消费者对港口设施的需求曲线(价格越高,需求越小),D-MR 为港口设施边际收益曲线,MC 为港口设施边际成本曲线,AC 为总成本曲线,Q_L 为港口的临界通过能力(即一定设施条件下的最大通过量),当实际通过量超过临界通过量时(如图中的 Q_C),就会造成港口进出拥堵。

(一)纯公共产品供给情况

政府投资建设港口设施后,面对消费者需求,将港口作为纯公共产品进行供给。有两种情形:第一,供消费者免费使用。第二,向收费者收取一定的港口使用费。

情形一：当港口实际通过量 Q_S 小于临界值 Q_L 时，每增加1单位通过量的边际成本为0，允许免费使用港口可以降低货物的运输成本，提高企业的市场竞争力，增加社会整体福利规模。

情形二：当实际通过量 Q_S 大于临界值 Q_L 时，政府应加快扩大港口设施投资，提高吞吐能力。但由于港口设施建设周期长、投资规模大，必须将实际通过量降低到临界通过能力以下，实施收取港口使用费政策变成了重要且有效的经济调控手段。此时若按照港口设施建设的边际成本MC来确定市场收费标准，则可以获得最大化的社会整体福利水平。

（二）纯私人产品供给情况

私人投资建设港口后，将其作为纯私人产品提供给消费者。此时，由于港口岸线资源的稀缺性、不可再生性、不可替代性等特点，由私人资本控制、实行纯私人产品供给模式，必然会形成极强的行业性垄断，并在海运市场供不应求的情况下，港口收费标准提高，导致消费者剩余受到蚕食，最终影响港口设施的整体高水平使用效率。

此种情形下，私人资本为实现投资效益最大化，其确定港口收费标准 P 的最佳策略必然是边际成本等于边际收益（MC=MR），此时可以获得规模为 PABT 的垄断性利润。但是，由于港口实际通货量从 Q_G 减少到 Q_P，消费者剩余随之大幅减少 PACT，由此造成社会整体福利规模减小 PACT−PABT=ABC。由此可见，由私人资本控制，实行纯私人产品性质的港口供给模式，将降低整体社会剩余，降低港口生产效率。

通过上述分析发现，采取纯公共产品和纯私人产品供给两种模式，都不能实现港口运行效率的最优化，也不能获取最大化的社会整体福利水平。因此，实际运行过程中，往往采取以政府投资为主导、引入私人资本参与投资建设的组合模式，实行准公共产品性质供给。这是提高港口运行效率、最大化港口社会剩余价值的有效方式，也为提高港口基础设施投资多元化水平提供了初步理论基础。

第三章

世界一流强港发展评价

基于国情实际、符合国际主流、兼顾多元要素,在综合现有相关评价体系成果的基础上,开展"世界一流强港硬核力量"评价指数研究,具有重要意义。本章基于世界一流强港内涵特征,构建世界一流强港硬核力量评价指标体系,以2021年的数据为基础,运用主成分分析等方法,计算得出指数评价结果,并从综合评价和分领域评价两个维度对结果进行分析。

第一节　世界一流强港评价研究现状

一、港口评价研究基础

（一）学术研究

从研究文献看，关于港口评价研究是现有研究的一个重要方面，大多聚焦于港口竞争力评价研究，主要涉及港口竞争力的影响因素、港口竞争力的评价方法、港口竞争力的指标构建等方面。

影响因素研究方面。Kaliszewski等（2020）通过对120名航运公司工作者进行问卷调查收集数据，从全球视角确定影响集装箱港口竞争力的因素。[1] Rezaei等（2018）从港口选择的角度研究认为运输成本、满意度、灵活性能够影响港口竞争力。[2] 丁婉怡（2010）利用基于漂移度的评价方法研究了经济环境、港口基础设施、自然条件、港口能力、港口环境等对港口竞争力的影响。[3]

评价方法研究方面。Wei Chen（2020）采用结构方程模型（SEM），以我国主要沿海港口为例，通过组合评价法对港口竞争力进行分析。[4] 谢译（2021）利用熵权TOPSIS方法选取国内10个港口进行港口竞争力研

---

[1] Adam Kaliszewski, Arkadiusz Kozłowski, Janusz Dąbrowski, Hanna Klimek. Survey Data on Global Shipping Lines Assessing Factors of Container Port Competitiveness[J]. *Data in Brief*, 2020, 30（5）: 105444-105446.
[2] Rezaei J, Linde V, Tavasszy L, et al. Port Performance Measurement in the Context of Port Choice: an MCDA Approach[J]. *Management Decision*, 2018, 21（3）: 1346-1370.
[3] 丁婉怡. 珠三角地区港口综合竞争力研究[D]. 华南理工大学, 2010.
[4] Wei Chen. Statistical Analysis of Coastal Port Competitiveness Factors Based on SEM Model[J]. *Journal of Coastal Research*, 2020, 103（5）: 190-192.

究,进而分析广州港的竞争优势和劣势。[1]郭琦(2019)利用因子分析法对长江三角洲港口进行竞争力分析,然后利用聚类分析确定港口的功能。[2] Kim等(2017)利用TOPSIS方法研究发现釜山港的国际竞争力低于上海港。[3]刘家军等(2012)选取10个港口作为研究对象,证明了DEA方法在评价港口竞争力中的适当性。[4]周雅琨(2017)从"一带一路"出发,利用主成分分析法研究环渤海群港口竞争力问题。[5]

指标构建研究方面。陈艳春等(2022)对环渤海港口综合竞争力评价进行研究,从港口综合竞争力水平和进展两个维度进行评价,构建了包括港口运营能力、集疏运体系、企业财务状况、港产城协同、智慧绿色和人力资源的评价指标体系。[6]罗敏(2017)利用波特钻石模型和GEM模型从港口支持环境、港口业绩、港口发展潜力三个方面出发,建立了38个三级指标。[7]

(二)指数发布

目前发布的港口相关评价指数较多,指数发布机构基于不同视角研制指数报告并面向社会发布。如,由新华社中国经济信息社、中国金融信息中心和波罗的海交易所联合编制发布的《新华·波罗的海国际航运中心发展指数报告》,由挪威咨询机构梅农经济和挪威船级社联合发布的

---

[1] 谢译. GZ港竞争力提升研究[D]. 广东工业大学,2021.

[2] 郭琦. 长江三角洲港口竞争力研究[D]. 曲阜师范大学,2019.

[3] Kim A-Rom, Kim Kwang-Hee.A Study on the Competitiveness of Terminals in Busan and Shanghai Ports Using TOPSIS[J]. *Journal of Korea Port Economic Association*, 2017,33(2):19-32.

[4] 刘家军,蒋朝哲. 港口竞争力评价模型研究[J]. 交通运输工程与信息学报,2012,10(4):99-104.

[5] 周雅琨. 基于"一带一路"战略的环渤海区域港口竞争力分析[D]. 大连海事大学,2017.

[6] 陈艳春,李扬,赵玉斌. 环渤海港口综合竞争力评价与提升策略研究[J]. 石家庄铁道大学学报(社会科学版),2022,16(03):8-15.

[7] 罗敏. 港口综合竞争力的系统动力学模型构建研究[D]. 大连海事大学,2017.

《世界领先海事城市报告》，由新华社中国经济信息社发布的《国际航运枢纽发展指数——RCEP区域报告》以及交通运输部水科院与中国经济信息社联合发布的《中国港口高质量发展报告》等。

二、现有港口相关评价指数比较

基于不同视角，国内外一些机构建立了对港口发展水平评价的指标体系。根据影响力和权威度，笔者选取7个相关指标体系进行比较分析。

综合来看，现有指标体系多是以某个领域的发展水平为视角来构建的，相对而言，交通运输部等九部委发布的港口发展指标体系、新华·波罗的海国际航运中心发展指数和浙江省交通厅研究制定的世界一流强港指标体系等3个指标体系较为全面、综合，但是仍然缺少从服务国家战略和港口城市发展角度设置的指标，表现为缺少体现服务国家产业链供应链安全的战略资源配置能力指标和体现港产城文融合发展水平的港口城市临港产业发展规模与水平指标，这与世界一流强港具有区域经济辐射能力强、全球资源配置能力强的特征不匹配，因此在设置发展指标时应考虑增加相应指标。

表3-1 国内外港口相关评价指标体系比较

指标体系名称	发布来源	指标构成	指标体系特点
港口发展指标体系	交通运输部等九部委发布的《关于建设世界一流港口的指导意见》中的附件"港口发展指标体系"	由安全便捷、智慧绿色、经济高效、支撑有力、世界领先5个维度16项指标构成	指标设置较为完整，是以世界一流港口的时代特征和本质内涵为视角构建的指标体系，突出港口的安全、智慧、绿色，而总量规模、航运服务等港口经济类指标较少，一些指标偏描述性，难以量化
新华·波罗的海国际航运中心发展指数	由新华社中国经济信息社、中国金融信息中心和波罗的海交易所联合编制和发布	由港口条件、航运服务和综合环境3个维度17项指标构成	突出反映国际航运中心城市的综合发展水平，其中航运服务维度权重达50%

续表

指标体系名称	发布来源	指标构成	指标体系特点
中国港口高质量发展评价指标体系	由交通运输部水科院与中国经济信息社联合发布	由规模影响、枢纽功能、服务品质、绿色安全4个维度10项指标构成	指标范围涵盖面比较全,但对港口物流、航运服务等方面的指标没具体展开论述,权重设置存在一定主观性
全球港口竞争力排行	由中国港口网与上海海事大学联合发布	由通达性(与其他港口航线直达数量)、繁忙性(与其他港口间船舶运输往来频度)两个维度构成	从港口的通达性和繁忙性两个维度对全球的港口由高到低进行排序,每月发布一次,时效性强,但只是从一个层面反映港口发展水平
世界领先海事之都指标体系	由挪威咨询机构梅农经济和挪威船级社联合发布	客观指标由"航运中心""海事金融与法律""海事技术""港口与物流"和"城市吸引力和竞争力"等五大类24项指标构成,专家评估由22个问题构成	每两年发布一次,是以航运服务中的海事服务为视角的指标体系,涵盖面相对有限
浙江省交通厅世界一流强港指标体系	由浙江省交通厅与浙江省海港集团联合课题组研究提出	由一流设施、一流服务、一流技术、一流管理4个维度28个指标构成	是以世界一流强港的四个"一流"为视角的指标体系,结合了其他权威机构相关指标和浙江实际,比较完整
国际航运枢纽发展指数——RCEP区域报告	由新华社中国经济信息社发布	由枢纽基础设施能力、运营服务水平、网络连通能力、绿色智慧水平和腹地经济活力等5个维度17项指标构成	2022年首次发布,重点聚焦于国际性枢纽港口建设

来源:根据相关资料整理

第二节　世界一流强港评价指数基础要素

一、指标设计考虑

根据上述港口相关评价指标体系比较分析,笔者认为应该基于港口城市发展视角,构建一套具有自身特色的世界一流强港发展指标体系,旨在全面衡量并真实反映一定时期内世界一流强港综合实力,简明直观、客观公正地反映港口硬核力量的水平和状态。在构建该指标体系时,应着重考虑以下三方面因素。

1. 突出与相关指标体系衔接。在对国内外一些机构建立的港口及港口城市发展水平评价指标体系梳理整合的基础上,坚持把共性指标与个性指标相结合。一方面,充分衔接有关评价指标,进行适当扩容、调序、编排,囊括当前各相关权威指标体系,另一方面,结合宁波舟山港实际和宁波发展导向,突出城市功能提升,调整和增加宁波舟山港及宁波特色指标。

2. 突出更好地服务国家战略。在指标体系构建及指标选取中,着眼于更好服务国内国际双循环新发展格局,充分考虑对接"一带一路"倡议、长江经济带发展和长三角一体化发展国家战略实施,突出港口对经济发展和战略资源保障的作用,强调发挥港口在畅通市场循环、打通流通大动脉、保障供应链安全等方面的关键作用,将国家战略资源配置保障作为重要维度之一。

3. 突出港产城文深度融合发展。从港口层面看,世界一流强港是符合一流设施、一流技术、一流管理和一流服务标准,具有较强综合枢纽作用和高质量发展水平的现代化港口。而从国家和港口所在城市层面看,世界一流强港硬核力量不仅包含四个"一流",还应包括战略资源配置保障能力和港产城文互动发展融合能力,突出从港口及所在区域的角度锻造硬核力量,增强区域功能。

二、指标设计原则

世界一流强港硬核力量评价指数是一套完整的指数体系,这套体系既能综合全面地反映一流强港的总体状况,又能反映各细分维度的现状。因此,指数体系的构建需遵循一定的原则,具体来说有以下四方面。

1. 坚持全面性与特色性相结合。硬核力量指标体系是综合性评价体系,指标的选取既考虑典型性、相关性,又有足够的涵盖面和信息量,尽可能从各个角度全面反映港口硬核力量的内涵特征、世界一流强港的综合发展水平,构成一个有机统一的整体。同时兼顾特色性,找准世界一流强港硬核力量的着力点,聚焦重大战略实施的独特优势。

2. 坚持科学性与客观性相结合。指标体系经行业领域专家研讨论证确定,各指标逻辑关系严密,符合一致性、有代表性、相关性和相对独立性要求,同时指标选取强调对可考可查的真实运行数据的采用,尽可能减少人为合成指标,避免指标的灰色性、模糊性和不可追溯性,指标分析方法客观、可复制。

3. 坚持前瞻性与操作性相结合。指标设计要体现前瞻引领性,可切实发挥指标的导向作用和激励作用,同时也要具备较强的公认性和可操作性,数据规范、稳定、口径统一,确保数据的获得性、延续性,易于比较和计算,便于兄弟港口及城市比较。

4. 坚持开放性与国际性相结合。在指标编制过程中,一方面要具有开放性的视野,参考世界发达国家与发展中国家的世界一流强港发展的历史和变化规律,提高指标编制的水平;另一方面要把世界一流强港硬核力量评估放在国际经济、金融与政治发展的大背景下进行研究,提升指标编制的国际影响力。

三、指标体系框架

(一)指标体系

根据世界一流强港的内涵特征和发展趋势,综合国家九部委发布的港口发展指标体系、新华·波罗的海国际航运中心发展指数指标体系等权威指标体系和浙江省交通厅研究制定的世界一流强港指标体系,考虑科学性、代表性、全面性和数据可获得性等因素,基于世界一流强港的主要特征,从提升世界一流强港硬核力量的角度出发,研究制定世界一流强港发展指标体系。指标体系设置了七类一级指标:基础设施支撑、腹地辐射带动、全球链接影响、现代航运服务、战略资源配置保障、港产城互动发展融合、智慧绿色安全治理。这七个维度既保持相对独立性,对于每一个维度而言,又分成不同级别的内容,确保指数体系的深度。具体理论框架及指数指标分类如下表所示。

表 3-2　世界一流强港硬核力量指数评价具体理论框架及指数指标分类

一级指标	二级指标
基础设施支撑	配套基础设施支撑
	集疏运总能力
	航线班轮准班率
	远洋船舶在港、在泊时间
腹地辐射带动	货物吞吐量
	集装箱吞吐量
	公路、铁路、水路运输结构比例
全球链接影响	港口班期综合服务水平排名
	远洋运输量
	集装箱国际中转比例
	港口连通航线
现代航运服务	航运经纪服务
	船舶工程服务
	航运经营服务
	海事法律服务
	航运金融服务
战略资源配置保障	油气贸易额
	煤炭吞吐量
	金属矿石吞吐量
	粮食吞吐量
港产城互动发展融合	港口总体经济贡献度
	城市进出口贸易额
	工业增加值
	港口带动相关就业人数
智慧绿色安全治理	港口研发费用
	港口业务智能化水平
	港口岸电覆盖率
	港口绿色低碳可持续发展水平

（二）指标体系特色

与目前各机构所发布港口相关评价指数相比，笔者构建的世界一流强港硬核力量评价指数有以下三方面特色。

1. 突出港口硬核力量元素。本书参考现有港口航运业相关指数的构建方法，确定港口硬核力量指数的构建方法，构建了世界一流强港硬核"七力"模型，并以该模型为框架来构建评价指数。该模型能够较好地反映出各个指标之间的内在联系，对于港口后期的建设提供了理论基础。

2. 指标选取更加体系化。在指标的选取方面，本书所确定的指标更为全面，包含基础设施支撑力、腹地辐射带动力、全球链接影响力、现代航运服务力、战略资源配置保障力、港产城互动发展融合力和智慧绿色安全治理力七个方面，参与计算的三级指标总数共计28个。

3. 指数报告更加精细化。世界一流强港硬核力量评价指数是针对全球港口进行评价，因此综合选择全球范围内可比较的指标，且尽量选择客观的指标，最大限度地避免主观偏差对结果的影响。世界一流强港硬核力量评价指数不仅对所选取全球21个港口的综合得分进行了排名，对于细分的七个模块的得分和权重情况也进行了相应说明，相较其他机构发布的相关指数报告，更为精细。

（三）指标说明

1. 基础设施支撑维度。较好的基础设施支撑力是世界一流强港硬核力量的基本硬件条件，基础设施支撑指标反映了世界一流强港在基础设施方面的硬核力量基础。基础设施支撑维度中包含四个二级指标：配套基础设施支撑、集疏运总能力、航线班轮准班率和远洋船舶在港、在泊时间。配套基础设施支撑指标具体由港口泊位数、港口锚地数、集装箱堆场面积三个子指标构成，用以衡量一个港口相关硬件基础设施的建设和发展实力。集疏运总能力指标具体由港口铁路运输能力、港口管道输送能力、港口内河通行能力、港口海铁联运四个子指标构成，衡量一个港口基础设施所能支撑的集疏运相关能力。航线班轮准班率指标衡量全球主要班轮公司在港口挂靠的航班准班率服务水平。远洋船舶在港、在泊时间指标主要反映港口设施设备、引航、调度、装卸、集疏运、口岸通关等综合效率。

2. 腹地辐射带动维度。较好的腹地辐射带动力是世界一流强港硬核力量的关键支撑,腹地辐射带动指标表征了世界一流强港在腹地空间范围的辐射带动力。腹地辐射带动维度包括三个二级指标:货物吞吐量、集装箱吞吐量和公路、铁路、水路运输结构比例。货物吞吐量是衡量港口生产经营规模的重要指标,反映港口为船舶装卸货物的数量。集装箱吞吐量是反映港口集装箱生产经营规模的数量指标,港口集装箱吞吐的数量和流向构成能最直接地体现港口在国际和地区间水上交通链中的地位、作用和影响力。公路、铁路、水路运输结构比例是综合考虑一个港口公路、铁路、水路运输结构比例和三类运输常见辐射范围计算得出的一个指标,用来衡量一个港口在空间腹地范围内的辐射能力。

3. 全球链接影响维度。较好的全球链接影响是世界一流强港硬核力量的重要表现,全球链接影响指标体现了世界一流强港在全球范围内的连通能力和影响力。全球链接影响指标包括四个二级指标:港口班期综合服务水平排名、远洋运输量、集装箱国际中转比例和港口连通航线。港口班期综合服务水平排名指标衡量港口在全球港口供应链中的影响力和服务水平,远洋运输量指标衡量港口在全球范围内的远距离输送能力,集装箱国际中转比例指标衡量港口在全球港口供应链中的中转和枢纽能力,港口连通航线指标衡量一个世界一流强港在全球范围内的连通能力。

4. 现代航运服务维度。较好的现代航运服务是世界一流强港硬核力量的标识性特征,现代航运服务表明了港口在法律、经济、船舶工程服务、船舶经纪服务等方面的综合水平。现代航运服务维度包括五个二级指标:航运经纪服务、船舶工程服务、航运经营服务、海事法律服务和航运金融服务。航运经纪服务指标衡量了港口对于船舶经纪服务的综合水平。船舶工程服务指标衡量港口属地城市对船舶检验检修、货物加固、船体测厚、水下检验等相关业务的综合服务水平。航运经营服务指标衡量港口属地城市航运相关的综合经营服务水平，具体由船舶管理公司数量、百强集装箱公司数量、百强干散货公司分支机构数量构成。海事法律服务指标综合反映了港口在现行航运法律方面的综合服务能力，具体由海事仲裁服务和律所合伙人两个维度评测。航运金融服务指标衡量港口所在城市航运金融方面的综合服务水平，具体由船舶融资、资金结算、航运保险和金融衍生品四个部分构成。

5. 战略资源配置保障维度。较好的战略资源配置保障是世界一流强港硬核力量的战略价值体现，战略资源配置保障展现了港口在战略物资、战略资源方面的配置水平和服务保障能力。战略资源配置保障维度包括四个二级指标：油气贸易额、煤炭吞吐量、金属矿石吞吐量、粮食吞吐量。油气贸易额指标衡量港口在石油天然气方面的配置保障能力。煤炭吞吐量指标衡量港口所在城市的煤炭供给质量。金属矿石吞吐量指标衡量港口在金属矿石大宗物资方面的配置保障水平。粮食吞吐量指标衡量港口在粮食战略物资方面的配置保障能力。

6. 港产城互动发展融合维度。较好的港产城互动发展融合是世界一流强港硬核力量带动属地城市发展的重要体现，彰显了港口在带动城市发展、加强区域互动融合方面的能力。其维度包括四个二级指标：港口总体经济贡献度、城市进出口贸易额、工业增加值、港口带动相关就业人数。港口总体经济贡献度指标衡量港口对属地经济发展的间接贡献水平和影响能力。城市进出口贸易额指标反映了城市对外贸易的总体规模和发展水平。工业增加值指标衡量港口对属地城市工业增加值的贡献水平。港口带动相关就业人数指标衡量港口对属地城市相关产业链就业岗位和人数的带动水平。

7. 智慧绿色安全治理维度。较好的智慧绿色安全治理是彰显世界一流强港硬核力量软实力的关键环节，智慧绿色安全治理展现了港口在智慧化、绿色化、安全化方面的综合治理能力。智慧绿色安全治理维度包括四个二级指标：港口研发费用、港口业务智能化水平、港口岸电覆盖率、港口绿色低碳可持续发展水平。港口研发费用指标衡量港口在智慧绿色安全治理方面的资金投入和创新能力。港口业务智能化水平指标体现港口现代化基础设施设备水平、港口运输组织服务创新能力，衡量港口资源优化配置水平。港口岸电覆盖率指标衡量港口绿色能源使用的服务水平。港口绿色低碳可持续发展水平指标体现了港口在低碳发展过程中的先进理念和合理机制。

四、指标筛选与数据来源

（一）指标筛选

1. 文献分析。首先，设定"港口竞争力指标""港口发展水平指标""港口评价"等为关键字的中英文论文进行汇总分析，通过机器学习语义识别等方式，筛选汇总可用于评价港口的关键词，并对不同关键词出现的次数以及不同关键词对应的港口进行分析，建立初步数据库。

2. 网络数据收集。利用大数据爬虫技术收集建立对应网页数据库，在国内外新闻网站以"大港""强港""港口竞争力指标""港口发展水平指标""港口评价"等中英文关键字，搜索相关新闻、谷歌指数等建立数据库，以此作为初始数据库的补充。

3. 相关专家调研。通过问卷、电话、访谈等方式，调研从业人员及港口航运业科研人员，进一步梳理影响港口硬核力量的相关指标。

（二）数据来源

指标数据主要来源于各个港口的官方网站、各国的统计局等官方网站、统计年鉴，以及各类行业报告。另外，通过查阅各类文献可知，"智慧绿色安全治理"方面尚无全球统一的公开数据，因此，本书通过邀请相关业界专家，采用专家打分法，从"港口业务智能化水平""港口绿色低碳可持续发展水平"两个角度，进行综合评判，并采用统一赋分的方式进行量化排名。

第三节 世界一流强港评价指数计算方法

一、指标数据处理

标准化也称无量纲化，就是通过各种数学变换手段，对原始变量进行处理，以消除其量纲影响的过程。世界一流强港硬核力量评价指数是从多角度、多层次对世界一流强港硬核力量发展水平所做的多维测评综合指数，每一个维度以一个分指数度量，每个分指数以多个相关指标合成。合成分指数的指标中主要是定量指标，但也有定性的指标。定量指标中有像货物吞吐量、集装箱吞吐量等这样数值越大表示水平越高的正向指标，也有一些数值越大表示水平越低的负向指标，这些指标不加处理直接合成易导致不可比性，所以需要对它们进行统一标准化处理，使得指数从总体上达到既可以在不同港口间横向比较，也可以在同一港口内作纵向比较的目标。

（一）数量指标标准化

数量指标标准化有 0-1 标准化、Z-score 标准化等处理方法。按研究目的，采用 Z-score 标准化方法处理，也就是将港口不同量级的指标值统一转化为同一个量级，统一用计算出的 Z-score 值衡量，以保证数据之间的可比性，其处理公式如下所示。

$$z = \frac{x-\mu}{\sigma} \qquad \mu = \frac{1}{n}\sum_{i=1}^{n} x_i \qquad \sigma = \sqrt{\frac{1}{n-1}\sum_{i=1}^{n}(x_i-\mu)^2}$$

其中，μ 为总体数据的均值，σ 为总体数据的标准差。

对样本序列 $x_1, x_2, \cdots, x_n$ 进行标准化：

$$y_i = \frac{x_i - \mu}{\sigma}$$

产生的新序列 $y_1, y_2, \cdots, y_n \in [0,1]$ 且无量纲。一般的数据需要时都可以考虑先进行规范化处理。

各港口的数据取值均在 0-1，数据实现了标准化、无量纲化，达到了在同一标准下的可比性。

（二）定性指标标准化

部分指标虽然取值是数值，但其本质是定性的，比如全球主要港口（主干航线）班期综合服务水平排名，虽然名次是数字，但实际是对港口发展情况的定性排名。另有一些指标本身可能非定性，但其数值不能直接加入指标体系中进行计算，需要对其进行处理，选用 Z-score 标准化方法。

对序列 $x_1, x_2, \cdots, x_n$ 进行变换：

$$y_i = \frac{x_i - \mu}{\sigma}$$

则新序列 $y_1, y_2, \cdots, y_n \in [0,1]$ 且无量纲，达到了在同一标准下的可比性。

其中，"智慧绿色安全治理"指标采用了专家打分法，评分有 1-10 分，分值越高，代表发展水平越好。同样地，通过专家打分法得到的数值也需经过标准化才能加入指标体系进行后续计算。

二、权重设定方法

权重的本质是对各指标在指数中的重要性的判定，即便有相同指标，取值相同，但权重不同，最终数值也不相同，从而对评估对象的评判结果可能大相径庭。所以综合评估问题是否成功，很大程度上取决于综合评估指数中各因素权重确定的科学性，本书使用主成分分析法来获得样本权重。

（一）对原始数据进行标准化

假设有 n 个样本，指标体系中的变量有 p 个，可以得到总体的样本矩阵。并选取反映其特性的 p 个变量，从而得到总体样本矩阵：$x_i = (x_{i1}, x_{i2}, \cdots, x_{ip})T$, $i=1,2,\cdots,n$ $(n<p)$。对样本矩阵元进行标准化：

$$Z_{ij} = \frac{x_{ij} - \overline{x}_j}{s_j}, i=1,2,L,n; j=1,2,L,p$$

其中 $\overline{x}_j = \frac{\sum_{i=1}^{n} x_{ij}}{n}$，$s_j^2 = \frac{\sum_{i=1}^{n}(x_{ij}-\overline{x}_j)^2}{n-1}$，由此得到标准化的矩阵 Z。

（二）求解相关系数矩阵

利用标准化矩阵 Z 求解相关系数矩阵，计算方法如下：

$$R = [r_{ij}]_p x_p = \frac{Z^T Z}{n-1}$$

其中，$r_{ij} = \frac{\sum z_{kj} \cdot z_{kj}}{n-1}$，$i,j=1,2,\cdots,p$

（三）求解特征根

通过 $|R-\lambda Ip|=0$ 求解样本相关矩阵 R 的特征根方程并得到相应的特征根，对于每个特征根 λ_j，求解特征向量，每个特征根对应的特征向量即为对应主成分的 p 个变量对应的线性组合系数。

将指标变量转化为主成分：

$$U_{ij} = Z_i^T b_j^0, j=1,2,L,m$$

其中 U_{ij} 称为第 j 个主成分，共得到 m 个主成分。

利用所选取的 m 个主成分进行综合评价：以信息利用率为标准，确定主成分个数 m。一般在指数构建时设定信息利用率在 85% 以上，由此决定 m 值。选择主成分的前 m 个作为最终分析所用综合指数，以每个主成分的方差贡献率作为权数，对 m 个主成分进行加权求和即可得到每个港口的综合得分：

$$Y = \sum_{i=1}^{n} W_m Y_m$$

其中，Y 为港口的综合得分；W_m 为第 m 个主成分的方差贡献率（$m=1,2,\cdots,m$）；Y_m 为第 m 个主成分得分。由于数据进行了标准化处理，因此主成分分析得到的数值会出现负数的情况，为了便于以后的动态计量分析，根据统计学中的 3σ 原则，根据下式对综合得分数据集进行坐标平移，从而消除负数产生的影响。

$$Y_i^t = Y_i + 3\sigma$$

其中，Y_i 为原数据集，σ 为原数据集的标准差，Y_i^t 为坐标变换后的数据集。

三、指标权重赋值

世界一流强港硬核力量评价指数是报告的核心内容。为衡量各个港口的硬核力量，将其分为基础设施支撑、腹地辐射带动、全球链接影响、现代航运服务、战略资源配置保障、港产城互动发展融合与智慧绿色安全治理七个方面。以2021年的数据为基础，以主成分分析获得各指标载荷并加以归一化，得到各指标权重。通过各指标权重可以看出，在给出的七大类指标中，基础设施支撑、现代航运服务以及智慧绿色安全治理占据了较大比例，是影响港口硬核力量的主要因素。

表3-3 世界一流强港硬核力量评价总指数权重

项目	一级指标	权重
硬核力量评价指数	基础设施支撑	19%
	腹地辐射带动	8%
	全球链接影响	14%
	现代航运服务	23%
	战略资源配置保障	11%
	港产城互动发展融合	10%
	智慧绿色安全治理	15%

表3-4 世界一流强港硬核力量评价分项指数权重

一级指标	二级指标	权重
基础设施支撑	配套基础设施支撑	31%
	集疏运总能力	24%
	港口主干航线班轮准班率	25%
	全球主要港口远洋干线国际集装箱船舶平均在港和在泊时间	20%

续表

一级指标	二级指标	权重
腹地辐射带动	货物吞吐量	33%
	集装箱吞吐量	51%
	公路、铁路、水路运输结构比例	16%
全球链接影响	港口连通航线	28%
	集装箱国际中转比例	30%
	远洋运输量	20%
	全球主要港口班期综合服务水平排名	22%
现代航运服务	航运经纪服务	12%
	船舶工程服务	11%
	航运经营服务	31%
	海事法律服务	23%
	航运金融服务	23%
战略资源配置保障	油气贸易额	42%
	煤炭吞吐量	22%
	金属矿石吞吐量	4%
	粮食吞吐量	32%
港产城互动发展融合	港口总体经济贡献度	33%
	城市进出口贸易额	16%
	工业增加值	26%
	港口带动相关就业人数	25%
智慧绿色安全治理	港口研发费用	25%
	港口业务智能化水平	25%
	港口岸电覆盖率	25%
	港口绿色低碳可持续发展水平	25%

四、指数计算方法

(一)各分级指数的计算

以标准化各级指数下属指标值,乘以其权重再加总,即可得分级指数值。各分级指数下属指标值,乘以其权重再加总,即可得分级指数值。

$$HCPEIS_{jt} = \sum_{i=1}^{m} W_{ji} X_{jit}$$

式中 $HCPEIS_{jt}$ 为第 j 个分指数,W_{ji} 为第 j 个分指数中的第 i 指标的权重;X_{jit} 为第 j 个分指数中的第 i 指标在 t 期中的取值。

(二)世界一流强港硬核力量评价指数的合成

计算公式为

$$HCPEI_t = \Sigma w_i HCPEIS_{jt}$$

式中 $HCPEI_t$ 为世界一流强港硬核力量评价指数在 t 期内的值,w_i 为第 i 个指数的权重,$HCPEIS_{jt}$ 为第 j 个分指数在 t 期内的计算得分。

第四节 世界一流强港评价指数结果分析

一、综合性评价结果分析

以上述指标为基础搜集数据,利用主成分分析法以所得权重计算各个港口得分,得到世界一流港口硬核力量评价指数综合得分,总体上可分四个梯队。其中,新加坡港和上海港处于第一梯队(领先级),宁波舟山港、鹿特丹港、伦敦港、香港港和迪拜港5个港口处于第二梯队(先导级),汉堡港、广州港、釜山港、青岛港、安特卫普港、天津港、深圳港、洛杉矶港8个港口处于第三梯队(优势级),巴生港、厦门港、大连港、高雄港、长滩港和丹戎帕拉帕斯港6个港口处于第四梯队(中坚级)。

表 3-5　世界一流港口硬核力量评价指数综合排名

排名	级别分类	港口	硬核力量评价指数综合得分
1	第一梯队	新加坡港	98.37
2		上海港	87.95
3	第二梯队	宁波舟山港	73.49
4		鹿特丹港	72.62
5		伦敦港	65.44
6		香港港	64.37
7		迪拜港	61.35
8	第三梯队	汉堡港	58.68
9		广州港	54.48
10		釜山港	54.43
11		青岛港	49.68
12		安特卫普港	46.60
13		天津港	43.75
14		深圳港	40.73
15		洛杉矶港	33.25
16	第四梯队	巴生港	32.85
17		厦门港	32.62
18		大连港	31.66
19		高雄港	28.31
20		长滩港	24.09
21		丹戎帕拉帕斯港	23.43

二、分领域评价结果分析

分别从基础设施支撑力、腹地辐射带动力、全球链接影响力、现代航运服务力、战略资源配置力、港产城互动发展融合力、智慧绿色安全治理力等七个分领域对各个港口表现情况进行评价，各领域排名前十的港口排名如下表所示。

表 3-6 世界一流强港评价指数分领域前十排名

排名	基础设施支撑力（得分）	腹地辐射带动力（得分）	全球链接影响力（得分）	现代航运服务力（得分）	战略资源配置力（得分）	港产城互动发展融合力（得分）	智慧绿色安全治理力（得分）
1	鹿特丹港（92）	上海港（84）	新加坡港（96）	新加坡港（91）	宁波舟山港（84）	新加坡港（90）	新加坡港（88）
2	上海港（89）	宁波舟山港（81）	安特卫普港（91）	伦敦港（84）	鹿特丹港（76）	上海港（81）	上海港（73）
3	宁波舟山港（89）	安特卫普港（71）	鹿特丹港（77）	上海港（75）	天津港（67）	迪拜港（68）	宁波舟山港（69）
4	新加坡港（83）	大连港（70）	迪拜港（70）	香港港（67）	上海港（67）	香港港（67）	深圳港（65）
5	天津港（79）	新加坡港（70）	釜山港（70）	迪拜港（59）	青岛港（60）	汉堡港（66）	鹿特丹港（65）
6	釜山港（76）	伦敦港（69）	汉堡港（66）	汉堡港（56）	新加坡港（58）	洛杉矶港（65）	香港港（57）
7	广州港（72）	釜山港（60）	深圳港（65）	深圳港（41）	广州港（56）	大连港（56）	安特卫普港（56）
8	巴生港（71）	广州港（60）	青岛港（63）	宁波舟山港（40）	广州港（48）	深圳港（55）	伦敦港（55）
9	安特卫普港（70）	香港港（60）	上海港（60）	鹿特丹港（40）	伦敦港（45）	宁波舟山港（53）	汉堡港（54）
10	伦敦港（63）	深圳港（57）	宁波舟山港（59）	釜山港（35）	汉堡港（43）	鹿特丹港（53）	青岛港（46）

（一）从基础设施支撑力看，鹿特丹港、上海港和宁波舟山港位居第一梯队

鹿特丹港拥有得天独厚的地理位置，是连接欧、美、亚、非、澳五大洲的重要港口，素有"欧洲门户"之称。2021年，其港口锚地数83个、港口铁路运输能力达到3800万吨、港口海铁联运能力达到501万标准箱，排名均居前列。在基础设施支撑模块中，均分为64.5分，该港排名第一，得分为92分，综合表现非常优秀。国外港口入围基础设施支撑模块排名前十的还有新加坡港、釜山港、巴生港、安特卫普港和伦敦港，它们在某些方面表现优异，整体上没有特别的短板，因此取得了较靠前的排名。

上海港位于长江三角洲地区的中部，紧邻长江口和杭州湾，是中国最大的综合性港口之一，也是世界上最繁忙的港口之一，拥有世界一流的港口设施和服务，如高桥港区、外高桥港区等。2021年，其港口泊位数1075个、港口集装箱堆场面积756.7万平方千米，为中国的国际贸易提供了重要的基础设施支撑，在基础设施支撑模块中排名第二，得分89分，超过均分24.5分。

宁波舟山港位于中国大陆海岸线中部、长江经济带的南翼，为中国对外开放一类口岸，中国沿海主要港口和中国国家综合运输体系的重要枢纽，在港口各类大小泊位数量、集装箱堆场面积、港口管道运输能力、港口海铁联运等方面发展十分迅速。2021年，其港口铁路运输能力达2746.3万吨，港口管道运输能力达13420万吨，在此细分模块中表现优秀，得分89分，与上海港并行第二，也是中国港口的排头兵。

得益于中国政府对水运事业的高度重视和科学的政策引导，中国水运事业发展成就举世瞩目，水运基础设施总体规模位居世界第一，水运基础设施的基础性、先导性、战略性作用持续提升，为经济社会发展提供了有力支撑。基于此背景，天津港、广州港等中国港口相较于国外港口，在配套基础设施支撑、集疏运总能力方面均有领先表现。

（二）从腹地辐射带动能力看，上海港、宁波舟山港和安特卫普港位居第一梯队

在该模块中，上海港和宁波舟山港这两个中国港口位居前二，且两个港口相较其他港口的领先幅度较大，特别是在货物吞吐量方面。

上海港连续十多年稳坐世界集装箱第一大港的交椅，其地理位置位于中国大陆海岸线中部、长江入海口处，前通中国南北沿海和世界大洋，后贯长江流域和江浙皖内河、太湖流域，是中国自西向东以长江为横轴线和自北向南以海岸线为纵轴线的交汇点，展现了强大的腹地实力和辐射能力。2021年集装箱吞吐量达到4703万标准箱，在腹地辐射带动模块中综合排名第一，得分84分。这一模块均分为57分。

宁波舟山港积极服务对接"一带一路"倡议、长江经济带和长三角一体化发展国家战略，以硬核力量助力全球产业链、供应链稳定畅通，持续彰显港口发展的强大韧性和旺盛活力。特别值得注意的是，宁波舟山港货物吞吐量连续13年位居全球第一，2021年达到12.2亿吨，在此模块综合排名中以3分之差位居第二，得分为81分。

安特卫普港位于欧洲大陆中心，地理位置十分优越，是欧洲最重要的交通枢纽之一，从港口出发，可以方便地连接欧洲内陆和全球各地。该港坐拥雄厚的河海联运资源，可以通过莱茵—马恩—斯海航道和舒尔河等河流与欧洲内陆相连，能够方便地运输货物到整个欧洲内陆。同时，港口附近有比利时的主要高速公路、铁路线路和运河，交通便利。基于其得天独厚的地理位置优势，安特卫普港在腹地辐射带动模块中排名第三，得分71分，相较第一、第二名分别差了13分和10分，超过均值14分。

此外，国外港口中排名进入前十的还有新加坡港、伦敦港、釜山港。大连港、广州港、香港港和深圳港4个中国港口，得益于中国作为世界第二大经济体、制造业第一大国、货物贸易第一大国等优势条件，排名进入前十，综合表现较为优秀。

（三）从全球链接影响力看，新加坡港、安特卫普港和鹿特丹港位居第一梯队

新加坡港已与全球100多个国家和地区的600多个港口建立了业务联系，具有高密度、全方位的班轮航线，可以为货主提供多种航线选择。新加坡港的大部分集装箱在港堆存时间很短，需要中转的集装箱到了新加坡很快就会转到下一个航班，运往目的地。2021年集装箱国际中转比例达到70%，排名全球第一。国际中转是新加坡国际航运中心的最大特色，集装箱中转极大地提高了全球集装箱运输系统的整体效能，新加坡港成为国际航运网络中不可或缺的重要一环。因此，在全球链接影响模块中，新加坡港位居全球第一，得分96分。

安特卫普港所在的安特卫普市深入内陆，条件得天独厚，港口连通航

线达到590条,全球排名第一。集装箱国际中转比例达到52%,全球排名第四。与欧洲其他港口相比,通过安特卫普港发送货物还可省去一大笔公路运输费用,优势较为明显,在此模块中综合排名位居第二,得分91分,低于新加坡港5分。

鹿特丹港位于荷兰鹿特丹市西南部,面向北海和莱茵河口,距离欧洲内陆和英国都很近,是连接欧洲和世界各地的重要交通枢纽,其港口联通航线达到510条,集装箱国际中转比例达到52%,分别居全球第二、第四,在此模块中以77分位居第三,相较第一名、第二名分别差19分、14分。

前三位的新加坡港、安特卫普港和鹿特丹港基于各自的优势条件,在全球链接影响模块较其他港口有明显的领先优势。在其他港口中,迪拜港和釜山港以7分微弱之差位居第四;汉堡港、深圳港、青岛港排名为第六、第七、第八,此外,中国的上海港和宁波舟山港位居第九和第十。整体来看,国内港口与国外港口在全球链接影响能力方面相比较弱。

(四)从现代航运服务力看,新加坡港、伦敦港和上海港位居第一梯队

新加坡港作为亚洲门户,是全球航运金融、船舶经纪、风险管理、海事保险的领导者,也是亚洲关键市场的海事门户。新加坡是全球140多个顶级国际航运集团的所在地,拥有各类海事服务提供商,是航运和海事服务(例如船舶管理、代理、金融、保险、经纪和检验)的综合枢纽。此外,这里还设有国际海事组织和协会,例如波罗的海交易所、亚洲船东论坛、国际燃油工业协会、国际独立油轮船东盟会以及波罗的海和国际海事理事会。新加坡正在迅速成为亚洲海事法律和仲裁中心,也是海工和机械的中心。在现代航运服务模块,新加坡借助其优秀的综合实力位居第一,且领先幅度较大,得分91分。

伦敦港是位于英国东南部泰晤士河河口的一个港口。近年来,伦敦航运中心积极寻求转型发展,船舶和港口逐渐越来越远离城市中心,同时

在中心城区完善航运服务软环境,大力发展高端航运服务业。在伦敦圣玛丽大街周边,聚集了大量的现代航运服务机构,为客户提供高效、安全、可持续的物流解决方案,已经形成全面的现代航运服务集群体系,拥有一大批船舶公司、船舶管理公司、百强散货和集装箱公司,海事法律机构和航运金融服务相关机构数量也位居前列,极大地提高了行业内部合作和交流的便利性和效率,为伦敦港开展航运服务提供了有力支撑。在该模块中位居第二,得分84分,低于第一名7分。

上海国际航运中心航运资源高度集聚、航运服务功能健全、航运市场环境优良、现代物流服务高效,全球航运资源配置能力不断增强。集装箱吞吐量全球领先,规模化的物流业务带动人流、资金流、信息流汇集,吸引了包括航运金融、航运经纪、航运保险、海事法律、航运教育培训、航运信息咨询、航运文化等现代航运服务企业落户发展,上海港现代航运服务综合竞争力进一步提升。本模块中上海港综合排名第三,得分75分。

香港港作为通往南中国的门户,是一个联系中外航运服务的枢纽。该港船舶公司数量全球第二,船舶公司管理数量全球第三,为开展船舶工程服务、船舶经营服务提供了有力支撑。此外,航运是资本密集型行业,与金融具有双向促进的互动关系,香港作为国际金融中心、亚洲国际船舶融资中心,在航运金融服务方面拥有境内外联动的优势,可以提供船舶融资的金融机构数量多,机构类型多样化,资金成本低,资金充裕,航运企业流动性压力较小。本模块中香港港综合排名第四,得分67分,分别低于新加坡港、伦敦港、上海港24分、17分、8分。

其余港口在此模块中,与前四位港口有较大差距,得分普遍低于平均水平,宁波舟山港位居第八,得分40分。在现代航运服务方面,宁波舟山港可以借鉴新加坡港、伦敦港等典型代表,更好地提升和发展进步。

(五)从战略资源配置力看,宁波舟山港、鹿特丹港和天津港位居第一梯队

宁波舟山港是全球最大的综合性货物枢纽港,码头种类、作业货种齐

全,矿、粮食、油、煤等国民经济社会发展所需的大宗物资均可在此中转甚至交易,煤炭、粮食、黄沙、汽车滚装等各项业务均实现逐年稳健发展。如铁矿石业务方面,宁波舟山港完善铁矿石业务体系布局,与巴西淡水河谷等世界矿山企业强强合作,持续打造"东北亚铁矿石分销中心",实现铁矿石业务的稳定发展;能源业务方面,持续抓好生产协调和货源组织,重点落实区域能源企业保供,原油业务保持稳中有增。2021年,该港煤炭吞吐量达到12230万吨,金属矿石吞吐量达到17820万吨,均居全球第一,在战略资源配置保障模块综合排名第一,得分84分。这一模块均分为48分。

荷兰在能源利用的知识积累上处于世界先进水平,鹿特丹则拥有能源领域最好的公司。鹿特丹作为欧洲最大的港口工业综合体,不仅拥有化石能源及资源相关业务,也拥有欧洲当前最大的生物能源产业群。鹿特丹港将打造全球性枢纽港和欧洲临港产业集聚区作为发展目标,近年来一直注重能源转型和数字化发展。鹿特丹港与阿姆斯特丹港和安特卫普港共同构成ARA港口区,组成包括原油、汽油、柴油、生物燃料、液体化学品和食用油脂的液体散货集散和贸易中心。2021年,该港油气贸易额、粮食吞吐量均排名全球第一位。以上这些优势条件,使得鹿特丹港在本模块中取得了排名第二的成绩,得分76分,低于宁波舟山港8分,高于均分28分。

天津港作为北方国际航运核心区,拥有较为完善的航运基础设施、高度集聚的航运资源、辐射内陆通达全球的物流网络以及优良的航运服务功能。以天津港为节点,北京运往宁波的奔驰汽车、东北运抵南方的粮食、新疆出口意大利的番茄酱、日韩过境至蒙古国的生活用品,琳琅满目的商品在这里汇聚、分拨。以铁矿石为主的金属矿石是天津港重要战略货类。天津港金属矿石吞吐量、粮食吞吐量均居全球前列,在此模块排名中位居第三,得分67分,分别低于第一名、第二名17分、9分,高于均分19分。

上海港经营货类主要是集装箱、煤炭、金属矿石、粮食等。由于近年国际能源价格高企抑制部分新兴市场国家制造业发展和进口贸易增长，煤炭、粮食、金属矿石产销均出现明显下跌。在本模块中，上海港得分67分，与天津港共同排名第三。

（六）从港产城互动发展融合力看，新加坡港、上海港和迪拜港位居第一梯队

新加坡港对新加坡的城市发展做出了重大的贡献，带动了为港航服务的船舶制造、金融、商用服务、交通、通信等产业迅速发展，并构成了新加坡合理的产业结构，促进了新加坡经济贡献的连续稳定增长。2021年，新加坡港港口总体经济贡献度达到15%，排名第二。在此模块中，新加坡港排名第一，得分90分。此模块均分55分。

上海港逐步加强港口与城乡建设、产业发展布局的有效衔接，依托港口建设国际航运中心、临港自贸区和大宗商品交易平台、产业园等，促进要素资源集聚，服务临港产业升级。国际航运服务主要聚焦于船舶、港口、物流等基础国际航运服务，宝山区、虹口区和浦东新区已形成门类齐全的全产业链航运服务业。同时，依托航运服务集聚区，一批国际性、国家级航运功能性机构云集上海，全球排名前列的班轮公司、邮轮企业、船舶管理机构、船级社等在沪设立总部或分支机构。北外滩、陆家嘴—洋泾地区以航运总部经济为特色，集聚各类航运市场主体；洋山—临港、外高桥地区以港口物流和保税物流为重点，成为现代航运物流示范区；吴淞口地区初步形成邮轮产业链，建设国内首个国际邮轮产业园。2021年，上海港港口总体经济贡献度达到10%，排名第三，港口带动相关就业人口21.3万人，排名第一。在本模块中，上海港位居第二，得分81分，低于第一名9分，高于均分26分。

迪拜港凭借完善的港口设施、强大的物流能力、专注于航运领域的便利化举措和有吸引力的自由区优惠政策，延伸现代港航产业链，推动传统航运业提质升级，围绕航运业衍生的航运金融、航运保险、航运清算等

高端服务业所带来的资金流、信息流,促进迪拜发展成为区域流量中心。2021年,其港口总体经济贡献度达到23%,排名全球第一,带动相关就业人数达到16.15万人,排名全球第二。在本模块中迪拜港位居第三,得分68分,分别低于第一名、第二名22分、13分,高于均分13分。

(七)从智慧绿色安全治理力看,新加坡港、上海港和宁波舟山港位居第一梯队

从国外港口来看,新加坡在智慧绿色安全治理方面表现亮眼,其港口业务智能化水平、港口岸电覆盖率评分、港口绿色低碳可持续发展水平评分分别达9.25分、10分、9.75分,排名分别为全球第二、第一、第一。在该模块中,新加坡港综合排名位居第一,得分88分。此模块均分为49分。鹿特丹港、安特卫普港、伦敦港和汉堡港作为国外港口的优秀代表一同入围前十。

国内港口以上海港、宁波舟山港、深圳港、香港港和青岛港等为代表,分别得73分、69分、65分、57分、46分,排名分别为第二、第三、第四、第六和第十,但青岛港低于均分3分。当前我国港口发展正加速向绿色智慧转型,港口节能减排政策机制进一步健全,推动能源利用效率的大幅度提升,实现港口智慧、绿色、安全发展,在此模块中取得了不错的综合排名。

宁波舟山港正加速推广运用大数据、GIS、物联网、三维虚拟现实等技术,港口危险货物数字化安全管控进程进一步加快,以"互联网+"的思维提升危险货物安全管理能力。危险货物安全管控平台二期系统、数字港口提升工程一期系统、大数据应用研究工程一期系统等7个应用系统和1个云计算平台正加快建设,实现了信息技术与港口安全管理和监管的深度融合。

三、宁波舟山港位势分析

根据研究所得结果,通过对宁波舟山港在各细分模块中的相对位置进行排名,对各细分模块中宁波舟山港的得分与排名第一的港口得分的

相对占比进行计算,得出结果,如图3-1所示。从综合排名看,宁波舟山港排名位居第三,属于第二梯队,排在宁波舟山港前面的是新加坡港、上海港。从分领域排名看,宁波舟山港在基础设施支撑力、腹地辐射带动力、全球链接影响力、现代航运服务力、战略资源配置力、港产城互动发展融合力和智慧绿色安全治理力等7个方面的排名分别是第三名、第二名、第十名、第八名、第一名、第九名和第三名(见表3-7),其中基础设施支撑力、腹地辐射带动力、战略资源配置力和智慧绿色安全治理力均居前三位,竞争力比较强,而全球链接影响力、现代航运服务力和港产城互动发展融合力,竞争力有待进一步提升。

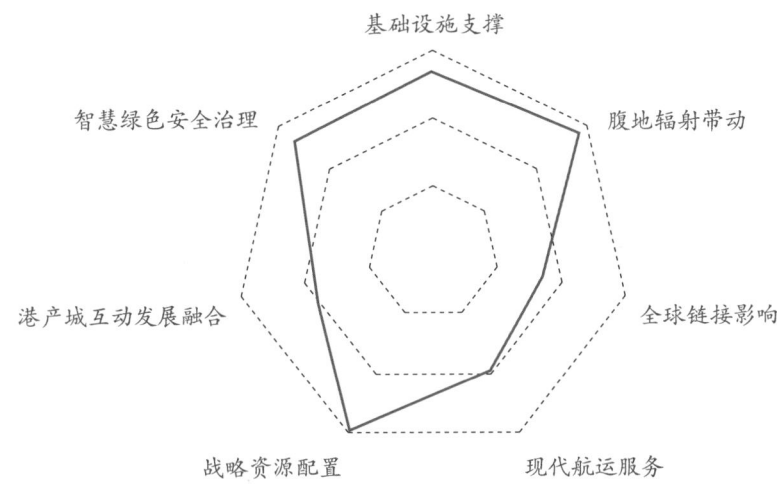

图3-1 宁波舟山港各细分模块排名相对位置

表3-7 宁波舟山港分领域排名情况

指标	基础设施支撑力	腹地辐射带动力	全球链接影响力	现代航运服务力	战略资源配置力	港产城互动发展融合力	智慧绿色安全治理力
排名	3	2	10	8	1	9	3

第四章

世界一流强港经验借鉴

当前,国际公认的世界一流强港都是具有完善的基础设施条件、较强的行业引领能力和创新能力、良好的港航延伸服务能力以及较强的辐射带动能力的综合性枢纽港。

第一节　国外一流强港建设经验

本节选取伦敦港、新加坡港、鹿特丹港、釜山港等国外一流强港,通过基础设施、技术创新、航运服务、临港产业发展等维度,梳理分析国外一流港口建设的主要优势和主要经验。

一、伦敦港

伦敦港位于英国东南沿海泰晤士河下游的南北两岸,具有悠久的航运发展历史。从河口开始向上游延伸经蒂尔伯里港区越过伦敦桥,直至特丁顿码头,全长80千米,码头长33千米,航道宽100—300米,一般水深 –9.7米。拥有三大港区,分别是印度和米尔沃尔港区(可装卸各种货物,最大水深 –9.1米,主要供来往北欧、南欧、西亚、东非和中美洲的船舶使用)、蒂尔伯里港区(设有大型滚装船和集装箱码头,最大水深 –12米,主要供来往南亚、西非、北美和远东的船舶使用)和油轮码头(最大水深 –14米,可停泊数十艘10万—20万吨级油船)。始建于公元前43年的伦敦港在15世纪末抓住第一次工业革命后海运业空前发展的契机,利用英国经济和贸易中心的优势带动了港口产业发展;随着第二次工业革命后德国和美国经济的飞跃发展,伦敦港积极寻求转型发展,船舶和港口逐渐越来越远离城市中心,同时加强在中心城区完善航运服务软环境,大力发展高端航运服务业,航运服务集聚区逐渐形成。至今,伦敦港仍然是首屈一指的世界航运中枢,全球无可争议的航运定价中心和管理中心,并通过海事服务创造比传统港口业更大的收益,实现航运中心模式的完美转型。

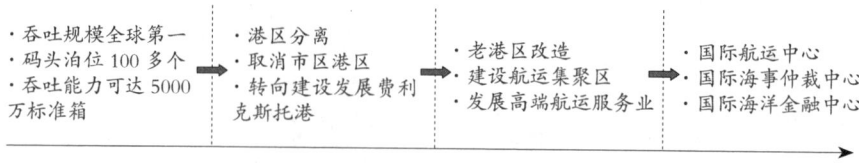

图 4-1 伦敦港发展历程

(一)主要优势

巨大的海上贸易催生航运需求快速发展,经过上百年的积淀和迭代更新,伦敦港现在虽然在港口吞吐规模方面远远落后于世界上其他港口[1],但在航运服务方面依然拥有无可匹敌的国际地位,已形成完整且成熟的高端航运服务体系,主要包括船级社、航运服务、海事法律和海事规则四大核心资源。伦敦是国际海事组织(IMO)的总部所在地(这是目前仅有的设在英国的联合国机构),世界航运业权威数据和市场报告的主要来源地、世界最大的航运保险中心、国际航运法律与仲裁服务中心及国际海事标准制定中心。在 2022 年新华·波罗的海国际航运中心发展指数排名中,2021 年伦敦港在航运金融、海事法律服务、航运经纪三项均高居第一,并从 2014 年以来连续 8 年位居全球航运服务"第一城"的位置。

1.航运金融与保险。伦敦港全球海洋金融优势显著,拥有航运交易市场(波罗的海航运交易所:2016 年被新加坡交易所收购)、专业保险市场(劳合社)和金融市场三大专业服务市场群。伦敦拥有外国商业银行数量位居各大国际金融中心之首,同时是全球最大的外汇交易市场、场外金融衍生交易市场、国际保险市场和主要的再保险全球中心,是全球第二大期货与期权交易市场。世界 20% 的船级管理机构常驻伦敦,全球 1750 多家从事航运业务的公司和机构在伦敦设有办事处,占据全球 50% 的油轮租船业务、40% 的散货船业务和 40% 的全球租船市场份额。拥有 50

---

[1] 2021 年,伦敦港完成集装箱吞吐量 311.1 万标准箱,较上年增长 12.2%,规模仅位列全球港口百强榜第 66 位(较 2020 年提升 3 位)。同期,英国排名全球最前列的港口是费利克斯托港,2021 年完成集装箱吞吐量 370 万标准箱,位列世界第 49 位(较 2020 年上升 2 位)。

伦敦港主要航运金融服务机构

· 劳合社：英国最大的保险组织，全球约有13%的海上保险业务由劳合社承保。

· 伦敦国际承保协会：几乎覆盖所有类型的海上保险，其"协会货物条款（ICC）"广泛影响世界。

· 保赔俱乐部：保赔保险协会，一个由船东自愿成立的互相保险组织，承保商业保险公司未承保的风险。

· 伦敦证券交易所：世界四大证券交易所之一，与海上贸易运动联系较紧密。

· 英格兰银行：英国的中央银行，成立之初就使政府可以资助英国海军。

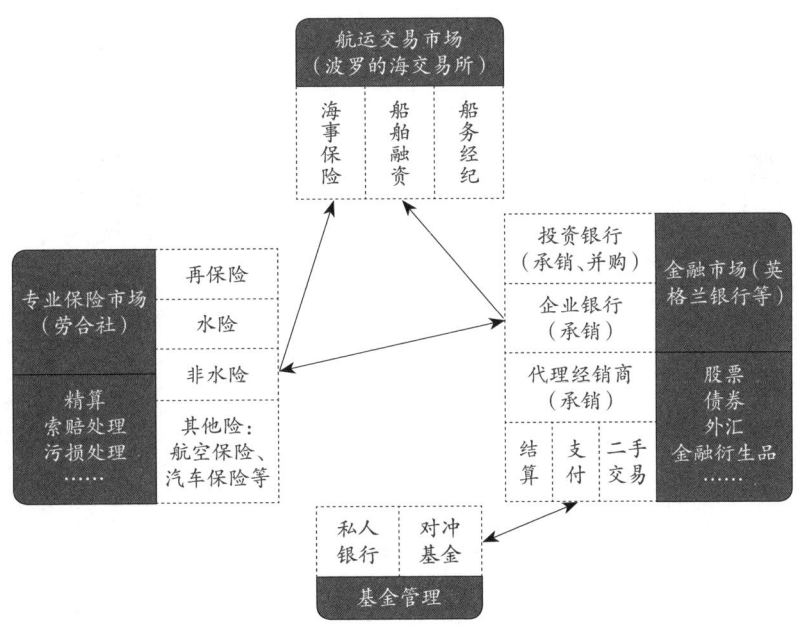

图4-2 伦敦港航运金融保险服务内容及关系

余家海运专业投资机构,云集全球前二十强的保险和再保险公司,占据全球18%的船舶融资规模(每年提供航运贷款金额150亿—200亿英镑[1])和23%的航运保险总额。

2.海事法律仲裁服务。海事仲裁是解决世界航运贸易纠纷的重要途径,是欧美海运事业"王牌"之一。英国拥有完备的海事法律体系,以英国为代表的普通法律仍广泛应用于全球航运领域,而且英国拥有大量经验丰富的法官和仲裁员,案件审理迅速,费用很低。伦敦市拥有一批具有世界影响力的涉海涉港领域国际组织和企业(除国际海事组织总部外,还有国际船级社协会、国际航运公会、国际干散货船东协会、克拉克森等),主导国际海事服务行业市场规则和国际标准的制定权。其中最为关键的是国际海事法律和仲裁业务,占国际海事仲裁业务总量的90%以上,每年给英国带来300亿英镑的收入,海事仲裁和相关航运服务收入占其航运业总收入的45%左右。2019年,伦敦处理了1737起海事仲裁案件,比上年增长14%,约占当年国际海事仲裁案件总数的83%。而其最强大的两个竞争对手——新加坡和中国香港,虽然也采用与伦敦相似的海事仲裁条例,但仅分别处理了229起、124起。

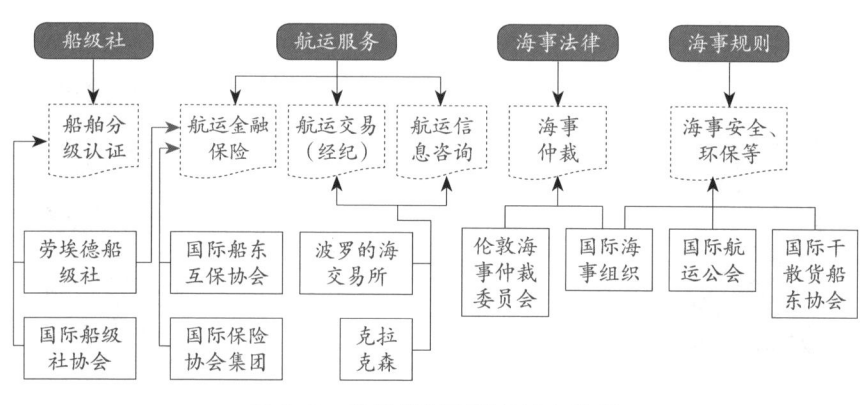

图4-3 伦敦港海事服务核心资源

---

[1] 除此之外,伦敦许多国际银行都设有专门的航运部门为船东提供金融服务,每年向国际海事部门提供的贷款总额超过90亿英镑。

表 4-1　全球性海事组织

机构	总部所在地	创办年份	机构	总部所在地	创办年份
国际海事组织（IMO）	英国伦敦	1948 年	波罗的海国际海事公会（BIMCO）	丹麦哥本哈根	1905 年
国际船级社协会（IACS）	英国伦敦	1968 年	国际海洋考察理事会（ICES）	丹麦哥本哈根	1902 年
国际航运公会（ICS）	英国伦敦	1958 年	国际独立油轮船东协会（INTER TANKO）	挪威奥斯陆	1790 年
国际干散货船东协会（INTER CARGO）	英国伦敦	1980 年			
国际海运联合会（ISF）	英国伦敦	1909 年			

链接

伦敦港航运服务部分核心资源概况

船东协会和承运人协会：主要有国际船东保赔协会集团和国际海运协会。

·国际船东保赔协会集团。由众多船东保赔协会参加的国际组织。前身是由英国六家船东保赔协会组成的伦敦船东保赔协会集团，至今已成为拥有 15 名会员的国际组织。世界 90% 以上的船舶加入了该集团，总吨位达 4 亿吨。

·国际海运协会。由诸多船东协会参加的非政府间国际组织。成立于 1921 年 11 月 23 日，由 33 个国家的船东协会自发组成。

国际海事法律和仲裁：世界上许多船东或承运人在合同中加入伦敦仲裁条款，主要得益于伦敦海事仲裁员协会（LMAA）所代表的有世界领先水平的海事仲裁员团体和灵活的仲裁程序。

·伦敦海事仲裁员协会。1960 年成立，现有 800 多名成员，每年处理近 1700 起案件，下达 500 多份仲裁裁决。据统计，2020 年尽管受新冠疫情影响，LMAA 仍接受并指派了 3010 名仲裁员处理争议案件，成为自 2015 年以来 LMAA 受理案件数量最高的年份（共登记新仲裁案件 1775 件，下达仲裁裁决 523 份）。

> 航运保险：包括船舶保险、货运保险和战争险等。船舶险和货运险主要由商业保险公司经营。而保赔保险属于船东责任险，大多由船东自发组成的保赔协会承保，其会员缴纳保险费，共同分担各会员所应承担的船东责任的损失赔偿额。目前，世界上主要的13家保赔协会都加入了国际保赔协会集团。
>
> ·国际保赔协会集团。现有13家保赔协会[1]中，有8家属于英国。据统计，全球67%的船东保赔协会保费基本都集中于伦敦。

3.船舶经纪。伦敦作为全球重要的航运服务出口地，拥有5000多家实体提供专业航运服务，其航运服务业覆盖全球，其律师、经纪人、金融家和其他众多专业人士向全球市场输出知识，并凭借高质量的服务赢得了很高的声誉。伦敦总部处理的干散货运输订单占全球30%—40%，伦敦总部处理的油运订单比例占全球50%左右。

（二）主要经验

伦敦港的成长历程表明，区位与扼守全球优质航道及港口资源只是世界一流强港成长的历史路径，而通过国家政策创新和制定全球港口供应链、航运市场的垄断性产品或规则才是核心动力。具体有以下三点经验。

1.政府和协会提供良性支持。伦敦市政府（或者说英国政府）始终将伦敦定位为全球海洋经济的领导者，以全球化视野制定海洋产业政策。与政府相呼应，伦敦还成立强有力的海事产业组织——海事英国（Maritime UK）和海洋经济行业协会——伦敦海事促进署，特别是目前

---

[1] 这13家保赔协会的合作非常紧密，有着统一的标准，如果其中一家不接受某船东的入会申请即投保，其他所有成员都不会接受该船东，如某船东欲跳槽到集团内另外一家保赔协会，则其船舶的入会费将不可能有所改变，他们的运作十分默契。中国目前唯一的保赔协会中国船东互保协会已经成立多年，却屡次被国际保赔协会集团拒之门外。

图4-4 海事英国的主要会员和赞助商

来源：海事英国官方网站

海事英国已成为英国海事产业的"保护伞"，拥有包括伦敦波罗的海交易所在内的多个国际性海事组织。

2. 打造融合传统与专业的海洋经济圈。伦敦虽然是现代海洋经济发源地，但以航运为代表的海洋经济起源多是传统的家族模式，形成典型的"关系社会""伙伴经济"密闭圈子。同时，这个密闭圈子中的从业人员专业性极强，制定并严格遵守行业规则（如任何纠纷都以秘密的仲裁为主要协调手段）。

3. 形成全球影响优势的产业集群。伦敦各个行业之间的交互是一个非常关键的优势，可以保证伦敦为运输相关业务提供快速的专业解决方案。源于历史积淀、普通法系、英语工作环境等因素，大批国际性航运服务企业、海事组织和行业协会的总部设在伦敦，在地理上相互靠近、在技术和人才上相互支持，伦敦航运服务业实现了从集聚到集群的转变，形成较强的全球资源配置能力和服务功能体系。

二、新加坡港

新加坡港位于国际交通要道——马六甲海峡的东侧，衔接多条太平洋航线和国际海运洲际航线，本港自然条件优越，水域宽敞，很少风暴影响，港区面积 538 万平方千米，港口设备先进完善，港口作业便利高效，数字化智慧化水平较高。目前共有 37 个集装箱泊位，岸线长约 10.3 千米，港口最大水深 –15 米，港区包括丹戎帕加 – 凯佩尔、巴实巴让、裕廊、三巴旺四个港区。它自 13 世纪开始便是国际贸易港口，19 世纪初已经是海运货物的集散和中转地。自 1965 年独立以来，新加坡抓住国际航运中心东移机遇，通过"政府推动 + 市场主导"模式，逐渐推动港口从集装箱化走向服务专业化、降本增效和国际化阶段。特别是近年来凭借出色的航运服务、航运经纪和船舶管理能力跃居为新兴国际航运中心，稳居新华·波罗的海国际航运中心发展指数排名首位。2022 年，新加坡港完成集装箱吞吐量 3730 万标准箱，完成货物吞吐量 5.78 亿吨，船舶抵港吨位达到 28.3 亿总吨。

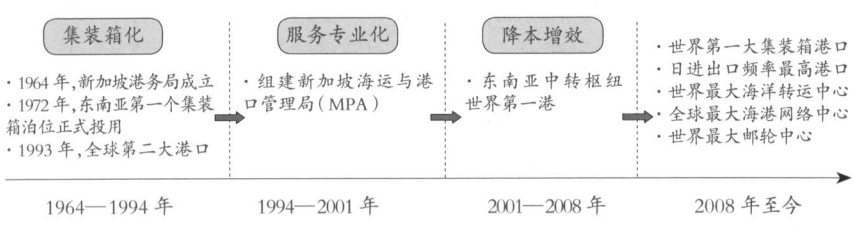

图 4–5 新加坡港发展历程

（一）主要优势

港口是新加坡海事经济的核心。凭借优越的地理区位，叠加政府实施的各项自贸港政策和一流营商环境，新加坡港不仅成为世界上最繁忙和最大的集装箱港口之一，而且构建起了以航运为核心，涵盖修造船、石油冶炼、航运金融保险等上下游产业在内的海洋全产业链条。新加坡利用成熟的资本市场和良好的市场环境，积极发展船舶交易、海事仲裁、船舶登记、海洋金融等高端航运服务业，是全球最大的国际集装箱中转枢纽、国际船舶换装修造中心和国际船舶燃料油加注港口。

1. 国际转运。新加坡利用四面环海的天然地理优势，通过填海造陆，大力推进集装箱码头泊位建设，吸引全球各地集装箱货运资源前来开展中转集拼业务，成为目前全球最大的国际集装箱中转枢纽，250多条航线来往世界各地，每周约有430艘班轮发往世界各地，约有80个国家和地区的130多家航运企业的各种船舶日夜进出，平均每12分钟就有一艘船舶进出，相当于一年之内世界现有货船都在新加坡停泊了一次，所以新加坡有"世界利用率最高的港口"之称。新加坡凭借其优惠的转口贸易政策（2018年所有产品加权平均关税仅为0.24%，对出口商品一律免税）、高效完善的转运机制（大部分集装箱在港堆存时间为3—5天，其中20%的集装箱在港堆存时间仅为1天）和一流的营商环境（自由贸易港定位和自贸协定）成为世界上最大的转运中心，能够使货物快速地转口到世界各国。2018年其转口贸易前三大目的地分别为中国香港（占比16.6%）、中国内地（占比13.6%）和马来西亚（占比10.7%），美国位居第五（占比6.1%）。新加坡作为国际集装箱的中转中心，2020年"水水中转"比例高达95%，极大地提高了全球集装箱运输系统的整体效能，成为国际航运网络中不可或缺的重要一环。

表4-2 2020年世界主要港口集装箱集疏运结构

港口名称	集装箱吞吐量（万标准箱）	集疏运结构占比		
		公路运输	水水中转	海铁联运
上海港	4350	48.1%	51.6%	0.3%
新加坡港	3687	3.0%	95.0%	2.0%
宁波舟山港	2873	67.3%	29.2%	3.5%
深圳港	2655	71.4%	27.9%	0.7%
广州港	2317	29.5%	70.0%	0.5%
青岛港	2201	76.2%	19.0%	4.8%
香港港	1796	15.0%	85.0%	0%
安特卫普港	1203	49.0%	45.0%	6.0%
汉堡港	875	39.0%	30.0%	31.0%
连云港港	480	63.9%	28.0%	8.1%
不来梅港	477	23.0%	30.0%	47.0%

来源：李威、方梁任、程亚《新时代背景下深圳港发展新挑战和新思路》（《交通与运输》2022年第A1期）

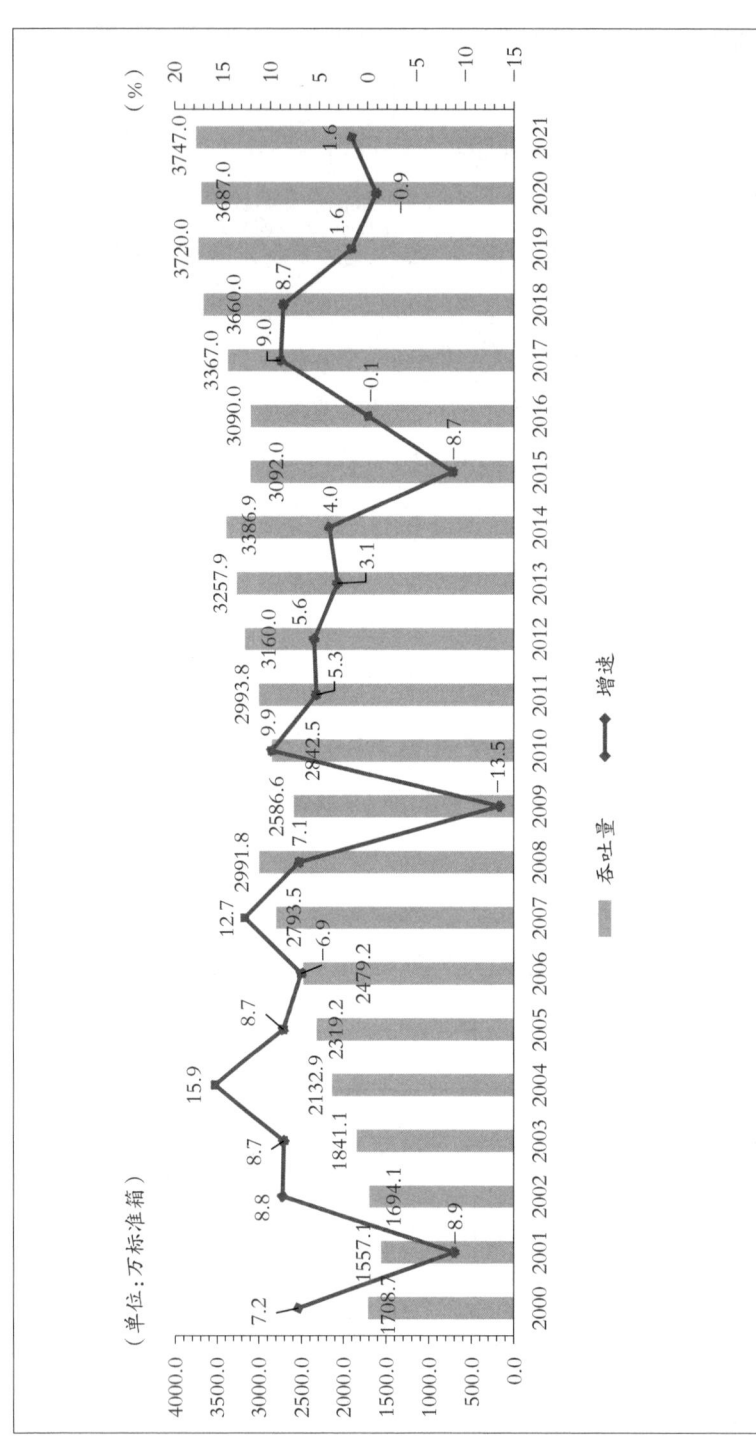

图 4-6 2000 年以来新加坡港集装箱吞吐规模变动情况

来源：根据法国航运咨询机构 Alphaliner 发布数据整理制作

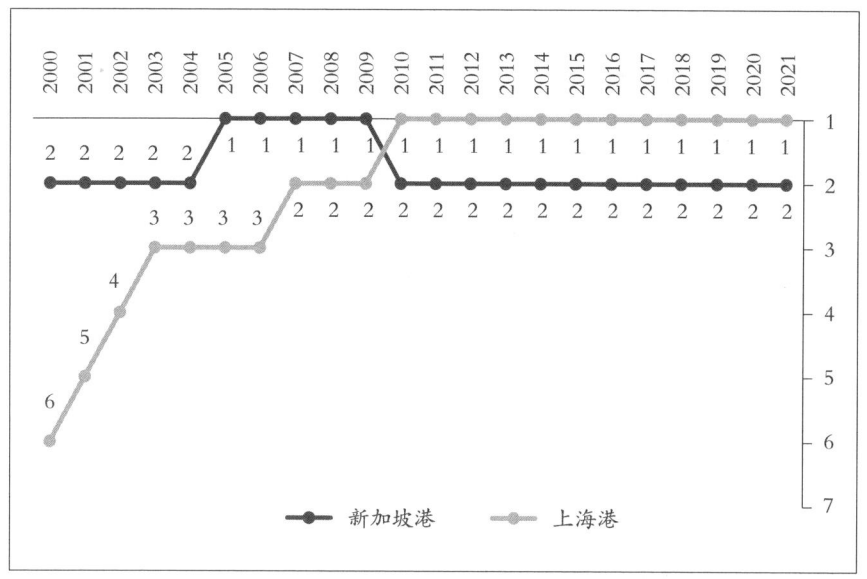

图 4-7 2000 年以来新加坡港和上海港集装箱吞吐规模全球排名情况

来源：根据法国航运咨询机构 Alphaliner 发布数据整理制作

*2. 船舶工程服务。*新加坡船东数量世界第五，是拥有世界第五大船队登记注册国旗登记局，是著名的国际船舶换装修造中心。拥有一个 40 万吨级的巨型旱船坞和两个 30 万吨级的旱船坞，能够同时修理的船舶总吨位超过 200 万吨，是亚洲最大的修船基地之一。新加坡在包括超大型油轮、液化天然气运载船和客船在内的多种船舶及离岸工程等方面居于全球领先地位。在钻井平台建造、浮式生产储油船（FPSO）和船舶改装领域，新加坡占据 70% 的市场份额。在为船舶提供修理服务的同时，新加坡港还供给国际船舶换装与修造一体化的服务。需要检修的船舶往往满载货物从其他港口驶往新加坡，将货物在新加坡港换到其他船舶后，就近在新加坡进行修理，既便利又节约了费用，也为新加坡的修造船业带来更多的生意。

*3. 船舶燃料油加注。*新加坡是全球第三大炼油中心和三大石油交易中心之一，是亚洲石油产品定价中心，拥有 100 多家全球领先的石油、石

化和特种化学品公司,包括荷兰皇家壳牌、美国埃克森美孚、美国雪佛龙、美国杜邦、德国巴斯夫、日本住友化学及日本三井化学等业内巨头。年均炼油规模超 2000 万吨,日原油加工能力超 130 万桶(占东南亚地区生产总量的 40%)。2019 年新加坡精炼石油行业产值 382.62 亿新元,占其制造业总产值的 11.9%。新加坡通过实施优惠政策等方式,吸引国际船舶到港开展船用燃油加注,已成为目前全球最大的船用燃油加注港口。2019 年新加坡港的船用燃油加注规模达到了 4980 万吨,占全球前十大加注港总加注量的近一半,是第二大加注港鹿特丹的 5 倍多,是宁波舟山港的 9 倍多。受疫情影响,近两年新加坡船用燃油加注规模有所减少,2021 年、2022 年分别为 4270 万吨和 4240 万吨。

表 4-3 2019 年世界十大船用燃油加注港口

港口名称	船用燃油加注量(万吨)	港口名称	船用燃油加注量(万吨)
美国休斯敦港	310	巴拿马港	470
比利时安特卫普港	340	中国香港港	500
直布罗陀港	390	阿联酋富查伊拉港	780
韩国釜山港	460	荷兰鹿特丹港	860
中国舟山港	470	新加坡港	4980

来源:李威、方梁任、程亚《新时代背景下深圳港发展新挑战和新思路》(《交通与运输》2022 年第 A1 期)

链接 新加坡港发展液化天然气(LNG)加注的主要做法

实施资金补贴、税费减免和 LNG 加注许可制度。新加坡海事与港务局(MPA)建立并实施 LNG 加注许可(LNG bunkering license)制度。2015 年 7 月,MPA 公开征求投标建议书,邀请感兴趣方申请在新加坡港内进行船用LNG燃料加注的许可证。对LNG动力船和LNG加注船提供资金补贴。MPA设立了金额达5000万元新币的专项资金,鼓励本地公司研发并使用可有效降低船舶污染物排放的环保技术,其中就重点鼓励使用LNG燃料。

加强国际合作,建立国际LNG加注港口网络。2014年,新加坡港与安特卫普港、鹿特丹港和泽布勒赫港联合成立了"LNG加注港口联盟",至今该联盟已有10个国际港口成员。2017年,宁波舟山港加入该联盟。

(二)主要经验

新加坡港开港至今的成功历程展现了一种不间断的港口转型发展模式,其中管理和服务两个要素发挥关键作用。具体有以下四点经验。

1. 着力建设国际航运中心。至今,新加坡已连续9年位列新华·波罗的海国际航运中心评价排行榜榜首(自2013年起),四次登顶全球领先的海事之都榜首(分别在2012年、2015年、2017年和2019年)。新加坡港通过引进设立全球性海运公司(或全球性海运联盟),为全球范围内的客户提供FBA海运[1]、内贸水运、海运整柜、海运进出口等多元化的高端航运服务。新加坡是超过130家航运集团和5000所海事相关机构的总部所在地。航运产业的集群为新加坡提供了超过17万个就业岗位,贡献了7%的GDP。在航运金融服务方面,新加坡港的航运保险服务质量享誉全球。[2]

---

[1] FBA海运全称为Fulfillment by Amazon,可简单理解为亚马逊物流,是亚马逊提供的一种代发货业务,即亚马逊将自身平台开放给第三方卖家,将其库存纳入亚马逊的全球物流网络,为其提供包括仓储、拣货打包、派送、收款、客服与退货处理等在内的一条龙式物流服务,亚马逊则收取服务费用。

[2] 根据国际海上保险联盟(IUMI)发布的国际海上保险业数据显示,2021年,新加坡的船舶及货运保险费收入超过80亿美元,约占全球市场份额的5%。

2.实施自由港政策。新加坡拥有亚洲最广泛的《自由贸易协定》(FTA)网络,同世界大量国家签订了自由贸易协定,包括中国、美国、日本、加拿大、中东等国家和地区。它还参加了多个区域性自由贸易协定,如《跨太平战略经济伙伴关系协定》(TPSEP)、《全面与进步跨太平洋伙伴关系协定》(CPTPP)。基于这些自贸协定,贸易公司和投资者可以享受包括关税减让、进入特定领域的优先途径和更快进入市场等多重优惠。同时,新加坡实行自由通航、自由贸易,允许境外货物、资金自由进出,对大量货物实行优惠税率或免征关税。

新加坡港高端航运服务发展概况

组织亚洲船东协会。即亚洲各个国家和地区船东协会和船东联合会,下设航运经济评估委员会、安全航行与环境委员会、海员委员会、船舶资源回收委员会和保险及责任委员会5个专业委员会,秘书处设在新加坡。

设立航运协会。2019年初,国际航运公会(ICS)、亚洲船东协会(ASA)和欧洲共同体船东协会(ECSA)在新加坡签署协议,正式成立全球最大的新航运协会,覆盖全球90%以上的商船。

引入国际船级社。通过与英国劳氏船级社、挪威船级社、美国海运局的合作,新加坡的海事分级与服务也获得了长足的发展,在全球航运市场扮演着举足轻重的角色。

引进国际航运服务组织。新加坡成功吸引波交所、百力马、豪尔·罗宾逊等国际知名航运服务组织个体进驻。

突出海事知识创新。新加坡拥有众多领先的科研院所与教育培训机构,如设在南洋理工大学的海事研究中心(MRC)、新加坡国立大学的热带海事科学研究所(TMSI)。

表 4-4　新加坡航运服务业发展支持政策一览

宏观财税政策	企业所得税	17%。对收入来源于在新加坡注册并航行于国际海域的船舶免征所得税
	船员个人所得税	免征海员所得税
	其他税赋	无
自由港政策	贸易自由	无关税和增值税,但要征收 3% 的货物与服务的进口税
	金融与汇兑	新加坡没有汇兑管制,但用于境外支付时必须将新元换成外汇
		大部分外资银行和金融机构只能经营离岸金融业务
	港口经营管理	高度开放、高度自由,但港口经营由新加坡港务局全权负责
	其他	人员自由流动、经营自由(政府只控制基础设施和社会服务性很强的行业,对于其他私人公司合法经营活动基本不干涉)
船舶注册登记政策		船舶注册奖励计划,免收所得税、公司分红税、个人所得税、利息税
		免征营业税
企业投资入驻政策		地区总部税收优惠。根据公司规模可申请 5%—10% 的税收优惠
		投资奖励政策
企业投资入驻政策		获准国际航运企业计划(AIS),取得 AIS 优惠计划的新加坡注册公司外国船只在国际海域从事经营的收入,可豁免缴纳企业所得税
		获准航运物流计划(ASL),从批准活动中所获得的新增收入,将享有不低于 10% 的税收减免
人才培养政策		海事培训基金
		新加坡海事组合基金(MCF)
行业、企业发展支持政策		海事相关行业研发基金
		海事企业发展计划
航运金融相关政策	航运贷款	国际化融资计划(IF)
		贷款预扣税豁免
	航运保险	对船舶险和水险责任险免征所得税
		离岸保险业务税收刺激

续表

航运金融相关政策	租船租箱、船务基金、船舶管理	海事金融激励计划（MFI），在10年优惠期内买下的船只所赚取的租赁收入，将永久豁免缴税，直至相关船只被出售为止
	航运经纪相关政策	船舶管理费免税、船舶经纪与FFA（SB&FFA）计划

3. 大力推进智慧港口建设。2015年，新加坡港推出"2030年下一代港口规划"（NGP 2030），致力于打造全球最大单体集装箱码头——大士港（Tuas）[1]。特别是应用数字技术，建设自动化码头、智慧船舶交通管理系统和港口数字化社区，打造稳定高效、可持续发展的未来港口。其中，智慧船舶交通管理系统重点推进"下一代船舶交通管理系统"（Next Gen VTMS）建设，以保障大士港水域的船舶交通安全。港口数字化社区通过设立港口社区平台，实现港口关键操作数据交互共享，支撑港口使用相关方决策，最终提高港口运作效率。

4. 高度重视港口绿色化发展。新加坡港将环境可持续发展要求纳入港口的规划建设管理诸环节之中，通过实施绿色港口计划，减少港口物流活动和港区船舶作业对城市环境造成的污染。例如，积极推广应用电动集装箱车辆、清洁型发动机、岸电技术等，建立船舶污染排放控制区，通过采取积极的关税措施、奖励措施减少港口水资源、能源和其他方面消耗等。尤其是面向"NGP 2030"规划，新加坡港相继提出新加坡绿色海事倡议（MSGI）[2]和《2050年新加坡海事脱碳蓝图》，推动港口绿色可持续发展。

---

[1] 建成后占地面积1337公顷，设置66个深水泊位，年吞吐量达6500万标准箱，比2021年3750万标准箱的处理量几乎翻了一倍。计划到2040年全面完成建设，分四期进行。其中，一期设置21个泊位，2027年全面投入运营，年处理能力达2000万标准箱。

[2] MSGI全称为Maritime Singapore Green Initiative，于2011年提出，首轮期限5年，投入规模1亿新元。2016年首轮到期后进行第一次更新，2019年进一步延长至2024年12月31日。目前，MSGI已经设立了绿色港口、绿色船舶、绿色能源或科技、绿色意识四个项目。

新加坡绿色海事倡议主要内容

·绿色港口项目(GPP)。在新加坡使用LNG作为船用燃料或超过国际海事组织(IMO)当前的船舶能效设计指数(EEDI)要求的远洋船舶,可以申请减少25%的港口费;在港停留期间利用LNG燃料港口船提供的服务,可获得额外10%的优惠。

·绿色船舶项目(GSP)。为自愿采用超出国际海事组织要求的能效设计解决方案,或者采用能够使用LNG或替代性低碳燃料(如甲醇、乙醇)的发动机的新加坡籍船舶,提供燃油消费折扣和退税。

·绿色能源或技术项目(GTP)。为向港口提供绿色能源或技术的公司提供资金,以支持其开展和进行试点试验,并开发减少海上排放的技术。

·绿色意识项目(GCP)。旨在提高公众对绿色航运的认识,并鼓励公司核算和报告碳排放。

《2050年新加坡海事脱碳蓝图》主要内容

2022年3月,新加坡海事与港务局(MPA)提出该蓝图,重点支持七大领域海事脱碳发展。

·港口码头。采用清洁能源、自动化和数字化技术,加快低碳转型。到2030年绝对排放量比2005年减少60%以上,到2050年实现净零排放。

·国内港口船舶。到2030年,所有新加坡国内船舶均采用低碳能源,到2050年均采用全电力推进和净零燃料。到2030年绝对排放量比2021年减少15%、到2050年比2030年减少50%。

·未来船用多燃料加注。提供植物燃料、甲醛、氨、氢等低碳和零碳船用燃料,同时实现二氧化碳捕获、储存和利用(CCUS)等技术创新,支持多燃料加注发展。

·新加坡船舶登记。认可并激励在新加坡注册的船东运营绿色船舶,力争到2050年在新加坡注册的绿色船舶占比达到50%。

・海事脱碳国际倡议。开展国际标准制定,并通过国际海事组织和国际论坛等平台,倡导强有力、可信和包容的气候行动。

・海事脱碳技术研发与人才。设立全球海上脱碳研发中心,集聚全球范围的海事脱碳创新技术和人才,构建海事脱碳创新生态。

・碳会计和绿色融资。加强碳核算,发布海事脱碳报告;促进绿色融资,打造绿色海洋金融中心。

图 4-8　新加坡绿色海事倡议主要项目

三、鹿特丹港

鹿特丹港位于莱茵河与马斯河交汇处,是欧洲第一大港,拥有"欧洲门户"的美誉。鹿特丹港区面积 10556 公顷,其中工业用地面积 5257 公顷,基础设施和水域面积 5299 公顷。港口长度 40 千米,码头长度 89 千米,共有 8 大主要港区、656 个泊位,航道最大水深 -22 米,是 500 多条航线的船籍港或停靠港,通往全球1000多个港口,货运量占荷兰全国的78%。鹿特丹港至今已有700多年的历史,1340年成为所在省份的主要港口,17世纪凭借印度洋航线贸易成长为荷兰第二大商业城市(第一大城市为阿姆斯特丹),20世纪40年代末,随着临港化工和远洋运输的大发展,鹿特丹港逐渐沿着马斯河"西迁",进入海口港和全球化发展阶段。

表4-5 鹿特丹港发展阶段及特点

时期	城市发展阶段	港口发展	经济结构	空间范围
1400年前	渔村	—	—	码头
1400—1800年	港口城市	1600年开始建码头,逐渐形成小商港,码头沿马斯河而建,规模不断扩大	初级商港型经济,渔业运输、造船	码头附近
1800—1900年	工业化初期	开辟新水道,沟通莱茵河、马斯河与北海;因德国鲁尔工业区兴起,煤炭、矿石需求大增,鹿特丹港作用加强	港口转运、贸易	距码头1千米
1920—1940年	工业化中期	开发瓦尔港湾(Vaal haven)	港口产业、物流、食品加工	距码头1—2千米
1945—1965年	工业化中期	大力发展临港工业,开发欧罗波特(Europoort)港口工业区	港口产业、石化、制造业等临港产业	距码头1—2千米
1965年至今	工业化后期	实施马斯莱可迪港区(Maasvlakte)工程,港口规模急速扩张,自1962年至2003年,鹿特丹港一直保持"世界第一大港"地位,后被新加坡港、上海港取代	港口产业、临港工业、现代服务业(商业、金融、咨询、旅游等)	距码头8—13千米

(一)主要优势

1.多式联运。鹿特丹港高度重视腹地运输网络的优化完善,打造便捷、安全、高效、可靠的港口集疏运体系,大力发展内陆多式联运。外通综合交通网络(水路网、高速公路网和铁路网)与欧洲各国连接,覆盖从法国到黑海、从北欧到意大利的欧洲各主要市场和工业区;内连各港区码头,衔接临港工业区和港口所在市区。铁路线路直接延伸至港口作业区,实现海铁联运无缝化衔接。鹿特丹港拥有全球首个全自动集装箱港区——"马斯莱可迪"深水港区(泊位水深 −26 米),码头直接连通北海,通过港口铁路、海运、公路、内河、管道和城市交通系统及机场组成的集疏运系统,接入欧洲铁路、内河航运和公路网络,24 小时便可将货物送至半径 500 千米范围内的荷兰、比利时、法国、德国等地。

2. 供应链管理。鹿特丹港航服务最大特色是按照供应链物流管理的理念,实行储、运、销一条龙,加强与港口物流链上下游各方的协同合作,组建了由货运码头、物流服务企业、物流园区、腹地等构成的物流运作网络,构建港口物流链全程信息服务体系,提高港口物流链一体化服务水平。通过保税仓库和货物配给中心(物流中心)对货物进行储运和再加工,提高货物附加值和配送效率,然后通过公路、铁路、河道、空运、海运等多种运输路线将货物送到欧洲各地。同时,根据用户的需要,及时有效地处理多货种、多功能、范围广和不同周期的综合物流活动。如提供定制化的运输服务,以及中转与多式联运相结合等服务,满足市场多元化、个性化的需求。鹿特丹港既是欧洲最大的原油、石油产品、谷物等散装货转运地,又是世界第六大集装箱转运港口,承担美国向欧洲出口货物 43% 的中转、欧盟 30% 的外贸货物、莱茵河 75% 左右的转运量、日本向西欧出口货物 34% 的中转。

3. 经济腹地。鹿特丹港紧临英国、法国、德国、荷兰等经济发达的西欧国家,特别是德国的兴起为其提供了天然的经济腹地。在鹿特丹半径 500 千米的范围内,居住着近 2 亿高收入人群,产业和人口的密集程度超过欧洲其他区域。立足广阔的发达经济腹地,鹿特丹通过构建完整、系统的现代服务机制,培育发展临港工业,辐射带动欧洲经济区,提升城市综合功能。20 世纪 80 年代中期以前,鹿特丹港是全球最为繁忙的港口之一(另一为纽约港),其中 1981—1986 年曾位居全球最繁忙港口榜首(1986 年集装箱吞吐量 280.5 万标准箱),直至 1987 年被香港港、1989 年被新加坡港、2001年被上海港取代。2021年，鹿特丹港完成货物吞吐量4.69亿吨，比上年增加7.3%，世界排名第11位；集装箱吞吐量1530万标准箱，比上年增加6.6%，世界排名第10位，稳定保持欧洲第一大港的地

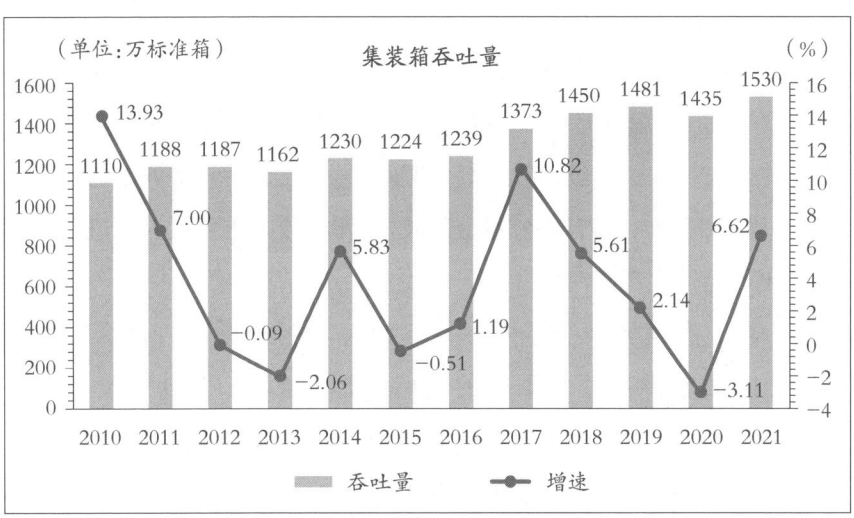

图4-9 2010—2021年鹿特丹港货物和集装箱吞吐量规模、增速情况

来源：根据鹿特丹统计数据整理制作

位。2022年,受俄乌战争影响,往返俄罗斯的集装箱运输几乎停滞,鹿特丹港总货物吞吐量为4.67亿吨,比上年下降0.4%,集装箱吞吐量也下降了5.5%。

(二)主要经验

鹿特丹港利用大量输入原油和其他工业材料,设立大型炼油企业,发展形成从原油炼制到化工新材料、专用化学品的完整产业链,集聚了包括埃克森美孚、英国石油(BP)、日本信越、阿克苏诺贝尔、阿科玛等在内的全球化工大型跨国企业,形成了强大的"港口工业综合体"。具体有以下四点经验。

*1.注重战略性统筹谋划。*鹿特丹市对港口及航运业发展制定了以20年为周期的长期发展规划,并根据国际航运业发展动态和港口产业链成熟度,每五年更新一次。根据2030年港口发展战略构想,鹿特丹港从规划引领、政策扶持、综合服务、产业配套等方面打造紧密协作、高度协调的港口生态圈,加大推进港口战略与人文环境的协调创新,积极建立产学研用联盟。同时,针对码头作业和关联企业的入驻情况,统筹港口填海造陆、岸线资源利用和基础设施建设规划。

*2.采用"地主港"管理模式。*鹿特丹港务局采用产权和经营权相分离的"地主港"运营管理模式,推动港口国际化发展,即政府拥有港区产权,特许经营机构拥有经营权。具体实践中,设立鹿特丹港务公司负责港口开发管理,市政府拥有该公司全部股权,营业收入重新投入港口建设之中,以土地运作实现滚动开发。

*3.建设"智慧港口"体系。*一直以来,鹿特丹围绕打造全球性枢纽港和欧洲临港产业集聚区的战略目标,通过ECT电子服务平台(E-Services)整合了"欧洲门户服务"网络的船公司、船代、货代、货主、海关、运输服务商等参与者,建设ECT Delta、Euromax、APMT MV Ⅱ、RWG四大全自动化码头,构建涵盖港口集疏运体系、港口物流、港产城融合、创新生态等在内的"智慧港口"体系。未来,鹿特丹港务集团希望加速港口

鹿特丹港四大智慧码头

·ECT Delta 码头。全球第一个自动化码头，目前仍是全球自动化程度最高、技术最前沿的码头之一，不受潮汐或船闸限制，船舶入港后1个小时内就可停靠泊位。是欧洲最重要的支线枢纽，最大水深-17.5米，码头长度3600米，占地面积265公顷。

·Euromax 码头。世界最先进和环保的集装箱码头之一，专为快速、安全、高效地处理最大的集装箱船而设计，不受潮汐或船闸限制，可实现超大型集装箱运输船1小时靠泊。平均水深-16.8米（最大-19.6米），码头长度1500米，占地面积84公顷，起重吊机达23个集装箱宽。

·APMT MV Ⅱ 码头。2015年启用，全世界最先进的全自动码头之一（约80%的起重机是全自动化，另20%的起重机由远程手动操作），每台起重机可同时装卸两个40英尺的集装箱。采用绿色能源和全电气化设备，是全球首个二氧化碳、氮氧化物和颗粒物净零排放的码头。最大水深-20米，码头长度1500米，占地面积86公顷。该码头直通Betuwe铁路，设有2台多式轨道起重机桥，总共8条轨道。

·RWG（Rotterdam World Gateway）码头。全球最具创新性的自动化集装箱码头之一，设有2台轨道起重机，轨道长度750米，配有AGV小车59辆、集卡105辆、自动堆垛机50辆，码头利用率90%以上。最大水深-20米，码头长度1700米，占地面积108公顷。

的可持续发展，对数字创新、基础设施、教育和劳动力技能进行投资，成为物流链中的智慧合作伙伴，其已经宣布要成为"最智能化的港口"，希望以创新引领未来，以实现可持续发展。

4.营造优越营商环境。进入21世纪后，鹿特丹港失去吞吐规模优势，但依然保持国际航运中心地位，主因是其拥有法治化、便利化、国际化营商环境等重要的软实力。根植于荷兰历史悠久的航海文化和自由贸易精神,鹿特丹港采取了较为自由便利的保税措施,通过在区内设置保税仓库、简化入关手续、允许商品自由出入港口等优惠政策吸引了大量过境贸易,成为事实上的高标准国际自由贸易港。目前,鹿特丹港75%的业务为转口贸易,场地租赁和港口使用费成为港口的两大主要收入来源(占比96%以上)。[1]

四、釜山港

釜山港位于韩国东南部沿海地区,与日本对马海峡相望,是韩国最大的港口和海陆空交通的枢纽,也是主要的国际集装箱远洋干线港口之一。交通运输枢纽的地位是釜山市成为韩国仅次于首尔的第二大城市的重要支撑。釜山港于1407年开港,自1906年建设码头以来,经过百余年发展,已成为现代化大型港口。釜山港水深–15到–17米,货物处理能力1700万吨/年,集装箱堆场面积346.9万平方米,露天堆场面积26.1万平方米。拥有北港、新港、甘川港和多大浦港四大港区,建设了八大货柜码头和国际客运码头,码头岸线总长30.7千米,有60多个泊位,可实现超过200艘船舶同时靠岸。2021年,完成集装箱吞吐量2269万标准箱,比上年增长3.99%,规模位居世界第六位。

(一)主要优势

*1. 国际中转。*釜山港具有独特的区位优势,是中日韩及东盟与北美贸易区海上运输的必经之路,因而成为目前全球重要的国际中转港口之一,其国际集装箱中转量占其集装箱吞吐总量的比重长期维持在50%左右。釜山港国际中转服务的快速发展,主要得益于其自由贸易区功能完善、海关运作高效、集装箱港口收费和奖励机制完善等多方面因素。2021

---

[1] 2017年鹿特丹港营业收入总额为7.121亿欧元,比上年增长4.6%。其中场地租赁收入3.773亿欧元,港务费收入3.039亿欧元,其他收入3090万欧元。

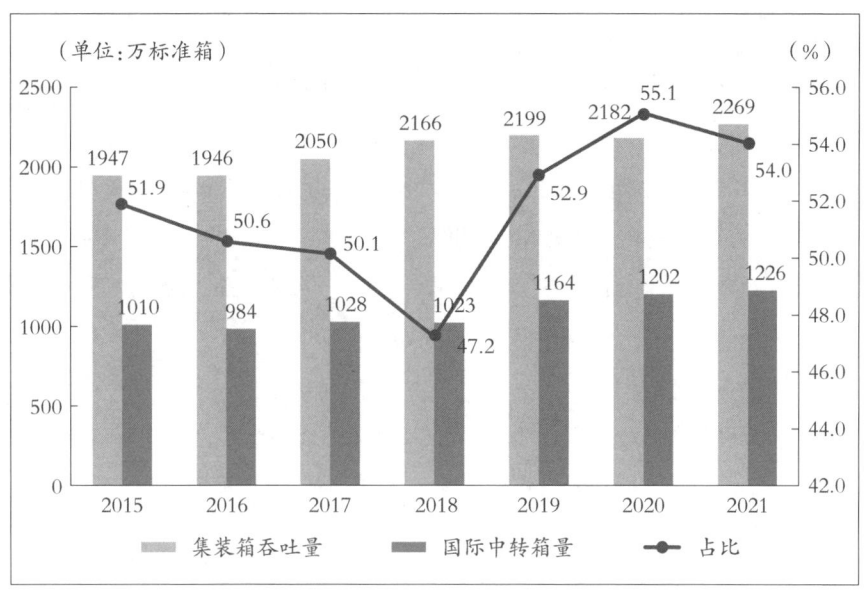

图 4-10 2015 年以来釜山港国际集装箱中转规模及占比

来源：根据釜山统计数据整理制作

年，釜山港完成国际集装箱中转量 1226 万标准箱，占其集装箱吞吐总量（2269 万标准箱）的 54.0%（2020 年为 55.1%）。随着北极圈变暖及航运技术升级，北极航道未来将成为欧亚两地海上距离最短的航道，这对釜山港来说是难得的发展机遇。

2. 新能源。韩国制定了"氢能源港口建设方案"，釜山港将构建氢燃料生产和供应体系，以满足氢燃料推进船舶和货车需求。与液化天然气加注码头开发相结合，构建氢气生产设施，并计划在 2030 年之前建立为船舶、货车生产的氢气燃料及供应体系。

（二）主要经验

1. 实施优惠的扶持政策。釜山港长期致力于以建设成为全球第二大中转港为战略目标，为此提出了国际中转奖励政策、中转增值服务政策、海关监管政策等许多支持和鼓励政策，吸引大量来自亚洲区域的集装箱

> **链接** 釜山港国际集装箱中转组合优惠政策
>
> 釜山港为吸引集装箱货源、发展国际集装箱中转提供国际中转奖励、中转增值服务、海关监管等优惠政策组合：
>
> ·国际中转奖励政策（中转箱补贴政策）。对每年在釜山港中转量超过5万标准箱的航运企业给予奖励，每年总的奖励金额高达35亿韩元（折合人民币约0.18亿元）。
>
> ·中转增值服务政策。对在釜山港自贸区内进行生产、加工、物流等业务的企业，提供检验检测、金融、保险理赔等一系列增值服务，减少中间环节，实现了制造业、港口物流业与现代服务业的协调发展。
>
> ·海关监管政策。对国际中转货物实行"境内关外"的监管模式，同时实行港口作业区、自贸区和工业经济加工区一体化监管，极大提高了货物运输效率，由此吸引了更多中国、东盟国家的集装箱货源在釜山港增值、中转。

货源，目前已成为东北亚地区重要的物流枢纽港。

2. 加强临港物流园区建设。1994年，釜山港同步启动新港及其物流园区建设。2014年，具有保税功能的新港物流园区建成，面积达6.2平方千米。通过提供港口物流综合服务和优惠的外资政策，吸引各国企业在此设立配送中心、加工包装中心、物流中心，就近开展加工、分类、包装、检查等一系列高附加值制造活动，最后通过釜山港将货物组织运往世界各地，实现了高效率的集疏运和价值增值管理，形成了独特的多国集拼（MCC，Multi-Country Consolidation）物流模式。

3. 建立港口营销与合作机制。为提升国际集装箱中转发展水平，釜山港建立港口营销协会，通过市场调研、信息梳理和数据分析，实施差异化港口费率政策，并通过建立港口、航运企业、生产企业、管理机构等多

方信息共享机制,不断强化营销功能。同时,与周边国家的港口如我国环渤海湾等建立长期合作关系,通过减免服务费、减免港口设施费等优惠政策,吸引周边港口货源到釜山港中转集拼,从而巩固其国际中转港的主导地位。

第二节 国内一流强港建设经验

香港港、上海港和深圳港是国内著名的一流强港,也是宁波舟山港争创世界一流强港的重要标杆。

一、香港港

香港港在珠江口东岸,港城一体。经过转口贸易型、加工贸易型、综合型和跨区域综合型四个阶段,已发展成为结构多元化的全境自由港,连续25年被评为全球最自由经济体[1],是全球最具竞争力的物流、金融、贸易和商业中心之一。香港港是世界三大天然良港之一,港内港阔水深,风平浪静,不淤不冻,通道众多。码头岸线长5754米,占地217公顷,现有18个集装箱泊位,水深在-12米以上,其中11个泊位水深达到-14.5米,可靠泊世界上最大的集装箱船舶。

21世纪初开始,乘着中国加入世界贸易组织(WTO)的东风,凭借独特的地理区位、发达的城市综合服务和海事法律等优势,香港港海洋运输获得巨大发展。1999—2004年集装箱吞吐规模曾跃居世界首位,虽然之后相继于2005、2007年被新加坡港、上海港超越,但至今依然位居全球十

---

[1] 根据《华尔街日报》和美国传统基金会年度经济自由度指数报告,1995—2019年香港已蝉联25年"经济自由度指数"榜单冠军,2020年降至第二位。

大集装箱吞吐量港口之列。2021年，香港港完成集装箱吞吐量1779.8万标准箱，比上年小幅减少1个百分点，规模位列世界第九位。

表4-6　香港自由贸易港发展阶段

阶段	内容
转口贸易型发展阶段 （1841—1949年）	1841年英国占领香港后，在香港推行自贸港政策，允许外国船只自由进出港口，对进出口货物免征关税，将其作为一个自由通商的港口门户和货物集散地，吸引外来船舶向中国市场倾销物品。凭借优越的区位条件，香港成为国际转口贸易发展的理想之地
加工贸易型发展阶段 （1950—1978年）	充分运用来自内地和东南亚国家的大量资金和技术，凭借大量廉价劳动力资源和自贸港地位所提供的免税优惠条件，以及加入《关税及贸易总协定》享有"最惠国待遇"和英联邦成员获得联邦特惠优势，大力发展加工业。由于货物进出自由，外汇不受管制，税率低，水陆交通便利，港口仓库设备先进，航运业货柜化，加工贸易高速发展
综合型发展阶段 （1979—1990年）	随着中国实行对外开放政策以及亚太经济一体化、粤港地区经济一体化发展，香港抓住机遇，将劳动密集型行业向珠三角地区转移，在工业化带动下，香港形成以工业、外贸、金融、旅游、运输与通信及建筑等行业为支柱的多元化经济结构。同时，自贸港所提供的自由通商、自由通航、自由通信、自由兑换和人员进出便利等优势，为工业、贸易、金融、房地产、旅游、信息等行业提供了优质的贸易服务，香港的经济地位大大提高，位列"亚洲四小龙"之首
跨区域综合型发展阶段 （1991年至今）	香港和内地特别是珠三角地区的分工合作深入、融合发展加快。金融服务方面，由于经济持续稳定发展，金融法律法规健全，与国际标准接轨，税收优惠，境外对人民币的需求增加，香港成为首个境外人民币结算中心。新兴产业发展方面，为减少对金融业和地产业的依赖，香港特区政府创建6个新"支柱产业"（环保、检测认证、医疗服务、教育服务、文创、创新与技术）和1个科技园（香港科技园）。跨区发展方面，香港1995年成为WTO创始成员之一，是亚太经合组织的积极参与者，是亚洲发展银行和世界海关组织的正式会员，为自贸港的持续发展创造了良好的国际和区域条件

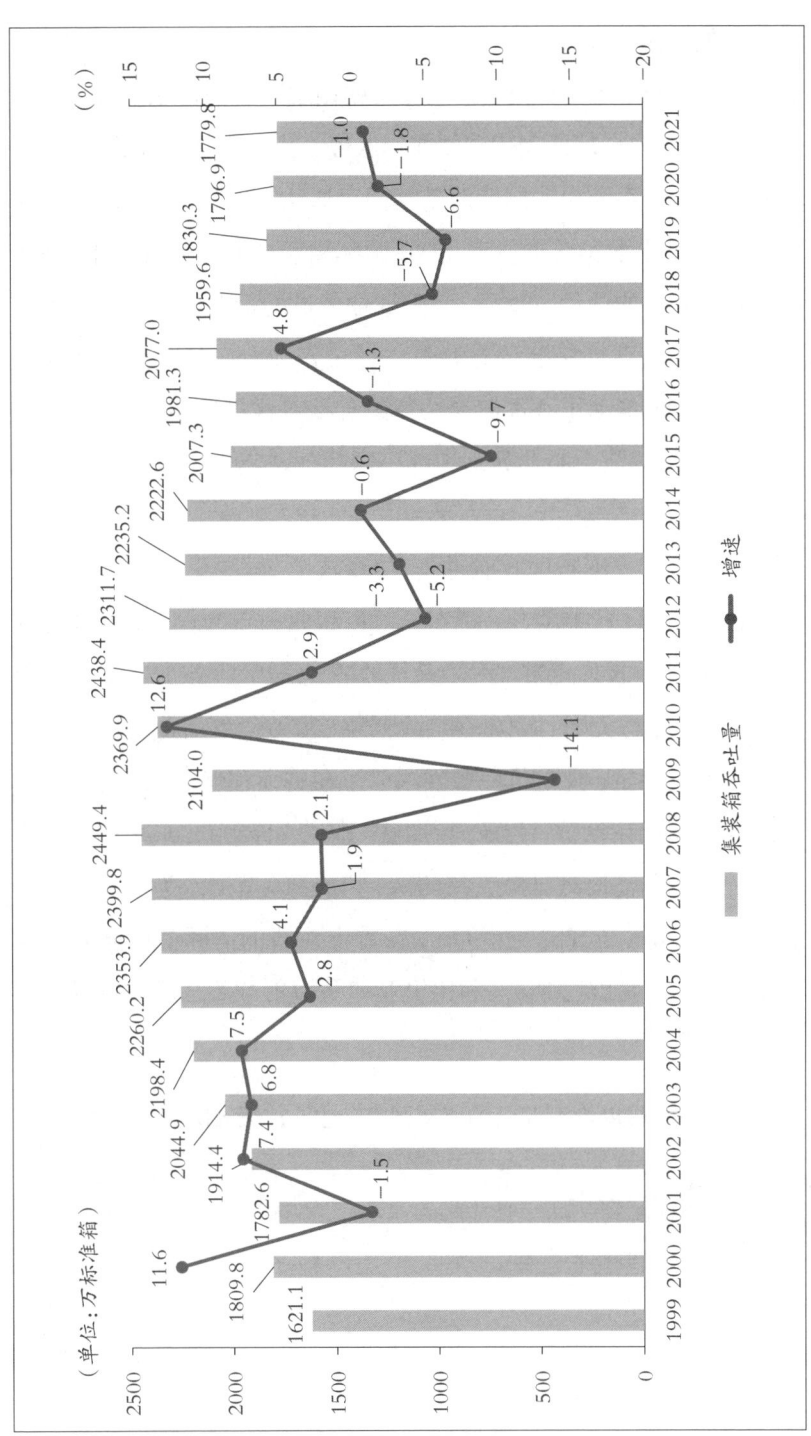

图 4-11 21世纪以来香港港集装箱吞吐规模变动情况

(一)主要优势

综观香港成长历程,实施自由港导向的制度和管理体系是香港港的核心价值,打造面向全球的现代高端航运服务能力是其特色优势。

1.海事法律。香港司法制度源于英国普通法,采用西方国家社会熟悉和接受的法律体系和法律制度,如在国际租船合同中经常采用"适用英国法,伦敦或香港仲裁"的条款。香港仲裁员的专业性和职业道德为业界所公认,香港高等法院设有海事法庭法官和专门处理海事纠纷的法律专家,极大地推动了香港海事法律及仲裁等高端航运服务业发展。2019年香港国际仲裁中心共处理503宗国际仲裁案件,其中14%涉及海事纠纷。

2.船舶注册。香港特区政府主张"尽量扶助、减少干预"政策,对企业实行经营自由制,税制简单、税率低。以税收政策为例,对悬挂香港旗船舶的国际航运收入全部免税,只征收本地发生业务16.5%的利得税。此外,香港已与美国、英国、荷兰、丹麦、挪威等签署涵盖航运收入的避免双重课税协定,吸引了许多外国船东在香港注册。近年来,中国香港特区政府积极在伦敦、上海、新加坡、悉尼、旧金山、东京和多伦多等地成立香港船舶注册处区域支持团队,拓展服务范围,为船东提供更快捷、高效的支持。至2022年9底,在香港注册的国际商船队载重吨总量达2.08亿吨,是继巴拿马、利比里亚和马绍尔群岛之后的世界第四大船舶注册地。

表4-7 悬挂香港旗商船队的所属国家(地区)(至2022年9月)

船东所属国家(地区)	载重吨(万吨)	占比	船东所属国家(地区)	载重吨(万吨)	占比	船东所属国家(地区)	载重吨(万吨)	占比
澳大利亚	214.4	1.0%	德国	128.2	0.6%	俄罗斯	1.5	0.0%
比利时	108.7	0.5%	希腊	107.3	0.5%	沙特阿拉伯	4.6	0.0%
百慕大	816.6	3.9%	印度	4.8	0.0%	新加坡	644.1	3.1%
加拿大	91.9	0.4%	印度尼西亚	0.7	0.0%	南非	37.9	0.2%

续表

船东所属国家(地区)	载重吨(万吨)	占比	船东所属国家(地区)	载重吨(万吨)	占比	船东所属国家(地区)	载重吨(万吨)	占比
中国内地	8695.9	41.9%	日本	271.9	1.3%	瑞士、列支敦士登	28.2	0.1%
中国香港	7206.1	34.7%	韩国	98.6	0.5%	土耳其	24.3	0.1%
中国澳门	0.0	0.0%	利比亚	23.1	0.1%	阿联酋	30.3	0.1%
中国台湾	450.5	2.2%	缅甸	1.6	0.0%	英国	32.3	0.2%
塞浦路斯	21.7	0.1%	荷兰	3.4	0.0%	美国	250.5	1.2%
丹麦	322.0	1.5%	挪威	860.9	4.1%	世界其他地区	119.6	0.6%
法国	150.9	0.7%	巴拿马	20.5	0.1%			

来源：根据联合国贸易与发展会议数据（UNCTAD STATS）整理计算

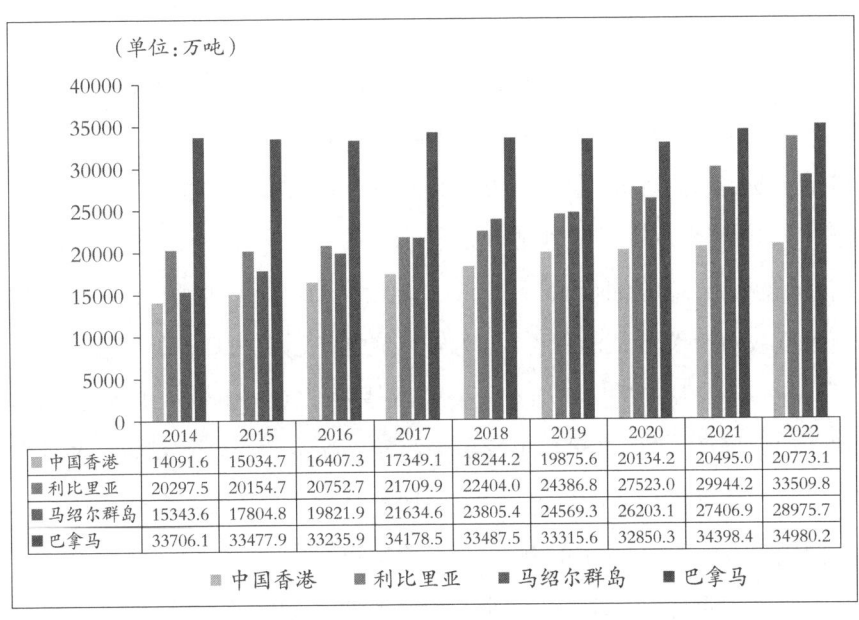

图4-12　2014—2022年世界四大船舶注册地商船注册载重规模

来源：根据联合国贸易与发展会议数据（UNCTAD STATS）整理计算

3.船舶融资。香港是亚洲国际船舶融资中心。香港提供船舶融资的金融机构数量多，境内外联动性强，机构类型多样化，资金成本低，资金充裕,航运企业流动性压力较小。根据香港金融管理局的统计数据,截至 2020 年底,香港船务贷款总额约为 1290 亿港元,占香港银行贷款总额的近 2%。目前,世界十大船舶融资银团贷款的簿记行中有 8 家在香港设立办事处。

4. 海事保险。香港航运业发达,对海事保险需求大。2016 年,国际海上保险联盟在香港设立亚洲区中心,作为联盟在德国总部以外的首个分支组织。截至 2021 年底,香港共有 84 家获授权的海事保险公司,其中外资海事保险公司 32 家。在国际保赔协会集团(IG)的 13 家成员协会中,有 12 家在香港设有办事处,再加上中国船东互保协会的香港分支,使香港成为伦敦之外全球第二大的保赔保险中心。

(二)主要经验

1. 实施彻底的自由港发展政策

贸易自由最为彻底。香港的贸易自由世界闻名,具体体现在三个方面:(1)进出口不受管制。除为履行国际义务(如武器、毒品及有关国际协定所规定的内容等)及维护香港安全原因(如食品卫生等)实行必要管制外,进出口贸易都不受管制。(2)不设关税壁垒。除对烟、酒、甲醇(酒精及其制品)、碳氢油(汽油及柴油)、化妆品和若干不含酒精饮品这 6 类商品征收进口关税及消费税(若为转口或加工后再出口,则可退税)外,对其他一般商品的进出口均不收关税,而只征收 0.05% 的从价税,进出口贸易门槛极低。(3)进出口手续极为简便。除少数受管制商品需进行事前申请并获批准后才能进出口外,一般商品进出口无须报批,只需于 14 天内向香港海关递交一份完整的报关表即可。

投资经营自由。体现在三个方面:(1)实行自由进入及经营制度,行业管制少。政府只直接经营港口、机场、道路、邮政和工业村公司等公共事业,以向社会提供一定有益的公共服务;同时,也对列入管制的行业,诸如武器和毒品等违禁品的生产与经营、产生生态环境污染、需由政府监管以防对社会产生负面影响的行业,进行分类管制。而其他绝大多数投资领域的进入及经营均是由投资者自行决策的。(2)实行居民待遇制度,企业进入及经营门槛低。投资者没有国籍、投资比例的限制,任何人都可以投资经营,私人开办企业和公司注册手续简便,而且内、外资企业在港内得到同等对待。(3)实行低企业所得税(香港称"利得税")制度。2008年起,一般税率,法人为16.5%,法人以外的人士为15%;符合资格的债务票据所获得的利润或利息收入以及专业再保险公司离岸业务所得,其税率为一般税率的1/2。

融资汇兑自由。20世纪70年代以来,香港逐步推出了一系列金融自由化的政策,包括取消外汇管制、撤销对黄金进出口的限制、解冻银行牌照的发放等,使金融体系纳入了国际化的轨道。(1)货币自由兑换。当前香港采用符合国际标准的会计准则,外汇市场完全开放,港币与各种外币可以自由兑换,各种资本可以便捷调入或调离,资本和金融账户高度开放,账户余额可自由兑换。(2)金融市场发达。资本市场完全开放,金融企业开办自由、经营自由,对外资公司参与当地证券交易没有限制。开放的黄金市场也吸引了大量的黄金进入香港,使之成为与伦敦、纽约黄金市场有同等影响的国际性市场。便捷的资金汇兑和发达的金融市场,不仅为各类企业在香港集资、融资提供了极大方便,也为投资者向海外市场拓展创造了条件。

人员和航运进出自由。(1)人员出入境自由。香港居民及境外人员进出香港十分自由且办手续也非常方便。至2017年,香港特区护照可在158个国家和地区免签或落地签,超过170个国家及地区的国民可豁免旅游签证于香港逗留7—180天。(2)航运自由。香港是世界十大船舶注册港之一,在交通运输方面有很大的开放度,允许船舶自由通航,允许航运企业进行自由经营,世界上任何国家和地区的企业或个人都可以在香港投资经营航运业,且形式可以多种多样,资金可实现自由转移和汇兑。

2. 实施便利自由的通关举措

采取市场化港口物流运营模式。空港物流方面,香港对国际空运货物采取委托处理的经营模式,香港国际机场的货物委托两大空运站负责处理。其中,超级一号货运站由香港空运货站有限公司(HACTL)管理,是目前全球最大的空运货运站,处理香港全部空运货物量的85%。亚洲空运货运站由亚洲空运公司(AAT)管理。HACTL和AAT均属民间公司,与香港机场管理局签署经营管理合约。委托处理模式下,两家民营企业可向客户提供包括货物处理、文件处理和停机坪调度等在内的多元化产品与服务。海港物流方面,目前香港的货柜集中在葵涌货柜码头,该码头外包给四家民企经营,由各企业自主改造码头设施、自主管理,采取全天候24小时作业方式,以满足和吸引国际物流公司。外包模式下,香港政府只负责监督,不需投入巨额资金进行港区建设,且通过向承包经营者收取租金,既能增加财源,又能解决部分就业问题。

广泛应用现代化信息技术手段。香港海关采用了空运货物清关系统、电子货物舱单系统、道路货物资料系统等多个电子货物清关平台,便利业界提交电子货物数据,提升清关效率。其中,空运货物清关系统,提供7×24小时服务,涵盖各类空运货物的清关程序。电子货物舱单系统,航空、远洋及内河货物承运商可通过该系统向香港海关、政府统计处及工业贸易署以电子形式提交货物舱单。道路货物资料系统,已登记的付货人或其授权的货运代理可通过该系统预先向海关提供道路货物数据,跨境货车司机运载货物通过陆路边境管制站时可享用无缝快捷的清关服务。

实施以企业自律为核心的"香港认可经济营运商"计划。"香港认可经济营运商"计划是一个公开及自愿参与性质的认证制度,2010年起由香港海关执行,不收取任何费用,旨在通过海关与业界的伙伴关系,加强国际供应链安全及便利合法货物的快速流动。所有加入该计划的企业[1],都享有相关的通关便利化安排和特别优惠政策。

---

[1] 目前香港已有李锦记、国际商业机器、富士施乐、敦豪物流、嘉里辉捷供应链、翰汶国际物流、联邦快递等著名企业加入。

"香港认可经济营运商"计划的主要政策

· 本地公司如已符合既定安全标准，不论规模，均可成为认可经济营运商，享有相关便利通关安排。

· 所有涉及国际供应链的各方，如制造商、进口商、出口商、货运代理商、货仓营运商、承运商等，均可参加该计划。

· 成为认可经济营运商的公司将获承认为香港海关可信赖的伙伴，可享有包括减少或优先接受海关查验、取得业界风筝标志认证，成为拥有高度保安的贸易商等特别优惠。

3.培育高度发达的现代航运服务业

香港是第二大国际航运中心，船东、货主和贸易商云集。多年来，通过营造宽松的政策环境、集群化发展、完善法规体系和重视专业人才培养，香港形成了涵盖船务融资、保险、经纪、船舶管理及航运法律等在内的多元化航运服务链条。

集群化发展。发展全链条的航运服务，船员与船舶管理、航运金融保险、海事法律仲裁、船舶注册检验等缺一不可。香港的特色就是拥有"全盘专家"，世界许多知名船舶管理公司、集装箱班轮公司、航运经纪公司等都在港设有公司，主要保险公司、海损理算公司（如英国劳合社）等均在香港设立办事处或区域性总部，形成集群化发展优势。2018年，香港航运服务业共有各类机构4044家，实现业务收入2374亿港元。

表4-8 2018年香港航运机构数目及业务收入情况

类别	机构数目（家）	年增长	业务收益（亿港元）	年增长
船务代理/管理人，以及海外船公司驻港办事处	284	-2.1%	79	4.0%

续表

类别	机构数目（家）	年增长	业务收益（亿港元）	年增长
远洋和往来香港与珠江三角洲港口的货轮船东及货轮营运者	209	7.7%	905	11.3%
货柜码头及货码头营运者	6	—	82	-1.0%
港内水上货运服务	104	8.3%	11	9.8%
中流作业及货柜后勤活动	248	-10.5%	51	-0.9%
航空及海上货运代理	3193	1.2%	1246	3.2%

来源：香港特别行政区政府统计处《2018年运输、仓库及速递服务业的业务表现及营运特色的主要统计数字》

完备港航法规体系。 香港港航法规体系健全，涉及船舶法系统、港口法系统、海上运输法系统、海上安全监督系统、航道法系统等多个方面，主要有《商船条例》《船舶及港口管理条例》《商船（海员招募）条例》《领港条例》《港口管理（货物作业）条例》等。香港港口管理透明度较高，香港特区政府制定《海事处手册》和《海事处服务承诺》，并向港航界公布海事处的组织职能、港口设施、服务、各类服务收费表、各类服务承诺标准，通过有关咨询机构对海事处的工作进行有效监察。

重视航运人才培养。 香港特区政府通过实施航海训练奖励计划、船舶维修训练奖励计划和举办教育及职业博览会等举措，提供航运培训补贴、资助和组织讲座等政策，培育了大量的航运人才。截至2018年底，香港4044家航运服务机构共有雇员5万余人。

二、上海港

上海港位于中国大陆海岸线中部、长江入海口处，前通中国南北沿海和世界大洋，后贯长江流域和江浙皖内河、太湖流域，地处我国沿海海岸线的中心点，南北洋的分隔点，又是东西航运大动脉，长江与南北海上主航线，形成我国T字形航运主骨架的交汇点，拥有优越的地理位置。经过半个多世纪的建设和发展,上海港已成为一个综合性、多功能、现代化的大型主枢纽港,跻身世界大港之列。

(一)发展基础

*1.发展历程。*新中国成立以来,上海港发展大致经历三个阶段:1978年以前的恢复发展阶段、1979—1994年的转型发展阶段和1995年至今的创新发展阶段。特别是改革开放以来,上海港进行了3次较大的体制改革:1996年港口下放,实行上海市、交通部双重领导,以上海市领导为主的管理体制,组建上海港务局,并实行"以港养港"财政体制;2003年港口改革,上海港务局按照现代企业制度组建上海国际港务(集团)有限公司;2006年上海国际港务(集团)股份有限公司整体挂牌上市。

表4-9 上海港发展历程

恢复发展阶段 (1949—1978年)	・1949年10月,在华东区财政经济委员会运输部领导下,成立"华东区航务管理局"(1950年5月改称"上海区航务管理局")。 ・1950年10月,"上海区航务管理局"撤销,成立"上海区港务管理局"。 ・1955年11月5日,毛泽东主席视察上海港,指出上海是我国的第一大港,又是一个国际港口,是一个有发展前途的港口,一定要把它管理好。要求上海港在我国社会主义建设中不仅要推动自身发展,更要支持全国发展,发挥沟通国内外的作用。 ・1958—1960年,掀起第一次建设高潮,投资7020万元新建一批泊位和水陆联运码头。 ・1973—1975年,根据周恩来"三年改变港口面貌"指示,上海港掀起第二次建设高潮,新、改建泊位22个(其中万吨级泊位9个),为全国同期最多。 ・1977年,建成第一个万吨级集装箱泊位。1978年从上海港开出我国第一条国际集装箱班轮,集装箱吞吐量从当年的7951标准箱增加到1980年的3万标准箱。
转型发展阶段 (1979—1994年)	・1979年起,上海港掀起以建设集装箱码头和老港区改造、外移为重点的港口建设高潮。1983年,建成第一个现代化集装箱码头。 ・1984年,上海港完成货物吞吐量10066万吨,首次跨入亿吨大港行列。 ・1992年,上海市第六次党代会将深水港建设列为上海新一轮城市基础设施建设十大工程之首。 ・到1992年,上海港共有国际集装箱班轮航线17条,完成集装箱吞吐量73.1万标准箱,占全国主要港口集装箱吞吐量的26.4%。

续表

创新发展阶段 （1995年至今）	・1996年1月，国务院正式启动以上海深水港为主体，浙江、江苏沿海港口为两翼的上海国际航运中心建设。11月，上海航运交易所（部市共同组建）成立。 ・2002年6月—2008年8月，上海洋山深水港区一、二、三期工程相继建成投运。 ・2003年，外高桥保税物流园区启动"区港联动"试点。 ・2005年，上海港货物吞吐量达4.43亿吨，跃居全球第一大货运港。 ・2006年，上海国际港务（集团）股份有限公司整体挂牌上市。 ・2009年4月，国务院19号文，明确到2020年，基本建成具有全球航运资源配置能力的国际航运中心、国际航运枢纽港和现代化港口集疏运体系、航运服务体系。 ・2010年，上海港集装箱吞吐量超过新加坡港，跃居世界第一。 ・2013年9月，中国（上海）自由贸易试验区正式挂牌，将洋山保税港区纳入，上海港迎来新发展契机。

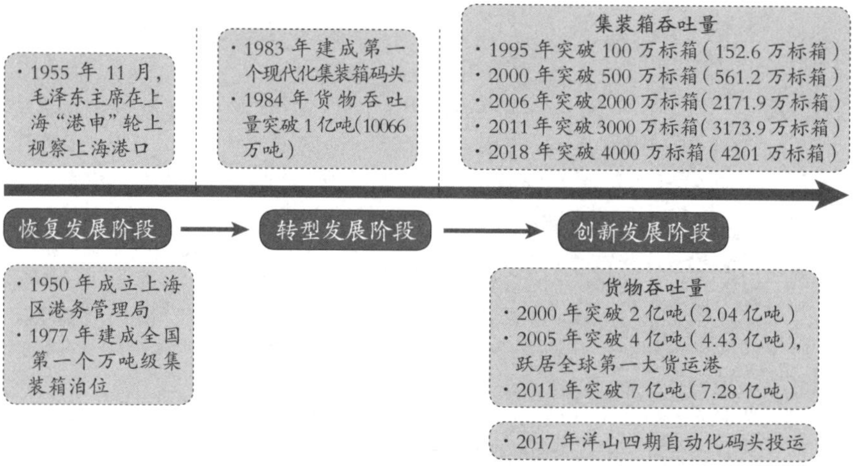

图4-13 上海港发展历程

特别是2009年国务院19号文件[1]提出推进上海国际航运中心建设以来，上海港的发展取得长足进步，集装箱吞吐量2010年首次超越新加

---

[1]《国务院关于推进上海加快发展现代服务业和先进制造业建设国际金融中心和国际航运中心的意见》（国发〔2009〕19号）。

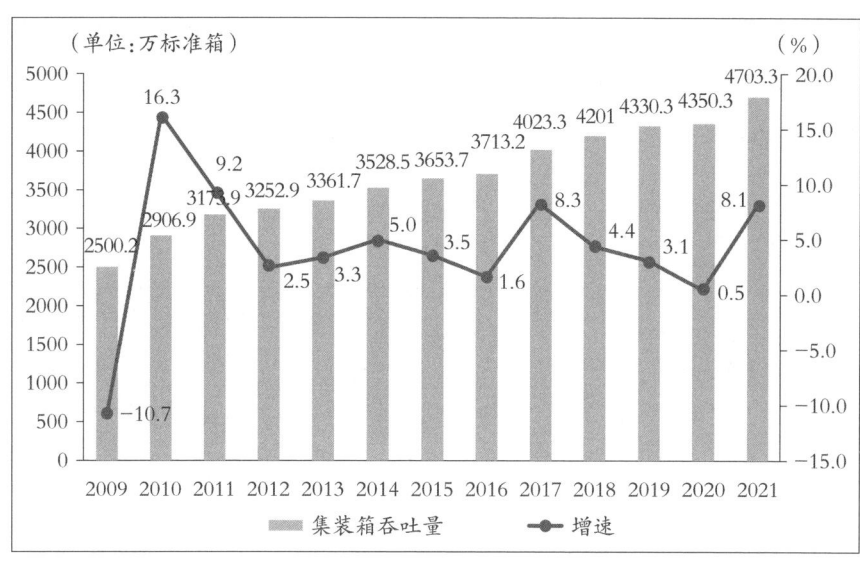

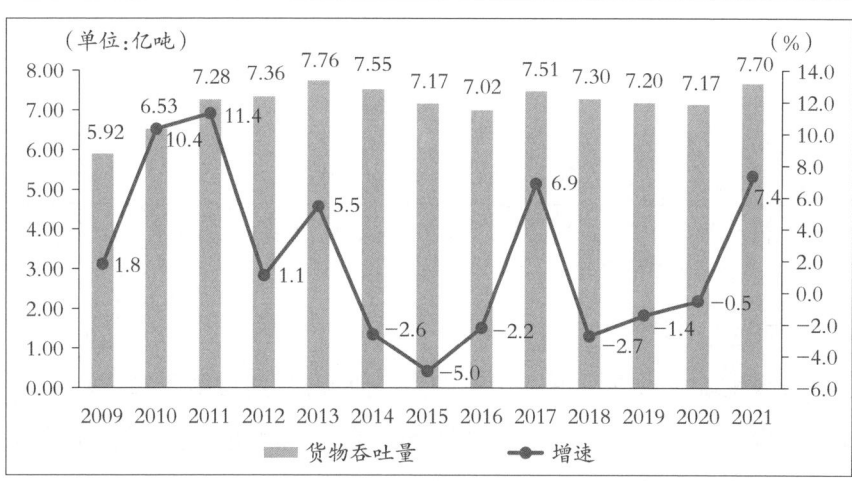

图4-14 2009年以来上海港集装箱和货物吞吐规模及增速情况

来源：根据上观新闻网、上海市统计年鉴数据整理制作

坡港跃居世界首位后保持至今。

2.生产能力。上海港岸线长112.9千米，现有码头泊位1236个，其中万吨级以上188个，最大靠泊能力3000吨级；集装箱专用泊位49个，分布在洋山、外高桥、吴淞三大港区，集装箱桥吊176台，集装箱堆场面积达758万平方米，2021年完成吞吐量4703万标准箱，连续12年蝉联世

界第一。拥有强大的腹地经济基础，直接腹地覆盖长三角地区，苏州、南通等喂给港为其提供了充足的箱源；此外，通过实施"长江战略"，间接将腹地覆盖到全长江流域。[1]

表4-10　2017—2021年上海港及其喂给港集装箱吞吐量情况

单位：万标准箱

港口	2017		2018		2019		2020		2021	
	吞吐量	增速	吞吐量	增速	吞吐量	增速	吞吐量	增速	吞吐量	增速
上海港	4018	8.2%	4201.02	4.4%	4330	3.1%	4350	0.4%	4703	8.1%
苏州港	600	9.4%	635.51	8.2%	627	-1.4%	629	0.3%	811	29.0%
南通港	100.7	21.8%	96.79	-3.9%	154	68.5%	191	24%	203	6.1%
南京港	317	2.7%	320.52	1.2%	331	3.1%	302	-8.6%	311	2.9%
泰州港	33	30.3%	35.6	7.8%	35	-1.5%	33	-7.1%	32	-1.8%
江阴港	—	—	57.39	6.1%	54	-6%	51	-6.2%	61	19.6%
镇江港	40.53	8.7%	43.18	6.5%	42	4.8%	37	-10.3%	44	16.9%
扬州港	50.9	-1.0%	50.03	2.3%	52	1.7%	52	1.6%	61	16.7%

来源：根据交通部综合规划司历年全国港口货物、集装箱吞吐量统计数据和各地政府网站统计数据整理制作

（二）主要经验

1.国家政策积极支持。上海国际航运中心[2]建设是一项国家战略，《国务院关于推进上海加快发展现代服务业和先进制造业建设国际金融中心和国际航运中心的意见》（国发〔2009〕19号）明确提出上海要充分

---

[1] 2017年上港集团在长江流域实现集装箱吞吐量"水水中转"1644.2万标准箱，占集团业务量近四成。

[2] 1995年，国家正式提出"把上海建成国际航运中心是开发浦东，使其成为远东经济中心、开发整个长江的关键"。1996年，以上海为中心、江浙为两翼的上海国际航运中心建设正式启动。此后，国家和上海市相继出台一系列政策法规，为这一国家战略有序实施提供了体系化政策支持。2005年《上海港口条例》出台、上海洋山保税港区获批，2009年19号文出台，2010年交通运输部与上海市签署《加快推进国际航运中心建设合作备忘录》，2013年、2019年上海自贸区和上海自贸区临港新片区相继成立。

发挥比较优势,加快建设国际金融中心和国际航运中心,对上海港口和航运服务开放发展提供了含金量较高的政策扶持,包括免征航运企业航运/物流业务营业税、境外业务资金结算便利、启运港退税等政策。而且最近几年,上海自贸区及上海临港新片区等国家级开放平台又给予了上海国际航运发展方面的政策支持,包括支持上海港发展中转集拼、开展船舶登记制度创新、允许境外国际商事纠纷审判组织设立业务机构、实施高度开放的国际运输管理举措等。

表4-11 上海港口和航运服务开放方面重点政策

政策类别	政策文件	重点政策条款
上海国际航运中心	《国务院关于推进上海加快发展现代服务业和先进制造业建设国际金融中心和国际航运中心的意见》(国发〔2009〕19号)	・实施国际航运相关业务支持政策。(1)对注册在洋山保税港区内的航运企业从事国际航运业务取得收入,免征营业税;(2)注册在洋山保税港区内的仓储、物流等服务企业从事货物运输、仓储、装卸搬运业务取得的收入,免征营业税;(3)允许企业开设离岸账户,为其境外业务提供资金结算便利;(4)实施启运港退税政策,鼓励在洋山保税港区发展中转业务。 ・完善现代航运发展配套支持政策。(1)优化航运金融服务发展环境,对注册在上海的保险企业从事国际航运保险业务取得的收入,免征营业税;(2)积极研究从事国际航运船舶融资租赁业务的融资租赁企业的税收优惠政策。
上海自贸区	1.《进一步深化中国(上海)自由贸易试验区改革开放方案》(国发〔2015〕21号) 2.《全面深化中国(上海)自由贸易试验区改革开放方案》(国发〔2017〕23号)	・推动中转集拼业务发展,允许中资公司拥有或控股拥有的非五星旗船,先行先试外贸进出口集装箱在国内沿海港口和上海港之间的沿海捎带业务。 ・发挥上海区域优势,利用中资"方便旗"船税收优惠政策,促进符合条件的船舶在上海落户登记。 ・简化国际船舶运输经营许可流程,形成高效率的船籍登记制度。 ・最大限度缩减外商投资负面清单,推进航运服务等专业服务业对外开放。 ・深化国际船舶登记制度创新,便利国际船舶管理企业从事海员外派服务。 ・在洋山保税港区和浦东机场综合保税区等海关特殊监管区内,设立自由贸易港区。

续表

政策类型	政策文件	重点政策条款
上海自贸区临港新片区	《中国(上海)自由贸易试验区临港新片区总体方案》(国发〔2019〕15号)	・实施高度开放的国际运输管理。(1)逐步放开船舶法定检验。(2)在确保有效监管、风险可控前提下,对境内制造船舶在"中国洋山港"登记从事国际运输的,视同出口,给予出口退税。(3)进一步完善启运港退税相关政策,优化监管流程,扩大中资"方便旗"船沿海捎带政策实施效果,研究在对等原则下允许外籍国际航行船舶开展以洋山港为国际中转港的外贸集装箱沿海捎带业务。(4)以洋山深水港、浦东国际机场与芦潮港铁路集装箱中心站为载体,推动海运、空运、铁路运输信息共享,提高多式联运的运行效率。

2. 牢牢掌控长江流域腹地市场。上海港利用地处长江"黄金水道"入海口和靠近国际航道主干线的战略地位,通过"长江战略"投资沿线13个港口集装箱码头,牢牢掌握长江流域腹地市场。上海港经济腹地除上海、江苏、浙江外,还包括安徽、江西、湖北、湖南、四川、重庆等地,重庆、武汉等长江中上游主要区域枢纽港已成为上海港的重要喂给港。目前,除大宗散货外,上海外贸物资几乎100%通过上海口岸进出;近40%江苏省外贸物资通过上海口岸进出;长江中上游地区近60%货物通过长三角口岸进出,其中上海港占1/2。截至2017年底,上海港已累计在长江流域投资13个码头公司和港口集团,实现归母净利润3.83亿元。

3. 大魄力开发建设洋山深水港区。长江航道常年泥沙淤积造成河道阻塞,使上海港最大水深不足-12米,无法满足船舶大型化需求。2002年6月起,上海在浙江小洋山北侧建设水深可达-16.5米的深水港区,码头深水岸线规划全长超过10千米,建造集装箱深水泊位30余个,设计年吞吐量1300万标准箱以上。洋山深水港区的建设,结束了上海没有深水港的历史,满足世界著名船公司的大型或超大型集装箱船舶靠泊需求,对上海国际航运中心建设发挥了重要作用。2017年,洋山四期超大型自动化集装箱码头建成投用,劳动生产率为传统码头的213%。2021年,上海洋山港完成集装箱吞吐量2280万标准箱,箱量占到上海港集装箱吞吐总量的48.5%。

4.城市能级支撑能力较强。上海是长江三角洲经济发展龙头,是国际经济、金融、贸易、航运中心和全球科创中心,在国家发展战略中占据重要地位。长三角区域高端港航服务要素主要集聚在上海,全球排名前二十的班轮公司、全球九大船级社、国有和民营主要航运企业均在上海设立总部和分支机构,已形成外高桥、洋山——临港、北外滩、陆家嘴——洋泾和吴淞口五大航运要素集聚区,上海航运交易所成为全国集装箱班轮运价备案中心、中国船舶交易信息中心,上海海事仲裁案件数量占全国七成左右。

上海高端航运服务要素集聚情况

·航运交易服务平台:上海航运交易所

·海事法律服务机构:中国海事仲裁委员会上海分会、上海国际航运仲裁院

·航运服务集聚区:外高桥、洋山——临港、北外滩、陆家嘴——洋泾和吴淞口

·国际／国家级功能性机构:波罗的海国际航运公会上海中心、国际海上人命救助联盟亚太交流合作中心、中国贸易促进委员会上海海损理算中心、中国船舶油污损害理赔事务中心等

三、深圳港

深圳港位于珠江入海口伶仃洋东岸,毗邻香港,是粤港澳大湾区的核心枢纽港之一。深圳港的发展与深圳市在区域经济版图中的重要性变化密切相关。改革开放以前,深圳港属于典型的内河小港(年总承载能力不足10万吨),海上运输一片空白。经济特区设立后,深圳市通过破山填海方式,立足经济大发展,推动港口实现了从内河港向海口港、国际港口的巨大跨越。

> **链接**
>
> ### 深圳港发展历程
>
> 改革开放以来,深圳港的发展大致经历了四个阶段:
>
> ·工业港发展阶段。改革开放初期,中央政府赋予深圳"开放试验"试点政策,由招商局建设蛇口工业区,开展"三来一补"加工制造。为引进巨量的建设物资、原材料和生产成品,借助香港口岸优势,海运成了最便利、最经济的运输方式,由此提出建设蛇口码头。因此,这一阶段的港口从功能而言,属于典型的工业港。
>
> ·远洋运输港发展阶段。20世纪80年代中期至90年代初,随着蛇口工业区产能逐步释放,物资原料和产成品国际运输业务需求日渐旺盛,招商局相继修建蛇口港和赤湾港。赤湾港开始与挪威、丹麦等国开展散装化肥中转运输业务,两港区的粮食、油品等大宗商品进口业务逐渐兴起,建成大型散粮码头、石油码头等设施。自此,深圳港具备远洋运输功能。
>
> ·集装箱运输港起步发展阶段。20世纪90年代初至90年代中期,蛇口港、赤湾港开始建设集装箱专用码头,开辟中东、欧洲等国际航线,逐渐从单一的散货港向集装箱港转变。1991年,蛇口港建成集装箱码头并开辟了蛇口到中东的钟摆式航线,之后,赤湾港集装箱码头也开辟了到欧洲的定期集装箱运输班轮。
>
> ·世界级集装箱运输港发展阶段。20世纪90年代中期至今,自1993年10月盐田港集团与香港和黄集团合资建设盐田港区集装箱码头开始,深圳港的国际集装箱运输航线覆盖欧洲、美洲等全球范围,2020年成为全球第四大集装箱港口,2021年集装箱吞吐量达2877万标准箱(增长8.4%),通过302条国际集装箱班轮航线连接着100多个国家的300多个口岸。
>
> ### 深圳港空间布局
>
> 深圳市拥有海岸线260余千米,因香港九龙半岛天然分隔,深圳港由东西两部分港区组成。

- 西部港区。位于珠江入海口伶仃洋东岸,水深港阔,天然屏障良好。南距香港20海里,北至广州60海里,经珠江水系与珠江三角洲其他内河港口相连,可接纳来自广州、佛山、江门、中山等内河港口的进出口集装箱(通过驳船运输)。因吃水深度较浅(与东部港区相比),航线大多是通往东南亚、印巴、红海沿岸等与华南地区距离较近的港口和国家。

- 东部港区。位于大鹏湾区,周围被群山与岛屿环绕,掩护条件好。港区内水深条件较好(可达-12米—-20米),水域宽阔,可停靠目前世界最大的集装箱运输船舶。因良好的水深和岸线条件,其航线多是国际远洋航线(通往欧洲、北美等地区的港口和国家),停靠的也多是远洋巨轮。

根据《深圳港总体规划》,各港区因资源条件和发展潜力不同,承担不同的功能:

- 南山港区。集装箱干线港的重要组成部分,发展集装箱运输物流,兼具邮轮、旅客和散、杂货运输及修造船等多功能的综合性港区,由蛇口、赤湾、妈湾、前海湾四个作业区组成。

- 大铲湾港区。集装箱干线港的重要组成部分,依托集装箱运输发展现代物流。

- 盐田港区。集装箱干线港的重要组成部分,依托集装箱运输发展现代物流。深圳港全球大港地位的确立,就是始于1985年盐田港的投资建设。自1994年盐田港开通第一条国际航线起,到2021年底,共有106条周班航线连通世界。2021年,集装箱吞吐量达到创纪录的1416万标准箱(比上年增长6.1%),承担广东省超1/3的进出口贸易量和全国近1/4的对美贸易货量。

- 大小铲岛港区。以成品油和液体化工品运输为主。

- 大鹏港区。以成品油、液体化工品、液化气运输为主,是深圳港东部能源储运基地,同时兼顾水上旅游客运功能。

- 宝安港区。以散、杂货运输和旅客运输为主,适度发展集装箱驳船运输。

(一)发展基础

1. 发展历程。 深圳港因九龙半岛分隔,由东部港区和西部港区组成,改革开放至今大致经历了工业港、远洋运输港、集装箱运输港起步和世界级集装箱运输港四个不同的发展阶段。

2. 空间布局。 从空间上看,总体呈"两翼、六区、三主"的格局。"两翼"即东、西部两大港口群,"六区"即东部的盐田、大鹏港区和西部的南山、大铲湾、大小铲岛和宝安港区,"三主"指以集装箱运输为重点,体现深圳港核心竞争力的盐田、南山和大铲湾三大主体港区。

3. 生产能力。 深圳港自身发展用地约16平方千米,其中集装箱码头用地11平方千米,生产作业区纵深约660米,生产泊位100余个(其中万吨级以上泊位占比接近1/2)。港口集装箱业务主要集中在盐田港区、南山港区和大铲湾港区,蛇口码头和赤湾码头位于南山港区。由此形成盐田、蛇口、赤湾、大铲湾四大集装箱码头泊位群,集装箱港区岸线总长约23千米,码头岸线总长约40千米(其中集装箱深水岸线31千米),生产作业用地规模约21.28平方千米。

表4–12 深圳港区主要集装箱码头布局情况

码头名称	岸线区间	岸线长度(米)			岸线深度(米)	生产区平均纵深(米)	生产作业区用地(万平方米)	主要用途	通过能力(万标准箱)
		港口岸线	码头岸线	其中:深水岸线					
盐田	沙头角保税区-正角咀	7500	14515	12260	−14至−17.6	654	802	集装箱	200
蛇口	华英码头–客运码头东侧	6200	8860	6845	−16	495	合计560	集装箱及客运	650
赤湾	9号码头北-壳牌油码头南	3800	4755	3690	−14至−18	495		集装箱	432
大铲湾	新涌南2千米-西乡河口	5400	11610	8990	—	660	766	集装箱	—

来源:赵茜《广州与深圳集装箱码头的竞争力比较研究》(深圳大学2020年硕士学位论文)

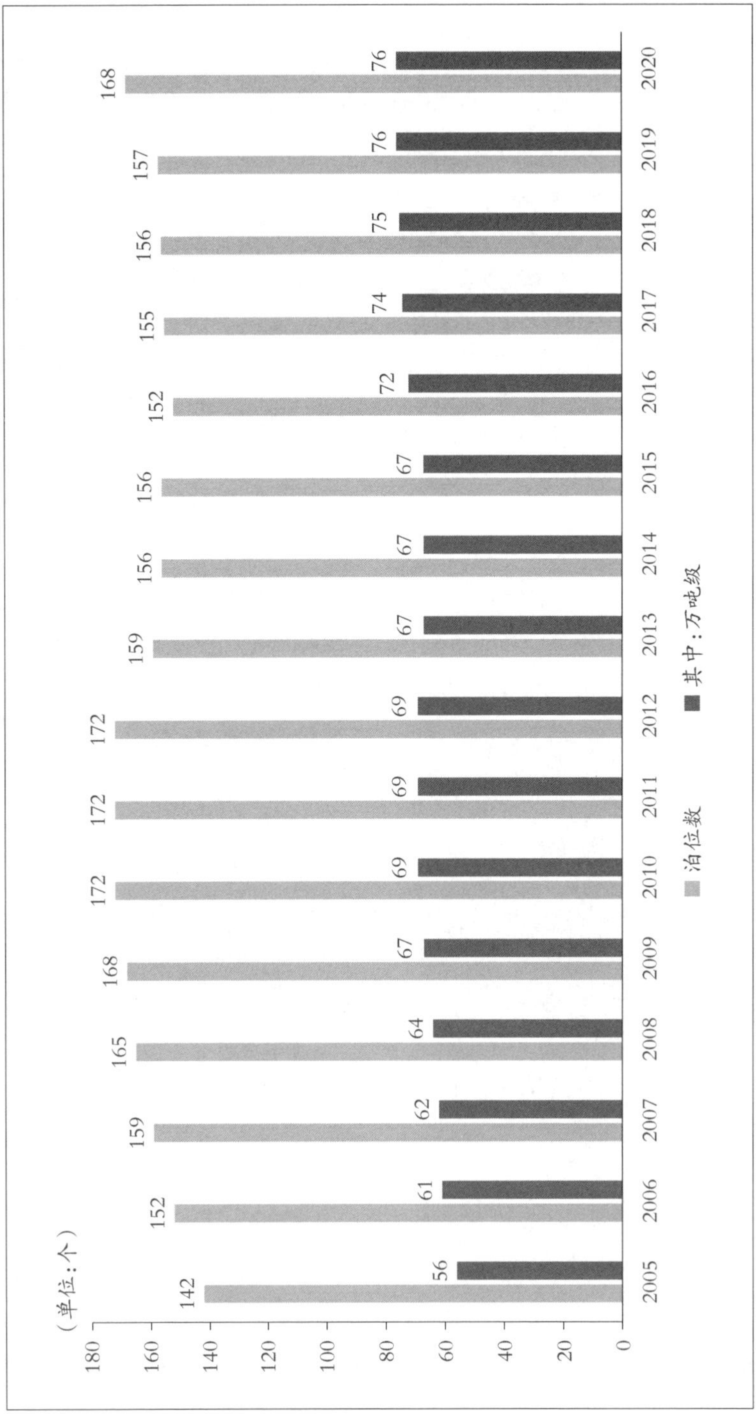

第四章 世界一流强港经验借鉴

图 4-15 深圳港码头泊位数量

来源：根据深圳市历年统计年鉴整理制作

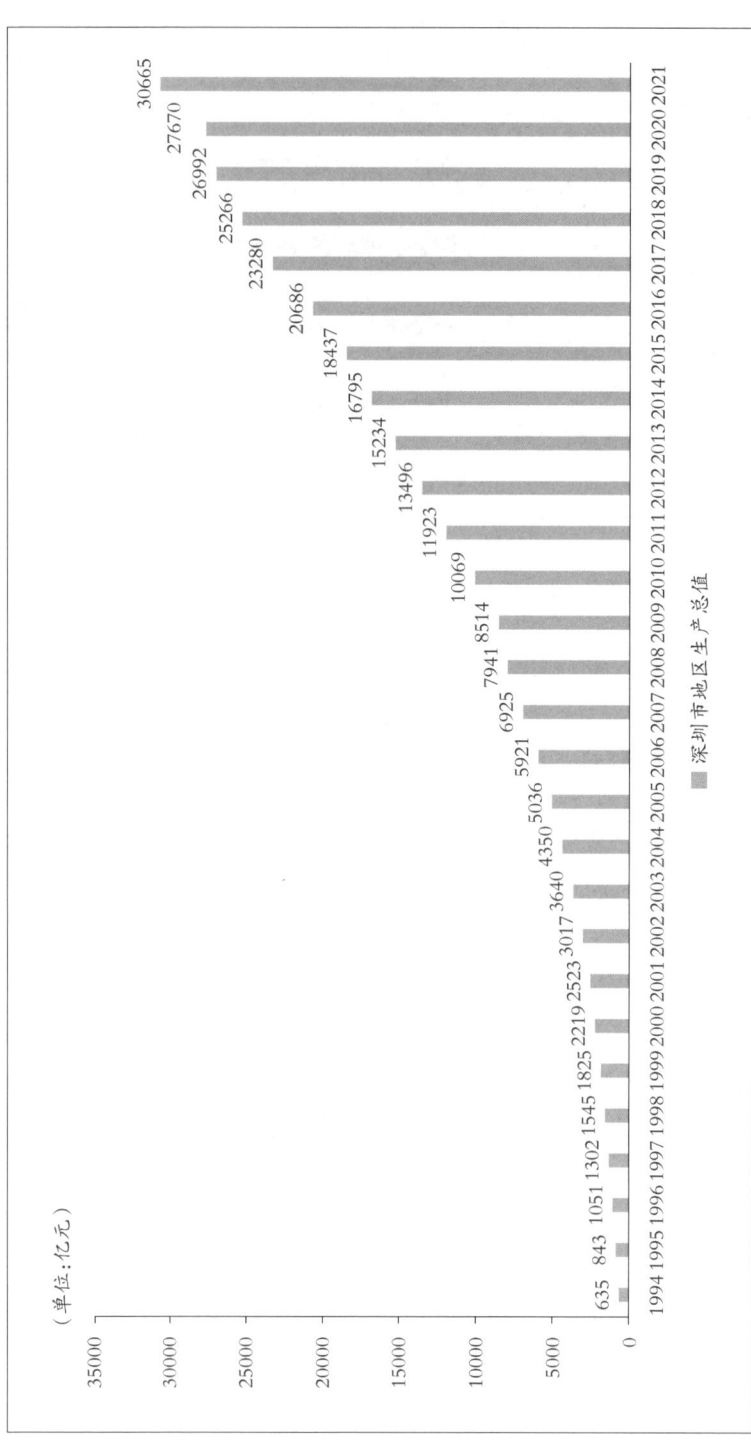

图 4-16　20 世纪 90 年代中期以来深圳市经济发展与港口集装箱吞吐量变动（1）

来源：根据深圳市历年统计年鉴、统计公报整理制作

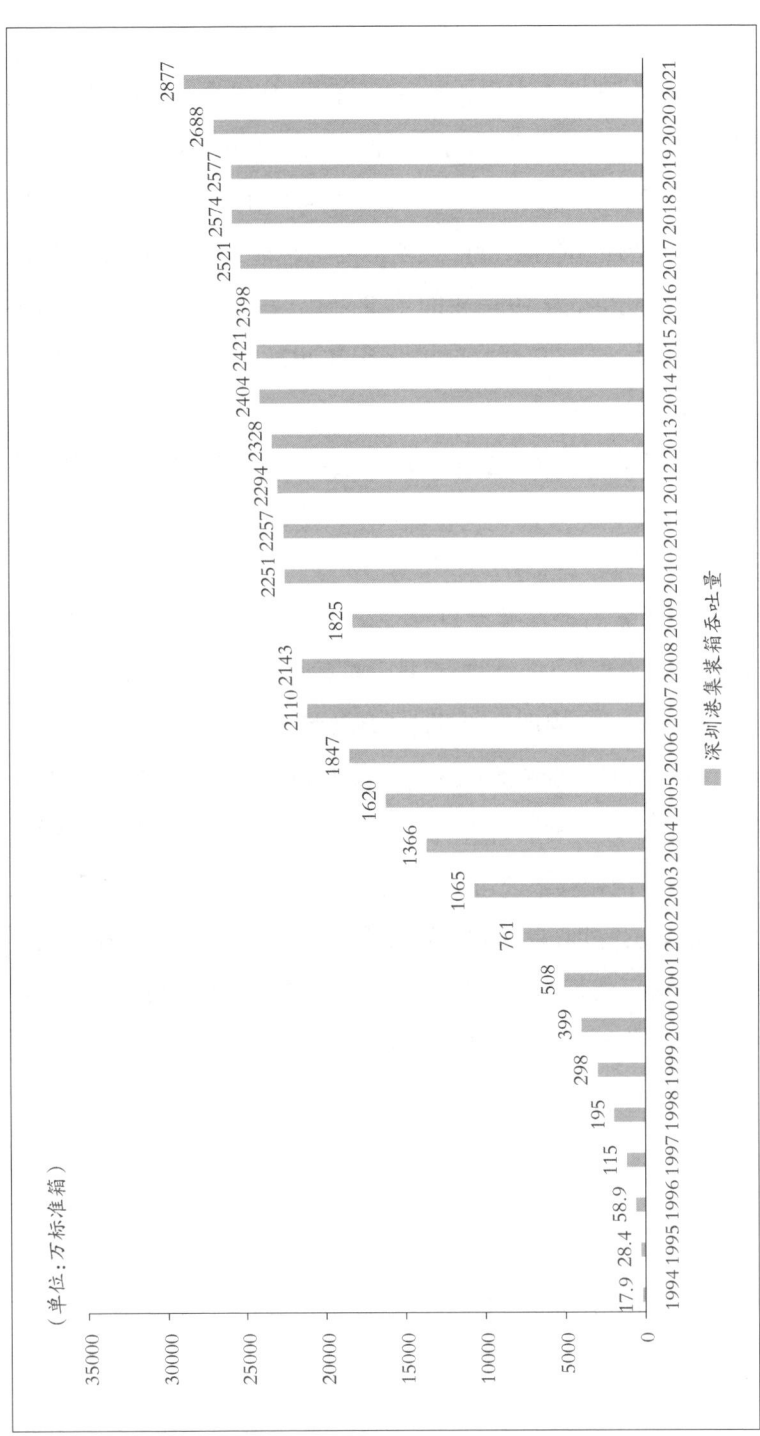

图4-16 20世纪90年代中期以来深圳市经济发展与港口集装箱吞吐量变动（2）

来源：根据深圳市历年统计年鉴、统计公报整理制作

(二)主要经验

改革开放至今,深圳市实现从南海"小渔村"向世界级城市的华美蝶变,深圳港口发展的推动力功不可没。20世纪90年代中期以来,深圳市经济发展与港口集装箱吞吐量总体上呈现同步增长的态势,成为国内"港兴城兴、城强港强"融合发展的典范案例。2021年,深圳市实现地区生产总值近3.1万亿元,为1994年的48.3倍(含物价因素);同期,集装箱吞吐量从1994年的17.9万标准箱跃升至2021年的2877万标准箱,增长了159.7倍。

深圳港从无到有,不断强化基础设施支撑、航运服务发展和"山海港城"融合协调,逐渐成长为世界级的集装箱大港、强港,为全国港口改革开放探索积累了经验。主要有以下几点:

1.中外合资的市场化经营管理模式。得益于临近香港的天然区位优势,深圳港最初发展的核心原动力是承接香港的制造业和港口功能转移。[1]因此在建设之初,深圳港就坚持市场化投资经营导向,大规模引进以港资为主体的国(境)外资金和先进的港口管理经验与技术,通过合资合作方式,开展港口建设和运营管理。目前,深圳市的大型港口企业中代表性的有和记港口信托有限公司(和记港口信托)、招商局港口控股有限公司(招商局港口)、深圳市盐田港集团有限公司(盐田港集团)和现代货箱码头有限公司(现代货箱码头)4家港口运营商,在吞吐规模、营业收入、净资产收益率等方面取得了显著成绩。

---

[1] 20世纪80年代初开始,香港的制造业开始向临近的深圳、东莞等珠三角城市转移,带动香港资本在深圳的盐田、蛇口等地兴建港区,以支撑并服务于转移至此的香港制造业发展。如,深圳盐田港区的控股股东——和记黄埔国际集装箱控股公司,同时是香港最主要港区葵涌货柜码头的经营者。

表4-13 4家港口运营商参与深圳市港区投资运营情况

运营商	运营主体	持股比例	码头情况（占地及集装箱泊位）	2017年吞吐量（万标准箱）
和记港口信托	盐田国际集装箱码头公司（一期、二期）	56.4%	占地1300公顷,5个5万吨级（含以上,下同）泊位	1270
	盐田三期国际集装箱码头公司	51.6%	占地226公顷,11个1万吨级泊位	
	盐田西港区码头公司	51.6%	占地61公顷,4个1万吨级泊位	
招商局港口	招商局货柜服务公司	100%	—	1123
	蛇口集装箱码头公司	80%	岸线总长4090米,占地138公顷,9个5万吨级泊位和5个驳船泊位	
	赤湾集装箱码头公司	66%	岸线总长2058米,占地79公顷,6个5万吨级泊位	
	赤湾港航股份公司			
	妈湾港务公司	70%	岸线总长1080米,占地46公顷,3个5万吨级泊位	
	招商港务（深圳）公司	100%	—	
	深圳海星港口发展公司	67%	岸线总长1150米,占地68公顷	
盐田港集团	盐田国际集装箱码头公司（一期、二期）	24%	占地130公顷,5个5万吨级泊位	310
	盐田三期国际集装箱码头公司	29%	占地226公顷,11个5万吨级泊位	726
	盐田西港区码头公司	20%	占地61公顷,4个1万吨级泊位	134
	大铲湾港区集装箱码头（一期）	35%	岸线总长2430米,占地112公顷,5个10万吨级泊位	130
	盐田东港区码头公司	100%	岸线总长3275米,占地240公顷,9个10万吨级泊位	—
	大铲湾港区集装箱码头（二期、三期）	100%	岸线总长9170米,占地908公顷	—
现代货箱码头	蛇口集装箱码头公司	20%	岸线总长4090米,占地138公顷,9个5万吨级泊位和5个驳船泊位	530
	赤湾集装箱码头公司	8%	岸线总长2058米,占地79公顷,6个5万吨级泊位	220
	大铲湾港区集装箱码头（一期）	65%	岸线总长2430米,占地112公顷,5个10万吨级泊位	130

来源：刘丽耀《深圳港口资源整合前景展望》（《集装箱化》2018年第9期）

表 4-14 2017 年深圳港四大港口运营商经营收益情况

项目	和记港口信托	招商局港口	盐田港集团	现代货箱码头
股权结构	长江和记持股 30.07%，新加坡港务集团持股 13%	招商局集团间接持股 61.81%	深圳市国资委持股 100%	九龙仓集团持股 68%，招商局港口持股 27%
吞吐量	2460 万标准箱	1029 万标准箱	1402.8 万标准箱	800 万标准箱
营业收入	115.5 亿港元	86.9 亿港元	13.98 亿元人民币	28.7 亿港元
单箱收入	487.4 港元	570.7 港元	—	441.7 港元
净利润	22.2 亿港元	67.0 亿港元	11.5 亿元人民币	6.7 亿港元
总资产	1108.1 亿港元	1319.5 亿港元	273.7 亿元人民币	158.7 亿港元
总债务	504.9 亿港元	423.1 亿港元	49.4 亿元人民币	68.0 亿港元
资产负债率	45.56%	32.06%	18.04%	42.86%
净资产收益	3.68%	7.48%	5.13%	7.36%

来源：刘丽耀《深圳港口资源整合前景展望》(《集装箱化》2018 年第 9 期)

2. 智慧绿色导向的高效低碳港口建设。随着港口吞吐量逐渐扩张，获取规模化效应需要高效的港口运营效率。港口运营效率既有赖于技术装备、装卸工艺的先进程度，也有赖于港口运营主体对物流链强大的信息处理能力。深圳港早在 2016 年就开展 5G 智慧港口[1]建设，推动海星码头[2]、妈湾港等传统港口设施智慧化改造，建设涉港关联企业数据云服务平台，打通港航系统内部"单一窗口"服务，目前深圳港各专业集装箱码头公司的装卸效率已接近或达到国际先进水平。同时，贯彻生态文明思想和绿色发展理念，通过推广低硫燃料油、船舶岸电使用和推进"油改电""油改气"等举措，加快绿色港口建设，减少港航系统污染

---

[1] 目前，智慧港口实际建设应用的主要任务：(1)实现港区内部装卸、仓储、运输等作业任务的全过程智能化；(2)利用信息技术实现涉港业务主体信息数据的交互共享，提高业务办理效率；(3)通过大数据、云计算、人工智能等技术，对港口运营过程中的船期、货物流量流向、集卡等数据进行深度开发，供港航管理机构和关联企业经营决策使用。

[2] 海星码头智慧港口是粤港澳大湾区首个 5G 智慧港口项目，总投资 43.7 亿元，2017 年 9 月正式启动。由招商港口、中国移动、华为等 11 家企业联合共建 5G 智慧港口创新实验室，探索 5G 技术在港口行业和全球供应链的示范应用。

物排放。[1]

3.融入大湾区、对接全世界的国际化港口之路。全球化时代,任何港口都需要与国际供应链中的其他港口相互协作,融入"国际航运中心+地区枢纽港+支线港(喂给港)"构成的区域港口网络,实现优势互补,差异化发展。深圳港作为粤港澳大湾区港口群的主力集装箱枢纽港之一,一直主动寻求与周边港口在多式联运、通关一体化、珠江流域驳船码头开发等方面的合作。另外,在国际合作方面,随着深圳城市国际化水平的提高,深圳港也借势深度融入全球港口链,加强与汉堡港、安特卫普港、鹿特丹港等国际著名港口在信息、高端专业服务等领域的合作。

表4-15 2010年以来粤港澳大湾区三大主力枢纽港集装箱吞吐量

(单位:万标准箱)

年份	深圳港	广州港	香港港	年份	深圳港	广州港	香港港
2010	2251	1270	2369.9	2016	2398	1886	1981.3
2011	2257	1442	2438.4	2017	2521	2037	2077.0
2012	2294	1474	2311.7	2018	2574	2192	1959.6
2013	2328	1550	2235.2	2019	2577	2324	1830.3
2014	2404	1663	2222.6	2020	2655	2351	1796.9
2015	2420	1762	2007.3	2021	2877	2424	1779.8

来源:(1)深圳港、广州港数据来源于交通运输部综合规划司历年全国港口货物、集装箱吞吐量数据;(2)香港港数据来源于历年中国统计年鉴

4.资源整合的港产城融合发展。港口高质量发展,需要考虑与所在城市、产业发展之间的互动关系。虽然深圳港口发展与城市功能和空间拓展走过了一条比较好的协同发展之路[2],但也不可否认,在深圳市不足

---

[1] 2016—2020年,深圳港仅船舶岸电使用一项就累计减少二氧化碳排放量1.74万吨、减少各类污染物排放761吨,绿色港口建设初见成效。
[2] 到2021年,深圳市外贸出口保持"27连冠",深圳港发挥了至关重要的作用。据有关研究测算,深圳港每新增一万标准箱可产生经济贡献0.43亿元。同时,深圳港的发展同步带动了船舶运输、仓储物流、港航服务、商贸商务等一批关联产业发展,是深圳市现代服务业名副其实的"孵化器"。

2000平方千米的土地上,常住人口近2000万人(2021年末为1768.12万人)、港口吞吐规模近3000万标准箱(2021年末为2877万标准箱)同时发生,港产城之间在空间使用、生产生活运行等方面的矛盾可想而知。对此,深圳港一方面高度重视港区后方陆域环境综合治理,优化港后陆域集

链接　深圳市的港产城矛盾

近年来,深圳市的港产城矛盾进入集中体现期,港口对城市生产生活生态产生了不少的负面影响,背后存在着复杂的影响因素。

主要体现:(1)港产功能升级不同步。近年来,深圳市产业结构正加快从"三来一补"向自主研发升级,但深圳港的功能依然停留在传统的装卸、仓储、物流等层面;(2)生产生活岸线不协调。深圳港区发展挤占了大量的城市建设用地,居民生活、生态绿地岸线开发严重受限;(3)港城关系不和谐。深圳港作为全球第四大集装箱枢纽港,大量的到港船舶产生了大规模的污染物排放和噪声影响,过高的道路疏港比重也对城市交通运行与安全造成巨大压力。

主要原因:(1)港口的纵深劣势充分暴露。深圳港的蛇口、赤湾、妈湾、盐田、大铲湾等主要港区的陆域纵深较小,随着各港区集装箱吞吐量不断增加,向陆域纵深拓展已无可能。(2)陆域新增土地资源无法保证需要。港区码头、后方配套、城市产业发展等都需要大量土地,集卡停车场、空箱堆场等港口生产配套用地长期得不到有效保障。在目前只能进行存量用地二次开发的情形下,港产城面临同样的新增用地困境。(3)用海空间面临激烈的岸线资源争夺。随着陆域土地资源日益枯竭,深圳市的城市扩张正从过去的"背海向陆"转向"由陆向海",即通过填海、围涂等方式获取用地,但目前前海、后海、深圳湾总部等填海区域用海空间规划尚未确定,港区后方的填海围涂岸线尚未明确其生产或生活属性。

疏运体系,加快集卡公共临时停车场、拖车综合服务设施等建设,提高港口后方陆域和城区互联互通水平;另一方面,通过拓展内陆港等方式控制港区用地,转移部分仓储功能至内陆地区,大力发展多式联运,极大增强了港口与城市建设、产业发展的相互适应能力。

第三节 对标分析启示

在对国内外世界一流强港建设经验借鉴和对标比较的基础上,笔者认为宁波建设世界一流强港,不能像伦敦港那样脱离实体经济去发展航运金融等高端服务业态,也不具备新加坡港处于马六甲海峡的独特区位优势发展中转贸易,也没有香港的自由贸易港政策管理优势,更多的还是要像鹿特丹、汉堡依靠纵深腹地,依托国内强大的制造业优势,成为中国买全球、卖全球的枢纽城市。具体来说,有六点启示:

建设腹地为主中转为辅的世界一流强港。纵观宁波港口城市的发展历史,特别是改革开放以来,宁波港口城市能实现大繁荣大发展,须臾离不开国内制造业的兴起发展。为此,我们更多的还是要背靠大陆,拓展国内腹地,通过优化完善集疏运体系,发展海铁联运、水水转运,建设一批无水港,进一步提升航运服务的覆盖面和城市的枢纽地位。同时,也要借鉴新加坡、中国香港发展中转贸易的经验,进一步深化制度型开放,提升港口和城市的服务能级,让更多的国家和企业愿意将宁波作为货物运输的中转地。

建设专业化特色化发展的世界一流强港。伦敦、新加坡等国际航运服务中心城市,发展航运服务业短则近百年,长则几百年,已经具备先发优势。上海是国家重点打造的国际航运中心,国内高端港航服务要素主要还是集聚在上海,国内国外头部的班轮公司等航运服务企业更多的还是将总部设在上海等城市。短期内,宁波舟山港很难和这些城市去竞争。为此,需要摒弃贪大求全的思维,而走差异化竞争的路子,更多地去招引和集聚头部航运服务企业的功能性和特色性强的业务总部、区域总部,以及体量不大但深耕细分领域的"腰部"企业落户宁波舟山港。

建设参与重塑贸易规则的世界一流强港。总体上看全球贸易规则还是以美国为代表的发达国家起着主导作用,我国大陆法系与英美等国家海洋法系的不同,也造成了海事法律、海事仲裁等服务主要还是英美等国家的境外机构在开展。同时也应该看到,当前,经济全球化格局发生了巨变,各种区域贸易协定如雨后春笋般涌现,这为宁波舟山港参与重塑全球贸易规则提供了机遇。宁波舟山港要在积极参与 RCEP 等双边和多边自由贸易协定当中,主动承担起跨境电商、人民币国际化等国家赋予的贸易、金融改革任务,为中国加速从贸易大国向贸易强国迈进贡献更多的宁波力量。

建设智慧化绿色化的世界一流强港。新一轮科技革命和产业变革的深入发展(区块链、5G、AI、自动化等新技术打破了传统航运物流模式),绿色低碳转型的国际要求,国际海事组织提出航运业 2050 年脱碳目标,同时引入现有船舶能效指数(EEXI)、碳强度指数(CII)等指标,不断推动世界港口更加注重智慧化绿色化发展。伦敦、新加坡等国际一流航运中心在其中远期发展战略中纷纷聚焦绿色航运发展,马士基等大型航运公司加速脱碳进程,力争 2040 年实现净零排放,新造集装箱船舶订单中 LNG 或甲醇双燃料动力设计比例在大幅提升,新加坡、鹿特丹和上海等一流港口已拥有自动化码头和数字化的港口信息系统,港航业平台化、数字化、智能化发展态势明显。宁波舟山港要顺应世界港口和航运发展趋势和规律,提升智慧化绿色化水平,在智慧化码头、数字化港区、港航大数据中心、物流供应链平台等建设中取得实效。

建设高效融合的世界一流强港。世界一流强港越来越重视以融合发展推动综合效率提高,加快港航与新技术新方法融合、产业链条横向纵向融合、港区产业园区城区融合、产业区域集聚融合和"航运+金融+法律+大数据+互联网+自动化"等复合型人才聚合。宁波舟山港要更加注重港产城融合、新技术运用、产业链整合、航运集聚区打造和高端复合人才引进和培育。

建设服务国之大者的世界一流强港。面对百年未有之大变局,特别是美国等一些国家在关键核心技术、能源和原材料上的"卡脖子",港口越来越成为维护产业链供应链安全稳定的压舱石。宁波舟山港要站在服务国之大者的高度,把港口这个最大资源用足用好,积极发展大宗商品储运交易,保障国家战略物资供应链安全稳定。同时,航运业自身发展也出现了新的变量。随着北极圈变暖及航运技术升级,北极航道未来将成为欧亚两地海上距离最短的航道,这对全球航运格局将带来重大的改变。在北极航线上,釜山较宁波舟山港更具区位优势,宁波需要未雨绸缪,尽早对提升航运综合服务枢纽功能做出战略谋划,在要素集聚、效率提升等方面做出具体部署,为赢得未来竞争抢占先机。

第五章

宁波舟山港建设回顾与展望

改革开放以来,宁波舟山港主要经历了四个发展阶段,在港口战略地位、物流能力、辐射链接国内国际两个扇面等多个领域均取得显著成效。进入新发展阶段,宁波舟山港面临着新的历史使命,也存在一些制约因素和发展挑战。要贯彻新发展理念,服务新发展格局,加快推进宁波舟山港建设世界一流强港。

第一节　宁波舟山港发展历程

一、宁波舟山港港口概况

宁波舟山港是全球首个年货物吞吐量突破 10 亿吨的大港,也是世界集装箱运输发展最快的港口,是我国大陆重要的集装箱远洋干线港、国内最大的铁矿石中转基地和原油转运基地、国内重要的液体化工储运基地和华东地区重要的煤炭与粮食储运基地,同时也是我国的主枢纽港之一。

宁波舟山港由镇海、北仑、大榭、穿山、梅山、金塘、衢山、六横、岑港、洋山等 19 个港区组成,现有生产泊位 620 多座,其中万吨级以上大型泊位近 170 座,5 万吨级以上的大型、特大型深水泊位超过 100 座,自然条件得天独厚,核心港区主航道水深在 -22.5 米以上,30 万吨级巨轮可自由进出港,40 万吨级以上超级巨轮可候潮进出,是中国超大型巨轮进出最多的港口,也是世界上少有的深水良港。

二、宁波舟山港演进历程

(一)基于港口自身发展的演进历程

改革开放以来,宁波舟山港主要经历了四个发展阶段。

第一阶段:奠基蓄势(1978—2001 年)。标志性事件是成为亿吨大港。1978 年,宁波港从内河港走向河口港,经过 20 多年持续努力,2000 年货物吞吐量突破 1 亿吨。

第二阶段:飞跃发展(2002—2009 年)。标志性事件是加快宁波、舟山港的一体化,成为世界第一大港。习近平总书记在浙江工作期间,多次前往宁波舟山港调研指导,亲自擘画推动两港一体化发展。2005 年,亲自授牌成立宁波－舟山港管委会。港口货物吞吐量由2002年的1.5亿吨（全球第五）跃升至2009年的5.77亿吨（全球第一），自此连续13年保持世界第一大港地位。

第三阶段：全面提升（*2010—2019年*）。标志性事件是成为国际性集装箱枢纽港。2015年，浙江省成立海港委，并组建海港集团，宁波舟山港由大港向强港加速迈进。2018年，集装箱吞吐量跃居全球第三。

第四阶段：强港建设（*2020年以来*）。标志性事件是习总书记赋予"建设世界一流强港"的更高使命。2020年3月，习近平总书记在宁波舟山港考察时强调"宁波舟山港在共建'一带一路'、长江经济带发展、长三角一体化发展等国家战略中具有重要地位，是'硬核'力量。要坚持一流标准，把港口建设好、管理好，努力打造世界一流强港，为国家发展作出更大贡献"。

表5-1 宁波舟山港发展演进历程

发展阶段	重要事件
区域性内河港阶段 （1973年以前）	・公元前4世纪，古越国营建水军要塞句章港。 ・公元738年（唐开元二十六年），宁波港开港。 ・公元1381年（明洪武十四年），明州港改称宁波港。 ・公元1844年（清道光二十四年），宁波港以"条约口岸"形式开埠。 ・1949年，宁波港货物吞吐量4.25万吨。 ・1973年12月，宁波港建设指挥部成立。
河口港阶段 （1974—1978年）	・1974年2月，在招宝山外侧建设镇海港区。 ・1976年10月，镇海港区建成宁波第一个万吨级煤炭接卸泊位。 ・1978年3月，北仑港建设指挥部成立。 ・到1978年，宁波港范围从三江口跃进到甬江口门外，向海港发展迈出最初一步。
海港阶段 （1978—2001年）	・1978年9月，国务院正式批准建立宁波海关。 ・1979年1月，宁波港务管理局、浙江省航运公司宁波分公司成立。6月，宁波港正式对外开放。

续表

发展阶段	重要事件
海港阶段 （1978—2001年）	・1984年,1月设立滨海区(1987年6月更名北仑区),4月宁波海关北仑办事处成立,8月宁波港国际集装箱运输开始(当年集装箱吞吐量543标准箱),10月国务院批准设立宁波经济技术开发区。 ・1985年,宁波港货物吞吐量首次超过1000万吨。 ・1987年,舟山港正式对外开放。 ・1991年6月,北仑二期4-6号泊位建成投用,成为宁波港第一个专业化集装箱码头。 ・1992年11月19日,国务院批准设立宁波保税区。 ・2000年,宁波港域完成集装箱吞吐量90.2万标准箱,货物吞吐量首超1亿吨。 ・2001年,宁波港域集装箱吐量首次突破100万标准箱。
世界第一大港阶段 （2002-2009年）	・2003年,穿山港区开港。 ・2004年,宁波港集团公司成立。 ・2005年,宁波港集装箱吞吐量破500万标准箱(520.9万标准箱),居世界港口第15位。 ・2006年,"宁波－舟山港"名称启用,宁波－舟山港管委会成立。12月27日,习近平同志按下集装箱的起吊按钮,标志着宁波－舟山港集装箱年吞吐量突破700万标准箱。 ・2008年3月,宁波港股份有限公司(后改为宁波舟山港股份有限公司)成立,11月宁波－舟山港集装箱吞吐量突破1000万标准箱。 ・2009年,货物吞吐量达到5.7亿吨,超越上海港,跃居世界第一。
国际性集装箱枢纽港 （2010—2019年）	・2010年,宁波港口集装箱吞吐量突破1300万标准箱,首次跃居大陆港口第三位,世界港口第六位。 ・2010年9月,宁波港股份有限公司上市。 ・2015年9月,宁波舟山港集团成立。 ・2016年,宁波舟山港集团有限公司组建,并注入浙江省海港投资运营集团有限公司,同年11月,两大集团实现"两块牌子、一套机构"运作。 ・2019年,宁波舟山港货物吞吐量达11.2亿吨,连续11年位居全球港口第一位;集装箱吞吐量达2753万标准箱,位居全球港口第三位。
世界一流强港建设阶段（2020年至今）	・2020年3月,习近平总书记考察宁波舟山港。 ・2021年,集装箱吞吐量突破3000万标准箱(3108万标准箱),多年位居世界第三。 ・2022年,港口货物吞吐量突破12亿吨(12.24亿吨),13年蝉联世界第一。

(二)基于港城融合发展的演进历程

改革开放以来,宁波港从内河走向海洋,经历了四个发展阶段,宁波由滨海城市蝶变成千万级人口的大都市,对应的"港""城"关系发展也经历了四个阶段。

第一阶段(1978—2001年):"东方大港"跃迁和以港促产阶段。完成从内河港到河口港、海港的跃迁,随着港口运输业发展,成功发展起了以石化、钢铁、能源、汽车、造船等为支柱的临港工业,呈现运输港、工业港互动发展的良性格局。基于此,1980年宁波市第五次党代会提出了建设"现代化的港口城市"奋斗目标,随后的几届市委在此基础上把城市定位迭代为"综合性的现代化港口城市""社会主义现代化国际港口城市"等,也都是"现代化港口城市"升级版。

第二阶段(2002—2009年):"全球第一大港"形成和以港塑城阶段。宁波舟山港货物吞吐量跃居世界第一,立足港口优势,城市对外开放水平不断提升,链接国内外两个市场、两种资源的要素集散功能不断增强,成为全国性物流节点城市。这一阶段,宁波城市功能定位一直沿用"现代化国际港口城市",但更强调城市国际化和开放度,利用两种资源、两个市场的能力不断提升。

第三阶段(2010—2019年):"国际集装箱枢纽港"构建和港产城联动阶段。集装箱吞吐量加速增长,跃居世界第三。积极培育港航服务、金融保险、电子商务等都市功能,规划建设国际航运中心、金融中心、贸易会展中心等功能性平台,城市枢纽功能更加强大。这一阶段中,2017年的宁波市第十三次党代会把城市定位调整为"国际港口名城、东方文明之都",更强调城市国际知名度和影响力的提升,凸显了文化文明在城市发展中的重要作用。

第四阶段(2020年至今):"世界一流强港"打造和港产城文融合阶段。习近平总书记提出"建设世界一流强港"的新要求,推动宁波舟山港迈入世界一流强港建设新征程。2022年宁波市第十四次党代会召开,全面开启了港产城文融合、建设现代化滨海大都市新阶段。

从宁波港城融合的历程可见，打造国际航运综合服务枢纽，让港口更多赋能城市发展，是推动宁波进一步从"港本位"向"航本位"蝶变的现实而迫切的需要。

表5-2 港口发展与港城关系演进历程梳理

阶段	起止年份	标志性事件	阶段特征
第一阶段	1978—2001年	·1978年，镇海港区煤炭码头建成、北仑港区启动开发 ·1978年12月，国务院批复同意开放宁波港	宁波港完成从内河港到河口港、海港的跃迁，临港工业逐渐兴起，成为当时为数不多的亿吨大港。宁波城市逐渐成为能源、原材料集散中心，成功发展一批临港工业，形成以石化、钢铁、能源、汽车、造船等行业为支柱，延绵20多千米的沿海临港产业带，临港工业占全市工业规模的2/3，呈现运输港、工业港互动发展的良性格局
第二阶段	2002—2009年	·2002年，习近平总书记在浙江工作期间指出，浙江港口"可以发展成为全国之最甚至世界之最" ·2009年货物吞吐量（5.77亿吨）跃居世界第一	宁波舟山港迈入飞跃发展阶段，货物吞吐量跃居全球第一。立足港口优势，继宁波保税区、大榭开发区之后，宁波出口加工区、梅山保税港区相继获批设立，宁波城市对外开放水平不断提升，宁波口岸液体化工、原油、铁矿石和塑料等交易量均居全国前列；围绕港口的"一环六射"高速公路网基本成形，铁、公、水、管道、航空共同形成海陆空立体式对外集疏运网络，宁波成为全国性物流节点城市
第三阶段	2010—2019年	宁波舟山港货物吞吐量继续保持全球第一	宁波舟山港集装箱吞吐量加速增长，跃居世界第三。宁波积极培育港航服务、金融保险、电子商务等都市功能，规划建设国际航运中心、国际金融中心、国际贸易会展中心等功能性平台，建成投用梅山港区集装箱码头、铁路货运北环线及穿山港区铁路支线等一批港口基础设施，支撑港口集疏运网络体系更加完善，带动长三角地区及广大中西部地区成为宁波舟山港的直接腹地

续表

阶段	起止年份	标志性事件	阶段特征
第四阶段	2020年至今	2020年3月,习近平总书记考察宁波舟山港,对宁波舟山港提出了建设世界一流强港的新要求	按照习近平总书记指示要求,开始聚力打造世界一流强港。宁波市第十四次党代会提出加快"港产城文"融合发展,全面开启港产城文融合新阶段。2021—2022年,宁波舟山连续跻身新华·波罗的海国际航运中心综合排名前十位,航运贸易及相关衍生产业有效带动城市服务业发展,临港先进制造业集群向高端化、数字化、智能化、绿色化转型,临港区域"港产城文"空间格局和生产、生活、生态"三生融合"现代化滨海空间加快营造

（三）世界一流强港建设的宁波新使命

宁波是中国历史上走向海洋、拥抱海洋文明的重要起点,自古以来就承担着重要贸易口岸功能。在新中国成立后,特别是改革开放以来,宁波依托天然良港优势,屡屡被委以重任。

从国家赋予使命看,1978年宁波港对外开放,宁波由此开始为全国改革开放探路先行；1984年被列为14座进一步对外开放沿海城市之一；1987年计划单列,被赋予省一级经济管理权限,拥有对外经贸自营权；此后又相继成为"较大的市"、副省级城市,被赋予建设宁波保税区、大榭开发区、自贸试验区等使命。

从上位规划定位看,《全国主体功能区规划》《长江三角洲城市群发展规划》《浙江省新型城镇化发展"十四五"规划》等规划中,都对宁波城市的枢纽地位和港口特色予以强调,呈现了"港口""物流""枢纽"等关键词。可以说港口发展既直接影响宁波城市发展,更关乎全国全省大局。

表 5-3 上位规划对宁波舟山港的功能定位

上位规划	相关内容
《长江三角洲地区区域规划》（发改地区〔2010〕1243号）	2010年6月，《长江三角洲地区区域规划》提出，发挥产业和沿海港口资源优势，推动宁波－舟山港一体化发展，建设先进制造业基地、现代物流基地和国际港口城市
《全国主体功能区规划》（国发〔2010〕46号）	2010年12月，《全国主体功能区规划》提出，把宁波建设成为长江三角洲南翼的经济中心和国际港口城市
《国务院关于宁波市城市总体规划的批复》（国函〔2015〕50号）	2015年，在《国务院关于宁波市城市总体规划的批复》中，把宁波定位为我国东南沿海重要的港口城市、长江三角洲南翼经济中心、国家历史文化名城
《浙江省新型城市化发展"十三五"规划》（浙发改规划〔2016〕506号）	2016年，《浙江省新型城市化发展"十三五"规划》要求宁波加快打造港口经济圈和制造业创新中心、经贸合作交流中心、港航物流服务中心，加快建设现代化国际港口城市，重点打造国际一流的现代化枢纽港
《长江三角洲城市群发展规划》（发改规划〔2016〕1060号）	2016年，《长江三角洲城市群发展规划》提出，打造全球一流的现代化综合枢纽港、国际航运服务基地和国际贸易物流中心，形成长江经济带龙头龙眼和"一带一路"倡议支点
《"十四五"现代综合交通运输体系发展规划》（国发〔2021〕27号）	2021年，《"十四五"现代综合交通运输体系发展规划》提出，增强宁波枢纽城市的国际门户作用，完善宁波枢纽规划，建设宁波西站等综合枢纽场站，建设宁波舟山国家大宗商品储运基地，推动长三角地区交通运输更高质量一体化发展，推动上海、江苏、浙江、安徽共建辐射全球的航运枢纽
《现代综合交通枢纽体系"十四五"发展规划》（交规划发〔2021〕113号）	2021年，《现代综合交通枢纽体系"十四五"发展规划》提出，打造以上海、宁波舟山港为核心的世界级港口群，巩固提升上海国际航运中心地位，加快建设辐射全球的航运枢纽。强化综合交通枢纽城市内畅外联，提高宁波等枢纽城市集聚辐射能力和城市国际服务功能
《浙江省海洋经济发展"十四五"规划》（浙政发〔2021〕12号）	2021年，《浙江省海洋经济发展"十四五"规划》提出，建设宁波舟山港世界一流强港，打造宁波东部新城航运服务高地，到2025年，海洋港口服务水平达到全球一流，基本建成世界一流强港，全球重要港航物流枢纽地位更加稳固，宁波舟山国际航运中心综合发展水平跻身全球前八位

续表

上位规划	相关内容
《浙江省新型城镇化发展"十四五"规划》（浙发改规划〔2021〕176号）	2021年,《浙江省新型城镇化发展"十四五"规划》提出,开展宁波都市区建设行动,打造以开放创新为特色的国际港口名城,以深化宁波舟山港一体化为重点,建设全球综合枢纽、国际港航贸易中心、国家智造创新中心、亚太文化交往中心、幸福宜居美丽家园。支持宁波建设高水平国际港口名城,支持宁波舟山共建海洋中心城市

进入新发展阶段,宁波市第十四次党代会提出建设现代化滨海大都市目标,将锻造硬核力量作为全市上下必须坚决扛起的五大历史使命之首,并强调要"加快建设世界一流强港……提升港口辐射带动和初级产品配置、储运能力……进一步提升全球航运中心城市地位"。可以说,建设世界一流强港是宁波使命使然、职责所在。

表5-4　改革开放以来宁波市历次党代会奋斗目标和城市定位

时间	党代会	奋斗目标和城市定位
1980年	第五次党代会	为尽快把宁波市建设成为现代化的港口城市而努力奋斗
1984年	第六次党代会	努力把宁波建设成浙江的重要工业基地和以出口加工工业、国际转口贸易为中心的综合性的现代化港口城市
1989年	第七次党代会	进一步实施宁波经济和社会发展战略,保持经济稳定健康地发展
1994年	第八次党代会	继续深化和实施"以港兴市,以市促港"的发展战略,把宁波建设成为经济实力雄厚、对外开放度高、科学文化发达、人民生活富裕、社会风气良好、城乡环境优美的社会主义现代化国际港口城市
1999年	第九次党代会	建成以基本实现现代化为核心目标的社会主义现代化国际港口城市
2004年	第十次党代会	加快现代化国际港口城市建设步伐,努力实现改革开放和现代化建设的新跨越
2007年	第十一次党代会	全面建成小康社会,努力把现代化国际港口城市建设全面推向新阶段
2012年	第十二次党代会	基本建成现代化国际港口城市,提前基本实现现代化,努力成为发展质量好、民生服务好、城乡环境好、社会和谐好的"四好"中国特色社会主义示范区

续表

时间	党代会	奋斗目标和城市定位
2017年	第十三次党代会	加快建设国际港口名城,努力打造东方文明之都,高水平全面建成小康社会,把宁波改革开放和现代化建设全面推向新阶段
2022年	第十四次党代会	坚决扛起锻造硬核力量、唱好"双城记"、建好示范区、当好模范生、共同富裕示范先行的历史使命,加快建设现代化滨海大都市

第二节 宁波舟山港发展基础

经过一体化以来十余年的发展,宁波舟山港已成长为"港航并重、集散并强"的世界级大港和长三角世界级港口群核心港口之一。国家发展改革委和交通运输部联合下发的《长江三角洲地区交通运输更高质量一体化发展规划》明确"布局形成以上海、宁波舟山港为核心"的长三角港口群发展总体格局。但对标世界一流强港建设的目标要求和先进实践,宁波舟山港还存在一些短板。

一、港口物流能力全球领先,但枢纽辐射能力不够强

宁波舟山港地处长江经济带和我国东部黄金海岸线的T字形交汇处,具有陆海统筹、内外联动、连接东西、牵引南北的战略区位优势,是世界上少有的天然深水良港,"港口条件"得分连年位居全球第一,货物吞吐量连续13年蝉联世界冠军、集装箱吞吐量居全球港口第三,辐射链接国内国际两个扇面,港口连通度居全球第四位。但与目标要求比,宁波舟山港枢纽辐射能力还不够强。一方面,辐射半径范围小、经济纵深不够、腹地支撑不足、集疏运结构不优;另一方面,国际化程度不高,参与国际海洋事务、输出涉海管理标准、提供辐射全球的海洋公共产品等尚处于起步

阶段,直接投资运营的海外项目尚为空白,在国际供应链上话语权较弱。

二、现代航运服务业加快发展,但产业链水平不够高

宁波舟山区域航运服务产业链初步形成,航运信息服务、海事服务、航运保险、海事法律服务等业态不断加快发展,航运企业集聚发展成效显现。但与目标要求比,宁波舟山区域现代航运服务产业链水平不够高,新华·波罗的海国际航运中心发展指数排名中,"航运服务"板块2021年仅列第15位,航运服务产业层次较低、产业规模不大、市场主体实力不强等短板较为明显,"大港小航"的局面未明显改善。

三、港产城文融合发展基础好,但港城矛盾日益突出

改革开放以来,宁波坚持"以港兴市、以市促港"战略,逐步形成以进出口货物为中心的港口—临港制造、贸易—城市的港产城融合发展路径,有力提升了宁波城市综合实力,支撑宁波成长为全国重要港口城市和长三角南翼经济中心。但与目标要求比,随着港口的快速发展和产业、城市的转型升级,港产城之间在空间布局、统筹协调等方面面临突出的矛盾,集中表现为港产城空间统筹不足,港产城融合机制不健全,"两场"(集装箱堆场、集卡停车场)布局结构失衡等。

四、港口治理体系逐渐完善,但现代治理能力有待提升

宁波舟山港智慧绿色平安港口建设成效明显,逐步实现对"船、港、货"等全要素管理,科技强安水平持续提高,港口总体效率、泊位作业效率全球第三。但与目标要求比,智慧港口建设的数据、技术、服务深度融合还有差距,港口绿色化发展水平仍有较大提高空间,平安港口建设任重道远。

五、港口一体化整合引领全国,但深度融合仍需推进

宁波舟山港自2016年以来率先完成宁波、舟山两大港域的资产整

合,实现了以资产为纽带的实质性一体化,并以宁波舟山港一体化为主导基础,推动实现浙江省沿海港口的一体化整合,形成"一体两翼多联"的发展格局,成为我国港口一体化改革的重要标杆。但与目标要求比,"一港两拖""一港两引"[1]及航道锚地统筹利用等一体化治理问题仍有待破解。

第三节 宁波舟山港发展面临挑战

一、国内外经济形势面临较多不确定性

良好的经济发展形势是建设世界一流强港的根本。从外部环境看,当今世界正经历百年未有之大变局,保护主义、单边主义上升,世界经济低迷,全球产业链供应链因非经济因素而面临冲击,国际经济、科技、文化、安全、政治等格局都在发生深刻变化,世界进入动荡变革期,尤其是世界经济和贸易增速同步趋缓,地缘政治不确定和经济运行风险加大,将对国际航运业带来较大冲击。从内部环境看,今后一个时期,我国将面对更多逆风逆水的外部环境,可能要应对一系列新的风险挑战。同时我国已进入高质量发展阶段,发展不平衡不充分问题仍然突出,创新能力不适应高质量发展要求,国内长期存在的结构性体制性矛盾的解决需要一个过程,经济运行面临着新的下行压力,实体经济困难仍然较多,这些都将对港航产业带来不小的负面影响。

---

[1] "一港两拖"是指受行政区域和管理体制制约,宁波舟山港虽然已名义上实现一体化,但是在拖轮服务方面仍然分属宁波、舟山两地,没有实现拖轮经营一体化,存在分别签单计费问题。"一港两引"是指受行政区域和管理体制制约,宁波舟山港虽然已名义上实现一体化,但是在船舶引航方面仍然分属宁波、舟山两地,没有实现引航经营一体化,存在分别签单计费问题。

二、港口之间面临更加激烈的竞争局面

从港口发展总体趋势和格局看,海运贸易总体规模效应正在减弱,逐步呈现稳态趋势,这将引起各港口对箱源、航线、腹地资源的争夺更加激烈,在箱源方面可能会出现零和博弈的竞争局面。尤其应重视与腹地高度重合的上海港之间的竞争,近年来上海港利用内河、铁路等通道深入浙江省腹地抢夺市场,并竭力扩大在长江沿线市场的优势,两大港口货源竞争日趋白热化,这将对宁波舟山港保持业务的高速增长带来较大挑战。

宁波舟山港与上海港竞合分析

· 功能竞争:涵盖集装箱和大宗货物港口全要素。基于货种分工发展形成合理的功能体系,是两港竞争的重要焦点。《长江三角洲区域一体化发展规划纲要》提出,"做大做强上海国际航运中心集装箱枢纽港,加快推进宁波舟山港现代化综合性港口建设"。国家长三角办拟定的《构建长三角世界级港口群形成一体化治理体系总体方案》也明确,要"研究制定推进宁波舟山港现代化综合性港口建设方案"。相关规划丰富拓展了两港的功能内涵,除均支持两港发展集装箱运输业务外,还支持宁波舟山港发展大宗货物中转储运等业务,赋予其涵盖集装箱运输、大宗散货运输和现代物流、航运服务等港口全要素。

· 腹地竞争:腹地市场未来可同时满足两港货源需求。两港的直接经济腹地主要是浙沪及周边区域,间接经济腹地则存在明显交叉重叠现象。目前上海港腹地覆盖长三角和长江流域,腹地市场优势明显,预计长江流域腹地市场可同时满足未来两港集装箱货源需求,中西部腹地将是开拓货源新市场的重要区域。同时,依托完善的集疏运体系开拓腹地货源市场,是两港竞争的重要手段。目前两港均集公路、铁路、内河、航空、管道等多种运输方式于一体,其中宁波舟山港的优势在于海铁联运,上海港的优势在"水水中转"。

三、港城深度融合发展面临体制性困境

港口的功能布局已逐渐延伸到城市规划,港口与城市互相依存、共同发展的关联性日益紧密,港口离开与城市的互动将走向衰落是发展规律。宁波港的大发展就是得益于国家将管理权下放给宁波后,港口与城市的互动融合。随着宁波舟山港一体化推进,港口管理权限上升至浙江省级层面,导致港口企业与地方政府间合作面临新的挑战。一方面,港口资产不再由宁波主导,致使宁波依托港口企业推进与港口相关的集疏运体系、物流园区等重大项目的主动权被削弱,参与港口岸线、航道、锚地及其用地、用能、金融信息等资源要素配置和促进港城有机联动、协调互动的主动权被削弱;另一方面,省级层面港口集团对参与港口公共服务功能完善、推动地方产业经济发展的内生动力有所弱化,这种体制性问题将是发挥政企协同合力推进世界一流强港建设面临的一个巨大挑战。

四、高端港航资源布局面临被虹吸风险

由于上海港在国家战略中定位为国际航运中心,将江浙作为两翼,在高端港航资源布局中,上海的战略地位、城市能级、开放制度、高端服务等方面具有无可比拟的优势,处于优先地位。宁波则由于产业结构、市场需求、法律制度、政策支持等局限,引进高端港航机构、企业和产业项目困难重重。未来,宁波在高端港航资源布局上面临被上海等地虹吸的风险,在航运金融、港航平台建设、重大项目布局、改革试点等方面处于较为不利的局面。

第四节 宁波舟山港发展战略展望

一、战略思路

宁波加快推进世界一流强港建设,要把握新发展阶段,贯彻新发展

理念，服务新发展格局，以强创新、增动能、提能级、扬优势、补短板为主攻方向，对标世界一流标准，着力锻造基础设施支撑力、腹地辐射带动力、全球链接影响力、现代航运服务力、战略资源配置保障力、港产城文互动发展融合力、港口智慧绿色安全协同治理力等"七大硬核竞争力"，努力把宁波舟山港打造成为支撑新发展格局的战略枢纽、服务国家战略的硬核力量、长三角世界级港口群核心港口之一，把宁波建设成为全球重要的港航物流中心、战略资源配置中心、具有鲜明特色的现代航运服务基地和港产城文深度融合发展先导区，为宁波加快建设现代化滨海大都市提供坚实支撑。

二、战略方位

宁波舟山港打造世界一流强港的总体战略方位，就是打造"一区两中心一基地"。

（一）建设成为港产城文深度融合发展先导区

坚持走港产城文联动发展、整体转型的道路，积极营造港产城文互动发展政策环境，推进港产城文一体联动发展，统筹推动临港各功能片区的资源整合，提升城市功能和服务配套能力，推动港口经济功能区提质转型，不断提升贸易服务能级，实现港口产业链与都市产业链融通发展，形成港口、产业和城市协调发展的良性互动态势，努力走出"港兴城兴"的发展新路径。

（二）建设成为全球重要的港航物流中心

充分利用宁波舟山港资源禀赋优势和生产规模优势，完善港口基础设施和集疏运网络水平，积极推进智慧港口建设，全面提升港口物流服务质量和效能，积极拓展腹地空间，加快全球布局步伐，吸引货源、船舶服务对象以及航运服务要素集聚，增强港口对国内国外两个市场的辐射链接能力，提升港口枢纽地位。

（三）建设成为全球战略资源配置中心

深化自贸区政策优势，以打造油气全产业链为核心，推进建设国家级油气资源储运基地、新型国际大宗商品贸易中心、国际石化产业基地、国家级铜精矿等重要金属矿石资源储运基地、国际进出口商品集散中心、全国重要的 LNG 登陆中心等,提升原油、铁矿石、铜精矿等战略性大宗商品全球资源配置能力,打造全球大宗商品资源配置基地。

(四)建设成为特色鲜明的现代航运服务基地

坚持"船、货、人、商"一体化发展,做强航运物流产业,做大做特航运金融、航运信息、船舶船员管理、海事法律、航运咨询和会展等特色服务业,健全航运服务基础设施链、产业链和供应链,提升数字化赋能水平,加快航运服务业集聚区高质量发展,打造成为全国乃至国际上特色鲜明的国际航运服务基地。

三、战略使命

宁波推进世界一流强港建设,要放在全球发展经纬中、全国发展大局中通盘考虑、谋篇布子,着力强化要素配置功能,突出自身特色。

(一)在服务大国博弈中强地位

产业链供应链是国际社会竞相争夺的大国经济生命线。港航是产业链供应链的核心环节,世界一流强港因对全球航运业具有生态链控制权,在全球大国博弈中处于重要地位。宁波舟山港缺乏自主可控的远洋航运服务能力和物流网络,在全球产业链供应链竞争中缺乏话语权。要坚持服务型、知识型升级导向,加强本土大型船公司、航运金融保险机构、功能组织(机构)培育和城市综合环境优化,打造具有航运产业生态链控制权的世界一流强港。

(二)在服务战略安全中强作为

国家发展战略对世界一流强港建设的成长壮大具有引领性、决定性作用。宁波打造世界一流强港,要抓住机遇,在融入和服务国家战略中提升城市战略位势和发展能级。要立足服务国际国内大循环,在"一带一路"、长江经济带、长三角一体化等重大战略中,提高港口服务水平,争当硬核先锋。积极融入上海国际航运中心这一国家战略,进一步强化互为倚重、各自覆盖的发展态势,在平战转换中互为备用,共同支撑国家总体安全底座。

(三)在服务流量循环中强动能

世界一流强港建设可以集聚起各种"流"的资源要素,再通过枢纽集成配置对外辐射至特定区域甚至全球范围,反过来吸引更多"流量"向枢纽集结,形成良性循环、螺旋上升。对宁波打造世界一流强港而言,要通过基础设施的硬联通和城市综合环境的软联通,加快实现"四港"高效联动,推进国际国内两个扇面物流、人流、信息流、资金流等各种"流"快速交换,成为全球资源配置的"超级枢纽"。

(四)在服务实体发展中强特色

世界一流强港建设重在激发现代港航服务的辐射带动作用。要从实际出发,立足城市特色,有所为、有所不为。坚持"服务实体"导向,聚焦"港、船、货、人、商",推动传统港航服务智能化、绿色化发展,壮大航运经纪、航运金融保险等高端航运服务,培育船供燃供、船舶工程、船员服务和教育培训、海事法律仲裁等特色海事服务,建立特色鲜明的现代航运服务体系,加快补齐短板、形成优势。

四、战略路径

(一)坚持规模质量"双提升"

立足宁波舟山港当前发展阶段,坚持"大港"与"强港"两手抓,一手继续抓规模扩大,一手抓质量提升。在继续锚定港口吞吐量稳速发展等规模效应基础上,坚持聚焦竞争力、高质量、现代化,加强"内涵式"发展,努力在提质增效上下功夫,推动宁波舟山港高质量发展。

(二)坚持强优补短"双发力"

从做足优势和提升短板两个方面双向发力,在继续夯实巩固宁波舟山港港口基础设施、港口生产能力、港口揽货能力、港口功能布局等既有优势基础上,着力补齐现代航运服务、智慧绿色港口设施、港口创新能力、人才科技支撑等方面存在的短板,推动生产与服务、管理与运营、硬件与软件同步发展,提升港口综合竞争能力和可持续发展能力。

(三)坚持国内国际"双拓展"

瞄准国内国际两个市场、两种资源,进一步拓展港口市场腹地。继续深化实施全省海洋港口一体化发展,按照"内联外扩"思路,积极加强与省内相关内河港、陆港的开发合作,加大在长江经济带沿线港口的投资合作。同时依托招商局、中远海运等央企,加强在"一带一路"沿线港口的布局,不断增强辐射能力,在浙江省改革开放新格局中发挥窗口作用。

(四)坚持绿色智慧"双促进"

坚持绿色生态发展理念,走能源消耗少、环境污染小、增长方式优、规模效应强的发展之路,实现港航发展与环境保护和谐统一。坚持创新发展理念,推进互联网、物联网、大数据等信息技术与港口服务和监管深度融合,深化政企间、部门间的信息开放共享和业务协同,为加快港口转型升级、推进行业治理体系和治理能力现代化提供有力支撑。

(五)坚持港城发展"双互动"

坚持世界一流强港建设与浙江省"四大"(大湾区、大花园、大通道、大都市区)建设相呼应,积极发挥港口对"四大"建设的独特支撑作用。坚持走港产城联动发展、整体转型的道路,推进港产城一体联动发展,统筹推动临港各功能片区的资源整合,形成港口、产业和城市协调发展的良性互动态势,努力走出"港兴城兴"的发展新路径。

五、战略重点

(一)锻造基础设施支撑力

一流强港需要一流的基础设施体系支撑。建设集约高效、功能完备的港口基础设施,是打造全球港航物流网络战略节点、增强港口硬核力量的基本条件。宁波加快推进世界一流强港建设,要强化宁波舟山港基础条件全球领先的优势,针对集疏运结构不优等问题、与港口吞吐能力相匹配的基础设施要求,聚焦港口基础设施系统性重塑、整体性提升,着力建设世界一流的港口基础设施和集疏运基础设施,加快形成高效便捷、客货分离、安全畅通的交通集疏运网络体系,为服务腹地货物运输奠定坚实基础。

(二)锻造腹地辐射带动力

广阔的腹地辐射空间是世界一流强港的核心支撑。充分发挥辐射内陆、链接全球功能,引领带动更多中西部地区扩大开放,是宁波舟山港的重要使命。宁波加快推进世界一流强港建设,要针对宁波舟山港辐射半径范围小、经济纵深不够、腹地支撑不足等问题,着力巩固优化省内腹地、大力拓展"四沿"(沿海、沿江、沿运河、沿铁路)腹地空间、推进多式联运发展,全面提升陆向腹地的辐射服务能力,加快构筑与世界一流强港相匹配的腹地辐射空间,以硬核力量更好服务长江经济带发展国家战略。

(三)锻造全球链接影响力

全球市场链接性和影响力是衡量一流强港建设"成色"的核心要素。提升的关键在于既要有遍布全球的航线网络,更要有引领全球航运市场发展的企业主体、金融产品和品牌活动。宁波加快推进世界一流强港建设,要针对宁波舟山港全球港航资源布局不足等问题,着力加强全球化港航资源战略布局、构建链接全球的国际供应链体系、打造高能级对外开放合作平台、提升港航品牌国际影响力,更进一步增强全球链接影响力,打造"双循环"物流枢纽,以硬核力量更好服务"一带一路"倡议。

(四)锻造现代航运服务力

航运要素集聚程度、航运经营服务水平和供应链服务能力是衡量一流强港建设水平的关键要素。宁波加快推进世界一流强港建设,要针对宁波舟山港现代航运服务业培育发展不足等问题,对标"一流服务"的标准要求,着力优化空间布局,建设数字化平台,提升发展传统港航物流,培育发展高端航运服务,加强总部型航运服务主体引进培育,更进一步增强高端航运服务能力，提升现代航运服务产业链水平，促进港产城文深度融合发展。

(五)锻造战略资源配置保障力

增强对原油、铁矿石、铜精矿等国家战略物资的集聚、配置和保障能力，是世界一流强港硬核力量的价值体现。宁波加快推进世界一流强港建设，要主动承担国家发展战略需求，充分发挥宁波舟山港港口资源优势，着力提升油气、重要金属矿石、新能源材料和肉类蛋白的配置能力，更好服务国家产业链供应链安全和经济高质量发展，提升宁波在国家战略布局中的地位。

(六)锻造港产城互动发展融合力

实现港产城融合是世界港口城市发展面临的共同命题。在新的历史条件下，拿出港产城融合发展的"宁波方案"，要从国内外先进城市发展历程中汲取经验，更要立足自身实际，在空间布局优化、临港产业转型、滨海空间塑造等方面探索形成一批先行模式和示范做法。宁波加快推进世界一流强港建设，要针对港产城之间矛盾日益突出的问题，着力优化港产城文空间布局、完善港产城融合发展体制机制、拓展生活生态空间、发展临港贸易和先进制造、优化口岸发展环境，真正实现港产城融合共生的可持续高质量发展。

(七)锻造港口智慧绿色安全协同治理力

推进港口治理体系现代化是增强港口竞争软实力的重要内容。新一代信息技术特别是人工智能技术的加速发展，为打造现代智慧型港口创造了条件，同时，在碳达峰碳中和、港口群建设背景下，实现港口绿色发展、安全发展、一体化发展成为未来港口建设的重要标志。宁波加快推进世界一流强港建设，要对标智慧绿色安全港口建设要求，正视一体化治理不足问题，着力提升港口治理能力和治理体系现代化，打造未来港口模范样板。

第六章

世界一流强港基础设施支撑能力建设

　　港口基础设施是建设世界一流强港的基本硬件条件。港口基础设施规模与港口区位环境(即港口自然地理环境)共同构成港口枢纽辐射、涉港产业集聚、战略资源配置等生产活动过程的物质基础。

第一节 港口基础设施基本认识

港口基础设施是港口发展的基础,承担船舶靠泊、补给和货物装卸、储存等功能,对港口和地区经济发展发挥基础性、支撑性作用。

一、概念内涵

港口基础设施一般局限于海港,是指为港口生产、经营而建造和设置的构造物及有关设备。从管理维护的角度看,2022年6月30日颁布的《港口基础设施维护管理规定》指出,港口基础设施是指"在港口规划范围内,经验收合格后交付使用的码头及其同步立项的配套设施、防波堤、锚地、护岸等"。

二、范围界定

经过多年的建设和发展,学术界对港口基础设施的范围基本形成统一认识,认为它可以包括公益性和经营性两类,前者如码头、泊位、航道、锚地、船闸、防波堤等,后者如装卸设备、仓库、堆场、水上过驳平台、通信导航、供水供能、环保等设施。另外,从设施管理和维护的角度看,它还应该包括港口维护设施,即为使港口设施满足安全性、适用性和耐久性要求而在使用期间采取的管理、检测评定、维修养护等配套服务性设施。

结合宁波舟山港建设世界一流强港的主体功能,笔者将港口基础设施分为港口码头、双循环通道、智慧安全、绿色生态等系列。其中,港口码头设施包含码头、泊位、引桥及作业区、后方堆场仓库等设施,双循环通道设施包含航道、公路、铁路、集疏运交通工具、通关服务、交易结算等设施,

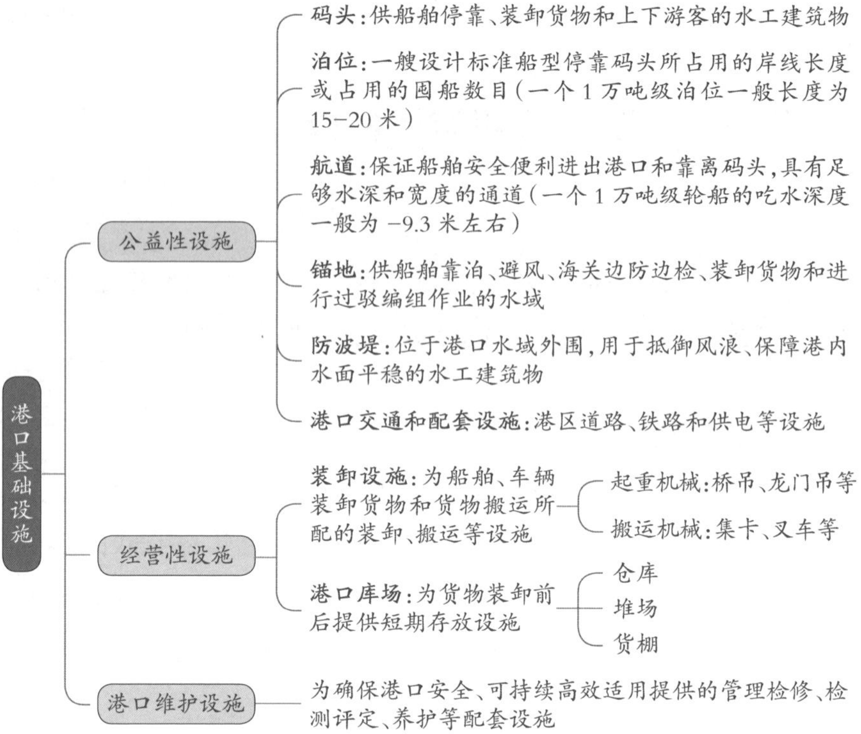

图 6-1　港口基础设施体系示意图

智慧安全设施包含大数据应用、自动化装备、监控采集、预警预报、防灾应急等设施，绿色生态设施包含低碳化供能、污染防治、生态保护以及临港工业园区、办公商务区、临港新城等港产城融合相关的设施。鉴于第十二章专题研究智慧绿色安全港口治理问题，在此主要聚焦分析港口码头设施和双循环通道设施两类。

三、我国沿海港口基础设施

经过多年发展，我国至今已逐步形成空间布局合理、多功能互补、多层次发展的港口体系，基本形成环渤海、长三角、东南、珠三角、西南沿海5个沿海港口群，码头、泊位等主要设施不断扩大和改善，形成了较好的规模优势。

图 6-2　2010—2020 年我国沿海港口码头长度

从码头长度看,生产用深水码头开发建设加快。截至2020年底,全国沿海港口码头长度达94.3万米,其中生产用码头长度88.2万米,占总量的94%。特别是上海港和宁波舟山港两大港口的码头长度均超过10万米(分别为10.6万米、10.1万米),远远超过沿海其他港口。

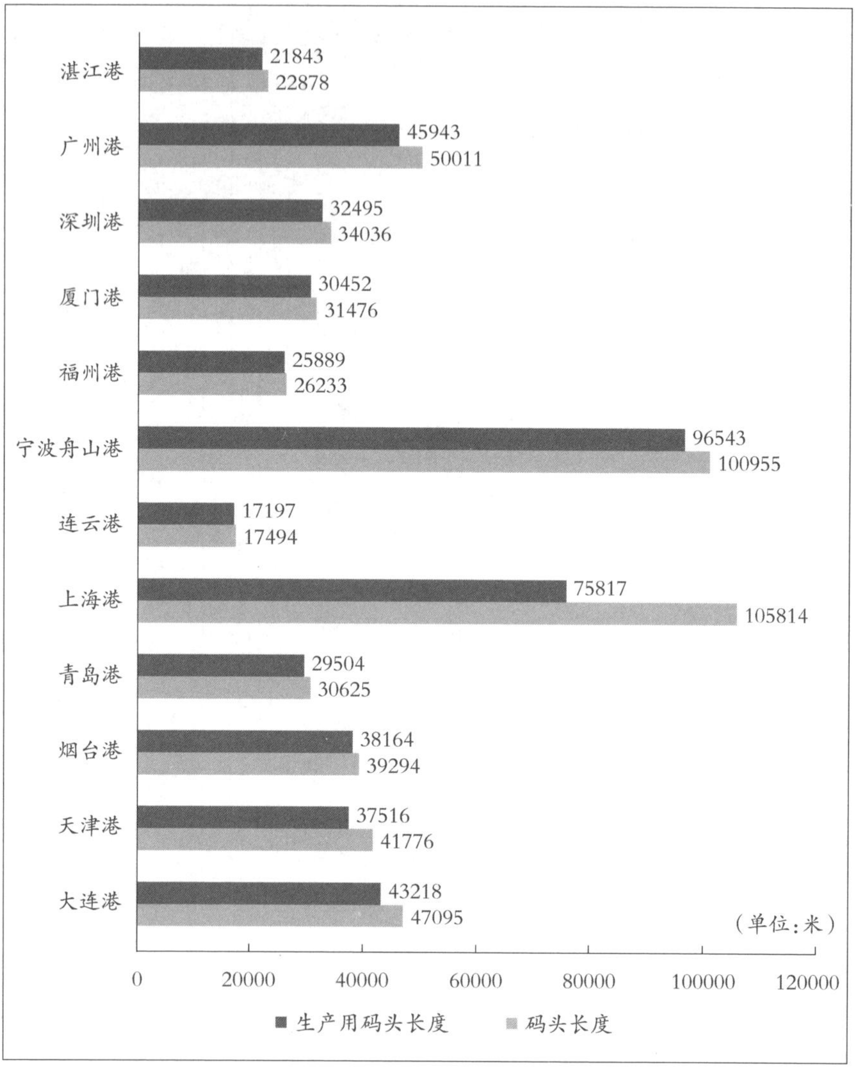

港口	生产用码头长度	码头长度
湛江港	21843	22878
广州港	45943	50011
深圳港	32495	34036
厦门港	30452	31476
福州港	25889	26233
宁波舟山港	96543	100955
连云港	17197	17494
上海港	75817	105814
青岛港	29504	30625
烟台港	38164	39294
天津港	37516	41776
大连港	43218	47095

(单位:米)

图6-3 2020年我国沿海主要港口码头长度

来源:根据2021年中国统计年鉴整理制作

从码头泊位看，作为重要港口设施，泊位反映了港口所能容纳装卸船只的数量规模（泊位数越多，靠泊的船舶和装卸的货物自然也会增加），与港口经济水平有较强联系。截至2020年底，全国沿海港口的码头泊位数达到6447个，其中万吨级泊位2138个（2021年底进一步扩大至2207个）。

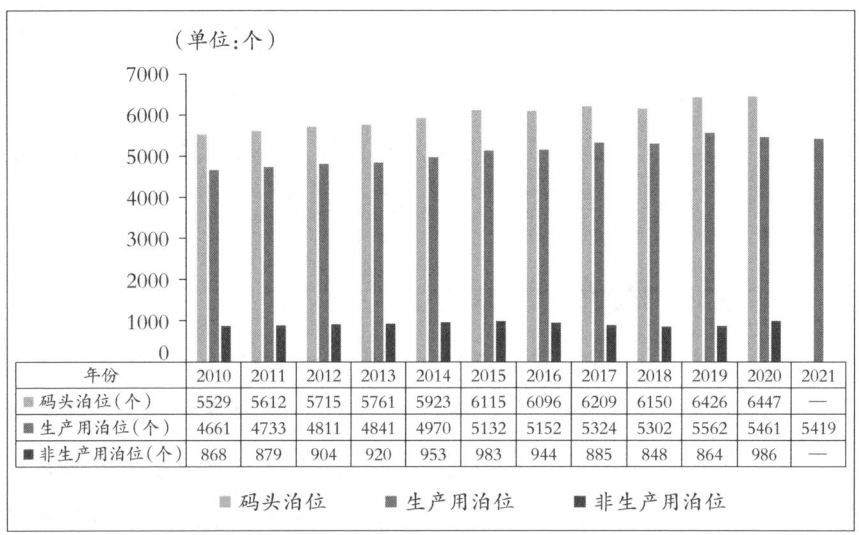

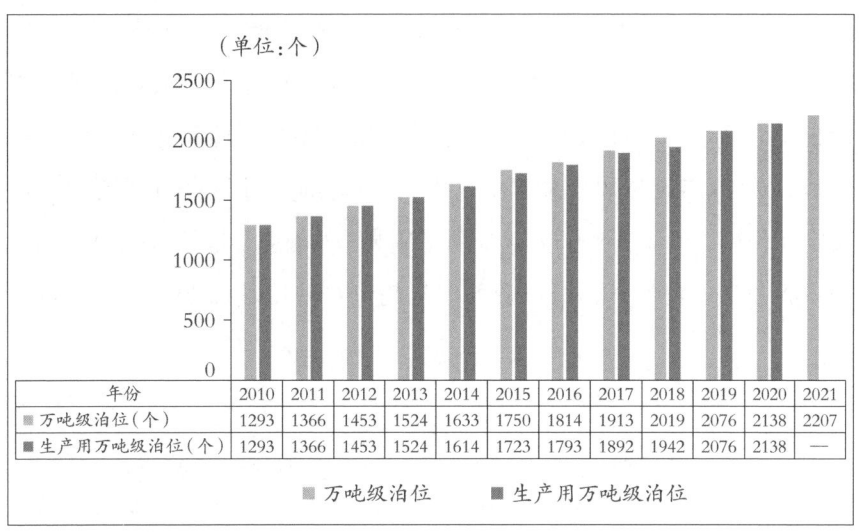

图 6-4　2010—2020年我国沿海港口码头泊位数

来源：根据历年中国统计年鉴整理制作

第二节　港口基础设施作用机理

除港口区位环境属于天然条件外，港口基础设施规模反映的是一个港口的综合竞争力。当前，随着海上运输船舶大型化、航线干线化和经营联盟化[1]趋势的不断加强，港口综合竞争力与深水泊位（特别是集装箱深水泊位）的数量、等级以及进出港航道的水深条件等设施规模呈现明显正相关，港口基础设施规模越大，综合竞争力越强。

一、港口基础设施与港口竞争力

一定程度而言，港口竞争力是一个城市在区域、一个国家在全球范围争夺国际枢纽港地位时所必需的重要竞争优势与竞争能力，其中港口基础设施发挥基础性、支撑性作用。杨建勇（2005）构建了包括6大基本要素和24个子要素的港口国际竞争力评价模型，并运用结构方程模式，对香港港、新加坡港、釜山港、高雄港、神户港、上海港和深圳港等7个亚洲主要港口进行实证分析。结果显示：（1）港口基础设施是影响港口国际竞争力的重要因素之一，位列口岸政策环境和地区经济总量之后；（2）港口设施规模基本要素中，进出港航道水深条件子要素发挥决定性作用，其余三个子要素分别是集装箱泊位数、堆场有效面积和专用设备总数，表明集装箱船舶大型化趋势对港口基础设施布局的重要影响。

---

[1] 目前，全球航运市场为三大联盟（2M联盟、THE联盟和OA联盟）所垄断。其中，2M联盟由马士基航运（MAERSK）、地中海航运（MSC）、森罗（SML）组成；THE联盟由阳明海运（YML）、赫伯罗特（HPL）、现代商船（HMM）以及海洋网联船务（ONE）组成；OA联盟主要由长荣海运（EMC）、东方海外（OOCL）、中远海运（COSCO）、达飞海运（CMA CGM）等组成。

表 6-1　港口国际竞争力评价模型

基本要素	子要素	实证结果	基本要素	子要素	实证结果
地区经济总量	国际贸易总量	0.879	口岸政策环境	平均关税水平	0.760
	城市经济总量	0.751		货物通关效率	0.731
	港口货物吞吐量	0.517		经济自由化程度	0.717
	社会经济发展评价	0.404		临港产业政策	0.501
港口设施规模	航道水深条件	0.851	航运市场环境	口岸服务	0.511
	集装箱泊位数	0.557		航运中游产业	0.478
	堆场有效面积	0.525		航运上游产业	0.441
	专用设备总数	0.435		航运下游产业	0.432
港口经营效率	信息化程度	0.621	运输市场结构	枢纽港功能效应	0.755
	装卸作业效率	0.475		港口物流功能	0.708
	综合商务成本	0.415		国际航线密度	0.701
	港口企业运营能力	0.337		国际中转功能	0.631

来源：杨建勇《现代港口发展的理论与实践研究》(上海海事大学 2005 年博士学位论文)

二、港口基础设施与集装箱竞争力

经济全球化和船舶大型化背景下，港口竞争力的焦点在于集装箱运输竞争力，基点也在于集装箱码头泊位等基础设施。赵茜（2020）实证检验了广州与深圳两港的集装箱码头竞争力，认为集装箱码头竞争力的主要影响因素包括基础设施、码头营运环境、码头作业能力、码头区位条件和码头管理水平等五大方面，涵盖硬件、软件设施在内；并通过建立数据包络分析法（DEA），利用 2016 年数据进行了检验，结果显示，与深圳港相比，广州港在基础设施硬件、码头作业、集疏运体系等"投入冗余"较大，表明投入过多但利用（或产出）不足。一是广州港的集装箱码头在码头岸线、泊位、堆场等基础设施投入利用效率显著差于深圳[1]；二是广州港集装箱码头作业能力对集装箱吞吐量的贡献不足，即使装卸效率（35

---

[1] 2016 年，广州港南沙三期码头建成投产，集装箱年通过设计能力为 570 万标准箱，但实际完成吞吐量近 250 万标准箱，通过能力利用率仅为 43.9%。而同期，深圳港四大集装箱港区的通过能力利用率在 78% 以上。

标准箱/时）高于深圳港（32.5标准箱/时），但吞吐量依然低于深圳港；三是广州港集装箱码头虽然在公路、铁路网络布局上较深圳港更密，但南沙港区更多依靠水上运输，造成驳船运输压力较大，而且港区公路运输进出通道的"最后一公里"拥堵严重，降低了集疏运体系的经济效益。

表6-2 集装箱码头竞争力评价体系

一级指标	二级指标	三级指标	属性	一级指标	二级指标	三级指标	属性
码头基础设施	码头长度	码头长度	定量	码头作业能力	码头服务能力	航线总数	定量
	泊位数	泊位数	定量			航班总数	定量
	堆场面积	堆场面积	定量			在岗人数	定量
	装卸桥吊数	装卸桥吊数	定量		码头作业效率	桥吊台时装卸量	定量
码头营运环境	政策环境	政府支持度	定性		码头作业效率	船时装卸量	定量
	经济环境	外贸进出口总额	定量	码头作业能力	码头业务能力	集装箱吞吐量	定量
		第三产业占比	定量			集装箱吞吐量增长率	定量
	码头集疏运能力	地用通道数量	定量	码头区位因素	铁路和公路里程	铁路和公路里程	定量
					地理/自然因素	地理/自然因素	定性
				码头管理水平	码头信息化管理水平	码头信息化管理平台	定性

来源：赵茜《广州与深圳集装箱码头的竞争力比较研究》（深圳大学2020年硕士学位论文）

第三节 宁波舟山港基础设施建设情况

宁波舟山港码头泊位、岸线条件等设施条件独步全球，在新华·波罗的海国际航运中心发展指数评价中，宁波舟山港"港口条件"得分连年位居全球第一，可服务货种的种类多达19种，码头总通过能力可达8.05亿吨。长期以来，宁波舟山港高度重视码头泊位、铁路场站等基础设施建设，为世界一流强港建设奠定了最为坚实的硬实力基础。

一、主要优势

宁波舟山港作为全球首个年货物吞吐量超过10亿吨的超级大港和集装箱吞吐量3000万标准箱级的国际远洋干线港，港口基础设施条件发挥了重要支撑作用。

（一）基础条件首屈一指

1. 航道锚地。宁波舟山港现有近40个不同等级的航道，其中30万吨航道有5个；现有80余个锚地，其中30万吨级锚地有6个。核心港区主航道水深在-22.5米以上，30万吨巨轮可自由进出港，40万吨级以上超级巨轮可候潮进出，是中国和世界超大型巨轮进出最多的港口。

2. 码头泊位。宁波舟山港拥有全球最多的大型和特大型深水泊位，19个港区现有5万吨及以上大型、特大型深水泊位115座（其中10万吨级以上32个），建有全球最大40万吨矿船泊位3座、国内最大的45万吨原油码头，目前还有249千米沿海深水岸线未开发。

3. 作业天数。宁波舟山港域"水深流顺风浪小，不冻不淤陆域大"，年可作业天数有350天左右。

4. 吞吐规模。宁波舟山港是全球最具代表性的全货种综合性港口，2022年，宁波舟山港完成年货物吞吐量超12.5亿吨，连续14年位居全球第一；完成集装箱吞吐量3335万标准箱，位居全球第三，首次跻身国际航运中心十强。2023年，宁波舟山港集团入选国务院国资委公布的《创建世界一流示范企业和专精特新示范企业名单》。

5. 重要资源配置。宁波舟山港是全国石油、矿石、煤炭、木材、粮食等重要战略物资进口储备与集散地，承担全国约40%的油品、30%的铁矿石、20%的煤炭储备量，肩负保障国家能源安全的重任，是我国链接国内国际两个市场、国内国际两种资源的重要国际物流枢纽。

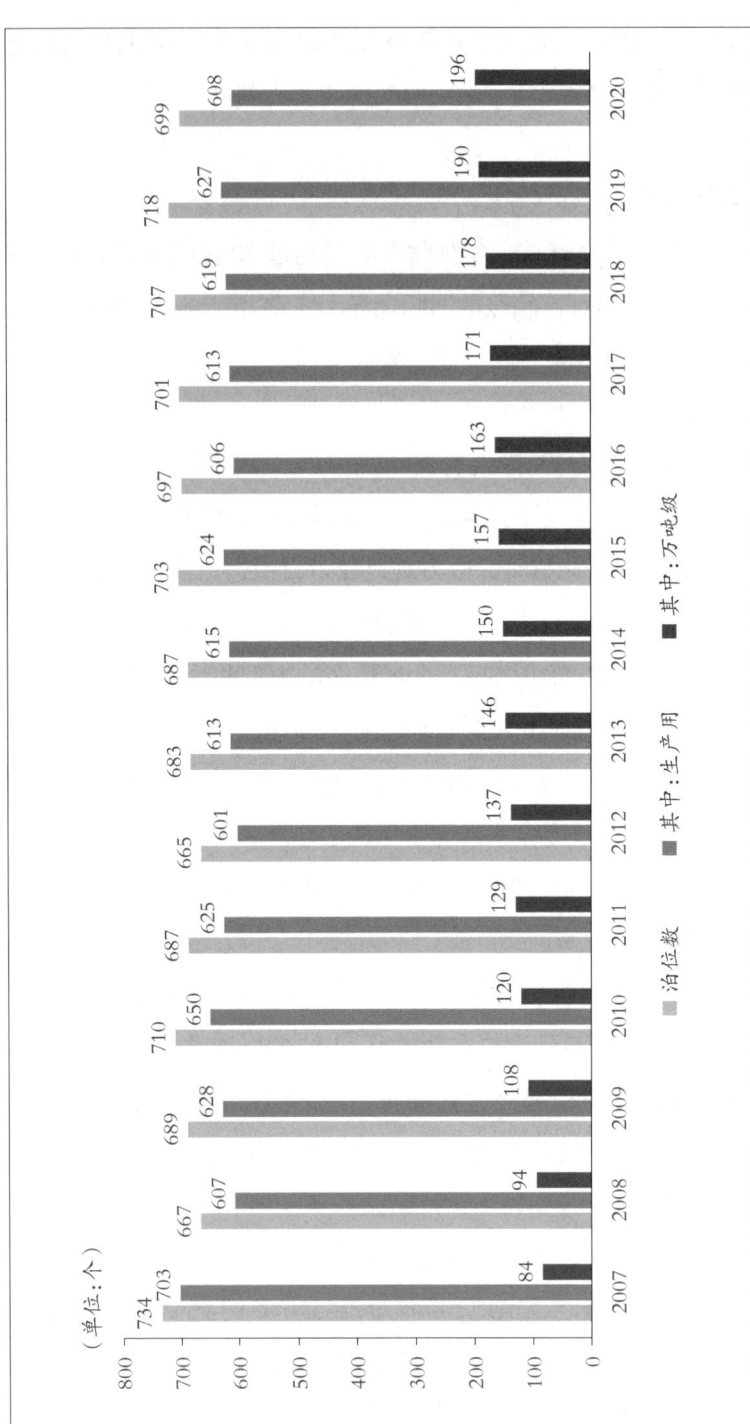

图 6-5 宁波舟山港一体化以来码头泊位数量

来源：根据历年中国统计年鉴数据整理制作

第六章 世界一流强港基础设施支撑能力建设

表 6-3　2020 年宁波舟山港主要基础设施指标一览

码头长度（米）			专业锚地（锚位）数（个）
总长	生产用	非生产用	54
100955	96543	4412	
码头泊位（个）			港口铁路支线数（条）
总数	生产用	非生产用	3
699	608	91	
（其中：万吨级 196、10 万吨级 32）	（其中：万吨级 196）		

来源：根据 2021 年中国统计年鉴整理制作

（二）铁路设施布局相对完善

改革开放初期，宁波处于全国铁路网络末端，铁路干线少，线路通过能力有限，末端驳运距离长，运输时间长、成本高。为此，多年来通过采取线路改造、客货分离、枢纽绕行、复线扩建、场站扩能等措施，腹地至港口高效铁路运输通道不断完善。

宁波铁路货运设施发展简史

宁波铁路货运设施体系与城市空间结构互为呼应，随着城市发展不断演进，相继经历三个阶段。

• 1991 年以前："三江口 + 临港"时代，城市集中发展，铁路运输与城市工业区布局融合较好。城镇化与工业化初期，宁波利用北仑港、镇海港的深水优势发展石油加工业，工业经济快速发展（年均增速达 17.9%）。这一阶段，宁波的发展定位为华东地区重要的工业城市和对外贸易口岸，城市空间发展集中在宁波老城区、镇海发展区以及滨海发展区（北仑）。与之对应的是，宁波铁路货运以服务港区为重心，"萧甬线 + 北仑支线 + 镇海支线"的框架初步形成。

• 2006 年以前："三江口 + 临港"时代，临港工业进一步发展，"萧甬线 + 北仑支线 + 镇海支线"枢纽结构进一步强化。工业化中期，宁波围绕"以港兴市、以市促港"，以建设现代化国际港口城市、长三角南翼经济中心为城市定位,大力发展临港重化工业、传统优势产业以及高新技术产业,不断拉开城市框架,甬江新区、大榭岛、小港经济开发区规模逐渐形成,城市空间由向心集聚转向离心扩散。这一阶段,铁路货运总量逐年攀升,萧甬铁路增建复线,形成外联浙赣、沪杭线,内通宁波港区,顺列式货运枢纽布局。

• 2007年后:"宁波都市区时代"城市空间布局由"单中心"向"多中心"演变,铁路货运场站对城市产业区覆盖弱化。工业化后期,基于长三角经济格局的重组以及周边城市快速发展的新形势,宁波延续建设现代化国际港口城市、长三角南翼经济中心的城市定位,继续大力发展港口海运、临港型工业和出口加工业,进一步增强中心城市辐射与集聚功能,城市空间呈"多中心组团式"演化,中心城区产业进一步外迁。这一阶段,铁路货运设施布局规模有所扩大,形成了基于枢纽顺列式布局的"南客北货、客货分离"的环形货运枢纽框架。

*1. 港区铁路支线。*经过多年建设和改造,宁波已形成货运北环线环绕衔接多条进港支线的布局,支线深入北仑、穿山、镇海三大核心港区,作业效率大幅提升。

*2. 港口铁路场站。*通过场站扩建、信息化管理、设备自动化改造,不断挖掘港站作业能力,北仑港站、镇海港站和穿山港站3个港区铁路作业场站年作业能力达到170万标准箱。

*3. 对外通道。*通过萧甬、甬台温铁路对外联通三个方向腹地,西北经萧甬沿宣杭、宁芜、皖赣等线路,辐射浙江绍兴、杭州、湖州和江苏、安徽等地;西向经萧甬沿沪昆线,辐射浙江金华、衢州和江西、湖南等地,特别是金甬铁路建成后,宁波联通西向沪昆线沿线腹地的距离将缩短超过80千米;南向沿甬台温线,辐射台州。

(三)集疏运网络体系完善

宁波舟山港拥有铁路、水路、公路、管道等多种运输方式,集疏运网络体系比较完善。其中煤炭、金属、矿石等大宗货物均以铁、公、水等联合运输为主,石油及制品以水运和管道集疏运为主,其他货物主要为公路集疏运到港区,然后通过水运与其他港区交流。2020年,宁波舟山港货物"公、铁、水、管道"集疏运量结构为15∶1∶78∶6;集装箱"公、铁、水"集疏运结构比例为69.7∶3.5∶26.8。

1. 海铁联运。宁波舟山港海铁联运服务深入腹地,基本实现省内货物12小时内可从客户运抵港口,省外安徽、江西等核心腹地货物一天内运抵。沿着铁路网络,深入"丝绸之路经济带"和"长三角经济带"布局网点,截至2022年底,宁波舟山港累计布局内陆无水港34家,海铁联运常态化运行班列达到23条,业务辐射安徽、江苏、江西、河南等16个省(区、市)、63个地级市。

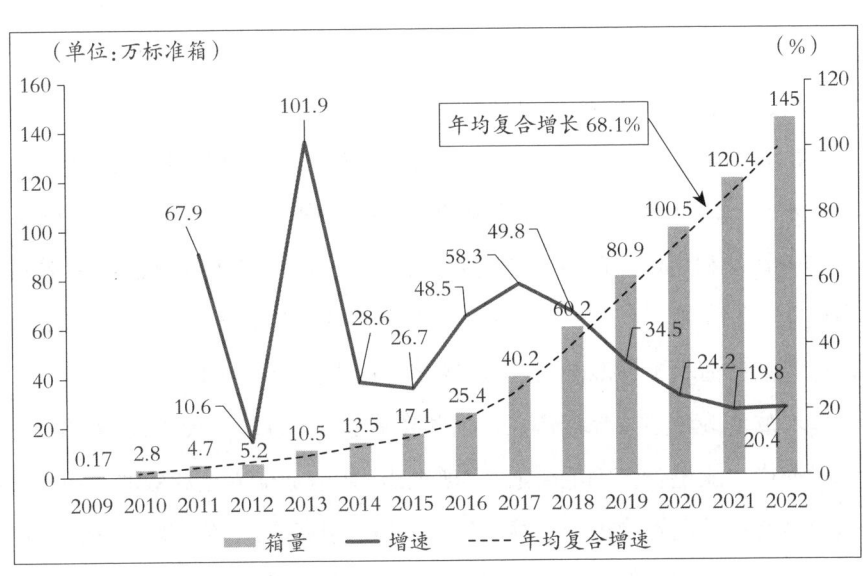

图6-6 宁波舟山港海铁联运业务发展情况

2. 水水中转。水路沿海、沿江可通往东北亚、中国沿海及长江中上游各个港口,铁矿石水路运输可辐射至长江腹地全部沿线客户(2021年宁波舟山港为客户提供铁矿石全程物流服务规模突破2200万吨),煤炭通过内河运输可达省内的绍兴、杭州等地。

3. 原油管道。宁波舟山港上岸原油送往上海、南京甚至长江中游的

武汉、岳阳等地,甬舟两市的石化、中华兴中、算山码头后方的中石化长输管线互联互通。2020年宁波舟山港港口管道输送能力为1.226亿吨/年,其中原油为1.2亿吨/年,天然气为260万吨/年。

二、存在问题

对照国家加快建设安全便捷、智慧绿色、经济高效、支撑有力、世界先进的世界一流港口标准,宁波舟山港的基础设施还存在一些不足。

(一)码头基础设施建设尚需提升

根据现有规划,预计到"十四五"末,宁波舟山港货物吞吐量将达到13亿吨,集装箱吞吐量将达到3500万标准箱,其中宁波港域货物吞吐量将达6.4亿吨,集装箱吞吐量将达3100万标准箱。与未来发展目标相比,宁波港域基础设施配套相对不足。

1. 港口资源一体化统筹仍需深化。宁波舟山港对优势岸线的开发仍存在不足,港口资源利用存在明显的结构性不均衡现象,全港深水岸线总量和未开发利用港口岸线资源主要集中在舟山,宁波大陆侧已经基本无规模化开发潜力,且宁波区域港口后方的集装箱堆场、标准化仓储等配套设施与港口需求不够匹配,临港区域物流资源整合能力不强。

2. 航道锚地能力配套不足。航道资源紧张,虾峙门航道航行功能与海域捕捞功能重叠,"渔船碍航"问题突出,影响通航安全和效率,条帚门航道通航瓶颈问题严重。"大港口、小锚地"问题突出,核心港区内锚地资源现状已无法有效保障水域进出港船舶的通航安全及效率。

3. 港口后方堆场等配套空间布局亟待优化。目前宁波临港区域港外集装箱堆场布局结构性失配,运行效率较低,智慧调度能力较弱,存在噪声扰民现象和安全隐患。集卡停车场车位供需失衡,服务功能不足,存在"集卡围城"现象。

(二)内外双通道体系尚需完善

各种运输方式的比较优势未能得到有效发挥,港口集疏运效率和效益有待提升。

1. 铁路货运设施体系不完善。目前,宁波北编组站枢纽功能尚未充分发挥,该站已建成3个车场(设计功能为Ⅰ车场为货物到达场,Ⅱ车场为编组场,Ⅲ车场为出发场),而目前货运列车到达和出发均共用Ⅰ车场,Ⅲ车场尚未启用。"十二五"期间就已批复的邬隘集装箱中心站建设迟迟未能启动,而目前临近的北仑港区铁路集装箱到发量已超过全国18个已经建成的铁路中心站,铁路集装箱到发规模与枢纽功能匹配明显不协调。此外,梅山港区铁路尚未建成,北仑支线难以满足宁波舟山港其他核心港区新增集装箱运输需求,杭州湾新区等临港产业集聚区亟须规划建设新的铁路专用线(或货运支线)以满足产品的货运需求。铁路"最后一公里"问题悬而未决,外加铁路运价较高,且服务于海铁联运的货代等经营主体规模较小,揽货能力偏弱,导致宁波舟山港集装箱海铁联运比例较小。

2. 江海联运服务功能不强。宁波舟山港承接江海直达和江海联运船舶的能力和水平亟须提升,目前货源运输组织尚未常态化,大宗散货以"海进江"为主,"江出海"货物较少,市场货流不对称,集装箱江海联运市场竞争压力巨大,江海联运平台尚需进一步完善。

3. "水水中转"分担比例不高。目前,宁波舟山港集装箱"水水中转"比例为26.8%,与上海港(48%)、鹿特丹港(30%)、安特卫普港(45%)等同类腹地型港口相比差距不小。

第四节　宁波舟山港基础设施支撑能力提升策略

一流强港需要一流的基础设施体系支撑。建设集约高效、功能完备的港口基础设施,是打造全球港航物流网络战略节点、增强港口硬核力量的基本条件。宁波加快推进世界一流强港建设,要强化宁波舟山港基础条件全球领先的优势,针对集疏运结构不优等问题和建设与港口吞吐能力相匹配的基础设施要求,聚焦港口基础设施系统性重塑、整体性提升,着力建设世界一流的港口基础设施和集疏运基础设施,加快形成高效便捷、客货分离、安全畅通的交通集疏运网络体系。

一、打造千万级集装箱港口设施

(一)建设规模级港口泊位群

建强集装箱港区,推进集装箱码头连片化、专业化、集约化建设运营,打造穿山、梅山、北仑(大榭)、金塘、六横等千万标准箱级港区。梅山港区加快完成集装箱泊位建设,发展形成千万标准箱的能力。改造北仑港区现存非集装箱码头,在六横港区双塘、佛渡推动规划集装箱泊位区,推动金塘港区码头改造覆盖铁路,在穿山港区推广智慧港口建设,提升大榭港区现有泊位等级,形成集装箱码头集群。万吨级泊位专业化率达到75%,研究慈溪杭州湾沿岸建港可行性。加强与上海港的集装箱运输合作,加快小洋山北侧合作项目开发建设,创新大小洋山共建模式,争取大洋山开发、大小洋山一体化运营。

(二)提升码头综合性能

统筹港口与后方土地综合开发利用,优化调整现有物流生产基地、集装箱堆场、集卡停车场等布局,在更广区域整合集装箱用箱需求和空箱资源,延伸港区及后方集拼等服务功能。推进老旧码头改造升级,充分挖掘现有码头潜能,推进货主码头公共化改造。探索推动涉海"新基建",推动重要滩涂资源围垦、岸线资源利用等项目开发建设。完善跨境物流体系建设,积极投资前置仓,打造形式多样的电商物流基地和分拨集散中心。

(三)建设高等级深水航道锚地

加快宁波舟山港核心港区航道锚地能力建设和资源统筹利用,提升航道等级规模和通航能力。加快建设宁波舟山港虾峙门口外30万吨级人工航道扩建工程、条帚门航道扩建工程、鱼山北部5万吨级航道工程、六横南航道工程,确保大型船舶进港通航需求,充分发挥航道沿线大型码头靠泊能力,降低船舶交汇频率,保障船舶通航安全。加快建设石浦港区主航道,推动石浦港区、象山港港区口岸开放。建设一批大型专业锚地(锚位),形成与世界一流强港相适应的功能配套、进出通畅、高效便捷的航道锚地支撑保障体系。建立健全跨区域航道锚地资源共商共建共养共享共管机制,推进航道锚地统筹调度使用。

(四)加强港口基础设施维护

严格按照设计要求、使用说明,合理使用港口基础设施,依据法规规定和强制性标准要求开展日常检查、保养、检测评估、维修等工作。建立港口基础设施台账,贯彻全生命周期管理理念,制定年度维护计划,明确负责机构、资金方案和责任机制。完善安全风险分级管控与隐患排查治理双重预防体系,强化油气化工储罐、码头堆场、仓库等区域的安全设施日常维护保养。

二、打造亿吨级战略资源储运设施

充分利用深水岸线资源,推进原油、LNG、化工、商品汽车、有色资源矿等专业化泊位建设,建成一批30万吨级原油码头,打造亿吨级大宗散货泊位群,争取到2025年建成140个以上万吨级以上大宗散货专业化码头,形成具备全球最大专业船型的港口靠泊能力,逐步建设全球规模最大的全货种港口群。

(一)打造亿吨级原油接卸基地

配合浙江自贸区油品储运基地建设,在北仑、大榭、册子、外钓、衢山、黄泽山等打造亿吨级原油接卸基地,重点推进大榭实华码头、黄泽山油品储运基地和外钓岛油品码头建设。

(二)打造千万吨级成品油及液化品接卸基地

加快推进六横港区成品油与液化品码头建设,提升镇海港区作业能力。完善原油码头、油库设施、油气管道等配套设施,推进保税燃料油调和及加注基地建设。

(三)打造全国LNG登陆中心

以穿山北港区及大榭港区穿鼻岛作业区为核心,加快光明码头改造,参与新建公鹅咀地块和穿鼻岛预留作业区LNG码头建设,提升LNG集聚分拨功能。

(四)打造铁矿石储运交易加工中心

实施穿山铁矿石码头改造,协同鼠浪湖、马迹山等作业区,建设铁矿石贸易储运加工分拨中心和国际配矿贸易中心,保障长三角、长江沿线乃至整个东北亚的铁矿石需求。

(五)打造粮油与进口农副产品集散基地

推进老塘山港区舟山国际粮油储运加工交易基地、金塘岛浙江国际农产品贸易中心建设,提升对长三角、长江沿线粮食和进口高端农副产品的中转运输服务能力。

(六)打造商品汽车运输基地

加快梅山港区滚装码头建设,不断挖掘滚装集疏运体系的潜力,助力汽车生产制造企业顺利拓展国内外市场。

三、建设枢纽型铁路货运基础设施

坚持问题导向,围绕打造国家海铁联运高质量发展示范区,加快完善铁路货运设施,构建"两站四通道六支线"的货运铁路格局,将宁波舟山港打造成服务国家双循环的铁路货运枢纽。

(一)打造宁波铁路物流枢纽

采取"一主一辅"格局构建宁波铁路物流枢纽,其中"一主"为北仑铁路物流枢纽(即原铁道部批复的鄞隙集装箱中心站),"一辅"为宁波铁路北站。通过"一主一辅"两大货运站统筹各港区支线,将中欧班列与港区站有效衔接,常态化开行集装箱直达班列、中欧班列、中亚班列等,形成

"海陆双向"的大开放格局。近期要重点打造北仑铁路物流枢纽,尽快启动邬隘集装箱中心站建设,为港区支线提供集装箱作业功能。

(二)打造四大对外铁路货运通道

以宁波舟山港为核心,打造甬金西向复合通道、甬台温通道、杭甬货运通道、甬舟货运通道,构建形成完善的陆向开放通道网络。

1. 甬金复合通道。依托义甬舟开放大通道西延工程,加快金甬铁路建设进度,谋划推进西向复合通道,畅通西向沿江、西南向内陆的物流大通道,串联宁波舟山港、义乌国际陆港、中欧班列和西部陆海新通道,打通宁波乃至长三角与长江中上游、西南、西北和南亚次大陆的交通走廊。浙江的金华、义乌和江西的上饶、南昌等城市是宁波舟山港海铁联运箱源的主要产生地,特别是江西已成为宁波舟山港在中部地区最成熟、货量占比最大的腹地市场。2019年江西区域完成海铁联运业务量11.47万标准箱,占宁波舟山港海铁联运总量(80.9万标准箱)的14.2%。

2. 甬台温通道。甬台温铁路作为200千米/小时客货共线铁路,货运功能一直难以发挥,使浙江省在沿海方向上的铁路集疏运通道功能受限。通过甬台温高铁建设,释放现有甬台温铁路货运能力,提高东南沿海货运服务水平,同时有利于打通覆盖浙江省主要城市的环形货运通道(沪昆、甬台温、金温)。根据有关研究预测,到2030年、2035年、2045年,甬台温三市社会货运量将分别达到17.45亿吨、20.1亿吨、22.3亿吨,具有庞大物流需求。

3. 杭甬货运通道。近期依托萧甬线,远期谋划环杭州湾货运铁路,打通"宁波—绍兴—杭州—合肥—郑州",连接宁波都市圈、杭州都市圈、合肥都市圈和中原城市群,打通宁波连接中部内陆地区的交通走廊,构筑"一带"出境通道,强化"北向"辐射带动能力,延伸"一路"出海通道。目前环杭州湾地区有杭州钱塘新区、绍兴滨海新区、宁波前湾新区等重大平台,聚集了吉利汽车、上海大众等一批重大产业项目,已成为汽车零部件、高性能新材料、高端装备制造等产业发展重要区域,未来货运增长需求强劲。

4. 甬舟货运通道。重点依托甬舟铁路办理高铁快运等轻快货物,满足舟山的海产品外运需求。甬舟铁路是宁波都市圈的重要交通基础设施、义甬舟开放大通道的支撑性运输通道,是舟山冷链物资进出的主要通道。宁波、舟山同为浙江自贸区的两个片区,应当共同承担打造国家大宗商品中转基地的重大使命。

(三)建设六大疏港铁路支线

以既有北仑支线、穿山支线、镇海支线为基础,加快推进梅山铁路支线、北仑铁路支线复线建设,谋划杭州湾货运铁路、象山港货运铁路,实现铁路支线覆盖主要集装箱港区和大型临港物流园区,打造服务双循环铁路货运枢纽。目前,宁波舟山港 19 个核心港区中,仅镇海、北仑、穿山三个港区直通铁路,第三大千万标准箱级港区的梅山港区亟须疏港铁路配套。另外,随着穿山支线建成,北仑支线大碶至邱隘段为单线,区间通过能力不足,需要加快北仑支线复线建设。

宁波对外集疏运通道建设设想

- 重点提升西向通道能级。依托义甬舟开放大通道西延工程,加快金甬铁路建设进度,谋划推进西向复合通道和甬金衢上等高速公路,畅通西向沿江、西南向内陆的物流大通道,构建高效的现代流通网络。

- 积极接轨长江经济带综合交通走廊。提升杭甬高铁与沿江高铁衔接能力;建成金甬铁路,开展甬昆西南向高铁和甬西西北向高铁前期工作,加快形成与西南、西北等广大内陆地区的快速连接通道。

- 构建"两横两纵"运输通道体系。即构建南北沿海干线运输通道、内河物流通道,东西江海联运通道、海铁联运通道的"两横两纵"运输通道体系,将宁波舟山港打造成为辐射全球的航运物流枢纽。

四、打造"公水管堆"集疏运基础设施

制定实施推进世界一流强港集疏运体系建设行动方案，加快形成高效便捷、客货分离、安全畅通的交通集疏运网络体系。

（一）畅通疏港高速公路网络

加快建成六横大桥（宁波段）、杭绍甬高速（宁波段）、甬台温扩容（宁波段）、甬金衢上高速等一批疏港高速公路，实现主要港区疏港货物就近上高速，推动疏港货运通道与城市客运通道分离。谋划沪甬、沪舟甬跨海通道。

（二）优化水运基础设施布局

在长江口和长江沿线集中布局一批多式联运泊位及分拨中心，谋划杭甬运河宁波段二通道工程建设，积极疏通江海河联运通道，形成杭甬运河千吨级航道，打造通畅的内河运输航道网络保障体系。

（三）推进油气管廊和仓储布局建设

加强全市油气管廊和仓储基础设施统筹规划、建设和安全管理。加快实现镇海、北仑、大榭三大绿色石化片区管廊一体贯通，减少公路危化品运输比例。加强大榭到镇海第二条石油管线布局的可行性研究并力争加快建设。推进大榭地下洞库规划布局，加强大榭本岛及穿鼻岛、外神马岛等附属岛屿地下洞库统筹规划。统筹布局宁波舟山LNG登陆中心外输管道，建设大容量输气干线。研究整合建设杭甬复线综合油气管廊、舟山—宁波—绍兴成品油管道、六横至宁波LNG外输管道等油气长输管道建设，进一步提升油气管道输送能力。

（四）优化堆场停车场等配套设施布局

优化整合集装箱堆场、集卡停车场、货运场站、物流园区、配送中心等港口物流场地布局，规划新建梅山等核心集装箱港区配套堆场，谋划建设集卡运输服务基地，以数字化推进港外堆场、停车场集约化、减量化发展，集装箱港外堆场运作效率提高30%以上。

第七章

世界一流强港腹地辐射能力建设

广阔的腹地空间是港口硬核力量的关键支撑,主要反映港口集疏运体系的完备性和物流枢纽功能,对所在城市及内陆腹地辐射带动和服务国家战略具有强大保障能力,是打造世界一流强港的重要方面。目前宁波舟山港的腹地主要集中在浙江省内,对省外的辐射带动作用依然较小。在推进世界一流强港建设中,有必要在把握港口与腹地相关概念内涵的基础上,较为全面地梳理宁波舟山港腹地辐射带动发展现状及突出问题,坚持问题导向和目标导向,研究提出相应的思路和对策。

第一节　港口与腹地相互作用机理

一、相关概念

（一）港口腹地

港口腹地（Hinterlands）概念最初出现在英国奇泽姆（G. G. Chisholm）所著的《商业地理手册》中，指的是港口所服务的内陆物流区域，由交通运输网络进行联系，是一个相对动态的概念，其边界一般随着运输方式和物流商品类型不断变化，并受到经济周期、运输技术、承运方式、政策以及交通运输瓶颈等方面的影响。

1.陆向腹地和海向腹地。这是根据港口与腹地间的经济联系划分的。陆向腹地，指以陆上运输方式连接港口并产生运输需求或消耗该港口进口产品的城市。海向腹地，指需要通过海运连接港口的国家或地区。

2.直接腹地和间接腹地。这是根据港口和腹地联系的紧密程度划分的。直接腹地，通常指港口所在城市，其经水运的所有货物均由该港口运输并最为经济高效，包括为港口提供物流、人流和信息流等的区域范围。间接腹地，指与港口有一定距离的区域范围，或者区域内大多数的货物由该港口运输，而且港口在该区域有运输辐射且相对稳定。由于间接腹地可为两个以上港口所共有，所以易引发港口之间对腹地资源的争夺。

（二）港口腹地辐射带动力

港口通过交通网络输入输出要素，形成集聚和扩散效应，对腹地区域产生辐射带动作用。这种辐射带动作用主要体现在港口为腹地城市运输货物，吸引物流和资金流，为腹地城市带来贸易量，带动临港产业发展，并提供更多的就业机会，从而促进腹地城市经济发展。港口对腹地的辐射带动作用，主要以物流运输作为基本载体，即港口为腹地经济提供物流配送与运输服务,腹地经济为港口物流提供货物运输的供需支持,港口作为航运基础设施既是腹地经济发展的条件,也是腹地经济发展的结果。

港口与腹地经济的联系,一般经历三个阶段:

1. 物流体系初建的相互独立阶段。由于港口物流与腹地经济两个系统之间相互独立,没有产生依赖性,物流量缺乏稳定性和持续性,物流货类较少。这个时期,港口物流服务能力尚不够强,腹地外向经济规模也不够大,产生的货源有限。

2. 物流体系逐步健全的快速发展阶段。随着两地物流运输体系逐步健全,腹地外向经济对港口物流运输产生依赖,两个系统间的关联产业成长发展,港口与腹地物流量大幅增加,发展速度较快而持续。这个时期,港口物流与腹地外向经济开始相互作用,互动发展。

3. 物流体系成熟的稳定发展阶段。随着港口与腹地物流关系成熟稳定,港口与腹地围绕物流运输业衍生的关联产业,如金融、信息、会展、专业市场以及物流运输服务机构等全面发展,港口临港工业制造业等与腹地产业建立起业务联系。这个时期,随着产业的关联融合,港口腹地系统间物流关系相互依存,稳步发展。

二、港口与腹地相互作用机理

简单而言,港口与腹地的关系包括两方面,即港口对腹地经济发展的带动作用和腹地为港口发展提供经济支撑,两者双向互动,相生相长。

(一)港口对腹地经济发展的带动作用

港口的存在,可以对腹地经济发展产生前后向关联[1],产生乘数效应,既增加腹地城市就业,也增加其政府税收及国民收入等。港口除了成为腹地的对外开放连接点,还成为有重大功能的转运枢纽。突出表现在两个递进的方面:

---

[1] 前向关联,是指建设港口涉及的基础设施制造业、临港大工业、港航物流等产业,随着港口的发展而壮大。后向关联,即服务与港口及相关产业发展的金融、保险等现代服务业随着港口运行产生的需求而逐渐得到发展。

*1.推动腹地产业集聚。*在港口进行的投资能吸引大量临港大工业、中间服务企业(第三方物流公司和供应链提供商等)和生产要素向港口周边集聚,以装卸、货运代理和运输为代表的传统服务将逐渐被多元化、高端化、智能化的高附加值服务取代,以航运中心为代表的现代综合物流系统将快速发展,港口带动腹地经济以乘数模式增长。

*2.提升腹地整体竞争力。*随着因港口而产生的产业集聚发展壮大,腹地城市从中获得大量财政收益和国民收入,除去分配外,大量反哺投入于港口及周边基础设施更新、产业发展和城市建设,从而把腹地功能变得更加强大,最终提升整体竞争力,形成良性循环。

(二)腹地为港口发展提供经济支撑

突出表现为腹地为港口发展提供物力、政策和经济支撑。

*1.物力支撑。*发达的腹地经济可以为港口提供源源不断的运输货源和巨量物流需求,促进港口生产规模逐步增长和港口运输的持续发展。同时,由于发达的经济腹地更加追求时效性,对港口运作效率的要求更高,可推动港口寻求更加集约化、智能化的发展方式。

*2.政策支撑。*为提高港口货运总体及单位价值,腹地城市(包括港口所在城市)会提出建立保税区、综合保税区、沿海经济技术开发区、经济特区,甚至自由贸易区、自由贸易港等政策诉求,以提高港口对国内外物流、资金流、人流、信息流的汇聚配置能力,成为港口扩大开放发展的润滑剂。

*3.经济支撑。*港口腹地既能为港口提供贸易、金融等背景优势,也能提供其发展所需的集疏运、土地及人力资源等条件,因而腹地规模越大、经济实力越强,区域间经贸、投资、产业合作越多,港口获得的支撑也更多、更可持续。[1]

---

[1] 全球范围的各大港口都拥有经济能力强大、物资充裕、面积广阔的腹地。如地处马斯河与莱茵河通海口的鹿特丹港,全部欧盟国家都是其腹地,该区域内交通网络完整,并拥有数量庞大的制造业中心,以及以港口为中心建立的庞大工业体系,它们与鹿特丹港形成了共生共荣的互动关系。得到欧盟腹地的经济支撑,鹿特丹港至今依然是全球最具影响力的港口之一,在新华·波罗的海国际航运中心发展指数排名上常年位居前列(2021年位居综合指数第6位)。

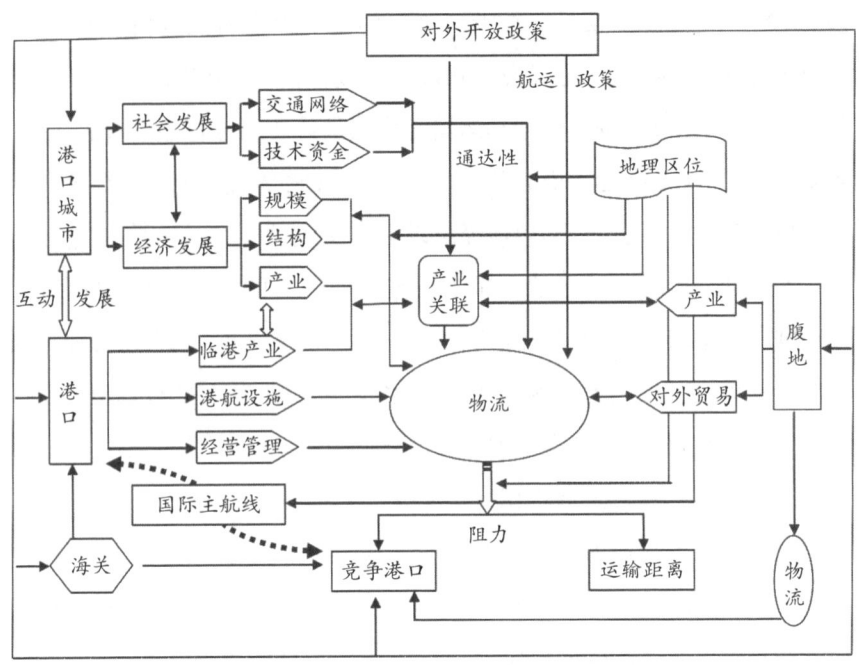

图 7-1　港口与腹地关系的作用机理

来源：许言庆《沿海港口综合实力与腹地空间演变研究》（浙江工业大学 2016 年博士学位论文）

第二节　宁波舟山港腹地情况

腹地经济活力反映直接和间接经济腹地经贸环境对港口发展的支撑力。改革开放以来，宁波舟山港依靠良好的深水岸线优势，在区域经济发展中发挥着重要支撑作用。一方面，保障了浙江省和长江沿线地区的能源、原材料的运输需求，带动了外向型经济的快速发展。另一方面，对长江流域大型石化、冶金、电力等产业沿江、临海布局具有引导作用。浙江省物资进出口及长江沿线地区钢铁、石化企业的铁矿石、原油中转运输任务，以及铁路沿线江西、安徽、湖南、重庆等省市的部分物资中转服务主要由宁波舟山港承担。因此,宁波舟山港的直接经济腹地为浙江省,承担着浙江沿海港口约95%的外贸货物、近100%的国际集装箱运输任务;间接腹地则覆盖整个长江经济带。同时,随着中国(浙江)自贸区的建设以及宁波舟山国际集装箱枢纽港口地位的提升,宁波舟山港对我国南北沿海地区乃至东北亚及西太平洋地区的辐射力度将进一步增强。

一、基本情况

(一)直接腹地

宁波舟山港直接腹地主要包括宁波、舟山在内的浙江省,90%左右的货源来自浙江省内。浙江省作为全国重要的经济大省,不仅整体经济实力强劲,工业、外贸、财政收入位居全国前列,而且创新活力强、体制机制优、收入水平高。依托浙江省雄厚的制造业基础、富有活力的民营经济和发达的外向型经济实力,宁波舟山港拥有强大的直接腹地支撑,为其多年来保持稳步可持续发展提供了坚实基础。

1. 宁波市经济发展。宁波市是东南沿海重要港口城市、长三角南翼经济中心和国家历史文化名城。改革开放以来,宁波经济持续快速发展,显示出巨大的活力和潜力,成为我国经济发展最活跃的地区之一。2021年宁波实现地区生产总值14594.9亿元,经济实力跃居全国城市第十二位;全市人均地区生产总值为153922元(按年平均汇率折合23858美元),达到高收入经济体水平,位居全国第七位;财政总收入3264.4亿元,其中一般公共预算收入1723.1亿元,总量位居全国城市第十位;工业增加值6298亿元,跃升全国城市第七位;完成自营进出口总额11926.1亿元,其中出口总额7624.3亿元,进口总额4301.8亿元,进出口总额占全国比重为3.05%,稳居全国外贸第六城。海洋经济快速发展,具有宁波特色的临港产业体系基本形成,成为浙江省国家级海洋经济核心示范区。已形成以高端装备、绿色石化、港航物流等行业为支柱,绵延20多千米的沿海临港产业带,基本建成华东地区重要的能源原材料基地和先进制造业基地。同时，宁波对外开放合作纵深推进，随着中国（浙江）自由贸易试验区宁波片区、"一带一路"建设综合试验区、国家级临空经济示范区、跨境电子商务综合试验区和综合保税区等开放平台的获批和建设，国际影响力不断增强，成为全国首个跨境电商零售进口额超千亿城市。

2. 舟山市经济发展。舟山市是我国新兴的海岛港口和旅游城市，全市由1390个大小岛屿组成。2021年，舟山市实现生产总值1703.6亿元，外贸货物进出口总额2354.9亿元，财政总收入349.7亿元，其中一般公共预算收入180.7亿元。其海洋经济特色明显，"港、景、渔"是其突出的三大资源优势，是全国海洋经济比重最高的城市，石油化工、船舶修造、水产加工三大产业占全市制造业比重在80%以上。围绕绿色石化产业，布局建设现代大型一体化绿色石化产业基地；以油品全产业链为特色的中国（浙江）自由贸易试验区建设顺利推进，2021年实现LNG接卸量351.1万吨，大宗商品贸易额8945.1亿元（其中油气贸易额7379.0亿元），船用燃料油直供量552.2万吨，船用燃料油结算量1100.2万吨。船舶修理业务占全国的30%以上，已发展成为浙江省最大、全国重要的修造船基地。随着建设浙江舟山群岛新区2.0、浙江自由贸易试验区、舟山江海联运服务中心升级版等目标的实施，舟山进一步结合国家战略，完善现代化海洋产业体系，充分发挥在海洋强国建设示范区、保障国家能源经济安全等国家战略中的时代使命。

3. 浙江省经济发展。浙江省是我国经济发达的沿海对外开放省份之一，也是民营经济活跃的省份。浙江省围绕高质量发展主线，加快理念转换、动能转换、结构转换、效率转换和环境转换，积极推进供给侧结构性改革，主动拥抱以国内大循环为主体、国内国际双循环相互促进的新发展格局，成功实现从传统的工业化经济向现代服务型、创新型、数字经济的转变，经济发展持续向高质量迈进。2021年全省生产总值为73516亿元，位居全国第四位；人均地区生产总值为113032元（按年平均汇率折算为

17520美元），位居全国第五位。财政总收入14517亿元，其中一般公共预算收入8263亿元，位居全国第三位；货物进出口41429亿元，其中出口30121亿元，进口11308亿元，分别占全国的10.6%、13.9%和6.5%，年度进出口规模居全国第三；工业增加值27015亿元，位居全国第四位。

表7-1 浙江省及宁波市、舟山市2021年国民经济主要指标

主要经济指标	浙江省	宁波市	舟山市
常住人口（万人）	6540	954.4	116.5
地区生产总值（亿元）	73516	14594.9	1703.6
人均地区生产总值（元）	113032	153922	146232
一产比重	3.3%	2.4%	9.3%
二产比重	40.8%	48%	44.3%
三产比重	55.9%	49.6%	46.4%
外贸进出口额（亿元）	41429	11926.1	2354.9
出口总额（亿元）	30121	7624.3	773.9
进口总额（亿元）	11308	4301.8	1581.0
一般公共预算收入（亿元）	8263	1723.1	180.7

来源：根据浙江省、宁波市和舟山市统计年鉴整理

（二）间接腹地

宁波舟山港的间接腹地覆盖距离多在300—500千米的江西、福建两省范围内，主要包括沪、苏、皖、赣、鄂、湘、川、渝、滇、黔等"八省二市"，地处我国长江流域，横跨东、中、西部三个地带，是国家重大战略叠加区，是我国综合实力最强、战略支撑作用最大的区域之一。2021年，间接腹地的"八省二市"以占全国21%的土地、38%的人口，完成了全国约40%的GDP、35%的外贸进出口总额。其中，上海是我国国际经济、贸易金融、航运和科技创新中心；江苏省是我国经济大省，也是我国对外开放的前沿地区和先进制造业基地。长江中上游的安徽、江西、湖北、湖南、重庆、四川、云南、贵州这"七省一市"，地域广阔，矿产资源丰富，具有相当的

工业基础，是我国重要的粮食生产基地，蕴含巨大的内需潜力，已成为中西部地区接受东部经济和产业梯度辐射的先导地区。

表 7-2　长江沿线地区国民经济主要指标（2021 年）

主要经济指标	上海	江苏	安徽	江西	湖南	湖北	四川	重庆	云南	贵州
人口（万人）	2489	8505	6113	4517	6622	5830	8372	3212	4690	3852
地区生产总值（亿元）	43215	116364	42959	29620	46063	50013	53851	27894	27147	19586
人均地区生产总值（元/人）	173593	137039	70321	65560	69561	86416	64323	86879	57686	50808
一产比重	0.2%	4.1%	7.8%	7.9%	9.4%	9.3%	10.5%	6.9%	14.3%	13.9%
二产比重	26.5%	44.5%	41.0%	44.5%	39.4%	37.9%	37.0%	40.1%	35.3%	35.7%
三产比重	73.3%	51.4%	51.2%	47.6%	51.3%	52.8%	52.5%	53.0%	50.4%	50.4%
外贸进出口额（亿元）	40610	52131	6920	4980	5989	5374	9514	8001	3144	654
出口总额（亿元）	24892	32532	4095	3672	4213	3509	5709	5168	1767	487
进口总额（亿元）	15719	19598	2825	1309	1776	1865	3805	2832	1377	167
一般公共预算收入（亿元）	7772	10015	3498	2812	3251	3283	4773	2285	2278	1970

来源：根据各地统计年鉴整理

1. 密织海铁联运业务网络。 沿着铁路网络，宁波舟山港基本形成北接古丝绸之路、中汇长江经济带、南攘千里浙赣线的三大物流通道。截至 2022 年底，宁波舟山港累计布局内陆无水港 34 家，海铁联运常态化运行班列达到 23 条，业务辐射安徽、江苏、江西、河南等 16 个省（区、市）、63 个地级市。

2. 力拓省外潜力市场。 不断加密长三角揽货网络，业务覆盖至安徽省 10 个地级市、江苏省 7 个地级市。2022 年，安徽、江苏分别完成海铁联运箱量 18.3 万、7.3 万标准箱，比上年分别增长 30.6%、33.1%；中西部潜力市场业务保持快速增长，江西、湖北、河南、重庆等地业务量相比上年增速均超过 40%。

（三）海外腹地

宁波舟山港直面东亚及整个环太平洋地区，国际远洋干线密集，现已通过240余条班轮航线连接全球190多个国家和地区的600多个港口，港口连通度居全球第4位，是建设世界一流强港的理想区位。

1. 利用外资。宁波是全国第9个实际利用外资超500亿美元的城市。截至2022年底，全市已累计实际利用外资679.4亿美元，年度实际利用外资占全国、全省的比重分别保持在2%、20%左右。

2. "一带一路"。宁波是国家"一带一路"综合试验区。2022年，通往"一带一路"沿线地区航线达120条，宁波与"一带一路"沿线地区进出口贸易总额从2018年的2233亿元增加到2022年的3891亿元，占我国与沿线地区进出口贸易总额的比重从2018年的2.67%进一步提高到2022年的2.81%（最高值为2020年的2.95%）。

3. 中东欧。宁波已成功举办三届中国-中东欧国家博览会，与中东欧国家贸易往来从2018年的244亿元增加到2022年的450亿元，通往中东欧航线达14条。

二、存在问题

宁波舟山港陆向对外通道建设和海外投资布局相对滞后，导致宁波舟山港集疏运体系不优、辐射半径范围小、经济纵深不够、腹地支撑不足、全球链接能力不强。

（一）海铁联运综合优势发挥不足

受制于进港铁路通行能力、政策支持、对外通道建设等因素，宁波海铁联运尽管近年来发展速度较快，但相较世界第一大货物吞吐量和世界第三大集装箱吞吐量的宁波舟山港需求来说，其发展规模仍然偏小，也直接影响了港口腹地的辐射能力。

1. 从占比看，宁波舟山港长期高度依赖公路运输（集装箱公路运输2020年比重占69.7%），海铁联运比例（2020年为3.5%）低于国内六大海铁联运示范通道4.2%的平均水平（2019年，连云港港为7.9%，青岛港为6.6%，大连港为3.8%，天津港为3.3%），远低于国际成熟港口20%—30%

的平均水平(如荷兰鹿特丹港港内就有直接通入码头的铁路集装箱编组中心,便利的铁水联运衔接使其海铁联运占吞吐总量的比例超过20%);"水水中转"比重(集装箱中转2020年仅为26.8%),难以与上海港40%以上、新加坡港80%左右的水平相比。

2. 从班列数量看,2022年宁波舟山港仅拥有海铁联运班列23条,远少于营口港的60条、大连港的42条、青岛港的31条。

3. 从成本看,宁波舟山港海铁联运综合成本(包括政府补贴)与公路运价不具优势。以义乌—宁波舟山港海铁联运班列为例,40英尺集装箱公路门到港市场价约为1950元/箱,而海铁联运全程成本为1970元/箱(其中,海铁联运门到港成本约2720元/箱,宁波市政府补贴200元/箱),高出公路运输20元/箱。

(二)陆向腹地辐射能力不强

宁波舟山港腹地半径较短,直接经济腹地主要在浙江和苏南地区,间接经济腹地主要集中在浙赣线覆盖的江西、福建两省,省外无水港布点少、链条短,对长江沿线、成渝、中西部等内陆腹地拓展不足,省内浙北、浙中区域的外贸货物走宁波舟山港的比例不高。而上海港直接经济腹地覆盖长三角地区,苏州港等多数江苏港口已成为上海港的喂给港,通过实施"长江战略",将间接腹地覆盖至全长江流域。

表7-3 长三角主要港口腹地情况

省(市)	港口	腹地
上海	上海港	直接腹地:长三角地区,包括上海、苏南和浙北地区 间接腹地:浙南、苏北、安徽、江西、湖南以及湖北、四川等地区
浙江	宁波舟山港	直接腹地:包括宁波、舟山在内的浙江省。随着杭宣铁路(杭州—宣城)的建设和浙赣铁路运输能力的提高,可扩大至安徽、江西和湖南等省 间接腹地:长江中下游的湖北、安徽、江苏、上海等省市的部分地区
	温州港	直接腹地:主要包括温州市所辖4区5县及代管的3个县级市和瓯江沿岸、330国道沿线的丽水、金华、衢州地区以及104国道、沿海高等级公路沿线的台州南部地区 间接腹地:包括浙西南、闽北、赣东、皖南等部分地区

续表

省(市)	港口	腹地
江苏	连云港	直接腹地:连云港、徐州、宿迁、盐城、淮安等5市 间接腹地:河南、陕西、山西、四川、甘肃、宁夏、青海、新疆等省区
	南通港	直接腹地:南通市和苏中盐城、淮安、泰兴3市部分地区
	镇江港	直接腹地:镇江市和京杭运河沿岸的扬州、淮阴、盐城地区、常州西部地区 间接腹地:长江沿线6省市、淮河流域及太湖地区
	南京港	直接腹地:南京及安徽省滁州地区 间接腹地:(1)水陆中转腹地:津浦线、沪宁线、宁皖赣线铁路沿线地区;(2)江海中转腹地:长江沿线的重庆市、四川省、湖南省、湖北省、江西省、安徽省、江苏省的沿江地区
	苏州港	直接腹地:苏锡常地区

来源:根据长三角各港口规划与资料汇编整理

(三)海向对外拓展不够

宁波舟山港国际化程度不高,对外链接"一带一路"沿线地区能力有待提升,直接投资运营区域外港口建设经营项目、资源开发利用等较少,直接投资运营的海外项目尚为空白,参与国际海洋事务、输出涉海管理标准、提供辐射全球的海洋公共产品等尚处于起步阶段,在国际供应链上的话语权较弱。

第三节 宁波舟山港与上海港腹地竞合分析

经济腹地是港口生存和发展的重要前提和基础,争夺腹地货源是两港竞争的主要内容。总体上看,长三角区域各个港口的直接及间接腹地存在明显的重叠交叉现象,特别是宁波舟山港和上海港两大排名全球前列的港口,无论在江浙还是在长江中上游腹地,都存在重叠交叉的现象。

一、目前上海港腹地明显优于宁波舟山港

特别在长江流域,短期内宁波舟山港难以和上海港竞争。

(一)公路运输

宁波舟山港集装箱省内线路运量占比高达 95%,形成甬金(50%,五金与小商品为主)、杭甬(20%,PTA 与纺织原料为主)、甬台温(30%,鞋包为主)三大方向;省外线路占比仅约 5%,主要沿北向通道与苏南及上海联系,另有少量通江西、安徽、福建等临近省份。即使在省内,宁波舟山港集装箱公路运输生成量中,市外占比也较高。2020 年,宁波港域 1057.7 万标准箱的进出口重箱中,市外占比高达 65.1%(687.1 万标准箱),市内占比仅略微超过 1/3,为 34.9%(367.6 万标准箱)。

(二)铁路运输

宁波舟山港集装箱省内、省外线路运量占比分别约为 67%、33%,省内浙中地区(金华、衢州为主)和杭萧绍地区(杭州、绍兴为主)占比分别为 50%、29%;浙北和浙南地区占比较少,仅分别为 11% 和 8%;省外到达江西、安徽、重庆等长江中上游地区。

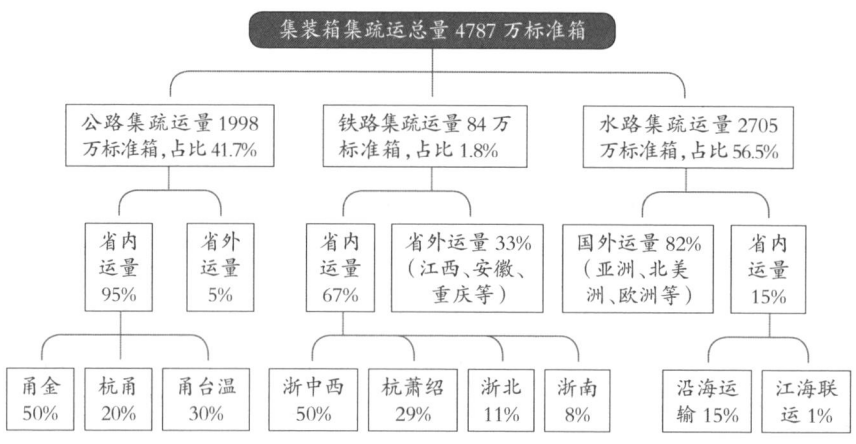

图 7-2 宁波舟山港集装箱省内外集疏运结构(2020 年)

来源:宁波市交通运输局提供

表 7-4　集装箱铁路集疏运情况（2020 年）

地区		重箱占比		主要运输货种
省内	浙中西地区	34.3%	67%	金义线——小商品 衢州线——化工、小家电、粮食 丽水线——日化用品 诸暨线——纺织品
	杭萧绍地区	19.5%		纺织品、小家电
	浙北地区	7.7%		蓄电池、纺织品
	浙南地区	5.5%		小家电、汽配摩配
省外	江西省	15.1%	33%	光伏产品、服装鞋帽、铜制品、板材等
	安徽省	9.4%		汽车汽配、家电、电子产品、日化用品等
	重庆市	3.1%		汽配摩配、电子产品等
	江苏省	2.2%		光伏产品、家具、家电等
	其他省份合计	3.2%		—

来源：宁波市交通运输局提供

表 7-5　2020 年宁波港域重箱生成量（公路运输）分布情况

城市	重箱生成量（万标准箱）	占比	城区	重箱生成量（万标准箱）	占比
杭州	109.9	10.4%	海曙	33.1	9.0%
绍兴	76.8	7.3%	江北	47.0	12.8%
金华	201.7	19.1%	鄞州	56.3	15.3%
衢州	17.9	1.7%	奉化	13.2	3.6%
丽水	15.4	1.5%	宁海	23.2	6.3%
台州	111.8	10.6%	象山	12.5	3.4%
温州	76.7	7.3%	慈溪	53.6	14.6%
湖州	26.1	2.5%	余姚	42.9	11.7%
嘉兴	44.5	4.2%	北仑	55.8	15.2%
舟山	6.3	0.6%	镇海	30.1	8.2%
宁波	367.6	34.9%			

来源：宁波市交通运输局提供

(三)长三角和长江流域

上海港直接经济腹地覆盖长三角地区,尤其是北边的江苏省,通过沪苏港口合作,苏州港、南通港、南京港、泰州港、江阴港、镇江港、扬州港等亿吨级港口均已成为上海港的喂给港。2021年,长三角省市企业经上海口岸进出口8.18万亿元,占口岸进出口总值的81.1%。其中,上海本地企业经上海口岸进出口3.18万亿元,占上海口岸31.6%,浙江企业占11.5%,江苏企业占34.6%,安徽企业占3.4%,其他省市企业占18.9%。2002年上海港提出建成世界卓越集装箱码头运营商的目标,实施"长江战略",将间接腹地覆盖到全长江流域。2017年,上港集团在长江流域通过"水水中转"实现集装箱吞吐量1644.2万标准箱(占整个集团业务量近四成),累计投资13个码头公司和港口集团,实现归母净利润3.83亿元。2020年,上港集团在长江流域"水水中转"集装箱有所下降,仅990万标箱。2022年,上港集团先后与江西省港口集团、连云港、南通、淮安等港口集团成立合资集装箱码头公司,并决定出资成立长三角公司,以此进一步拓展长三角经济腹地。

宁波舟山港近年来也在不断地向长江流域拓展业务,先后在太仓、南京、苏州三市投资控股5个多用途码头,2017年实现归母净利润2677.35万元。2019年,宁波舟山港布局的长江港口集装箱吞吐量突破500万标准箱。

表7-6 宁波舟山港投资控股长江码头概况(2017年)

序号	名称	股比	码头概况	归母净利润(万元)
1	太仓万方国际码头公司	100%	码头岸线长1128米,占地101万平方米,有7万吨级泊位4个,5000吨级泊位2个,前沿水深-12.8米	517.4
2	南京明州码头公司	55%	码头岸线长700米,共4个泊位(其中5万、7万吨级泊位各2个),陆域纵深1000米,占地70万平方米,前沿水深-14.5米	5.2

续表

序号	名称	股比	码头概况	归母净利润（万元）
3	太仓武港码头公司	55%	生产区总面积121.5万平方米,使用长江岸线1095米,前沿水深-13.5米,拥有减载靠泊20万吨级(控制吃水13.65米)和15万吨级矿石卸船泊位各1个,最大减载靠泊25万吨级船舶	5036.13
4	苏州现代货箱公司	70%	码头总面积141万平方米,泊位总长1100米,前沿水深-12.5米,拥有岸桥12台,市电轮胎式集装箱场地龙门吊35台	-2120.46
5	太仓国际集装箱码头公司	51%	截至2017年底共运营2个集装箱专业泊位,2个件杂货多用途泊位,岸线长930米,陆域纵深1000米,总占地120多万平方米	-760.92

表7-7 上海港投资长江码头概况(至2017年)

序号	名称	股比	码头概况	归母净利润（万元）
1	宜宾国际集装箱码头有限公司	30%	1000吨级泊位4个(吞吐能力50万标准箱)、重载滚装泊位1个(年通过能力30万辆)、1000吨级重大件泊位1个(年通过能力33.8万吨)	-438.43
2	上港集团平湖独山港码头有限公司	65%	货物(含集装箱)装卸、储存、中转等	-5317.45
3	上港集团九江港务有限公司	91.67%	截至2017年底累计完成集装箱吞吐量60余万标准箱。码头平台岸线长512米,运营模式为"陆改水"业务	-2548.85
4	武汉港务集团有限公司	26.73%	下辖七大港区,拥有港区面积174.26万平方米,库场面积88.5万平方米,生产泊位43个,水域岸线4678米,铁路专用线1千米,各类港口机械217套(台)	5396.66
5	江阴苏南国际集装箱码头有限公司	30%	公司运营的江阴临港新城新港区3号码头位于长江江阴夏港段64#红浮南岸,全长589米,共有1万吨、2万吨、3万吨级泊位各1个,前沿水深-12米	2445.78

续表

序号	名称	股比	码头概况	归母净利润（万元）
6	芜湖港务有限公司	35%	岸壁式码头泊位1177米,浮式码头2座,水深-10.5米以上	599.00
7	安吉上港国际港务有限公司	30%	总占地198676平方米,总投资4500万美元,一期投资2.6亿元人民币。沿河岸线265米设有500吨级集装箱船舶5个,年设计吞吐量20万标准箱	1093.30
8	武汉港集装箱有限公司	5.1%	码头长525米,拥有4个5000吨级集装箱船舶专用泊位,堆场总面积52万平方米	7912.09
9	重庆果园集装箱码头有限公司	35%	集装箱码头岸线长760米,5000吨级集装箱专用泊位6个,设计低水位在154.77米,水深5米左右。后方陆域总面积43万平方米,堆场使用面积24万平方米	2045.56
10	重庆国际集装箱码头有限责任公司	35%	寸滩港区码头岸线全长1817米,集装箱泊位5个,设计年吞吐能力70万标准箱;汽车滚装码头2座,滚装能力30万辆;堆场面积27万平方米,堆存能力2.5万标准箱	11582.93
11	湖南城陵矶国际港务集团股份有限公司	25%	整合岳阳、长沙新港集装箱业务及省内港口资源	1720.47
12	南京港股份有限公司	10.28%	深交所上市公司,港区拥有种类齐全的原油、成品油等港区	10627.64
13	太仓港上港正和集装箱码头有限公司	45%	码头年设计吞吐量100万标准箱,拥有2个5万吨级集装箱泊位及相应配套设施,兼靠10万吨级集装箱船。泊位总长664米,前沿设计水深-15.5米	3155.64

二、长江流域腹地市场可同时满足未来两港集装箱货源需求

近年来,长江经济带经济快速发展,实力迅速壮大,形成规模庞大的腹地市场。在此带动下,长江干线航运货物吞吐量和集装箱吞吐量屡创新高,2019—2020年,长江干线货物通过量分别达29.3亿吨、30.6亿吨,同比分别增长8.9%、4.4%;2020年完成港口集装箱吞吐量2000万标准箱,同比增长3%;长江三峡枢纽货物通过量近几年稳定在1.3亿吨以上

（2017—2020年分别为1.38亿吨、1.42亿吨、1.46亿吨、1.38亿吨）。特别是长江中上游的重庆、湖北、江西三省市的沿江主要港口的集装箱和货物吞吐量保持较快增长势头。

未来，长江沿线地区仍将是我国经济发展和产业布局的重点区域，根据2018年9月交通运输部水运科学研究院的预测结果，长江干线（江苏及以上）集装箱水运量将快速增长，散货运输将保持稳定增长态势，完全可以同时满足上海港和宁波舟山港两港对货源特别是集装箱货源的需求。到2025年，长江干线（江苏及以上）集装箱生成量将有4150万—4947万标准箱；2035年将有5786万—6895万标准箱；到2030年，长江干线货运量将达35亿吨，较2016年增长51.5%。特别是，江苏太仓港作为浙江省海港集团（宁波舟山集团）投资控股的码头，预计到2025年内贸集装箱吞吐量可完成886万标准箱。

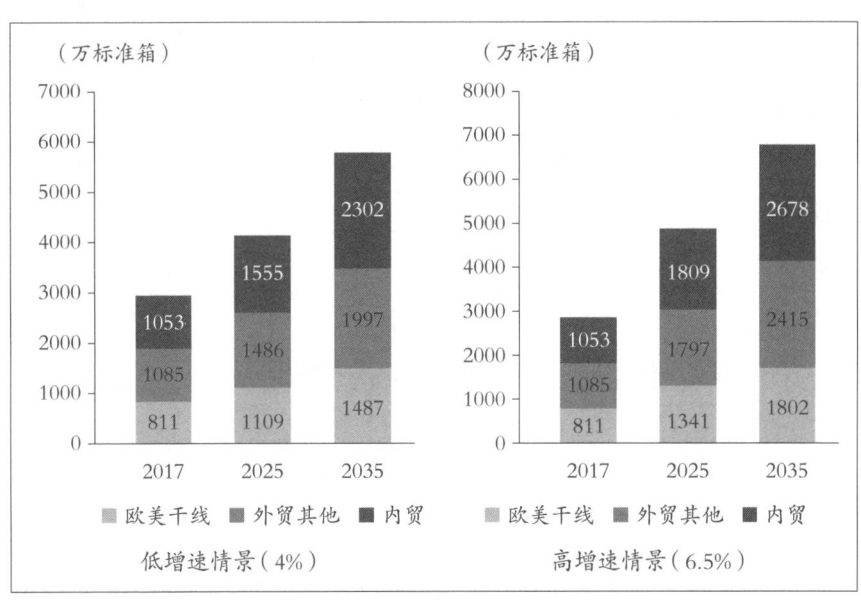

图7-3 长江干线（江苏及以上）集装箱生成量预测

说明：低增速情景考虑世界贸易摩擦、经济增长放缓、外向型产业转移等悲观因素；高增速情景考虑长江经济带经济增速高于全国平均增速，长江经济带协调增长向好等乐观因素。

表 7-8　长江干线（江苏及以上）分货类水运量及预测

货种	2016 年		2030 年	
	水运总量	江海运输	水运总量	江海运输
合计	23.1	13.2	35.0	20.5
金属矿石（亿吨）	4.3	3.6	5.0	4.0
石油及制品（亿吨）	1.1	0.7	2.4	1.8
煤炭（亿吨）	5.1	4.1	6.0	5.0
粮食（亿吨）	0.32	0.15	0.4	0.25
商品汽车（万辆）	80	8	250	60
……	……	……	……	……

三、中西部腹地是宁波舟山港开拓货源新市场的重要区域

河南、重庆、四川、陕西、甘肃、宁夏、青海、新疆等省市，这些沿着"义新欧"和欧亚大陆桥的中西部腹地，宁波舟山港已开通海铁联运班列。近几年这些省市经济快速发展，外贸规模不断扩大，未来在国家加快中部崛起和西部大开发战略的指引下，经济实力将进一步增强，货物进出口需求将不断释放。宁波舟山港应通过加大"无水港"布局力度，不断开拓新的货源增长点。

第四节　宁波舟山港腹地拓展策略

一、港口吞吐能力预测

未来，宁波舟山港在保障国家重点能源物资运输、支撑国家重点战略实施中将继续发挥硬核力量作用，在促进长江沿线地区参与国际竞争、促进腹地经济结构战略性调整、促进浙江省经济高质量发展和产业布局中的重要作用不可替代，将继续在长江流域集装箱运输和能源、原材料大宗

散货进口中发挥枢纽作用。依托尚未开发的深水岸线资源优势,预计宁波舟山港未来吞吐规模还有继续做大的空间。

《宁波舟山港总体规划(2020年修订版)研究报告》根据腹地煤炭、油品、铁矿石、集装箱等主要货类运输系统分析,认为宁波舟山港总吞吐量仍将保持持续、快速增长,运输结构更加优化,竞争力得到进一步增强。综合考虑,预计到2035年宁波舟山港总吞吐量将达到16.7亿吨、集装箱吞吐量将有5500万—6000万标准箱。第一,从近期看,目前已批复在建的8个集装箱泊位在2023年建成投用后,其设计能力将达2070万标准箱,实际集装箱吞吐能力将达3370万标准箱(根据业务经验,实际吞吐量与设计能力之比为1.62∶1)。第二,从中长期看,港域内还有4个作业区[1]可用于建设专业化集装箱泊位,加上改造北仑港区现存非集装箱码头,全部顺利建成后,宁波舟山港将新增设计能力2700万标准箱,合计设计能力将达4770万标准箱,实际吞吐能力将达7727万标准箱,届时将形成穿山港区、梅山港区、大榭港区、金塘港区和六横港区5个千万标准箱以上集装箱泊位群。

二、腹地拓展对策建议

广阔的腹地辐射空间是港口硬核力量的核心支撑。建设世界一流强港,要针对宁波舟山港辐射半径范围小、经济纵深不够、腹地支撑不足等问题,着力巩固优化省内腹地、大力拓展"四沿"腹地空间、推进多式联运发展,全面提升陆向腹地的辐射服务能力,加快构筑与世界一流强港相匹配的腹地辐射空间,以更好服务长江经济带发展国家战略。

(一)巩固优化省内腹地

按照浙江省"一体两翼多联"港口总体布局,建立以宁波舟山港为主

---

[1] 分别是梅山港区东作业区(设计集装箱年吞吐能力350万标准箱),金塘港区上岙作业区、木岙作业区(设计集装箱年吞吐能力650万标准箱),六横港区双塘作业区(设计集装箱年吞吐能力1100万标准箱)。

枢纽,嘉兴、温州等为辅枢纽的集装箱港航线网络,提升南北两翼港口喂给服务宁波舟山港能力,形成省内港口抱团式、集群化发展格局。支持宁波舟山港参与浙江省内沿海港口、内河港口、内陆无水港基础设施和一体化服务功能建设,全方位提升省内腹地服务效率和水平,进一步巩固、拓展省内货运市场。推进海港口岸功能覆盖至义乌港、杭州无水港等,将义乌港打造成为宁波舟山港集装箱"第六港区",进一步提升浙中西、浙北地区辐射能力。

1. 浙中方向。把海港口岸功能覆盖至义乌港(苏溪铁路枢纽)、义乌西站、浙中公铁联运港、金华南站等,将义乌港建成国际贸易"始发港"和"目的港",以及宁波舟山港集装箱运输"第六港区",探索将其模式向其他内陆无水港(启运港)推广。

2. 浙南方向。成立浙南箱管中心,大力发展温台—甬舟内支线运输服务平台,力推市场采购贸易快速发展,把浙南、浙西南统筹为一个集装箱资源池操作,积极推动"弃陆走水"工作。

3. 浙北方向。通过打通浙北海河联运航道瓶颈,建设嘉兴港沿海集装箱泊位和海河联运内核港池,打造浙北集装箱箱管中心等"硬的"支撑能力,加大浙北海铁联运、海河联运优惠补助和外贸企业定制化服务等"软的"服务环境,统筹推进浙北货源掉头转向宁波舟山港。

(二)大力拓展"四沿"陆向腹地

主动服务双循环新发展格局,制定实施宁波舟山港主要货种腹地拓展行动方案,以"四沿"为重点,建设服务长三角、辐射中西部的腹地揽货体系,拓展陆向腹地箱源市场。

1. 沿海方面。加强与环渤海湾、东南沿海、珠江三角洲等区域沿海各港口联盟合作,加密沿海城市往来航线,推进形成互为中转服务的沿海内循环运输网络体系。

2. 沿江方面。布局长江沿线重要枢纽物流节点,加快构建形成"核心节点—重要节点——一般节点"的长江全流域综合物流体系,强化沿线港口控制力,参与打造江海联运运输船队,提升母港货源集聚支撑力度。加大在南京、武汉、重庆等长江流域重点节点城市布局内陆无水港,布局长江沿线码头泊位及分拨中心,积极开拓长江经济带内贸集装箱市场,加快北仑、镇海和大榭内贸集装箱中转基地建设,打造内贸集装箱中转枢纽。

3. 沿内河方面。布局内河服务港口,加强航道整治和维护,提升内河航道的通航能力。

4. 沿铁路方面。推进沿铁路场站及物流园区投资布局,完善集装箱海铁联运系统,保障海铁联运高质量发展。巩固传统集装箱腹地,推进适箱货物"散改集"。

(三)加快推进多式联运发展

1. 做大海铁联运。深化宁波舟山港—浙赣湘(渝川)集装箱海铁公多式联运示范工程,先行先试开展甬金铁路双高集装箱运输。加快义乌苏溪站建设,打造浙中西地区海铁、公铁等多式联运基地。实施"北向、西进"战略,构建以萧甬、甬金铁路为轴线,连接国家骨干铁路网络、辐射西南向和长江中上游地区的海铁联运业务体系,依托萧甬铁路、宣杭铁路,构建服务西向杭皖方向的海铁联运业务通道,加快打造海铁联运示范港。加大海铁联运政策扶持力度,积极打造海铁联运精品路线,全面提升宁波铁路货运枢纽水平。加快推进高铁快运发展,探索推进危化品铁路运输。

2. 做足江海联运。重点做好大宗散货"扬优"和集装箱"补短"两篇文章,把长江集装箱业务作为突破性增长点。完善长江码头布局,将太仓港打造成宁波舟山港长江"水水中转"核心枢纽和长江内贸集装箱中转枢纽,将江阴等地打造成宁波舟山港长江中下游的转运中心。加强南京、太仓、张家港、镇江和江阴等地揽货体系建设,推进长江大宗货物"散改集"业务,开展长江港口到宁波的集装箱航线。积极打造集散两用江海联运运输船队,开拓江海联运及江海直达宁波舟山港航线,形成集装箱江海联运支线体系,进一步做大做强江海联运。

3. 做优河海联运。 重点提升嘉兴港海河联运枢纽能力,加快推进杭甬运河二通道(大通)建设。壮大宁波内河运输船队规模,依托镇海港区发展东线、西线海河联运,提升河海联运发展水平。

4. 做新"四港"联动。 统筹"四港"联动发展,加大散改集、公转铁、公转水推进力度,推广公路甩挂运输、双重运输,推进多式联运"一单制",打造全国乃至全球一流的物流服务组织。

(四)强化政策试点和运作模式创新

在多式联运、国际中转集拼等方面争取一批国家级试点和政策支持,或者探索运作模式创新。

1. 江海联运方面。 争取国家层面支持开展江海直达航线、江出海货源集散中心、江海联运散货两用船研究等试点,争取交通运输部给予长江及长三角地区至宁波舟山港特定航线的江海直达集装箱运输优先发展政策。

长江沿线三级物流节点布局

• **核心节点。** 把太仓港打造成为宁波舟山港长江"水水中转"核心枢纽与长江内贸集装箱中转枢纽,在南京、武汉等地打造宁波舟山港在长江中下游的"水水中转"和海铁联运转运中心,推动在长江北岸与大运河连接处布局,建设散杂货江海联运码头。

• **重要节点。** 在重庆等地打造宁波舟山港在长江上游的"水水中转"枢纽和海铁联运枢纽节点,将江阴港打造成为宁波舟山港在长江下游的区域"水水中转"枢纽。

• **一般节点。** 谋划推动在合肥、马鞍山、宜昌、黄石新港和泸州等地的节点布局。

2.海铁联运方面。贯彻执行国家"公转铁"政策，积极推进"直到直发"（无须解体编组）等创新性作业模式。同时，加强与铁路的创新合作，争取以金甬、萧甬铁路为依托，开展完全市场化运作的货运铁路试点；以苏溪国际枢纽港为依托，开展合资铁路作业场站试点。

3.国际中转集拼方面。争取允许中资船舶公司拥有或者控股的非中国籍船舶通过"绕道境外"和"第二船籍"等方式在宁波舟山港与国内沿海各港口之间进行集装箱沿海捎带业务，从而吸引更多国际货源向宁波舟山港集聚。

第八章

世界一流强港全球链接能力建设

港口国际化布局、国际航线、品牌影响力强劲的全球链接,是港口硬核力量的重要表现。打造"21世纪海上丝绸之路",畅通国际供应链产业链,港口是重要支撑和关键载体。

第一节　港口全球链接作用机理

全球化时代,拥有大型海洋港口的国家或地区,进行全球布局、开展全球资源配置、推进全球战略资源控制,具有先天的资源禀赋条件和天然的对外交通优势。

一、港口全球布局的内生动力

目前,世界主要一流港口进行全球布局的主体主要有航运公司、码头管理公司和码头公司三类。从国家层面看,港口的国际化布局主要基于商业利益和战略安全两大内生动力。

商业利益驱动,即遵循市场逻辑和商业原则,对外进行港口设施投资布局主要基于经济利益考量,通过"走出去"寻找和扩大商业化发展机会。

战略安全驱动,即强调对全球分工网络中具有战略性、枢纽性意义的关键港口的绝对控制能力,以保障本国在全球范围的经济、军事、政治等综合利益。这大多出于地缘政治、军事安全和产业链供应链绝对控制等目的考虑。

两大内生动力中,商业利益驱动是港口国际化布局的原动力,但受到国际国内宏观环境变动和地缘政治博弈、区域军事冲突的影响,日益面临肆意的恶意攻击。[1]

---

[1] 以近年西方国家对中国参与海外港口投资建设的恶意攻击为甚。近年来,西方学术界和舆论界特别热衷于猜测和炒作中国海外港口投资建设背后的地缘政治博弈和军事安全目的,不断抛出"中国军事基地论""中国债务陷阱论""中国新殖民主义论"等提法,严重破坏了中国参与海外港口投资建设和运营的国际舆论环境,搅"黄"了不少中国港口对外投资的项目。

不同阶段,港口全球布局的动力也不同。在港口发展的初级阶段,即在殖民贸易和全球化阶段,商业利益驱动是港口全球布局的主要动力。这一阶段,世界各地港口和航运公司间存在激烈的市场竞争,为拓展市场空间、获取市场利益、巩固提升竞争优势,出现了大量的兼并、收购、投资等多种港口进入模式。随着世界制造业中心逐步向亚洲特别是中国转移,港口发展进入了区域一体化阶段,战略驱动成为全球布局的主导动力,即港口全球布局更多出于战略考量,特别是对在全球产业链供应链畅通中具有"卡脖子"、枢纽性意义的港口、航运项目进行全方位、多角度的控制,而且这种控制除了进行商业利益诱导,还附带有强烈的意识形态竞争、军事竞争等意图。

二、港口全球布局的动力因素

不同港口的全球布局,动力因素不同。立足上述两大内生动力分析,一般而言,港口全球布局受商业利益因素和战略安全因素影响。

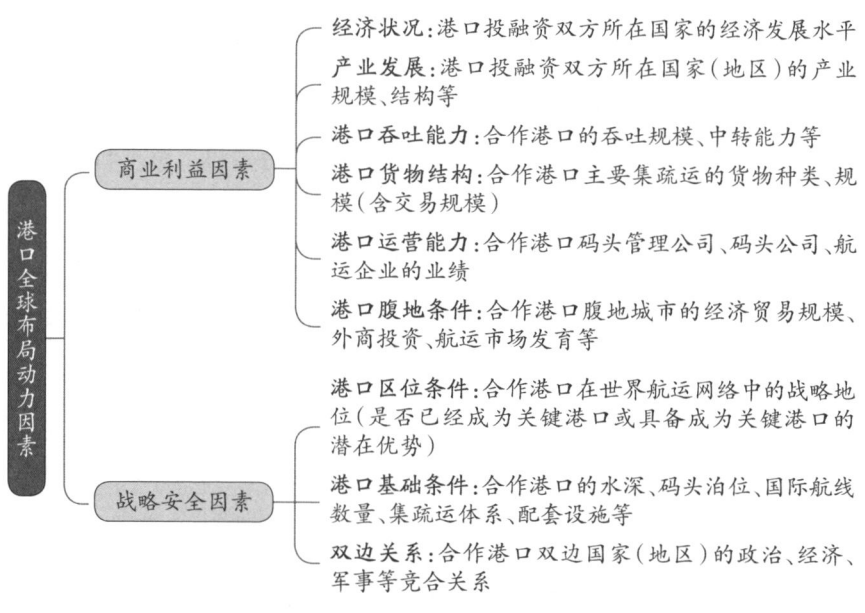

图 8-1　港口全球布局动力影响因素

商业利益因素。即港口进行全球布局主要遵循市场经济规律,以利益最大化为导向,包括投资国(地区)与被投资国(地区)的经济状况、产业发展状况和港口的吞吐能力、货物结构、运营能力、腹地条件等服务于经济利益最大化的因素。

战略安全因素。即港口进行全球布局更多遵从国家战略安全考量,利益最大化让位于地缘政治和军事博弈,包括合作港口的区位条件、基础条件、双边关系(如政治、经贸、军事)等因素,主要服务于保障国家在全球分工网络中的战略安全位势。

三、港口全球布局的重点事项

港口全球布局是一个渐进式的过程,一般需要在国内或临近区域实施多年的区域化实践(如上海港、宁波舟山港、深圳港等部分国内港口进行的"长江战略"、长三角区域港口一体化、粤港澳大湾区港口群建设等),在总结区域化经验教训的基础上,再推进全球性项目建设和网络布局。一般需要关注以下几大关键事项:(1)合作港口的选择,一般从全球供应链的视角,加大对关键区位的关键节点港口进行收购、投资、合作或租赁经营,特别是对国际主要航线上具有枢纽性地位的港口的码头泊位进行投资、并购。(2)新兴市场和发展中国家是主要布局区域,要借助"一带一路"倡仪,优先考虑投资、并购支点国家的大型港口、枢纽港口。(3)战略并购是港口全球布局初期的首选方式,港口要实现快速全球化扩张,最为有效的手段是收购国(境)外已运营的大型码头(特别是集装箱码头)、全球化码头公司。(4)提升基础设施能力仍然是影响港口全球布局的首要和关键因素,今后较长一段时期内,持续增长的运输规模仍将对港口基础设施配套提出巨大需求。(5)服务本地货物是港口全球布局的首要目标,即服务合作港口所在地的出口或进口货物,以减少其他港口的市场争夺和形成价格上的相对垄断性。(6)港产城一体推进日益成为主要趋势,随着港口日渐回归"基础性"功能,除港口基础设施外,不少全球化码头运营逐渐加大对港口周边区域产业园区(如物流园区、自贸区、后方陆港)、城市集疏运设施、重大交通通道等的投资、并购力度,推进一体布局,释放整体经济效益。

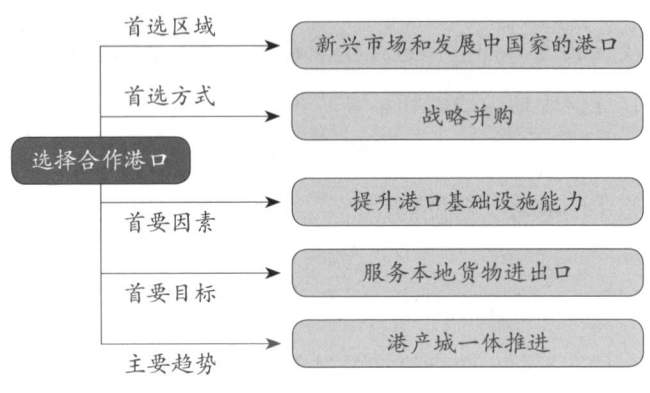

图 8-2　港口全球布局重点考虑事项

四、新发展格局下的中国港口全球布局

对当今世界而言,中国崛起已成为 21 世纪最重大的地缘政治事件,中国的发展不仅深刻改变着自己,也深刻影响着整个世界。对当今中国而言,新兴大国群体崛起、西方世界整体下滑、世界权势加速东移,坚定支持多边主义、积极参与全球治理与构建新发展格局互促共进。在此背景下,港口融入和服务构建新发展格局,进行境内外网络化布局,无论是从战略安全驱动还是从商业利益驱动来看,都是锻造全球链接能力的关键抓手,均具有内在的一致性。

以内循环为主体,就是要构建创新引领、协同发展的现代产业体系和完整的内需体系;国内国际双循环相互促进,就是要推进更宽领域更高水平全方位对外开放,构筑开放式可持续供应链系统。作为畅通经济血脉的"大动脉",物流运输是打通双循环新发展格局下生产、分配、流通、消费等各环节的重要通道。港口作为基础性、战略性、先导性综合物流运输设施,是服务构建新发展格局的"先行官"。具体来说,实现内循环港口要

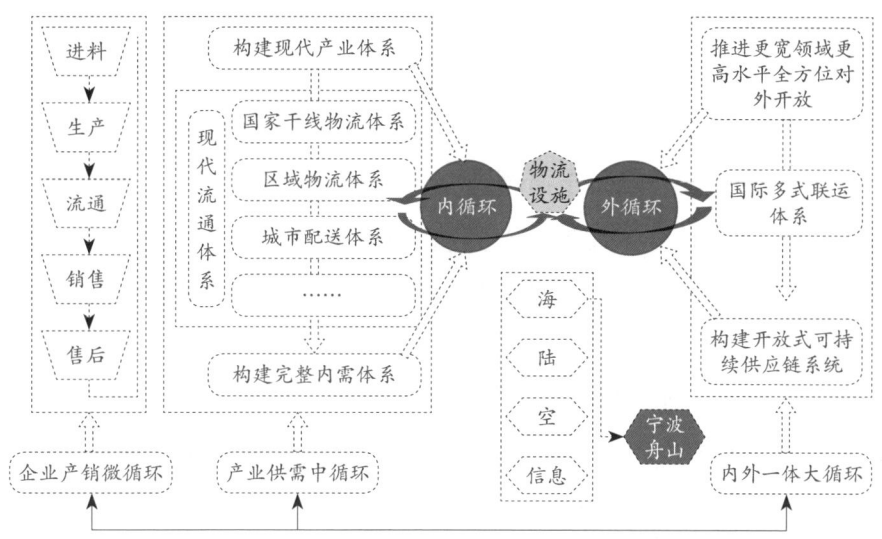

图 8-3 中国港口全球链接作用机理示意图

让货物"转起来",拓展外循环要让货物"出得去"。

对作为我国地理位置重要、吞吐量巨大、对经济发展影响面广的主要港口(如宁波舟山港)而言,在融入和服务构建双循环新发展格局之中,发挥龙头牵引作用,参与构建现代流通体系和国际多式联运体系,畅通企业产销微循环、产业供需中循环和内外一体大循环(内陆 — 沿海 — 海外),迎来前所未有的战略机遇。必须秉持宏观视野,加强境外网络布局和区域协同发展,进一步完善集疏运体系,广泛拓展内陆腹地市场。

第二节 我国港口全球布局进展

伴随着2000年"走出去"写入国家战略和2013年"一带一路"倡议的提出,中国对外开放战略不断进入新阶段,中国也逐步迈向港口大国、港口强国,参与海外港口投资建设和运营的步伐不断加快,在空间布局、企业主体、进入模式等方面都发生了深刻变化,扩大了在海外的经济影响力。

一、我国海外港口投资格局

在发展阶段上,中国海外港口经历了零星分布(2000年以前)、就近布局(2001—2008年)、全球扩散(2009—2012年)、局部集聚(2013—2016年)和总体稳定(2017年至今)5个阶段。在空间布局上,中国企业近年来更倾向于在全球范围投资枢纽港,全球前100位港口中已有22个港口有中国资本参与,分布在东亚、东南亚、南亚、澳新、西北欧、地中海、美东、美西等8个航区,形成了中国海外港口格局的基本框架。

二、我国海外港口投资合作进展

在投资主体上,以实力雄厚的央企集团为主,地方港务集团也日渐增多。当前,我国参与对外港口投资合作的主体主要是招商局集团、中远海运集团等大型央企。特别是中远海运集团,不断加大海外港口布局力度,拓展租船、船舶燃料销售等高附加值业务,已成为目前我国参与全球海运事业发展的旗舰力量。[1] 近年来随着港口之间竞争日趋激烈,地方港务集团的对外投资合作也日渐增多,如上海港、青岛港。

---

[1] 截至2022年6月底,中远海运集团共在全球投资57个码头,其中集装箱码头50个,年吞吐箱量达1.32亿国际标准集装箱,排名世界第一;经营的船队规模达1413艘(其中集装箱船475艘、干散货船442艘、油气船227艘、杂货特种船167艘),总运力达11347万载重吨,其中集装箱运力292.6万标准箱,分别位居世界第一、第四位(占全球总运力的11.52%);完成船舶燃料销售量2830万吨,位居世界第一;集装箱租赁业务位居全球第三,全球工程装备制造接单规模和船舶代理业务量也稳居世界前列。

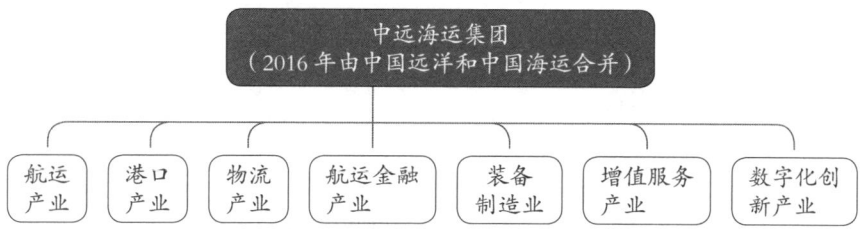

图 8-4　中远海运集团（COSCO）"3+4"产业生态

来源：中国远洋海运集团有限公司官方网站

表 8-1　中远海运港口（CSP）部分海外投资码头情况

码头公司	持股比例	泊位数（个）	设计处理能力（万标准箱/年）	水深（米）	2022年上半年集装箱吞吐量 箱量（万标准箱）	增速
比雷埃夫斯码头（希腊）	67%	8	620	-14.5 至 -19.5	214.4	-9.6%
CSP 泽布吕赫码头（比利时）	90%	3	130	-17.5	54.7	26.4%
CSP 阿布扎比码头（阿联酋）	40%	3	250	-16.5	41.3	25.1%
CSP 瓦伦西亚码头（西班牙）	51%	6	410	-16	182.8	2.7%
CSP 毕尔巴鄂码头（西班牙）	39.51%	3	100	-21		
CSP 钱凯码头（秘鲁）	60%	2	100	-16 至 -18	—	—
		2	620万吨	-14		
苏伊士运河码头（埃及）	20%	8	500	-17	184.7	4.3%
昆波特码头（土耳其）	26%	6	210	-15 至 -16.5	61.3	-0.8%
安特卫普码头（比利时）	20%	4	370	-16	107.6	-3.6%
中远－新港码头（新加坡）	49%	5	485	-18	238.97	0.6%
釜山码头（韩国）	4.23%	8	400	-15 至 -16	187.1	-3.7%
西雅图码头（美国）	13.33%	2	40	-15.2	13.4	1.7%
鹿特丹 Euromax 码头（荷兰）	17.85%	5	320	-17.65	133.8	0.3%
吉达红海码头（沙特）	20%	11	520	-18	131.3	—
瓦多冷藏货码头（意大利）	40%	2	25	-14.5	3.4	-6.4%
		2	60万托盘	-14.1	—	—
瓦多集装箱码头（意大利）	40%	2	86	-17.25	9.8	—
汉堡港福地集装箱码头（德国）	24.9%	—	—	-15.1		

来源：根据相关公开报道、上市公司年报整理制作

> **链接** 中资企业海外投资港口典型成功案例

比雷埃夫斯港。希腊最大的港口。2008年中国远洋海运集团取得该港部分运营权,2016年中远海运收购比港港务局67%股权,取得经营权,致力于将其发展成为欧洲最大的港口。2013—2018年,该港货物吞吐量增长75%。2018年,该港完成集装箱吞吐量441万标准箱,比上年增长19.4%;完成收入1.329亿欧元,比上年增长19.2%。

中远－新港码头。由中远海运港口公司(中国远洋海运集团下属二级公司)与新加坡港务集团共同投资建设,2003年成立。2018年,两家公司签署合作备忘录,共同将经营泊位数量由3个增加到5个,年处理能力由300万标准箱提升至500万标准箱。2018年,中远－新港码头完成集装箱吞吐量320万标准箱,比上年增长56.5%。

中远海运港口阿布扎比码头。由中远海运港口公司第一个控股的海外绿地项目,与阿布扎比港务局合资建设,位于波斯湾地区的核心位置,直接服务中东,辐射北非、南亚等地区,后方有哈里发港自贸区,所在的哈里发港是阿联酋的重要海运枢纽。码头水深-16.5米,可停靠2万标准箱以上大型集装箱船,年设计处理能力250万标准箱,其建成运营使得哈里发港从世界集装箱港口排名第89名进入前25名。

吉布提国际自由贸易区。招商局集团等参与合作开发,规划总面积48.2平方千米,其中一期工程6平方千米。2017年开工建设,2018年7月一期工程2.4平方千米起步区开园,到2019年上半年已吸引物流、贸易、汽车、机械、海产加工、食品加工等领域的20余家中国企业入驻。

海法新港。上港集团首个海外港口项目。2015年5月成功中标以色列海法新港自2021年起25年的码头经营权(2018年9月获以色列政府正式授权)。该项目建设期为2018—2021年,2018年7月建设,港区建设岸线长度为805.5米,泊位等级为20万吨级,港区面积为57万平方米,年设计吞吐量为106万标准箱,定位为集装箱港区。

表 8-2　中远海运集团集装箱运力全球排名情况

排名	公司	集装箱运力（万标准箱）	运营船舶数（艘）	运力占比
1	地中海航运（MSC）	431.4	655	16.99%
2	马士基航运（MAERSK）	427.8	732	16.85%
3	达飞海运（CMA CGM）	319.7	569	12.59%
4	中远海运（COSCO）	292.6	475	11.52%
5	赫伯罗特货柜航运（HPL）	175.0	250	6.89%
6	海洋网联船务（ONE）	152.5	207	6.01%
7	长荣航运（EMC）	147.4	202	5.81%
8	现代商船（HMM）	82.2	76	3.24%
9	阳明海运（YML）	66.4	91	2.61%
10	星航运（ZIM）	42.1	111	1.66%

来源：根据中国远洋海运集团有限公司官方网站、上市公司年报、相关公开报道整理制作

在投资对象上，大多为海上丝绸之路上具有重要战略位置的港口。央企集团作为"一带一路"倡议的重要实践者，其投资收购更多是从国家利益角度出发，因此选择的投资收购对象往往是海上丝绸之路上具有重要战略意义的港口；地方港务集团的投资则更多从其自身全球化经营战略角度出发选择合作对象。

在投资内容上，从港口建设、配套设施延伸到港口物流园区、临港产业园区建设；从港口投资建设延伸到港口经营管理。最为典型的是招商局集团推出的 PPC（Port-Park-City，即前港—中区—后城）一体化开发模式，通过港口先行、产业园区跟进、城市功能配套开发，打造以港口为核心的全链条商贸生态体系，在推进当地区域实现航、港、产、城联动发展的同时，也实现了以港口投资合作带动我国产业园、物流、海工、金融等业务走出去，形成"雁型出海"阵势。

在投资途径上，大多需要国家层面的合作推动，发挥首要作用的往往是政治、社会因素而不是经济因素。地方港口在开展海外投资合作时，也往往选择与央企集团合作，间接地依靠国家层面推动，如青岛港 2016 年

通过与中远集团合作入股意大利瓦多利古雷港。同时,国家层面还组建了丝路基金、中国-中东欧基金等,为"一带一路"沿线国家基础设施建设提供融资支持。

在投资实践上,合作风险不容忽视,对外港口投资合作面临政治、经济、劳工、贸易壁垒等诸多风险,同时存在文化差异、管理模式差异等问题。从我国企业对外港口投资合作的实践来看,一些合作项目因所在国政权更替、民众反对、劳工纠纷等,经历多次反复,有的项目甚至在建设多年后仍最终不得不退出,造成巨大损失。

在投资成效上,我国对外港口投资运营取得显著成效。2000—2021年,我国企业至少投资或承建了109个海外港口项目(并购或出资),主要集中在亚洲和非洲地区(分别为41个、35个)。特别是对"一带一路"沿线的投资数量达到82个,投资金额756.7亿美元,占投资总额(925.9亿美元)的81.7%。

表8-3 2000—2021年中国企业海外投资港口基本情况

港口项目性质	参与类型	数量(个)	金额(亿美元)
纯建设项目	承建港口	57	217.3
	援建港口	5	24.0
投资运营项目	投资建设港口	27	525.7
	收购港口	15	52.3
纯经营项目	租赁港口	5	106.6
合计		109	925.9
分地区总数(个)			
亚洲	非洲	美洲	欧洲	大洋洲
41	35	15	13	5

来源:谢文卿《"一带一路"倡议下中国对外港口投资"大转向"》(《中国航务周刊》2022年第23期)

三、我国海外港口投资合作模式

中国企业进入海外港口的模式大致可以分为4种,包括基础设施项目承建、港口经营权转让（租借经营）、港口股权收购和码头管理输出，其中码头管理输出模式在当前中国海外港口投资中应用较少。

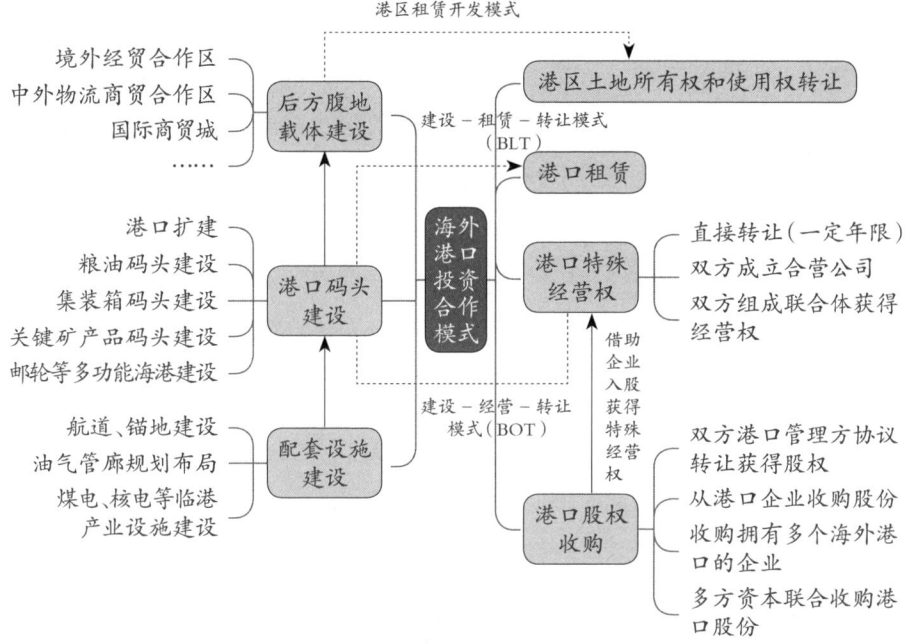

图 8-5　海外港口投资合作模式

> **链接**
>
> ## 我国海外港口投资合作模式案例
>
> ·投资建港模式。2002 年，中国和巴基斯坦达成协议，中方提供资金修建巴国瓜达尔港。2013 年 2 月，中国海外港口控股有限公司获得瓜达尔港及其 9.23 平方千米自贸区 40 年的开发权和经营权。2008 年，中国以贷款形式援建斯里兰卡汉班托塔港，2017 年 1 月该港建成，招商局集团获得该港 80% 的股份，租期 99 年。2011 年招商局集团获得斯里兰卡科伦坡南港国际集装箱码头为期 35 年的主导投资、建设、经营权，2014 年 4 月，该港建成并正式运营。

• 参股收购模式。2010年,上海港集团收购马士基集团在比利时泽布吕赫码头公司25%的股份,成为该码头公司第二大股东。2012年,招商局集团收购TML公司50%的股份,获得TML拥有的多哥洛美集装箱码头项目35年的经营权;2013年,收购吉布提港口23.5%的股份,项目经营年限为99年。2016年,中远集团收购希腊比雷埃夫斯港务局67%的股权;2017年6月,收购西班牙诺阿图姆港口控股公司51%的股份。2016年10月,青岛港通过收购股份与马士基等合作方共同投资开发建设意大利瓦多利古雷港码头项目,2018年初将完成码头建设并投入运营。

• 租借经营模式。2015年5月,上海港集团通过竞标方式获得以色列海法新港自2021年起25年的码头经营权,负责该码头堆场设施建设、机械设备配置和日常经营管理。

第三节　宁波舟山港全球链接发展情况

近年来,在中国港口"走出去"海外布局提速的背景下,宁波舟山港实施国际化战略,积极参与国家"一带一路"倡议,扎实开展国际远洋干线开拓和海外项目布局,推进港港、港航等方面合作,取得重大进展。

一、主要成效

（一）国际化拓展渐成体系

大力开拓国际航线,到2021年末共有集装箱航线287条(其中远洋干线134条,"一带一路"航线117条),集装箱国际中转比例达到17%,宁波远洋运输位列"全球班轮公司运力100强"榜第33位、中国大陆第6位。建立国际投资项目库和专项工作小组,积极推进对外合作项目建

> **链接**
>
> ## 宁波远洋运输股份有限公司
>
> ·基本情况。1992年成立，注册资金11.78亿元人民币，是宁波舟山港股份有限公司的控股子公司，专业化经营两岸、中日、中韩、东南亚集装箱班轮航线及国内集装箱公共内支、内贸航线、国内散货运输及运输辅助业务。目前共经营集装箱班轮航线24条，周均航班109班。
>
> ·业务发展。公司是目前浙江省内最大的集装箱班轮企业。截至2022年9月，位列中国大陆集装箱班轮公司运力排名第6位、"全球班轮公司运力100强"榜第33位。目前共经营船舶82艘，总运力109万载重吨、6.3万标准箱载箱量，其中自有船舶40艘，61.3万载重吨、3.3万标准箱载箱量。2022年5月18日，公司旗下"新明州106"集装箱船开启横跨太平洋的首航之旅。

设，首个海外项目——"一带一路"迪拜站项目正式落地。[1] 推进管理和培训输出，与西班牙阿尔赫西拉斯港、巴塞罗那港，斯洛文尼亚科佩尔港，沙特利雅得港等签署战略合作协议。设立香港办事处，推进集团下属10家境外公司统一日常管控，搭建境外贸易和投融资平台，提升宁波舟山港集团公司在香港和周边地区的整体形象，密切亚太地区和全球市场的交往联络。

（二）港航品牌建设成效显现

海上丝路贸易指数、"16+1"贸易指数、宁波港口指数等多项成果被列入第一、第二届"一带一路"国际合作高峰论坛成果清单。高质量搭建

---

[1] 该项目依托宁波舟山港集团港口物流优势及与迪拜DP World港口公司良好的合作关系，利用杰贝阿里自贸区开展海外仓业务，以迪拜为桥点堡，逐步将宁波舟山港物流服务链条延伸辐射至整个中东地区，为浙江省乃至全国的贸易、物流、跨境电商企业提供通往中东地区的更便利的物流通道。2022年6月14日正式完成注册，主体为浙江海港云仓（迪拜）供应链管理有限公司。

人文交流合作平台，2015—2021年连续七年成功举办海丝港口国际合作论坛，论坛规模不断扩大，涵盖50%以上的"一带一路"沿线国家和地区，品牌价值持续凸显。对接国际规则，积极参与国际合作项目，参与由鹿特丹港务局、马士基等发起的"船舶靠泊优化项目"和新加坡海事局及港务管理局等发起的"LNG加注港口合作项目"，加快促进自身与国际标准、规则接轨。宁波舟山港已累计与30多个"一带一路"沿线港口建立了友好港、姊妹港关系，国际影响力不断提升。

（三）开放合作平台建设取得突破

宁波自贸片区和梅山、北仑港、前湾综合保税区获批建设，被赋予更大改革开放自主权。引进战略投资者招商港口，共同拓展海外港口业务，规划在招商港口现有的海外港口项目中进行合资合作、业务协同等合作，共同参与其他海外港口业务的开发和投资，带动宁波舟山港在"一带一路"沿线国家或地区建设运营海外仓、海外港口园区等功能区，着力拓展宁波舟山港业务链条、提升全球港航市场影响力。

宁波舟山港集团与招商港口合作动态

据全球甬商网（yongshangworld.com）消息，2022年8月22日，宁波舟山港集团向招商港口非公开发行A股股票的申请顺利通过中国证监会发行审核委员会审核，历时一年多（2021年7月13日始）的宁波港、招商港口两大港口上市公司拟分别定增144.42亿元、109.17亿元引入战略投资者一事尘埃落定。定增完成后，宁波舟山港集团直接持有宁波港的股份将从75.26%下降至61.15%，浙江省国资委仍为公司实际控制人。招商港口将持有宁波港公司20.98%的股权，与其一致行动人合计持有股份将达23.08%。浙江省海港投资运营集团成为招商港口的第二大股东，持股比例也为23.08%。

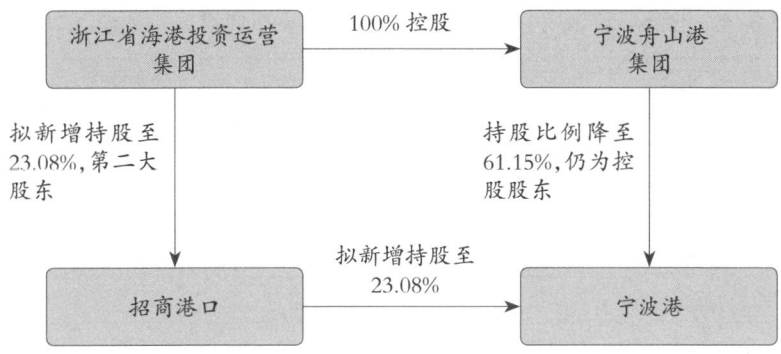

图 8-6　定增后宁波港公司股权变化情况

二、问题与挑战

对标建设世界一流强港的新要求，宁波舟山港在链接全球和影响力方面还有不少提升空间。

（一）主要问题

1. 国际化程度不高。直接投资运营区域外港口建设经营项目、资源开发利用等较少，直接投资运营的海外港口项目尚为空白，与新加坡港、迪拜港等世界一流强港相比差距较大，与"国际码头运营商"的目标不符。以迪拜港为例（见表 8-4），迪拜环球港务集团 2016 年就在全球范围内的 42 个国家拥有 78 个集装箱码头，吞吐能力达 8500 万标准箱，当年吞吐量 6360 万标准箱，年服务船舶 6.6 万艘（日均 180 艘），是目前全球最大的国际码头运营商之一。

2. 国际话语权和影响力较弱。目前宁波舟山港参与国际海洋事务、输出涉海管理标准、提供辐射全球的海洋公共产品等尚处于起步阶段，在国际供应链上的话语权较弱，与香港港、上海港等港口还有不小差距。

3. 自贸区开放政策赋能不足。如，保税燃油加注经营资质审批权限目前仅限于舟山，原油非国营贸易进口资格申请目前也仅向舟山片区企业开放。

表8-4　迪拜环球港务集团国际化集装箱码头布局情况（截至2016年）

		中东、欧洲和非洲	亚太和印度次大陆	澳大利亚和美洲	合计
投资码头所在的国家数（个）		19	11	12	42
运营的码头数（个）		38	26	14	78
集装箱码头吞吐能力（百万标准箱）		39	35	11	85
吞吐量（百万标准箱）		26.3	29.6	7.7	63.6
集装箱吞吐变化（百万标准箱）	2015年	2598.5	2828.5	743	6170.1
	2016年	2633.8	2958.7	773.4	6365.8
	2016年同比增速	1.4%	4.6%	4.1%	3.2%
分区域集装箱吞吐量占比	2015年	42.1%	45.8%	12.0%	—
	2016年	41.4%	46.5%	2.1%	—

来源：刘长俭、孙瀚冰等《"一带一路"背景下上海港的国际化战略（上）——上海港"走出去"的八大注意事项》(《港口经济》2017年第6期)

（二）主要挑战

在当前世界经济形势复杂、地缘博弈多变等多重因素影响下，宁波舟山港推进全球布局，面临着诸多风险。

1. 政治风险。这是港口全球布局面临的首要风险，包括所在国家（地区）政权的稳定性、受大国博弈的影响、对中国主导的区域经济合作框架（如"一带一路"）的认知等。特别是当前逆全球化趋势进一步加强，部分发达国家以维护国家安全、维护贸易公平等为借口，对外国投资的审查力度将更加严格，这将对我国港口企业进入海外市场造成极大阻碍。

2. 经济风险。受疫情和地缘政治博弈等多重因素影响，全球投资量、贸易量持续下滑，世界经济复苏前景仍不明朗，经济停滞、物价高涨的"滞涨"苗头已初步显现。在全球需求疲软的背景下，实体企业开工不足，造成全球货运需求减少，同时影响中国港口企业海外投资的融资空间和融资成本。

3. 劳务风险。目前，中资港口企业海外投资项目的开发、考察、投标、谈判和开工建设等遇到诸多不便,阻滞或减缓了港口投资项目参与人员、货物的快速流动,最终延长了工程期限、增加了施工成本。

4. 法律风险。部分国家可能施行临时性法律、法规、条例或行政举措,可能导致我国投资的部分港口项目所需的技术、商务、施工等人员和设备、材料、工具等无法及时进场,造成工期延长、成本增加甚至停工,最终结果是合同无法按时履行,损害了中国企业的信用。

5. 运营风险。受疫情影响,部分国家采取了严格的口岸检验检测措施,造成不少大型港口集装箱船舶长期停航、船舶满载率下降等现象,港口企业运营成本大幅增加,港口运输市场前景依然不容乐观,给中资企业海外港口投资带来了较大不确定性风险。

6. 能力风险。宁波舟山港集团国际化能力不足,突出表现在码头国际化开发建设、国际化资本运作、全程物流链运营控制、远洋航线开拓、港口后方陆向运输等方面存在先天劣势,"走出去"投资海湾港口的复合型人才、中介服务网络、风险防控机制等储备不足,远不可与中远海运港口、招商港口、迪拜环球港务、新加坡港务等国际化的港口运营商相比。

第四节　宁波舟山港全球链接能力提升策略

全球市场链接性和影响力是衡量一流强港建设"成色"的核心要素,关键在于既要有遍布全球的航线网络,更要有引领全球航运市场发展的企业主体、金融产品和品牌活动。宁波加快推进世界一流强港建设,要针对宁波舟山港全球港航资源布局不足等问题,着力加强全球化港航资源战略布局、构建链接全球的国际供应链体系、打造高能级对外开放合作平台、提升港航品牌国际影响力,更进一步增强全球链接影响能力,打造"双循环"物流枢纽,以硬核力量更好服务"一带一路"倡议。

一、加强全球化港航资源战略布局

制定实施宁波舟山港国际化发展行动方案,推进宁波舟山港国际化发展迈上新台阶。

（一）加密航线航班

以"一带一路"倡议为重点,深度融入全球开放体系。在巩固中欧、中美等传统航线基础上,拓展"一带一路"沿线航线,鼓励骨干港口企业与中远海运、马士基等国内外知名航运企业合作,加大国际航线和航班开发力度,重点开辟印尼、马来西亚等东盟国家和南亚、中东、非洲等国家集装箱航线,提升国际航班密度,形成全球化网络布局。

（二）加快海外项目建设运营

深挖 RCEP 相关国家投资、合作潜力,加强与东南亚、南亚、中东欧等国家（地区）合作,根据港口所在区域的经济、港口发展情况及当地需求,一港一策、因地制宜,采用股权投资、特许经营、购买获取运营权或 PPP、BOT 等不同的策略和模式开展项目合作,重点加快推进与西班牙阿尔赫西拉斯港、克罗地亚里耶卡港、中印尼港口及产业园、缅甸等国家和地区的海外合作项目落地建设。

（三）优化"走出去"模式

加强与招商局、中远海运等央企的国际化合资合作,通过股权合作等方式参与部分海外码头建设运营,并适时争取部分投资港口的特许经营权。积极参与业界领先者、相关国际组织共同发起设立的国际合作项目,加快促进自身与国际标准、规则接轨。探索推进以资本为纽带的国际港口间合作,不断提升港口海外运营能力。

（四）拓展"一带一路"沿线物流合作

推进与欧亚大陆桥、中亚、中孟印经济走廊对接,加强与沿线地区物流园区的多领域合作,积极争取中亚及欧洲国家的国际过境货源。以中东欧为突破口,加强与中东欧港口在市场开发方面的合作、与船公司在航线开发方面的合作,发展进口物流,尤其是跨境电商物流。积极推动对海外港口物流园区的投资开发。

(五)培育本地远洋运输企业

培育做大本土国际远洋运输船队规模,争取全球主要班轮公司在甬设区域总部、运营总部和结算中心,力争全球班轮公司在甬区域总部实现零突破。推进宁波远洋公司逐步向国际班轮公司迈进,提升船队运力,扩大远洋航线覆盖面,优化船队结构,提升集装箱运输、散货运输和船舶代理三大业务市场竞争力,打造具有国际影响力的"亚洲领先的区域物流服务商"。

二、构建链接全球的国际供应链体系

(一)打造国际供应链创新中心

面向国内、国际两个市场,完善以数字贸易为代表的新型国际贸易体系,吸引总部型机构集聚,建设一批新型贸易平台集群,打造具有全球影响力和辐射带动作用的国际供应链创新中心。吸引国际采购商在宁波设立区域采购中心,发展冷链物流、保税物流和电商物流,打造国际物流分拨和配送中心。

(二)创新供应链发展模式

改造传统供应链,实现供应链的可视化、网络化和数字化。支持开展跨境数字贸易区块链应用,打通通关、结售汇、资金支付环节,加快构建贸易、物流、金融、投资、服务多环节融合发展的供应链新模式。推动全方位高水平开放,创建供应链的跨境合作网络。

(三)构筑国际中转集拼枢纽

充分利用自贸区政策,联动 eWTP 平台建设,大力吸引国内外班轮公司或班轮公司联盟将宁波舟山港作为中转枢纽港。推进与全球干线船公司、航运联盟的紧密合作,开发国际中转和空箱调运、整船换装等业务,不断做大国际集拼业务规模。推进设立国际转口集拼中转业务仓库,建设一批集装箱国际中转集拼基地,拓展日韩、东南亚等国际中转业务市场。实施进口集装箱箱源拓展方案,挖掘进口箱源市场,优化进出口箱源结构,建设一批内陆分拨配送中心,构建完善的"进口—分拨—配送"现代港航物流体系。依托自贸试验区建设,推进中转集拼通关监管便利化,建设集拼业务公共服务平台,打造东北亚国际拼箱中心。

(四)搭建跨国物流供应链体系

设计搭建跨国物流供应链体系,为生产制造企业提供从需求预测到成品交付、从原材料进口到制成品出口的全流程服务,实现全球供应链与产业链大融合。支持跨境电商巨头在宁波舟山港构建跨境电商物流服务体系,支持国际采购商在宁波舟山港设立区域采购中心。依托保税港区优势和特种场站、智能仓储设施建设,大力发展冷链物流、保税物流、汽车物流等专业和特色物流。

三、打造高能级对外开放合作平台

(一)高水平建设浙江自贸区(宁波片区)

在安全可控基础上,探索实行投资自由、贸易自由、资金自由、运输自由、人员从业自由等创新举措,建设链接内外、多式联运、辐射力强、成链集群的国际航运枢纽,以更加自由化、便利化的投资贸易环境吸引国际贸易商、投资商。围绕推进投资贸易自由化便利化,实施一批重大制度创新举措,构建对标国际一流的开放型经济体制。聚焦"一带一路"沿线国家

宁波自贸片区重大改革清单

·建立高度开放的贸易自由制度:建设具有国际先进水平的国际贸易"单一窗口",争取复制推广洋山特殊综合保税区创新制度,实施更高水平贸

易自由化政策,探索与境外自贸区贸易便利化监管互通机制等。

·建立公平高效的投资自由制度:全面实行外商投资准入前国民待遇加负面清单管理制度,建立与负面清单管理方式相适应的事中事后监管制度,建立国际投资"单一窗口",积极争取减少或取消外商投资准入限制,研究放宽油气产业、数字经济、生命健康、汽车等领域投资经营限制,探索教育、医疗、旅游等服务领域投资开放。

·建立资金便利收付的金融制度:开展本外币合一银行结算账户试点,推进大宗商品贸易人民币结算,允许区内银行为境外机构办理其境内外汇账户(NRA)结汇业务,积极争取开展央行数字货币试点,深入开展境内贸易融资资产转让业务和不良资产对外转让业务,支持在区内开展合格境外有限合伙人(QFLP)试点等。

·建立跨境便捷的人员管理制度:建立海外高层次人才在区内办理工作许可、人才签证、长期或永久居留"绿色通道",探索开展外籍人才管理服务改革试点,允许具有境外职业资格的专业人才在区内提供服务,支持在国内重点高校获得本科及以上学历的外国留学生毕业后或者国际知名高校毕业的外国学生在区内创新创业等。

·实施便利有序的信息管理制度:提升区内宽带接入能力、网络服务质量和应用水平,争取试点放开对符合条件的外商投资企业的增值电信业务许可,在确保数据流动安全可控的前提下扩大数据领域开放等。

·建立开放便捷的航运管理制度:争取实施以宁波舟山港为离境港、海铁联运铁路场站为启运港的启运港退税政策,在对等原则下允许中资非五星红旗船开展以宁波舟山港为国际中转港的外贸集装箱沿海捎带业务,对境内制造船舶在"中国宁波舟山港"登记从事国际运输的,视同出口,给予出口退税等。

来源:《宁波市国民经济和社会发展第十四个五年规划和二〇三五年远景目标纲要》

和地区,加快全球供应链服务体系建设。加快梅山、北仑港、前湾综合保税区建设,打造保税特色贸易基地。

(二)高水平建设"一带一路"建设综合试验区

实施政策沟通、设施联通、贸易畅通、资金融通、民心相通等系列开放合作工程,深化港航物流、投资贸易、科技产业、教育旅游等领域的双向开放合作。加快推进"一带一路"中国－意大利(宁波)园区建设,积极争取国家政策支持,强化中意合作、中欧合作重大项目招引和产业技术合作,打造中意国际产业技术合作先行区。

(三)高水平建设中国－中东欧国家经贸合作示范区

依托中国－中东欧国家经贸合作示范区建设,持续打造中国－中东欧双边贸易首选之地、产业合作首选之地和人文交流首选之地。推动中国与中东欧国家双向合作的重大活动、平台、项目、政策、试点等在宁波优先落地,努力把示范区建设成为推动"一带一路"倡议对接欧洲经济圈的新通道、承载中国－中东欧经贸合作举措的新平台、地方探索国际合作制度创新的新高地。高水平办好中国－中东欧国家博览会,争取中东欧部分商品进口准入试点。

(四)积极对接国际合作规则

高水平落实《区域全面经济伙伴关系协定》(RCEP),主动服务中日韩自贸协定、中欧协定谈判,谋划地方合作产业园,探索和争取点对点开放政策。主动对标《全面与进步跨太平洋伙伴关系协定》(CPTPP)等高标准自贸协定,探索金融、电信、互联网等行业和高标准知识产权保护、数字安全有序跨境流动等领域新规则。

(五)进一步扩大口岸开放

统筹推进海港口岸临时开放、正式开放、扩大开放,形成优势明显、错位发展的口岸开放布局。推进穿山港区1号泊位、象山港港区和石浦港区等码头扩大开放。继续促进海关特殊监管区域整合提升,推动符合条件的各类海关特殊监管区域逐步整合优化为综合保税区。

四、提升港航品牌国际影响力

(一)提升"海丝指数"影响力

做大做强宁波航交所,推进"海上丝路"系列指数设计和体系设定与国际标准接轨,推动权威机构对指数的引用分析,加强与国际机构合作发布,提升"海丝指数"全球市场参考价值和品牌影响力,打造具有国际航运影响力的"海丝指数",成为全球航运物流的风向标。

(二)提升港航领域标准话语权和影响力

开展港口技术标准试点,构建"业务+技术"战略合作平台,支持港航企业参与行业国际标准和规范的研制,争取在港口5G应用、区块链应用等新兴领域形成行业标准,打造一批有国际影响力的行业标准。积极参与国际海事组织、国际航标协会、国际船级社协会等国际组织事务,主动融入国际港口协会等国际港航组织,开展国际规则标准制定,提升国际制度性话语权。

(三)积极开展港航人文合作交流

高水平举办中国航海日论坛、海丝港口国际合作论坛、国际海商事论坛等国际性活动,促进国际合作交流和信息互动。推动教育培训和文化交流,为"一带一路"沿线国家提供港航服务和培训。进一步完善对外联络机制,及时更新完善国际港航伙伴信息库,扩大港口"朋友圈"。挖掘宁波港口文化资源,打造国家级港口专题博物馆,塑造具有国内国际重要影响力和知名度的港航文化品牌。

第九章

世界一流强港现代航运服务能力建设

较强的现代航运服务能力是港口硬核力量的标识性特征,反映了航运要素集聚程度、航运经营服务水平和产业供应链服务水平。把握现代航运服务业概念内涵,学习借鉴国内外先进经验,顺应全球航运服务发展新趋势和国家战略新要求,梳理宁波航运服务业发展短板,研究提出宁波现代航运服务发展的主攻方向、思路目标和关键举措,为打造世界一流强港提供强力支撑。

第一节　现代航运服务业分类与发展趋势

一、现代服务业分类

(一)概念内涵

航运服务业是指围绕港口和航运活动形成,服务于港口和航运的一系列服务的总称。一般包括两个方面。

1. 传统航运服务业。它是通过现代化手段进行升级形成的产业,主要是基于现代技术和新的贸易运输需求所形成的新服务业态、商业模式和服务方式,如传统运输物流向高附加值物流服务转型,传统航运代理业务向航运电商转型等。

2. 现代航运服务业。它是航运服务价值链上衍生发展的现代服务业,主要是一些需要更高科技专业人才,能够提供高附加值、新业态服务的服务业,如航运金融保险、航运信息、海事法律等。

(二)主要分类

根据航运服务业务和技术关系,一般将其产业链分为核心层、辅助层和支持层三个层次,相应划分为航运物流服务业、航运辅助服务业和航运专业服务业三类。

1. 航运物流服务业。由船舶运输业和港口服务业组成,主要包括货物运输、港口装卸、仓储、理货、拖轮、引航等生产性活动,是航运服务业发展的核心支撑,具有明显的劳动密集型特征,目前在航运服务业中的占比较高。

2. 航运辅助服务业。这是辅助层服务,主要包括船舶代理、货运代理、船舶供应、船员服务、船舶修理、船舶检验等服务业,具有明显的资本和技术密集型特征。

3.航运专业服务业。由核心层、辅助层衍生而来,是航运服务与其他服务业融合的结果,主要包括航运金融、航运保险、航运交易、航运信息咨询、海事法律、航运文化、航运会展和航运教育培训等高端增值服务业态,具有明显的知识密集型特征,取决于所在城市的服务业现代化发展水平。

此外,目前与航运服务业构成相关,还需包含以下两方面:第一,随着近年我国邮轮经济和水上经济快速发展,与邮轮、游船、游艇相关的服务体系逐步形成,按照上述划分,与邮轮、游船、游艇相关的船舶运输业应划入核心层,相关的船舶维修、船舶检验、船舶供应等应划入辅助层,相关的航运融资、航运保险、航运信息、法律仲裁等应划入支持层。第二,结合地方现代航运服务发展实际和特色,近年来以海铁联运、江海联运为重点的多式联运服务业快速发展。由此,本书增加多式联运服务业作为现代航运服务业的重要组成部分。

表9-1 宁波航运服务业产业链结构

层次	细分行业	主要服务功能
航运物流服务业	船舶运输、港口服务	货物运输、港口装卸、仓储、理货、拖轮、引航
航运辅助服务业	代理服务	船舶代理、货物代理
	船舶供应	船舶燃油及物料、淡水、备件、船员伙食、海图等供应
	修理服务	船舶修理、船用设备(通信、导航等)修理、港口设备修理等
	船员服务	船员劳务、清理货舱、船舶安保
	货运服务	内陆运输、集装箱场站、报关
	航运经纪	船舶交易、船舶租赁
	船舶检验	船舶检验、设备检验
航运专业服务业	航运金融	融资、抵押、担保、结算
	航运保险	保险理赔、海损估算、再保、分保、互保
	航运信息	信息、研究咨询、媒体
	海事法律仲裁	海事法律、海事仲裁
	航运教育培训	各类航运专业学校教育、培训机构、学术团体等
多式联运服务业	多式联运运输业	多式联运运输
	多式联运技术服务	江海直达船等船型的研发、建造、维修等服务
	多式联运信息服务	媒体、信息、研究咨询等多式联运相关服务

二、发展趋势

(一)航运服务发展在内外部环境上面临"危""机"并存局面

从国际形势看,一方面,国际经贸形势复杂多变,运输需求不确定性增加,另一方面,我国建设更高水平开放型经济新体制,为宁波融入全球航运治理体系提供契机。从国内形势看,新发展格局加速构建,国内市场和内需体系加快完善,要求航运业在满足外贸发展需要的同时,为扩大内需战略实施提供更多支撑。

(二)航运服务业发展在方向上呈现出特色化趋势

从欧洲、亚洲、北美等全球航运服务业发达的中心城市来看,城市航运服务业发展的特色化形态与趋势明显。伦敦是知识型航运服务中心的代表,大量集聚着IMO等功能性组织以及克拉克森、德鲁里(Drewry)等世界知名航运咨询机构;奥斯陆是科技型航运服务中心的代表,大量集聚船级社和航运技术类的服务要素;新加坡是服务型航运服务中心的代表,依托良好的区位、政策优势,航运服务业发展链条最为健全,可为航运生态中的各个要素提供产业链上的各类服务。

(三)航运要素在空间上呈现出集聚化发展趋势

从领先的航运服务中心发展历程看,航运要素集聚化程度均较高,具有高端航运要素集聚吸引力,"港、船、货、人、商"等航运发展关键要素汇聚,航运资源特别是总部资源高度集中,航运金融、航运经纪、船舶管理、航运法律、航运咨询等服务机构具有一定数量、形成一定规模,成为全球航运服务高地。如上海已形成外高桥、洋山—临港、北外滩、陆家嘴—洋泾和吴淞口五大航运要素集聚区,浦东已汇集国内外各类航运企业约10000家。

(四)航运服务市场主体在发展方式上呈现出平台化趋势

随着大数据、云计算、区块链等新一代信息技术的蓬勃发展,一些有实力的航运服务企业为突破成本压力提升、业务资源同质化严重等发展瓶颈,着力于实行平台化转型,探索运用科技化的技术和手段,催生一系列"互联网+航运"平台,实现平台化发展。伴随着各类航运服务产业平台建设,航运要素逐渐可以跨越空间限制,在网络上集聚,航运交易实现在线化、规模化和去渠道化。

(五)航运服务行业标准规则在时间上呈现出建构形成趋势

伴随新一代信息技术发展,航运服务业不断衍生出新的商业模式和技术手段。而在这些新模式、新技术领域,相关标准规则体系尚未建立。目前新加坡、英国伦敦、中国香港等国际航运中心在中远期航运服务业发展规划时,都非常重视创新以及由此带来的标准和规则等话语权体系的制定,相关行业标准规则体系均处于建构形成的关键期。

第二节　现代航运服务业发展经验借鉴

航运服务是评测国际航运中心竞争力水平的核心驱动因素。《2022新华·波罗的海国际航运中心发展指数报告》评价结果显示,全球航运服务排名前十城市(见表9-2)中,有8个城市进入国际航运中心十强,涌现出伦敦、新加坡、上海等众多独具特色的国际航运服务中心。

表9-2　全球航运服务排名前十城市

排名	2021年	2020年	2019年	2018年	2017年	2016年	2015年	2014年
1	伦敦	伦敦	伦敦	伦敦	伦敦	伦敦	伦敦	伦敦
2	新加坡	新加坡	新加坡	新加坡	新加坡	新加坡	新加坡	新加坡
3	上海	上海	上海	上海	香港	香港	香港	香港
4	迪拜	香港	香港	香港	上海	上海	上海	上海
5	香港	雅典-比雷埃夫斯	迪拜	雅典-比雷埃夫斯	迪拜	雅典-比雷埃夫斯	雅典-比雷埃夫斯	雅典-比雷埃夫斯
6	雅典-比雷埃夫斯	迪拜	雅典-比雷埃夫斯	迪拜	雅典-比雷埃夫斯	迪拜	迪拜	迪拜

续表

排名	2021年	2020年	2019年	2018年	2017年	2016年	2015年	2014年
7	纽约-新泽西	汉堡	汉堡	孟买	汉堡	汉堡	纽约-新泽西	汉堡
8	汉堡	休斯敦	孟买	汉堡	纽约-新泽西	纽约-新泽西	东京	纽约-新泽西
9	休斯敦	孟买	休斯敦	休斯敦	东京	孟买	汉堡	东京
10	孟买	纽约-新泽西	纽约-新泽西	纽约-新泽西	休斯敦	东京	孟买	孟买

一、对标范例

（一）新加坡国际航运中心

新加坡形成了"港口服务＋船务服务＋航运专业服务＋区域性航运支持服务"的航运服务体系。灵活的自由港政策和系统的航运优惠措施是其建设国际航运中心的最大特色。新加坡能后来居上成为全球领先的国际航运中心，主要得益于以下几方面举措：

1. 大力打造亲商环境。 新加坡政府高度注重航运业发展，在财税、自由贸易、船舶注册登记、企业投资入驻、人才培养、航运金融、航运经纪等方面给予航运企业大量政策支持。例如，新加坡海事及港务管理局（MPA）陆续出台以税收政策为主的海事投资企业计划（AIS）、船旗转换优惠政策（BTS）、海事金融激励计划（MFI）、核准船务物流企业计划（ASL）等一系列政策措施。此外，新加坡拥有开放自由的经济体制和简明合理的低税率税收政策，通过较低的税收为国内企业带来金融、外汇、贸易、投资、通航等方面的诸多便利。

2. 发挥自贸区政策助力作用。 目前，新加坡共有7个自贸区，除坐落于樟宜机场的自贸区主要负责空运货物外，其余6个负责海运货物。与一般国家的自贸区不同，新加坡自贸区实际是一个免税区，便于企业存放货物，以便展示、销毁、重新包装、装配、分配、分类、维修或加工制造后再出口，或等待有利时机，把货物运转入新加坡关税区，经办理关税缴纳手续后

再投入市场销售。这种政策吸引了全世界销往亚太地区的货物在此转运。

3. 应用高科技实现高效管理。新加坡历来重视高科技在航运业的应用,实现航运业高效管理。新加坡主要依托国际航运中心平台(PortNet)、贸易信息平台(TradeNet)、一站式货运服务系统(CargoD2D)、管理并简化中转运输系统(Ezship)以及提供2—4年航运报告信息平台(TRAVIS)等高科技信息平台,通过横向联合,将所有国际贸易主管机构接入全国统一的系统网络,实现各部门之间的信息共享;通过垂直联合,确保信息畅通。

4. 发展综合航运服务业。在海运服务方面,新加坡港服务优质、收费低廉,如有高性价比的修船业、低廉的油价、良好的船用物料和备件供应等。在海运延伸服务方面,新加坡具备在空运、船舶修造、炼油服务等方面的产业优势,又是重要的国际金融和贸易中心。新加坡充分利用这些优势条件,以集装箱国际中转为发展特色,衍生发展相关附加功能和业务,大力发展综合服务业,不断丰富和提高了新加坡国际航运中心的综合服务功能。

5. 优先发展航运金融。近年来,新加坡为进一步巩固国际航运中心地位,通过民间海运业者联合成立"新加坡海事基金会""金融仲裁工作小组"等组织,推出海运金融激励计划,支持鼓励金融机构从事航运金融产品创新,促进新加坡成为国际海事金融中心,助力航运服务业核心竞争力提升。

表9-3 新加坡优势现代航运服务业及发展特征

航运服务业	发展特征
国际集装箱中转综合服务功能	已发展成为国际箱管和租赁中心、国际船舶换装修造中心和国际船舶燃料供应中心
船舶交易	亚洲三大二手船舶买卖中心之一
船舶管理业务	依托良好的船舶登记制度,具有吸引力的税收政策(税率仅为17%)
船舶登记	开放的船舶登记制度,全球第五大船舶登记地
邮轮服务产业	形成了以邮轮母港运营为核心的邮轮母港产业集群,被誉为"全球最有效率的邮轮码头经营者"

续表

航运服务业	发展特征
航运保险	亚洲主要的保险和再保险中心
航运融资	为航运公司提供多种金融选择和鼓励措施,融资成本较低,仅为3%左右
法律仲裁	亚洲船东最佳仲裁地

(二)上海国际航运中心

上海是长三角经济发展的龙头,是国际经济、金融、贸易、航运中心和全球科创中心。国内高端港航服务要素主要集聚在上海,现代航运服务产业体系基本形成,金融保险等高端港航服务业处于国内领先地位,并带动航运咨询、航运交易等服务领域快速发展。其发展经验主要有:

1. 优化行业发展环境。自《国务院关于推进上海加快发展现代服务业和先进制造业建设国际金融中心和国际航运中心的意见》(国发〔2009〕19号)发布以来,上海先后实行"营业税免征"到"增值税即征即退"的税收政策。此后,借助自贸区及临港新片区建设契机,探索实施外商投资负面清单、境外投资管理等制度,改革商事登记制度,探索建立综合监管制度,并实施启运港退税、国际中转集拼、沿海运输捎带、国际船舶登记、外资独资经营国际船舶运输业务、外商独资经营国际船舶管理业务等政策,上海航运服务业发展环境不断优化。

2. 大力发展航运集聚区。经不断优化布局,目前上海已在外高桥、洋山—临港、北外滩、陆家嘴—洋泾和吴淞口形成五大航运要素集聚区,有近1700家国际海上运输及辅助经营单位在上海从事经营活动,一批国际性、国家级航运功能性机构先后入驻,航运要素集聚效应明显。

3. 重视航运智库建设及人才培养。上海航运交易所已成为全国集装箱班轮运价备案中心、中国船舶交易信息中心,相继发布航运运价、航运景气、船舶价格等指数,先后建成启用海事云数据中心、航运大数据实验室和中国航运数据库等平台。上海海事局有序推进上海船员评估示范中心建设，打造船员服务产业链，近 20 所高校在本科及以上层次开设航运物流领域学科专业。

表 9-4　上海高端航运服务要素集聚情况

航运服务机构	全球排名前二十的班轮公司、全球 9 大船级社、全球 10 大船舶管理机构中的 6 家、全球排名前 5 的邮轮企业、国有和民营主要航运企业均在上海设立总部和分支机构，18 家外商独资国际船舶管理公司入驻自贸区。
集聚区	已形成外高桥、洋山—临港、北外滩、陆家嘴—洋泾和吴淞口五大航运要素集聚区，浦东已汇集国内外各类航运企业约 10000 家。
功能平台	上海航运交易所是全国集装箱班轮运价备案中心、中国船舶交易信息中心。
海事服务	上海的船舶险和货运险业务总量占全国的四分之一，上海海事仲裁案件数量占全国的七成左右，海事仲裁服务水平领先全国。

表 9-5　2020 年宁波舟山与上海航运服务业发展比较

类别	上海	宁波舟山
国际班轮运输企业	44 家	1 家
国内班轮运输企业	24 家	3 家
航运服务企业	（浦东）约 10000 家	（东部新城）196 家
国际航运总部性机构	38 家	0 家
航运保险企业	59 家财产保险公司在沪经营航运保险直保服务	33 家在甬从事航运保险服务，其中东海航运保险公司为专业型机构
航运保险机构保费规模	全球第三	约是上海的 1/7
航运经纪企业	27 家	1 家
航运咨询企业	上海航交所、上海国际航运研究中心、上海市交通港航发展研究中心	宁波航交所
船级社	中国海事主管机关批准的外国驻华船级社共 22 家，其中总部在上海的外资船级社 14 家	11 家
航运融资贷款	超过 1000 亿元	180 多亿元

二、对宁波的启示

伦敦、新加坡、上海等全球性航运服务中心的航运服务业发展都是由外贸需求而引起,从核心产业逐渐衍生出相关的支撑和配套产业。虽然各自优势特色存在差异,发展重点与模式也各具特色,但关键都是依托自身特色优势,结合国际航运服务业发展的大环境进行转型升级,找准重点突破方向,逐步打造适合自身的发展模式,在特定的领域逐渐形成一定的优势和影响力。总结先进城市和国家的航运服务业发展经验,对宁波把握航运服务业发展趋势、瞄准重点领域,加快向世界一流强港迈进具有重要启示意义。

(一)发展航运服务业应顺应港口演变趋势

提升航运服务业是港口功能不断转型、港城关系不断演变形势下,国际强港发展的重要趋势和共同选择。国际著名港口发展到一定阶段,不再一味追求吞吐量的持续增加,而是不约而同地选择大力拓展航运服务功能,尤其是大力发展高端航运服务业,从而充分发挥港口对区域经济的带动作用。

(二)发展航运服务业应发挥优势、聚焦重点

各地发展航运服务业通常都从自身优势领域开始,如伦敦以船舶经纪、船舶融资、海上保险、证券交易等金融保险业务以及航运信息服务为发展核心;新加坡则以保税油供应为核心,大力发展船舶、船员供应服务产业链;香港则把船员与船舶管理、航运金融保险、海事法律仲裁等作为重点,发展全链条的航运服务。

(三)发展航运服务业应加快集聚各类资源要素

实践证明,推动航运服务业集聚发展,集聚航运、金融、保险、信息等领域大量的企业和专门技能人才,形成产业集群,有助于产业链上下游企业细化分工,显著降低成本和交易费用,提高集聚区内企业群的劳动生产率,最终有利于提升产业地位及对当地经济发展的贡献程度。宁波发展航运服务业也要立足发展基础,在东部新城航运服务集聚区和临港等区域,加大国际知名企业、机构和重大项目的招引建设力度,形成集聚发展优势。

(四)发展航运服务业需要政府强力支持

在航运服务业发展中,政府在土地、税收、财政、金融等方面支持发挥关键作用,许多体制机制问题需要政府允许先行先试。伦敦的波罗的海交易所、劳合社等航运服务机构由政府推动成立;新加坡发展船舶供应服务固然因为有地理位置的天然优势,但在发展初期,政府规划和政策支持有很大关系;香港特区政府在船舶注册登记、航运企业税收、船舶交易制度、航运金融保险业务交易费用等方面出台多项优惠政策,并积极督促落实;上海国际航运中心实行"营业税免征""增值税即征即退"等系列税收优惠政策,并抓住自贸区及其临港新片区建设契机,探索实施一大批优惠政策。

(五)发展航运服务业应重视专业人才队伍建设

航运服务业发展离不开人才资源特别是高层次专业人才资源的投入和集聚,伦敦、香港和上海在发展航运服务业中,都非常重视航运人才队伍建设。

第三节　宁波舟山港现代航运服务业发展基础

从发展现状和未来潜力看,宁波的航运服务业在某些领域已具有较强比较优势和较大发展潜力,对标世界一流强港,瞄准国家战略性硬核力量,宁波航运服务业要实现高层次发展,需要夯实基础、发挥优势、挖掘潜力、彰显功能,更好地服务"一带一路"倡议、长江经济带发展和长三角一体化发展国家战略。

一、主要成效

(一)特色航运服务业优势凸显

*1.航运信息。*海丝指数登陆波罗的海交易所并列入"一带一路"国际

合作峰会成果清单,国际影响力不断扩大,贸易指数分析范围覆盖全球240个国家和地区,出口集装箱运价指数登陆波罗的海交易所并向全球稳定发布,宁波出口集装箱运价指数成为相关企业物流招标和协议结算标准。

*2. 航运交易。*航运交易市场逐步扩大,宁波航交所集装箱舱位交易服务平台2018年完成交易量156万标准箱,比上年增长6.8%,交易额达63亿元。

*3. 海事服务。*2020年完成海港保税燃料油加注497万吨,浙江船舶交易市场占据国内1/3市场份额,五年累计交易量达到207.3亿元,年均增长10.7%,船舶拍卖成交额由2015年的0.35亿元增长到2020年的8亿元,"拍船网"成为国内第一船舶拍卖平台。

*4. 航运保险。*利用全国首个保险创新综试区优势,2020年实现航运保险营业额5.1亿元,国内首家航运专业保险机构东海保险2020年完成保费收入3.67亿元,为社会提供风险保障8022.4亿元,已在上海、福州、大连、青岛、广东等地开设分支机构。

*5. 海事法律服务。*拥有宁波海事法院、宁波国际航运仲裁院、中国海事仲裁委员会(浙江)自贸试验区仲裁中心等3家海事仲裁机构。2021年,宁波海事法院新收各类案件4152件,其中办结3883件,较2020年分别增加32.6%和22.3%。同期青岛海事法院全院收案4191件,结案3671件;广州海事法院新收4092件,结案3979件。宁波海事法院收案数、结案数占据全国海事法院案件量的14.8%,主要办案质量、效率、效果指标继续保持在全国海事法院前列。

(二)航运总部集聚效应初步显现

大力引进航运物流企业(机构)总部落户东部新城宁波国际航运物流产业集聚区,加力发展培育总部经济,打造航运发展新引擎。浙江海港集团及相关附属公司、东海航运保险、东南物流等企业总部相继落户;国际班轮公司阿拉丁航运、瀚酉航运分别在宁波设立中国总部,IMarEST(国际海事工程与科技学会)在宁波设立中国首个中心,实现在宁波设立国际

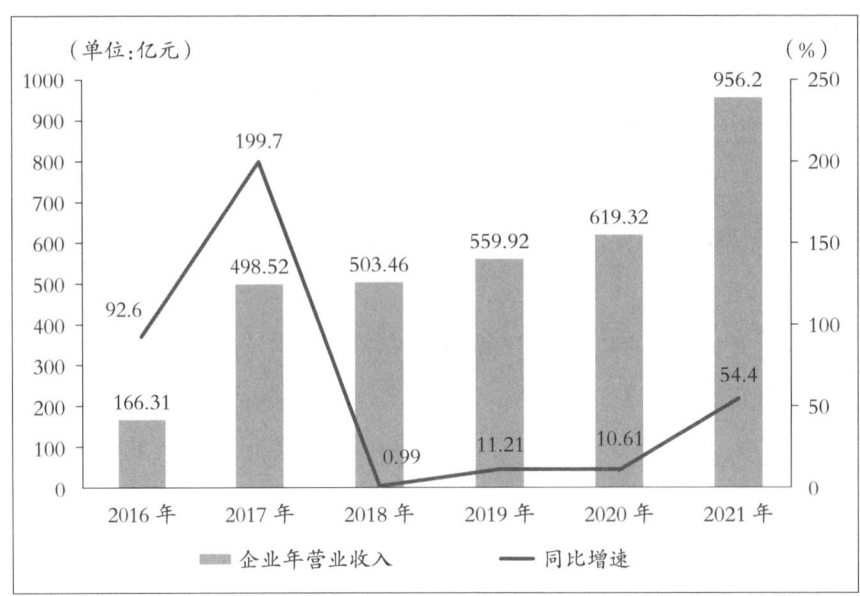

图9-1 东部新城国际航运物流产业集聚区企业年营业收入规模及增速

来源：宁波市人民政府口岸办公室提供

班轮公司中国总部、国际权威海事机构中国中心零突破；世界排名前十的班轮公司中远海集运、长荣海运、赫伯罗特船务、现代商船等设立分公司或分支机构。2021年现代航运服务集聚区企业营业收入956亿元。

（三）航运产业链短板加快补齐

开展宁波市港航服务业补短板攻坚行动，加快中高端航运要素集聚，航运产业链逐渐完善。引进利比里亚船旗国、挪威船级社大中华南区检验中心、中国船级社浙江分社等技术机构，扩展了以船舶注册登记、船舶检验等为主的船舶技术产业链；洲际船务、华洋海事落户，弥补了宁波在船舶管理、船员服务方面的高端海事服务短板；以中国海仲、东海保险、宁波航运交易所等为代表的海事法律、航运金融、航运交易等高端航运服务业得到培育发展，促进产业链逐步向两端延伸。宁波国际航运物流集聚区基础类、衍生类企业占比由2017年的14%上升至2021年的71%。

(四)对外开放平台加快搭建

打造国内最具行业影响力的国际航运合作平台——宁波国际航运物流交易会,到 2021 年已成功举办 4 届,促成航运合作项目 167 个,交易额 11.5 亿元。2021 年,举办首届全球港航创新创业大赛,国际海商法大会选择宁波作为主办城市,海丝论坛国际影响力日益扩大。

二、存在短板

航运服务是评价国际航运中心城市综合竞争力的最核心指标之一,其中高端航运服务业代表着航运中心的话语权和资源配置能力,且存在较难转移分流的情况。相较世界一流航运中心城市,宁波舟山港在该项尚存在一定的不足,《2022 新华·波罗的海国际航运中心发展指数报告》显示,2022 年宁波舟山港航运服务指标排名第 17,比 2021 年下降 2 位。

(一)传统服务价值低

目前宁波市航运服务主要集中在装卸堆存、仓储运输等附加值较低的传统物流环节,装卸、仓储运输等基础服务业增加值占物流增加值比重在 80% 以上,而纽约港装卸收入仅占港口总收入的 10%。宁波市航运服务优势最集中的货代和船代两大领域,企业"小散弱"现象突出,现有 4000 多家货代、船代企业,营收在 100 万元以上的不到 10%。

(二)知名航运服务企业集聚度不足

落户宁波的国际或国内有影响力的航运服务功能性机构稀少,通过波罗的海交易所注册的航运经纪、航运咨询、海事仲裁等机构基本为空白,全球前二十强班轮公司无一家在宁波设立区域总部。全球国际保赔协会 13 家会员无一在宁波驻点;全球 27 家航运金融领域国际知名机构在上海设点 20 个,在宁波仅 1 个;宁波尚无一家全国前二十强的专业海事律师事务所。

(三)航运融资模式较为单一

宁波市 65 家银行业金融机构中,仅有 2 家银行开展船舶融资业务,尚无以船舶贷款为主业的专门银行;全市数百家融资租赁公司中,实际从事船舶融资业务的仅有1家。银行融资仍倾向于使用传统的抵押贷款方式,抵押贷款融资约占航运企业融资总额的67%,融资租赁则不足10%,股票、债券融资极少。同时,由于港航物流数据不能与金融机构共享,船舶融资、售后回租、代理采购融资等多种类型银行融资产品无法为中小企业提供融资支持,中小企业普遍面临"融资难、融资贵"问题。

(四)航运保险不发达

宁波市虽然有20余家保险机构具有开展航运保险业务的资质,但仅有1家专业的航运保险企业,该公司自2016年承保船舶险业务以来年年亏损,赔付率逐年上升,2020年净亏损1.5亿元,较2019年增长3.3倍。航运保险总体种类少、规模小,主要为船舶险和货运险两大类,缺乏保赔保险、企业自保、再保险等产品类型,需求主体无法获得与其风险相匹配的保险保障。2019年宁波市航运险总体保费收入仅5.9亿元(2020年为5.1亿元),而上海市收入达43.7亿元,差距巨大。

(五)海事法律服务以省内业务为主

宁波海事法院多年来收(结)案数量位居全国前列,但多为省内海事案件,办理国际海事案件较少。上海、广州、深圳、青岛、大连、厦门等港口城市均成立了专门的国际海事仲裁机构,并逐步改变海事仲裁与诉讼发展倒置的状况,不断提升仲裁法律服务的供给水平。宁波国际航运仲裁院虽已于2019年成立,但直至2021年10月才开始受理案件。

(六)船舶工程服务能力不足

宁波船舶检验机构数量不多,目前全球前九大船级社中,挪威、中国、韩国三大船级社在宁波设有分支机构或办事处,从数量来看相对较少;船舶登记运力结构有待优化,国内航行海船和国内航行河船占比较大,国际航行海船运力仅占登记船舶总运力的13%。

(七)航运经营服务实力不强

宁波从事国际业务的船舶管理公司较少,35家船舶管理企业中绝大多数为航运公司兼营船舶管理,主要为国内沿海运输船舶提供管理服务,从事国际业务的船舶管理公司仅有6家。

第四节　宁波舟山港现代航运服务体系提升策略

航运要素集聚程度、航运经营服务水平和供应链服务能力是衡量一流强港建设水平的关键要素。宁波加快推进世界一流强港建设,要针对宁波舟山港现代航运服务业培育发展不足等问题,对标"一流服务"的标准要求,着力优化空间布局、建设数字化平台、提升发展传统港航物流、培育发展高端航运服务、加强总部型航运服务主体引进培育,更进一步增强高端航运服务能力,提升现代航运服务产业链水平。

一、优化航运服务集聚发展新格局

以东部新城为核心,以东部临港和西部临空为两翼,强化统筹规划和政策扶持,引导航运服务重大招商项目集中布局,打造"一核一基地四港(岛)"格局,进一步提升集聚发展水平。

(一)一核

宁波国际航运物流集聚区。坚持航运总部经济发展导向,发挥重点航运企业的示范引领和高端要素的产业引领作用,加快构建物流供应链、产业创新、国际交流、口岸通关、人才集聚等五大服务平台,打响"东部新城"国际航运服务集聚区国际品牌。以核心楼宇为空间载体,建设六大立体"垂直产业园",打造成为宁波国际航运综合服务枢纽的核心引擎,提高宁波国际航运物流产业的辐射功能、国际竞争力和示范标杆效应。

> **链接**
>
> ## 东部新城国际航运物流集聚区
>
> **六大立体"垂直产业园"**
>
> 宁波国际航运服务中心：集聚口岸通关服务、口岸数据中心、中国船级社浙江分社、船员交易市场、船舶交易市场、集装箱舱位交易平台等功能，实现口岸通关服务、航运信息服务、航运交易等服务功能。
>
> 环球航运广场：以政府行政办公，港口、航运、物流等企业总部功能为主。
>
> 东南物流大厦：集聚石化、能源、钢铁汽车、造纸、造船等企业总部，集聚仓储、车队、货代、船代、报关、船供、航运经纪等物流服务功能。
>
> 汇银国际：集聚各类银行、融资租赁公司、SPV公司等，发展海事法律与仲裁等相关业务，提升高端引领功能。
>
> 中国船级社浙江分社：为船舶设计、船舶注册、入级和检验等，保税油，船舶修造、船舶管理等提供全产业链海事服务。
>
> 紫荆汇：航运信息与咨询、国际交流、文化与会展、科技创新类企业等服务功能。
>
>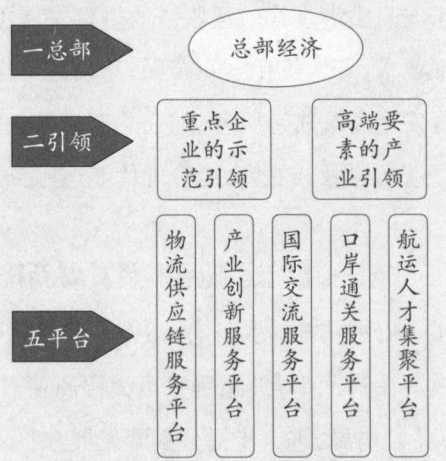
>
> 图 9-2 东部新城国际航运物流集聚区"125"行动示意图

（二）一基地

梅山国际中转集拼基地。充分发挥沿海转运功能优势，推进与全球性船公司与班轮联盟战略合作，吸引和鼓励船东将宁波舟山港作为中转枢纽港，打造亚洲区域最大的国际货物集散中转基地。加强中转货源开发，鼓励班轮公司进一步布局近洋支线国际中转网络，推动中国台湾、日本、韩国以及东南亚地区的货源到宁波舟山港中转。促进"北仑 — 穿山 — 梅山"三大港区联动,推动临港区域物流设施资源整合,加快梅山国际中转集拼中心、国际集拼公共服务平台等项目建设,探索中转集拼业务通关监管便利化,打造以国际中转集拼为特色的临港新区。

(三)四港(岛)

在东部临港和西部临空区域,大力推动大榭国际能源贸易岛、国际航空物流港、镇海物流枢纽港和保税区跨境物流港建设。

大榭国际能源贸易岛。聚焦原油、成品油、燃料油、LNG 等重点货种,整合现有大宗商品交易市场资源,加快集聚大宗商品贸易主体,建成具有重要国际影响力的能源贸易岛。

国际航空物流港。依托宁波空铁一体大枢纽规划建设,坚持货运目的地和国际中转并重,加快机场四期和国际会展中心建设,大力发展航空物流、跨境电商物流、会展文创服务、空铁联运等业态,全力竞争跨太平洋 — 国内中转航线,积极争取 RCEP 第五航权货运航线,吸引一批全球航空公司区域总部入驻并开辟经停航线,打造全球性货运枢纽机场。

镇海物流枢纽港。加快供应链中心、宝湾物流国际电商园、保税物流中心Ⅱ期等重点项目建设进度,拓宽海铁联运货种。

保税区跨境物流港。加强与阿里、考拉海购、京东等跨境电商巨头战略合作,构建跨境电商进口货物仓储、分拨、配送服务体系,吸引国际采购商设立区域采购中心,打造集国际采购分拨配送于一体的跨境物流港。

二、构建现代航运服务新体系

全球性国际航运中心成长历程表明,现代航运服务业发展通常从自身条件最充分、优势最明显的领域"起家"。宁波具有扎实的航运物流服务和发达的临港工业基础,又紧邻亚太国际主航道,应当立足区域特色优势,聚焦最具基础优势的"港船货人商",突出链式集群集聚,培育壮大港口物流、货物贸易、船舶运维、航运金融四条特色航运服务产业链。

(一)做强港口物流服务链

突出港口在物流过程中的核心地位,着力发展国际集拼、供应链物流、航空物流和汽车物流,提升专业化、精细化、全程化发展水平。

1. 国际中转集拼。2021年4月宁波舟山港首次实现国际中转集拼业务零的突破,随着浙江自贸区宁波片区加快建设,宁波海关将拓展国际中转集拼业务作为重要任务,开发上线了海关进出境水空舱单管理、拼箱货物管理、安全智能锁全程监管等系列监管系统。宁波国际中转集拼重在探索中转集拼、出口集拼、跨境集拼多业态协同发展的国际中转集拼业务发展路径,以梅山综保区为试点建设国际中转集拼中心,探索创新"入库运抵、库内查验"监管模式,汇集保税、非保税、转口贸易、国际中转集拼等不同监管属性货物物流服务的"一仓多能,多拼合一"的国际集拼物流监管新模式。引导开展进口拼箱业务的货代公司,推动海运进出境国际中转集拼业务发展。与国际大型拼箱货代合作进一步吸引中转集拼货物到宁波港域中转,开发我国华北地区到韩国釜山、东南亚到日韩等地的中转集拼货源。

宁波梅山保税港区国际集拼创新试点

围绕更好地服务国际贸易发展和市场主体实际需求,紧扣"降成本、提效率、优服务"的导向,针对国际集拼业务发展中监管模式、通关流程、监管手段等环节的难点痛点问题,在关港合作、港地协同推动下,宁波在梅山保税港区先行试点实施了一批在全国具有首创性的国际集拼做法。

在业务管理模式上,全国首创"一仓多能,多拼合一"国际集拼物流监管新模式。

"一仓多能"分类监管模式：以企业需求为基础，建立"同仓存储、同仓调拨、同包发货"监管模型。"同仓存储"即通过满足监管条件的仓储管理系统（WMS）与海关监管系统联网，无须设立独立仓库，对跨境商品、保税货物、非保货物等不同监管属性货物在同一仓库内存放并实施分类管理。"同仓调拨"即通过不同属性账册间数据对比，无须实物进出海关特殊监管区域，即可实现跨境商品、保税货物、非保货物三者状态互转，打通产业链供应链。该模式预计每年可为企业节省30%的成本。"同包发货"即通过信息化系统数据比对、卡口核放、账册核扣，当消费者同时购买不同属性商品时，可以实现"一次下单、一次打包、一次放行、一次核扣、一次派送"。

"多拼合一"混合拼箱模式：允许企业将不同监管属性货物集拼到一个集装箱，同时赋予企业发送运抵报告功能，在仓库内设置专用的海关查验作业区，查验完成后在海关监管下装箱，实现区内查验、监管装箱，有机整合出口集拼、进口分拨、转口集拼、分送集报等多元拼箱模式，加速释放保税港区综合效应。

在通关作业流程上，全国首创"先报关后查验再装箱"出口集拼查验模式。针对普通拼箱"一票查验、整柜甩货"的业务痛点，创新实施"先报关后查验再装箱"模式。通过打造专业设施、优化业务流程、数字化监管等，实现出境货物在国际集拼中心一站式通关，形成"理货—申报—查验—装箱"的快速通关模式，相比传统模式，时间缩短了2—3天，业务时效显著提升。

在贸易新业态监管上，全国首创跨境电商出口前置仓监管模式。指针对跨境电商货物特点，设置在国内口岸，专门为跨境电商出口货物服务的物流集拼分拨中心，具备存储、海关查验、拼箱装运等功能。新模式下，企业先以散件货物形式进入仓库即可报关，待完成通关手续后再进行拼箱装运，货物通关时间从原先的2—3天压缩至1天。同时，在前置仓备货进行"小单元"拣选发货，可将原先大批量出口到海外的分拣步骤前移至国内，帮助供应商节省运营成本，并可结合市场需求更精细化地控制备货出货。

在监管方式上，以国际集拼数字化改革畅通关键卡点。搭建数字化监管平台，推广应用"电子关锁"，构建数字化集拼仓，实施转关申报数字化监管。

2. 供应链物流。提升多式联运发展能级，推行全程物流"一站式""一单制"服务。引进国际知名第三方物流企业落户，搭建港口物流供应链平台，发展全球范围内的集装箱全程物流服务。

3. 航空物流。引进基地航空货运公司，扩大运力规模和航线密度。加大国际航线补贴力度，通过开辟新航线、加密现有国际航班、开通货运航班等举措，扩大航空运输规模。

4. 汽车物流。拓展至欧洲、非洲、东南亚的汽车滚装运输业务，将梅山打造成为长三角地区汽车进出口的主要分拨中心。

(二)做优货物贸易服务链

着力发展大宗商品贸易、跨境电商、离岸贸易服务，提高货物进出口贸易单位货值，提升港口吞吐边际贡献水平。

1. 大宗商品贸易服务。鼓励航运企业进军油气、矿石、煤炭、粮油等领域运输，向液货危险品、LNG等更高附加值、更强专业性业务领域发展。谋划建设一批以原油、成品油、燃料油、LNG、化工品等为主的大宗商品交易现货市场，集聚一批有影响力、有能源经营资质的大宗商品贸易流通商，建设一批大宗商品交割仓，打造能源类大宗商品交易市场群。

2. 跨境电商服务。加强仓储与物流资源整合，加快推进宁波电商物流中心、宁波国际邮件互换中心、中国(宁波)跨境贸易数智枢纽港等建设，强化跨境电商全产业链、区港一体、商贸物流、大数据服务、园区运营等综合功能，支持宁波本土企业布局前置仓和"走出去"建设公共海外仓，吸引国际大型优质物流货代企业来甬建设国际采购基地，提升双向跨境物流效率。探索建立跨境电商直播平台，强化资源配置能力。

3. 离岸贸易服务。结合宁波自贸片区的油气资源和大宗商品配置中心建设，加快建立与国际高水平离岸贸易规则对标接轨的政策制度体系、数字服务体系和基础设施体系，探索开展以人民币自由使用为基础的新型离岸国际贸易合作伙伴关系。做大做强以原油、成品油、天然气、液化石油气为主导的能源离岸国际贸易，推动国际能源贸易总部基地建设。

大力发展以化工品、大宗商品、新能源新材料为核心的新型离岸国际贸易，提升对大宗商品资源和高端产业要素的配置能力。引导东华能源做大马森集团国际能源贸易总部项目，吸引液化石油气贸易结算业务从新加坡转回国内。

（三）做长船舶运维服务链

聚焦船舶设计建造—运营管理—休闲娱乐等关键环节，利用宁波舟山港运输量大、抵港船舶艘次多等优势，着力发展船供燃供、船舶工程、邮（游）轮游艇服务。

1. 船供燃供服务。重点发展船用物资、生活物资供应和保税燃料油、保税LNG加注等服务，创新国际船舶供应管理模式，推动船供向综合海事服务转变，打造东北亚燃料油加注中心、国际领先的LNG加注中心。推动设立船供物资专用保税仓库，扩大本地采购规模，发展淡水、肉类、物资等船供服务。吸引有资质的船用保税油供应企业在宁波设立分支机构，完善油品储运设施，发展国际保税燃料油储存、混兑、供应和保税LNG岸基、"船对船"加注服务。

2. 船舶工程服务。重点发展船舶评级检验、船舶修理服务，拓展船舶交易、舱位交易等服务。支持中国船级社浙江分社等驻甬各级船级社机构简化勘验转级流程、提高发证效率，引进建设长江经济带船舶检验中心，开展江海联运等船舶和海上设施及相关产品入级与法定检验业务。补齐评估和金融服务等短板，逐步扩大船舶在线竞拍平台业务范围，拓展交易船舶种类，引入商业类船舶交易业务，开展船舶委托公开出售、船舶进出口代理、船舶评估与技术勘验、船舶融资支持等服务，做大国际船舶与船用设备交易、国际二手船舶保税交易等国际船舶交易。积极拓展异地市场，培育集装箱舱位交易、散货租船和舱位交易等领域业务优势，完善境内海运费网上支付业务模式，扩大业务规模。

3. 船员服务。加快梅山国际海员综合服务基地建设，加强国际航行船舶船员招收、培训和劳务市场服务体系建设，支持宁波大学等涉海高校加强航运金融、海事法律、港航物流等高水平专业建设,打造国内领先的特色航运教培中心。

4. 邮(游)轮游艇服务。构建以象山港区域为核心,以甬江、梅山、石浦为多点,以舟山为联动的邮(游)轮游艇服务基地发展格局。抓住2022年杭州亚运会在宁波举办帆船(帆板)比赛契机,鼓励帆船(帆板)等海上运动安全发展。用好144小时过境免签政策,谋划梅山邮轮母港停靠基地建设,开辟奉化宁波湾—舟山普陀山等水上精品旅游航线,支持海员俱乐部、境外商品免税店和水上游览观光、休闲娱乐等旅游经营性业务规范发展,做大船员消费、游艇经济、邮轮经济规模。

(四)做大航运金融服务链

聚焦船舶、货物资金融通和保险保障,重点发展航运融资、航运保险、航运金融衍生服务,提升资本创新保障能力。

1. 航运融资服务。重点发展船舶信贷、融资租赁、债券融资、供应链金融等特色业务,探索设立"宁波航运产业基金"。培育引进航运专业银行或分支机构,探索通过供应链金融加强贷前风险评估和资格审查,强化精准放贷,鼓励有能力的银行以组建银团的方式发放贷款,探索推出航运产业基金、船舶基金、船舶信托等融资类产品。

2. 航运保险服务。重点构建完善的航运保险体系,形成"经营机构+专业中介+服务机构"的完整航运保险链条,支持东海航运保险提高承保能力和航运保险产品供给能力,探索"保险+服务+科技"新模式,发展与航运、海洋、能源有关的保险产品。

3. 航运交易服务。支持宁波航运交易所进一步探索航运衍生品开发和交易,丰富完善"海上丝绸之路指数"体系。探索发展航运运力和运价指数期货、航运碳排放权交易等业务。

三、引育一批航运服务市场主体

立足当前、着眼长远,引进培育一批适配性主体,增强对全球航运资源要素的集聚配置能力。

（一）分梯度引育班轮总部机构落户

通过精准招引和重点培育，加速集聚以班轮总部为主的航运产业生态。第一梯队重点聚焦班轮巨头未来专业化板块拓展、综合物流服务和平台化建设等方面的新投资，吸引其来甬设立数字化创新、航运管理、信息共享等专业分工领域的功能性总部机构，如马士基的科创中心、智慧物流中心、跨境电商平台等。第二梯队通过实施"一企一策"优惠政策，吸引一批第二梯队的班轮公司来甬设立总部机构，重点支持宁波远洋、宁波海运等本土企业更新运力、转型升级、拓展产业链和境内外网点布局，向全球班轮公司第一梯队提升。第三梯队重点招引未设立中国区总部的X-press等全球第三梯队班轮公司，大力引进一批新取得国际班轮运输经营资格的企业，开设特色航线的直航快线班轮总部。

（二）分领域引育海事特色服务主体

聚焦航运经纪、船舶工程和海事法律仲裁服务短板，精准招引一批全球前十船旗登记处、船级社、第三方船管等特色海事服务机构设立分支。

国际集装箱班轮公司梯队

以集装箱运力规模和市场份额为标准，将位居全球前列的班轮公司划分为以下三个梯队。

第一梯队：运力规模超过百万标准箱，包括马士基航运、地中海航运、中远海运集运等前七大班轮公司。

第二梯队：运力规模不足百万标准箱，但运力份额超过1%，包括现代商船、阳明海运等运力排名8至12位的班轮公司。

第三梯队：运力规模排名前20位，但运力份额不足1%，包括中谷物流、伊朗国航等运力排名13至20位的班轮公司。

1.航运经纪服务领域。加大知名航运经纪、航运交易、航运咨询、航运物流等航运中介服务机构招引力度,进一步完善宁波航运服务生态链条和发展环境。

2.船舶工程服务领域。推进中国船级社浙江分社、挪威船级社大中华南区营运船中心、利比里亚海事局中国技术中心等现有功能性机构,加快向国际船舶技术创新引领者、国际标准制定者升级。着力招引一批国内外知名船舶注册、入级和检验功能性机构,船舶研发设计、加工制造、运维服务企业或机构,打造宁波船舶工程服务品牌。

3.海事法律仲裁服务领域。加快对接伦敦海事仲裁员协会(LMAA)、新加坡海事仲裁院(SCMA)等国际知名海事仲裁机构,吸引更多境外海事仲裁机构、海事海商律师事务所入驻宁波,构建东部新城海事法律与仲裁服务圈,形成与宁波货运量相匹配的海事法律服务能力。

四、深化航运服务发展改革创新

(一)深化国际海事服务改革

积极开展船用液化天然气保税加注业务。争取以宁波舟山港为离境港,内陆地区海铁联运场站为启运港的退税政策。探索将在境内制造且在宁波舟山港登记从事国际运输的船舶视同出口货物给予出口退税。争取境外非五星旗国际集装箱班轮公司在宁波舟山港开展沿海捎带业务。推动宁波舟山港探索建立国际船舶登记中心,全力争取国际登记船舶开放入级检验,逐步放开中国籍国际航行船舶的入级检验业务。加强海事商事审判,完善涉外商事法律服务合作机制,推动设立"宁波国际商事法庭"。

(二)建设航运服务数字化平台

加快推进宁波数字港航服务平台建设,按照综合集成、持续迭代、分步实施的开发建设导向,打造汇聚"货""船""箱""车"等多主题数据的港航服务数据中心("一中心")、政府监测分析平台和市场应用服务平台

第九章 世界一流强港现代航运服务能力建设

全球重要海事特色服务主体

航运经纪领域

· 航运经纪：克拉克森柏拉图，全球总部在伦敦，在上海设有中国区域总部；百力马航运，全球总部在伦敦，在中国设有上海、北京区域总部；菁英航运经纪，总部在上海。

· 航运交易：波罗的海航交所，全球总部在伦敦，在上海设有中国区域总部；INTTRA 公司，全球总部在美国新泽西，在上海设有中国区域总部；运去哪，总部在上海；泛亚航运电商，总部在上海；信美人寿相互保险社，总部在北京。

· 航运咨询机构：德鲁里航运咨询公司，全球总部在伦敦，在上海设有中国区域总部，在宁波设有办事处，可进一步引进区域总部服务功能；克拉克森柏拉图，全球总部在伦敦，在上海设有中国区域总部。

· 航运物流：日通物流，全球总部在东京，中国区总部在北京；博枫物流，总部在上海；复星国药，总部在上海；阿里菜鸟，总部在深圳；怡亚通供应链，总部在深圳；百安居供应链，总部在上海；越海全球供应链，总部在深圳。

船舶工程服务领域

· 船舶保税油供应：中国船舶燃料油有限公司，总部在北京；中石化中海船舶燃料供应有限公司，总部在广州；中油泰富船舶燃料有限公司，总部在苏州；舸兰达国际油供，总部在美国佛罗里达州。

· 船舶设计及维修：船舶设计方面，上海船舶设计研究院，总部在上海；武汉船舶设计研究所，总部在武汉。船舶维修方面，北方船舶，总部在秦皇岛。

· 船级社：韩国船级社，总部在韩国釜山，在宁波设立了办事机构，要进一步提升功能；美国船级社，总部在美国休斯敦；法国船级社，总部在法国巴黎；英国劳氏船级社，总部在英国伦敦；日本海事协会，总部在日本东京；意大利船级社，总部在意大利热那亚；波兰船级社，总部在波兰华沙。

· 船舶定损公估：平量行（海事）有限公司，全球总部在中国香港，中国区总部在上海;万宜麦理伦保险公估有限公司,全球总部在苏格兰,中国区总部在深圳。

海事法律仲裁服务领域

・海事仲裁院:伦敦海事仲裁员协会(LMAA);新加坡海事仲裁院(SCMA);敬海律师事务所,总部在广州;上海恒量律师事务所、上海华尊律师事务所,总部在上海。

("两平台")、港航服务大数据生态系统("一生态"),促进港航服务业提质增效。

(三)营造政府积极有为良好发展环境

实施现代航运服务业发展财政资金支持计划,对高端航运服务业实行税收优惠、财政补助、专项资金支持等政策,全方位提升宁波现代航运服务业发展能级。加强航运服务业相关项目用地统筹保障,全面落实市航运物流人才和团队引进"甬江人才工程"政策,加快集聚一批复合型应用型航运领域专业人才。

第十章

世界一流强港战略资源配置能力建设

　　港口对原油、铁矿石、铜精矿等国家战略物资的集聚、配置和保障能力，是港口硬核力量的战略价值体现。建设世界一流强港，要主动承担国家发展战略需求，充分发挥宁波舟山港港口资源优势，着力提升油气、重要金属矿石和高端商品的配置能力，更好地服务国家产业链供应链安全和经济高质量发展，提升宁波在国家战略布局中的地位。

第一节　港口配置资源的作用机理

一、相关概念内涵

（一）战略资源

又称战略性资源,是指在社会生产过程中处于产业链的前端,关系国计民生、在资源系统中居支配地位的资源,既包括粮食、油料等初级农产品资源,也包括能源、矿产等初级工业原料,是支撑整个经济运行的基石。其中,矿产资源、石油资源、水资源、土地和食物资源是最为典型的战略资源。战略资源可分为三类,分别是农产品资源、矿产品资源、能源产品（煤油气）资源等初级产品。狭义的战略资源包括铁矿石、铜精矿、原油、天然气、煤、大豆等初始原料产品资源,广义的战略资源也包括这些产品的直接加工产品。三类战略性初级产品资源是整个经济最为基础的部分,不单是人们日常生活饮食的直接来源,更是工业生产不可或缺的基础原材料,关系到整个国家工业生产的原材料安全问题。

（二）资源配置能力

资源配置是经济学的重要研究对象,是指在一个地区、一个国家甚至全球范围内,社会对其所拥有的各种资源在不同用途之间的分配。资源配置能力是指对资源汇集、资源分配和资源定价方面具有积极的影响力和主动权,其中定价权和话语权是最难实现的。资源的种类和稀缺程度不同,社会分配的需要以及决定分配的方式也不同。在市场经济环境下,主要由市场对资源配置起主导作用,即通过价格机制、供求机制、竞争机制等市场机制对资源配置起决定作用。

二、资源配置中心（基地）分类

港口资源配置作用的发挥是依托港口及所在城市形成战略资源配置中心（基地），实现对资源的高度汇集、实现资源的有效分配、具有对战略资源的定价权或者话语权。目前，全球大宗商品市场基本呈现"东方交易、西方定价、美元计价、期货基准"的交易格局。

（一）从资源配置中心（基地）的能级看

可以分为三类，主要有：

1. 全球性资源配置中心。如新加坡是全球油气配置中心，利用马六甲海峡海上石油通道枢纽的地理优势，运输世界上每年一半的原油供应量，拥有仓储物流到全产业链石化产品供应基地再到金融等综合服务的配置能力。新加坡交易所现已成为业界公认的国际油气交易和定价中心。鹿特丹是欧洲资源门户，其依靠港口优势，构建以港口为中心的临港工业体系，是欧洲最大的原油、石油产品、谷物等大宗商品集散中心，供应了欧洲约13%的能源需求。

2. 区域性资源配置中心。如上海是全国著名有色金属配置中心、石油天然气交易中心和棉花交易中心，拥有上海期货交易所、上海钢联、上海国际棉花交易中心等大宗商品交易平台，正在推进浦东新区大宗商品交易创新示范区，构建形成世博地区大宗商品国际贸易生态集成区，2021年营收入达6000亿元。2022年，上海大宗商品进口额457.2亿美元，其中农产品进口额208.79亿元，金属原材料进口206.24亿美元，能源产品进口42.16亿元。宁波—舟山是油气配置中心、铁矿石中转基地，依托浙江自贸区政策优势和物产中大集团产业链布局优势，舟山浙江油气交易中心已获得浙江省金融办石油化工领域9大类37个品种的线上交易资质，至今已形成线上交易服务、供应链集成服务和会员服务等服务体系，与新加坡交易所启动橡胶OTC项目国际合作。目前，舟山正在加快建设黄泽山、小衢山、双子山油品储运基地和鼠浪湖、马迹山铁矿石储运基地,油品储存能力 3800 万立方米,国家储备原油保障能力占全国的 1/4;粮食进口中转量达 2500 万吨,占全国的 1/5。

*3. 地方性资源配置中心。*如张家港是乙二醇配置中心。张家港地处华东地区化工品新材料产业集聚的核心区,港口是苏州港重要组成部分,利用便利的区位优势,大力发展以化工、纺织等为主要依托的临港产业。华东地区乙二醇进口量占全国比重在 90% 以上,消费量在 80% 以上,成为乙二醇国际进口和国内分销集聚地,全国 90% 以上贸易商、生产企业关注张家港价格情况,参与交易和交割。

(二)从资源配置中心形成的类型看

可以分为四类,主要有:

*1. 依托原产地形成的资源配置中心。*如中国四大煤炭基地、榆林镁金属基地。

*2. 依托消费地形成的资源配置中心。*如安徽铜陵有色、江西铜业有限公司:大量采购铜精矿,冶炼需求带动全球铜精矿供应;青岛橡胶国际贸易中心:橡胶制造产业集聚,不生产橡胶但是成为橡胶制品中心。

*3. 依托港口形成的资源配置中心。*如鹿特丹:欧洲的进出口门户;宁波舟山港:油气全产业链、铁矿石中转基地。

*4. 依托金融功能形成的资源配置中心。*如上海:拥有上海期货交易所,金融服务功能强,交易交割便利,贸易商云集;杭州:新兴的大宗商品贸易企业集聚,期现结合带动贸易商集聚。

三、港口型资源配置中心的形成机理

港口型资源配置中心的形成是依托港口条件,开展资源产品国际贸易为制造业服务,进而带动仓储、物流、金融等专业化服务,形成产业集聚的发展过程。从核心任务来看,主要是资源配置功能的逐步提升,由产业价值链低端向高端升级,资源配置功能从集散、中转向交易增值、信息服务转变。

链接　　国内代表性交易场所发展概况

· 上海石油天然气交易中心（SHPGX，简称"上海油气交易中心"）。在国家发改委、国家能源局直接指导下，由上海市政府批准设立的国家级能源交易平台，承担着推动国家油气资源市场化改革和争取油气交易国际市场话语权、形成"中国价格"的重大使命，2015年3月4日在上海自贸区注册成立，2016年11月26日正式运行。现有股东单位10家，注册资金10亿元。其中，新华社占股1/3，中国石油、中国石化和中海油各占10%，其余由其他6家公司持有。SHPGX坚持"先气后油、先现货后期货、先国内后国际"思路，开展天然气、非常规天然气、液化石油气、石油等能源产品现货和中远期交易，提供交易、交割、结算、技术、征信、金融、资讯、场所、设施等服务，致力于打造专业化、国际化的能源交互平台、信息交互平台、金融服务平台、改革助推平台和交流合作平台。SHPGX现提供管道天然气、液化石油气两个上市品种的挂牌和竞价交易。2019年，天然气双边交易量突破800亿立方米（806.43亿立方米），比上年增长33%，稳居亚太最大天然气现货交易中心地位；实现主营业务收入（交易手续费＋会员费）3583.3万元，税前利润2783.9万元，分别增长78%、22.9%；会员数近2600家（2571家）。

· 上海钢联电子商务有限公司（简称"上海钢联"）。2000年成立，至今已形成以资讯数据驱动交易供应链服务、带动仓储和运输配送服务发展的大宗商品闭环生态圈，形成以黑色金属为龙头，覆盖有色金属、能源化工、农产品等多商品领域的产业链。在上海和江西南昌两地拥有3000余人的技术研发和业务队伍，管理全国范围60多个仓库，拥有1家A股上市公司（上海钢联集团）和1家新三板挂牌上市公司（钢银电商），2019年交易规模3700余万吨、交易额1225.72亿元（比上年增长27.61%），已成为钢材现货交易的全球性龙头企业。

· 上海国际棉花交易中心（简称"上海国际棉交中心"）。2016年由东方国际集团控股设立、以上海纺投公司为核心交易商的全国资讯平台，已初步形成以交易服务为主体、以供应链金融和大数据服务为两翼的"一体两翼"发展格局，在"期货＋现货联动、线上＋线下互动、产业＋金融结合、虚＋实两手硬、棉花＋化线双链驱动"等方面形成显著优势。2016—2019年，线上交易额从20.8亿元增加到306.8亿元，交易量从16.7万吨扩大到446.6万吨，年均复合增速均超过100%。该中心先后推出保税现货挂牌交易、非保税现货挂牌交易、竞价交易、仓单现货交易、基差挂牌交易等多种交易模式，完成了覆盖植物纤维、动物纤维、化学纤维三大交易品类近15个交易品种的整体布局。2019年，化学纤维、植物纤维、动物纤维交易额分别占总交易额的78.8%、20.8%和0.4%。

· 广东塑交所（GDPE）。国务院批准的全国唯一一家塑料电子交易所，开展塑料现货电子交易，并提供塑料仓储物流、行业信息、货押融资和技术服务，发布的"中国塑料价格指数"已成为我国塑料原材料的价格风向标。2005年9月正式运营以来，交易品种逐步从五大通用塑料原料扩大至大多数大宗工业原材料以及稀土、氢能等新材料新能源领域。GDPE以广州及珠三角为中心，在全国设有五大物流中心和20余个交收仓库，自有仓库10万平方米、第三方物流协议仓库40万平方米，总库容100万吨。2019年交易量超1000万吨，交易额300多亿元，实现营业收入5亿余元。

· 广西糖网（GSMN）。广西壮族自治区政府批准成立的食糖批发市场，是沐甜科技股份全资控股的国内两大食糖B2B电商平台之一（另一为"昆商糖网"）。2003年6月底成立以来，已连续十余年成为国内最大的食糖现货批发市场，是"中国糖业现货流通第一平台"和"中国糖业信息第一网"。GSMN围绕做大食糖现货流通规模，在服务体系上融入产业链金融和现代物流，在国内首创"周合同"交易模式和"电子商务＋现代物流"食糖流通模式，为产业链各环节提供高效的食糖购销、结算、融资、信息、技术、物流等一体化解决方案，构建食糖全产业链生态圈。目前，GSMN在全国拥有 2000 多家工商企业级客户(覆盖国内 90% 以上糖业集团和 80% 以上食糖经销商)、200 多个食糖仓库点(库容累计超百万吨),年均食糖实物流通量约 500 万吨(全国市场占有率 30% 左右),2019 年完成主营业务收入 2 亿余元、利润 3000 多万元。

· 浙江国际油气交易中心(ZME,简称"浙油中心")。由物产中大集团股份有限公司和舟山市政府联合牵头组建,是浙江省唯一一家专业从事石油化工产品交易服务的交易平台,2015 年 6 月在浙江(舟山)自贸区正式成立,致力于打造成国际油气现货市场和亚太油气衍生品创新中心、亚太油气集成服务中心、国际油气定价中心,2020 年 11 月 10 日引入上海期货交易所战略入股 10% 后,股东资源更多元化。依托浙江自贸区政策优势和物产中大集团产业链布局优势,浙油中心已获得省金融办石油化工领域 9 大类 37 个品种的线上交易资质,至今已形成线上交易服务、供应链集成服务和会员服务等服务体系,与新加坡交易所启动橡胶 OTC 项目国际合作。2019 年,中心的贸易量已突破 3000 万吨(3239.25 万吨)、贸易额突破 1400 亿元(1425.65 亿元),地方税收贡献达 3.04 亿元,会员 1438 家。目前,ZME 盈利来源于会员的会费收入和浙石化赋予的部分产品区域代销权,2019 年两项约分别获利 700 万元、300 万元。

· 海南国际能源交易中心(HIEE)。2019 年 7 月 5 日,兖矿集团、华能集团和国电投集团三家世界 500 强企业联合发起设立海南国际能源交易中心,发挥海南自贸区、自贸港双重政策优势和三家集团公司的上下游合作一体化资源优势,对标新加坡、迪拜能源交易中心,对接国际化交易平台,以供应链服务为引擎,供应链金融为抓手,现货交易为基础,电子商务为手段,打造面向亚太和东南亚、服务全球的能源交易平台。目前,HIEE 向会员企业提供动力煤、焦煤、甲醇、醋酸、钢材等品种的网上交易、行情分析、交易指数、网络结算、融资、信用评级、仓储、物流、实时监管、大数据分析决策等全过程管理与全方位服务。

(一) 发展阶段

港口型大宗商品资源配置中心的发展历程大体可以分为五个阶段：货物登陆中心 1.0，物流分拨中心 2.0，商品贸易中心 3.0，产业集聚中心 4.0，资源配置中心 5.0。第三阶段之前，城市的资源配置能力主要由资源禀赋基因决定，第三阶段之后越来越取决于成长起来的产业集聚能力。

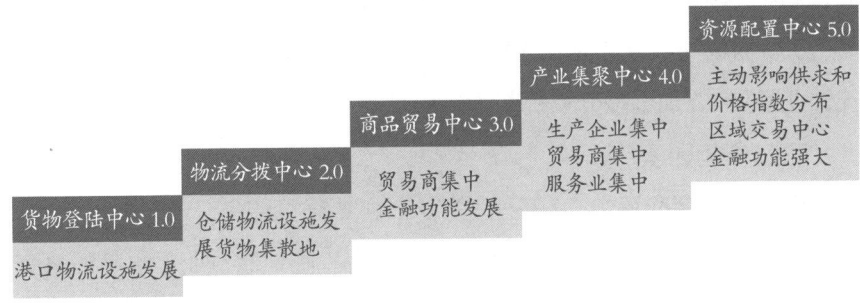

图 10-1 港口型资源配置中心五个发展阶段

1. 货物登陆中心。一些港口城市或区域以其区位优势为基础，成为初级产品货物的登陆中心。具有支撑构建资源配置中心的区位交通和口岸优势，以港口装卸、转港、运输为主要功能。

2. 物流分拨中心。货物到达港口后要通过一定途径流通到目的地，需要建立仓储和物流基础设施作为支撑。此阶段配置中心的主要功能为产品集中和发散。

3. 商品贸易中心。在这一阶段，贸易商逐渐集中，当地发展出了围绕初级产品的贸易中心。通过构建公共信息服务平台，能促进物流与交易功能有效衔接，使配置中心金融功能得以发展。典型代表是上海的铜贸易。改革开放之后，依托长三角制造业的发展，国内铜冶炼能力大幅提高，铜贸易在上海逐步发展起来。

4. 产业集聚中心。此阶段交易市场能有效集聚商流、资金流、信息流和物流等各项服务。初级产品原料、制造、物流、仓储各个环节都表现出专业化趋势，从而产生强大的产业集聚和辐射作用，极大地促进当地产链的发展。

5. 资源配置中心。这个时期，资源配置中心能够通过主动影响商品供求关系，发布价格指数，形成一定区域内的交易中心，巩固资源配置中心的金融功能。在重要初级产品领域，掌握定价权就掌握了该领域产业链的重要影响力，从而形成该类初级产品配置的主导区域。如工业革命后，英国成为全球制造业中心，从海外大量进口原材料，形成伦敦金属交易所；新加坡油气中心是在20世纪70年代起步的，发展裕廊工业园区，炼油业发展，叠加金融开放优势形成。

（二）影响因素

港口型资源配置中心（基地）关键影响要素主要有：

1. 市场腹地的需要。这是核心发展动力。腹地制造业需求是战略资源配置中心形成的起点，也是目标。

2. 港口码头的支持。这是重要基础设施，是战略资源国际贸易便利进出的重要前提条件。

3. 仓储物流和交通辐射的支持。这是重要基础设施支撑，为战略资源储运、中转、流通提供基础条件，也是战略资源金融服务开展的基础（形成提单、仓单等融资产品）。运用大数据、区块链、人工智能等现代科技手段使仓储物流更加可视化、更加安全可靠。

4. 龙头企业的带动。这是实现资源配置的关键力量，是产业集聚发展的主力军、产业链的链主企业。

5. 区域产业政策的扶持。大力发展大宗国内贸易、保税加工、转口贸易、离岸贸易，在降低税收成本、提高通关效率方面提供支持。

6. 金融服务的支撑。这是配置中心形成的关键要素，对战略资源贸易商集聚和业务开展具有积极的作用。资金结算便利化、融资服务专业化，可以推动期现联动和金融科技发展。

7. 数字化服务的促进。提高商品贸易效率，提高企业信息透明度，同时也为战略资源报关、存储、流转、运输、金融服务需求提供全方位的数字支持。

8.交易服务平台的提升。这是实现资源配置的重要力量,平台型企业发挥积极的组织和带动作用。

9.城市综合软实力。在城市环境、教育、医疗、办公等方面提供积极支持。

第二节 提升港口战略资源配置能力的重要意义

一、提升资源配置话语主导权

中国是全球初级产品等战略资源的最大买家,是第一大油气和铁矿石进口国,石油、天然气对外依存度高达73%、43%,铁、铜、锰、镍、铬等金属矿产品对外依存度均超过80%(铬矿接近100%)。然而,大部分大宗商品定价权掌握在国外巨头手中,如必和必拓、力拓和淡水河谷控制着全球近80%的铁矿石海运贸易,铝、铜、铅、锡等的价格主要在伦敦金属交易所确定。因此,着力提升初级产品等战略资源配置能力,有利于对冲国际大宗商品价格波动所带来的冲击,在初级产品贸易中寻找新的定位,拥有在相关产品、关键环节上的定价权和控制力,在一定程度上掌握主动权。

表10-1 中国主要进口资源产品进口依存度(2021年)

资源产品	进口依存度
原油	73.6%
液化天然气(LNG)	43%
液化石油气(LPG)	>30%
铁矿石	82%
锰矿	80%
铬矿	99%
铜精矿	>90%

续表

资源产品	进口依存度
铝土矿	65%
镍矿（镍铁）	94%
锂矿（碳酸锂）	75%
大豆	85%
牛肉	29.3%

表10-2 国际大宗商品定价权概况

品类	定价权
铁矿石	必和必拓、力拓和淡水河谷控制着全球近80%的铁矿石海运贸易
原油和煤炭	纽约商品交易所的价格作为定价基准
准燃料	新加坡普氏公开市场价格成为定价基准
金属	铝、铜、铅、锡等的价格主要在伦敦金属交易所确定
农产品贸易	芝加哥期货交易所的农产品价格成为定价基准；棉花价格确定于利物浦

二、保障国家"双链安全"

近几年，各国纷纷出台货币刺激政策，叠加地缘政治和军事冲突的影响，初级产品价格进入上涨周期，易涨难跌，价格波动大，对全球国际贸易和供应链安全造成巨大的风险。受逆全球化等因素影响，全球产业链供应链正在重构，越来越多的国家把确保供应链安全上升为国家重大系统性风险加以应对，特别是在粮食安全、重要能源资源、医药卫生、先进技术、高端制造等与国家安全和发展潜力高度相关的敏感领域。对中国这样的消费和制造大国而言，保障好初级产品供给是一个重大的战略性问题，需要谨防初级产品供应的重大缺口演变成为中国经济发展的"灰犀牛"事件。因此，提升油气、金属矿石等战略资源配置能力是国家稳定相关产业链供应链，提升防范系统性风险能力，保障我国能源、金属矿石国际供应安全的现实需要。

三、满足未来发展需求

随着中国经济的快速发展和中国工业的迅速成长,中国对初级产品（矿产资源、油气、粮食）的消费需求呈现出不断增加的态势。但由于国内储量不足、资源品位较低、开采成本较高等因素的影响,中国未来每年依然需要从海外进口大量的初级产品及其加工产品。因此,提升油气、金属矿石等战略资源配置能力是填补我国对石油、金属矿石等资源需求的战略举措,有利于以保障供给对冲未来国际价格波动冲击,缓解高度海外依存度带来的风险挑战。

表 10-3 "十四五"期末全国主要有色金属矿石货种年需求量

种类	年消费量（万吨）	年进口量（万吨）	外采率
铜精矿	3600	2400	75%
锰矿	4000	3800	95%
铬矿	1500	1400	93%
镍矿	4300	3900	91%

四、宁波承担国家使命的现实途径

我国 90% 的货物贸易依靠海运完成,国际航运是否高效顺畅事关国家供应链产业链体系战略安全。宁波是我国初级产品的主要进口口岸,宁波舟山港铁矿石、原油、粮食进口量分别占到全国的 10.1%、17.8% 和 10.9%,有责任、有基础强化枢纽作用,更好地服务国家战略需要。宁波作为国内国际双循环枢纽,依托港口优势,着力打造国家重要的初级产品配置中心和储运基地,以重要能源原材料的专业化配置为基础,形成重要生产资料、商贸商务、人力、资金等多领域的综合性配置中心,有利于提升国内产业链供应链的韧性,满足我国扩大对外开放、参与全球治理、促进区域经济合作高质量发展的需要。在《区域全面经济伙伴关系协定》

（RCEP）生效之际，宁波需要深刻理解其中重点国别关税减让承诺，尽享政策优惠，增加优势产品出口，扩大重要设备、关键零部件、原材料进口，不断提升在全球产业链中的枢纽地位。

第三节　宁波舟山港战略资源配置概况

宁波是我国重要的大宗商品进口、储运和中转基地，已形成原油、LNG、LPG等优势品种进口、储运、加工、贸易的完整产业链，成为国家重要能源类大宗物资国际贸易物流和战略储备基地。

一、基础条件

（一）具有良好的大宗商品储运设施条件

1. 码头泊位。原油泊位，主要集中在北仑和大榭两个地区，共有万吨级以上专用油品码头泊位10个，最大设计靠泊能力达到45万吨，设计年通过总能力达到8301万吨。成品油泊位，共有4个万吨级以上泊位，最大设计靠泊能力达到5万吨，设计年通过总能力达到990万吨。天然气泊位，建有LNG专用码头1座，设置1个15万吨级泊位，设计年通过能力达到900万吨。

2. 仓储设施。截至2020年底，原油储罐，共有172座，原油仓储总能力达到1521万立方米。成品油储罐，共有136座，成品油仓储总能力达171.3万立方米。天然气仓储设施，共有LNG罐区1个，包含6座16万立方米储罐，合计仓储能力96万立方米，周转能力600万吨/年（约84亿立方米/年）。LNG保税仓库，于2021年在宁波建成浙江第一家，其最大储气能力约1亿立方米天然气。

3. 管道设施。截至2020年底，全市共有各类油气长输管道23条，总长937.4千米(其中,石油成品油管道9条,共534.9千米;天然气管道14条,共402.5千米)。原油外输管道,共有4条,境内原油管道总长度达209.73千米,主要包括甬宁线、岚白线、岚镇线、册镇线等。成品油管道,共有18条,境内成品油管道总长度达到773.7千米,主要包括甬绍金衢、甬台温、镇赛线(石脑油)、镇杭线等。天然气长输管道,共有14条,总长度达428千米。

(二)大宗商品储备初具一定规模

1. 油气(原油+LNG+LPG)。截至2020年底,宁波拥有油气储备能力1979.99万立方米,在建库存能力760.4万立方米,规划1518.2万立方米,未来超过4200万立方米。其中,主要油品资源(原油、成品油)现有储备能力1842.94万立方米,在建467.85万立方米,规划1451万立方米,未来超过3700万立方米。LNG现有储备能力48万立方米,在建48.09万立方米,未来规划54万立方米;已建成浙江LNG接收站项目一期和二期,接收能力600万吨/年。

2. 有色金属。截至2020年底,宁波舟山港域共有铁矿石码头堆场占地面积165万平方米,堆存能力达1570万吨。其中,宁波港域(北仑+中宅)58万平方米,550万吨;舟山港域鼠浪湖63万平方米,600万吨;太仓44万平方米,420万吨。在镇海、北仑等地拥有钢材、铜等有色金属仓储设施。其中,镇海年钢材仓储量约400万吨。

3. 煤炭。目前宁波港域煤炭堆存能力为80万吨。其中,北仑光明码头30万吨,镇海码头50万吨。

4. 粮油。现有储粮能力25万吨(其中镇海物流枢纽港20.8万吨)、储油能力14万吨,油脂年加工能力130万吨、麦芽年处理能力40吨、饲料加工能力36万吨,建有两座5万吨级码头。

5. 化工新材料。宁波已形成合成树脂、合成橡胶、合成纤维三大合成材料布局,与下游橡塑制品、汽车、家电等产业形成良好的供应链体系,其中ABS、PTA、MDI、聚丙烯、聚苯乙烯等重点产品的产能规模居于国内领先地位。在液化MDI、苯乙烯、乙二醇等重点产品领域产能普遍达到百万吨级水平。宁波市作为华东地区的能源基地，承担着对上海、南京等长江沿岸石化企业输送原油的任务，目前设计通过能力4400万吨/年（其中1200万吨码头泊位在舟山），实际转输量4000万吨/年，预计到2035年转输量将保持在现有水平。

（三）港口承担了较大规模的大宗商品运输

宁波舟山港可装卸货物种类有18项。

1. 从全国来看。宁波舟山港是全国石油、矿石、煤炭、木材、粮食等重要战略物资进口储备与集散地，2020年铁矿石接卸量1.4亿吨，原油接卸量9307万吨，矿建材料接卸量3017万吨，煤炭接卸量5895万吨，液化油品吞吐量1897万吨，粮食接卸量629万吨，各大货种吞吐量均实现逐年稳定增长，承担了全国40%油品、30%铁矿石、20%煤炭储备量和长江经济带90%以上油品中转量。此外，汽车滚装业务发展迅猛，2020年业务量达到33万辆。

2. 从长三角来看。宁波舟山港是长三角及长江经济带大宗商品的主要中转港。分货种看，宁波舟山港运输了长三角港口群54%的石油天然气及制品、27%的金属矿石及15%的矿建材料，相应货种吞吐量分列长三角港口群榜首。苏州港运输了长三角港口群8.6%的煤炭及制品、16.7%的化工原料及制品、42.2%的木材，泰州港运输了长三角港口群15.8%的粮食，也居长三角港口群相应货种领先位置。

3. 从宁波市看。2020年，宁波市通过宁波港域进出（含内外贸）原油6211.9万吨，成品油1727万吨，天然气477.2万吨，化工原料及制品1741.3万吨。其中，通过港口外贸进口原油4808.1万吨，成品油109.5万吨，天然气477.2万吨，化工原料及制品1078.6万吨。宁波市石油、天然气及制品港口吞吐量约占全国的8%，规模仅次于青岛港，位列全国第二，占浙江省的50.4%。

表 10-4　港口可装卸货物种类

港口	新加坡	宁波舟山	上海	香港	釜山	青岛	鹿特丹	天津	深圳	迪拜	广州	汉堡	特卫普	名古屋	巴生
煤炭	0	1	1	1	1	1	1	1	1	0	1	1	1	1	1
矿石	0	1	1	1	0	1	1	1	0	0	0	1	1	1	0
集装箱	1	1	1	1	1	1	1	1	1	1	1	1	1	1	1
冷藏箱	1	1	1	1	0	1	1	1	1	1	0	1	0	1	1
谷物	0	1	1	0	1	1	1	1	1	1	1	1	1	1	1
沙子	0	1	1	1	1	1	0	1	1	0	1	1	1	1	0
重货	1	1	1	1	1	0	1	1	0	1	0	1	1	0	1
原木	0	0	0	0	0	0	0	0	0	0	0	0	0	1	1
钢材	1	1	1	0	1	1	1	1	1	1	1	1	0	1	1
件杂货	1	1	1	1	1	1	1	1	1	1	1	1	1	1	1
散货	1	1	1	1	1	1	1	1	1	1	1	1	1	1	1
滚装	1	1	1	0	1	1	1	1	0	1	1	1	1	1	1
水泥	1	1	1	1	1	0	1	1	0	1	1	0	1	1	1
化学品	1	1	1	0	1	1	1	1	1	1	0	1	1	1	1
脏货	1	1	1	1	1	1	1	1	1	1	1	1	1	1	1
化学气体	1	1	1	1	1	1	1	1	0	1	1	1	1	1	0
清洁货	1	1	1	1	1	1	1	1	1	1	1	1	1	1	1
LPG/LNG	1	1	1	1	0	1	1	1	1	1	1	0	1	0	1
油品	1	1	1	1	1	1	1	1	1	1	1	1	1	0	1
总计	14	18	18	13	15	16	16	14	13	14	8	15	10	18	15

说明：有表示为1，否则为0。

（四）金融服务提供支撑有力

2022年以来，宁波新增1家贸易外汇收支便利化试点银行、27家试点企业；跨境人民币结算量达1201.63亿元；资本项目外汇收入支付使用覆盖率超80%；"甬贸贷"平台发挥财政风险补助资金作用，累计服务外贸企业近1000户，发放贷款金额约35亿元；中国人民银行推出1000亿元再贷款支持交通运输、物流仓储业融资，促进解决痛点难点。

二、存在短板

（一）港口泊位设施支撑能力有待提升

2016年《宁波舟山港总体规划（2014—2030年）》获批后，为抓住油气全产业链发展机遇，大榭率先启动本岛岸线优化布局，拟规划建设宁波百地年液化石油气有限公司2个5万吨级液散一体码头泊位、中油燃料油码头10万吨泊位等项目，这是未来宁波舟山港硬核力量的重要支撑和发展潜力。但因近年宁波舟山港规划调整、岸线土地制约等原因，一些大宗商品装卸泊位尚未立项建设。

（二）储运基础设施规划布局相对滞后

随着土地资源约束趋紧，地下洞库、管道将取代地面储罐、堆场成为大宗物资储运的主要方式，但目前宁波油气和液化产品公共仓储资源不足，规划布局相对滞后。一方面，主要仓储设施为企业自营仓库，其中原油、成品油主要归中石化、中海油，LNG仓库为中海油所属，LPG主要为东华能源所属。同时，地下洞库缺乏统筹规划，且均以企业投资为主。宁波现有标准期货交割库不多，国内三大期货交易所指定交割仓库在宁波数量较少，库容面积难以满足发展需要。另一方面，现有管道运输能力饱和。大榭实华码头现有45万吨、30万吨、5万吨和2万吨级泊位各1座，设计年油品接卸量4000万—5000万吨，但因后方管道运输能力饱和，2020年仅接卸2670万吨。

（三）大宗商品贸易体系有待提升发展

2022年以来，青岛、舟山等地区在积极发展石化产业的同时，积极推动油气国际贸易和交易场所快速发展。与舟山、海南、上海等地政策相比，宁波在税收优惠力度方面不具有优势，部分本地贸易企业受外地政策吸引，前往舟山、海南等地注册新公司开展业务，造成贸易额转移、税源流失。金属铜、塑料、液体化工等宁波优势特色品种贸易商出现不同程度衰退，宁波大宗商品交易所、余姚塑料城、镇海液体化工市场等一度在全国活跃领先的现货和现货衍生品交易场所受政策限制关停,现货贸易企业在套期保值等方面受到很大影响。

(四)大宗商品发展政策亟待创新突破

宁波有一大批贸易企业经营油气及化工品、粮油、金属矿石等品种,但目前宁波市在口岸监管服务、油品进出口资质配额等方面还需加大政策创新力度。尤其是甬舟自贸区政策叠加难,原有的舟山片区和扩展的宁波片区等可叠加使用政策,但目前实践难度较大。如,保税燃油加注经营资质审批权限依然仅限于舟山,宁波还需向省商务厅甚至商务部申请;再如,原油非国营贸易进口资格申请目前仅向舟山片区企业开放。同时,宁波大宗商品发展数字化平台缺乏,整合产业链资源、信息和服务能力较弱。

第四节 宁波舟山港战略资源配置能力提升策略

增强国家战略物资的集聚、配置和保障能力,是世界一流强港硬核力量的价值体现。依托港口战略支撑作用,加快布局建设一批战略物资储备基地,做大做强大宗商品贸易主体,对保障国家经济安全稳定运行具有重要意义。宁波加快推进世界一流强港建设,要主动承担国家发展战略需求,充分发挥宁波舟山港港口资源优势,着力提升油气、重要金属矿石和高端商品的配置能力,更好服务国家产业链供应链安全和经济高质量发展,提升宁波在国家战略布局中的地位。

一、打造国家级油气资源储运基地

(一)推进油气储备设施扩容

支持国内外油气公司、能源巨头及其他社会主体在甬投资建设油气储备设施。深化油品港区整合,探索利用大型油轮建设离岸型浮动式储备库,开展石油储备改革。加强洞库和储罐设施统筹规划,开展大榭本岛及附属岛屿(穿鼻岛、外神马岛等)、穿山及其他无人岛屿的地下洞库布局研究;同时结合象山港域保护性开发进程,改造升级老旧码头设施,开展奉化松岙、象山北部临海等区域的储罐设施布局研究。

(二)加快建设宁波舟山LNG登陆中心

规划建设LNG接收站、加注基地和接收中心外输管道等设施,加快建设宁波舟山LNG登陆中心。建成中海油浙江LNG接收站二期项目,规划建设穿山北LNG接收站,在穿山北、大榭建设船用LNG加注基地并统筹布局相关道路运输通道,试点开展船用LNG加注业务,打造长三角南翼LNG接收中心。

(三)提升油气接卸运输能力

在北仑、大榭等打造千万吨级原油接卸基地,在镇海、六横等打造千万吨级成品油及液化品接卸基地。依托镇海、北仑、大榭石化产业一体化发展,形成覆盖储运基地全周期运营管理体系和标准化仓储体系。规划建设东北亚油品储运枢纽。打造华东地区液化天然气(LNG)登陆中心,推进光明码头改造,加快形成穿山LNG运输能力,推动LNG内贸船舶、港内加注船舶在宁波舟山特定区域自由通行,提升LNG分拨功能。

二、打造国家级重要金属矿石资源储运基地

(一)加快建设宁波铜精矿及其他重要矿石储运基地

聚焦国家大宗商品储运设施战略布局需要,以铜、锰、铬、镍、锂等有色金属矿产储备为重点,加快有色资源专用泊位建设,构建具有国际竞争力和影响力的有色金属矿石储运基地。

(二)提升铁矿石堆存能力

推进穿山港区中宅二期矿石中转码头建设、北仑铁矿石码头改造,提升北仑、穿山等港区铁矿石储运加工分销能力,打造世界级铁矿石储运基地和亚太分销中心。

三、建设新型大宗商品贸易中心

依托丰富的港口、仓储、物流等港存货物资源优势,大力推动油气、铜精矿、铁矿石、动力煤、粮油等大宗商品进口贸易实质性落地。

(一)推动宁波大宗商品交易所转型发展

以宁波大宗商品交易所转型升级为契机,大力引进战略合作者,以资本为纽带,探索推进和宁波大宗商品交易所的合作,从物流基础设施和数字赋能入手,聚焦信息集成、仓储物流、供应链金融和交易撮合等服务功能,加快优化股权结构,开展原油、LNG、LPG、聚乙烯、聚丙烯、金属矿等品种交易,探索期现一体化发展,打造具有国内影响力的大宗商品供应链服务平台。

(二)搭建能源交易和交收服务平台

依托具有大宗商品贸易和物流运营经验的大型国企、上市公司、有实力的民企,共同组建"宁波国际能源交易和交收服务平台",探索与国内外期货交易所合作,推动原油、燃料油、LNG 及其他化工品在宁波交割,共同开发电子仓单便捷注册、异地串换交割等功能。争取推出具有宁波特色的能源化工品种线上交易,围绕该类产品的国际贸易全产业链条,提供现货仓单交易、交收、结算、融资服务。

(三)建设大宗商品贸易国际结算中心

引导商业银行为大宗商品贸易企业提供账户开立、结售汇、资金结算等综合服务,引导大宗商品贸易企业通过宁波国际能源交易和交收服务平台、现货交易所等渠道进行交易和资金结算,引导财税服务机构为大宗商品贸易企业提供税票开立、税务筹划服务。

(四)加强数字新技术应用

加快区块链、物联网、5G、AI、卫星互联网等数字新技术在大宗商品物流仓储、保税监管、贸易流通甚至期现交易等环节的推广应用,促进仓储监管可视化、物流信息标准化,打造可信仓储体系,形成较高的仓储物流管理数字化能力,为供应链金融、期现交易服务等提供可信前提。

(五)加快集聚大宗商品贸易商

抢抓自贸试验区宁波片区建设机遇,巩固、深化与央企、重点国企及民企的合作,谋划推进一批石化贸易总部项目,推进国企、央企在宁波注册设立原油进口贸易公司或集团原油贸易板块的下属独立子公司,做大能源进口贸易规模。积极吸引全球能源化工贸易、航运服务、仓储物流中小企业在宁波注册落户,针对宁波流失的大宗商品贸易企业,实施"回甬

港口型大宗贸易商引育工程

聚焦油气、矿石、煤炭、粮油等领域,"一企一策"引进落户一批大宗商品跨国巨头、国内外知名大宗商品离(在)岸贸易主体。

外企层面,积极吸引知名海外大宗商品贸易商在宁波设立贸易基地,落地标杆产业项目。

国企层面,推进央企、国企在宁波注册设立大宗商品贸易公司或集团大宗商品贸易板块下的独立子公司。

民企层面,加强与具备重点商品进口资质的民企合作,招引一批渠道型、供应链管理型和总部型贸易企业,将全球性大宗商品贸易商的成功管理经验和贸易网络方式融入民企,提升国际竞争实力。

部分大宗商品贸易商:外企方面,嘉能可国际公司、巴西淡水河谷公司、美国自由港集团、维多集团、美国切尼尔能源共享服务有限公司、世天威仓储有限公司等。国企方面,铜陵有色金属集团股份有限公司、东风嘉实多油品有限公司、上海航天电源技术有限责任公司、中储发展股份有限公司、北矿科技股份有限公司等。民企方面,宁波韵升磁体元件技术有限公司、浙江锋锂新能源科技有限公司、中东石化有限公司、万向集团公司、宁德时代新能源科技股份有限公司等。

工程",通过必要的政策补贴,满足其对公共仓储设施、风险管理服务、便利融资服务等方面的经营需求。

四、建设国际进出口商品集散中心

(一)打造一批进口商品集散地和分拨中心

发挥进境指定监管场地功能作用,扩大冰鲜水产品、食用水生动物、水果、肉类、种苗、原木等进口规模,打造国际冷链进口全国(或区域)分拨中心、进口木材加工交易中心。依托宁波进口贸易平台,完善参与和对接中国国际进口博览会机制,扩大高端优质消费品和国内产业转型升级需要的技术、设备、零部件等进口,培育打造一批高端进口商品集散地和分拨中心。加快在全国主要区域建设中东欧商品直销中心,完善进口商品内销体系,打造中东欧消费品进入中国的首选之地。

(二)打造商品汽车运输基地

建设华东地区重要的商品汽车运输基地,形成宁波舟山港为主、温州港与台州港为辅、长江沿线节点为支撑的商品汽车运输网络。依托浙江省四大千亿级汽车产业平台,加快梅山滚装码头二期工程建设,扩大滚装汽车进出口规模,促进滚装业务体系化运营,提升梅山商品汽车运输基地承载能力。

(三)争取开展免税商品零售业务

发挥浙江自贸试验区宁波片区政策优势,加强免税商店规划布局和政策争取,支持符合条件企业申报国家免税品经营资质,设立市内免税店和口岸免税店,经营免税品零售业务。

五、探索大宗商品储运制度改革创新

聚焦油气存储、铜精矿保税混矿业务、油气储备改革创新等领域,持续深化油气全产业链建设,将宁波打造成全球战略资源配置基地。

(一)争取专业化泊位规划支持

站在锻造硬核力量和打造国家大宗商品战略中转基地的高度,以提

升大榭油气接卸储运能力为目标,争取将大榭(包括附属穿鼻岛)与仓储和加工设施配套的 LNG 码头、30 万吨级原油码头列入相关规划,支持大榭建设油气双循环战略枢纽。

(二)积极推动油气储备改革创新

探索商储国储转换规则,争取国家储备原油借还动用试点、非国营贸易经营企业原油进口和成品油出口资质及配额。

(三)争取保税贸易政策

支持综合保税区与自贸区、口岸联动,争取设立保税仓,开展保税铜、保税 LNG、保税燃料油等贸易,助力企业降本增效。对于油气产品和液体化工品,在保税仓库探索保税与非保税货物"同罐共储"。争取开展铜精矿保税混矿业务改革试点。

(四)推动创新海关监管方式

畅通宁波舟山与其他保税区、国内代储基地间的保税运输通道,实现"堆场后置",提升动态储备效能。

第十一章

世界一流强港与产业城市互动融合发展

　　港产城互动融合发展是港口硬核力量带动属地城市发展的重要体现。新的历史条件下,港口依然是宁波最大的资源,如何努力传承好"以港兴市、以市促港"发展战略的宝贵历史积淀,正确处理好港强、产强与城兴之间的系统性关系,积极谋划好预见性、创造性、引领性的重大政策机制和工作机制,对持续推进世界一流强港建设、锻造硬核力量具有基础性、全局性、长期性的重大战略意义。

第一节　港产城融合发展基本理论

"以港促产、以产兴城、以城强港",实现港产城融合是世界港口城市发展演变的普遍规律。新时期,推进港产城融合发展,必须在遵循理论、尊重规律和实践经验的基础上,深入分析"港—产—城"融合发展的内涵及作用机理,梳理三者融合发展的不同阶段特征、规律和模式。

一、港产城互动的一般性规律

（一）港产城内在联系

港口、产业、城市具有紧密的共生关系。港口作为海陆衔接的重要连接点,具有优越的后方交通条件和强大的集散功能,可以在全球范围内集聚产业、人口、生产资料、先进技术和资金等要素,对港口城市参与国际分工和贸易合作具有重要支撑作用,为实现港口城市高端发展和港口深度嵌入国际产业链、供应链服务系统提供重要动力。产业的发展又反哺港口,增加港口吞吐量。产业和港口共同发展为城市聚集了人口。特别需要说

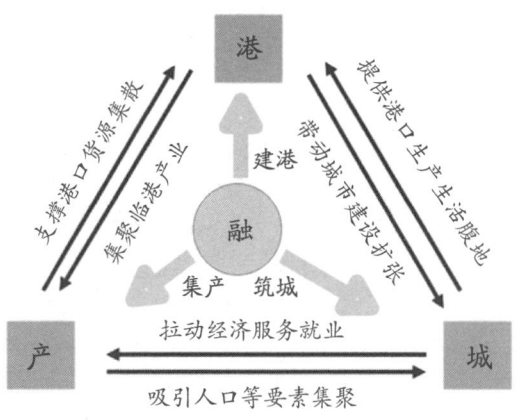

图 11-1　港口、产业、城市三者之间的关系

明的是,许多港口城市规模不断扩大、产业集群逐步壮大、港口吞吐规模扩张,导致港、产、城发展关系变得日益复杂,三者中任何一方发生变化,都会对其他两个方面造成重要影响。港产城协调融合发展的关键在于以港口为引领、产业为核心、港口城市为载体,依托海陆腹地和综合运输体系,按照物流成本效率边界和辐射半径引导生产力布局,发展港口枢纽经济,实现港口、产业、城市三大发展要素之间相互联系、协调互动、有机结合、共同发展。

(二)港产城空间关系

港、产、城空间关系是港口系统、城市发展、产业布局三个空间结构在

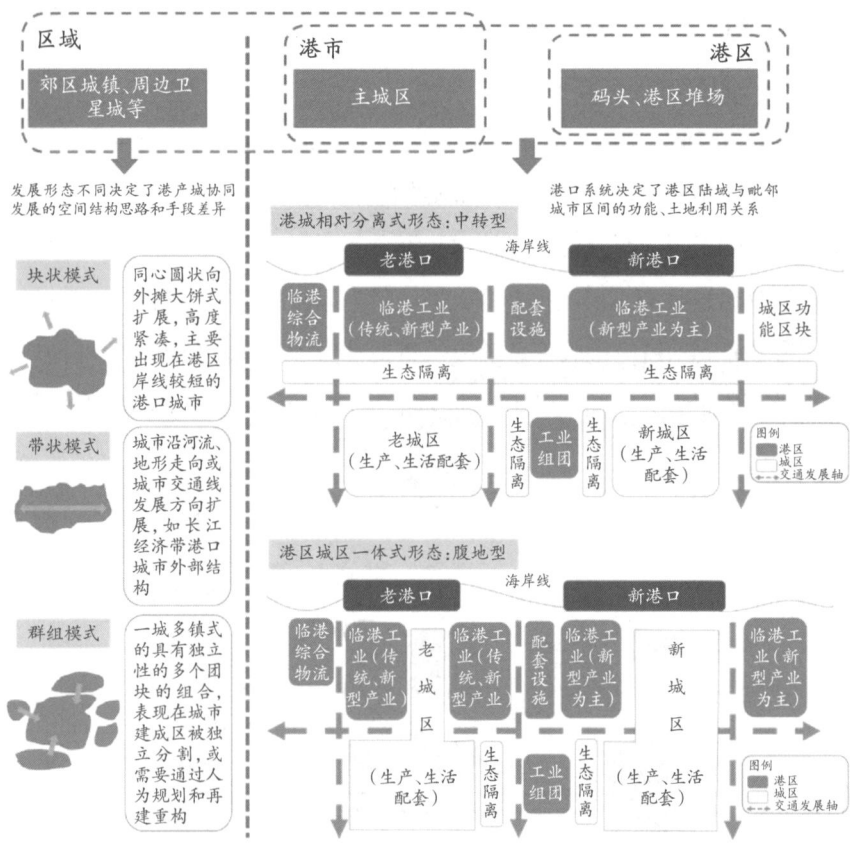

图 11-2 港口、产业、城市的三种空间布局形态

区域尺度上的耦合,并通过港口、城市、产业的相互作用、效果叠加,形成良性循环的空间布局系统。港口系统决定港区陆域与毗邻城市区间的功能、土地利用关系,产业布局发展、服务腹地产业发展和港口功能定位之间的相互作用决定了港口功能类型是腹地型港口、中转型港口还是兼而有之。而港口、城市内部结构则影响着港口与城市之间的地理空间组合形态,即港城相对分离式形态还是港区城区一体式形态。不同的形态决定了港、产、城协同发展的空间结构思路和手段的差异,港口城市会逐步形成块状、带状和群组三种空间布局模式。

(三)港产城互动发展阶段特征

港产城互动关系可从经济关系、功能关系和空间关系来看。纵观国内外港口城市,港城互动模式既与港口的发展阶段有关系,也与城市所处的发展阶段有关联。在不同的历史阶段,港口与城市互动的表现形式也不一样,呈现出以下规律。

表 11-1 港产城关系演变的四个阶段

发展阶段	主要特征	参考指标
第一阶段	港城联系仅限于港口的运输中转功能,城市成为商品物资集散地	RCI(相对集中指数)较大,即港口规模比城市规模发展快;运输中转产业比重大
第二阶段	临港工业迅速发展,货物吞吐量大,港口与城市在空间形态上相互融合	RCI 较大且呈上升趋势;二产比重最大,二产增速略高于服务业
第三阶段	港口产业链不断延长,形成港口经济增长点,城市辐射能力超出城市范围	RCI 较小,城市与港口规模同步增长;产业结构向高级化转变,服务业快速发展,第二产业增速放缓
第四阶段	港口经济不再具备主导地位,城市的发展取决于多元化产业发展及城市经济的增长	RCI 小且具有下降趋势,即城市规模发展较港口更快;地区生产总值保持较快增长,产业结构高级化,其中服务业快速发展,二产增速缓慢

第一阶段,港口建成与城市伴生阶段。主要特点是港口以运输功能为主,港区与城区高度融合。商品经济发展初期,自然成长起来的港口,

一般都位于大江大河交汇、河流入海口或者宁静港湾之内的区域,以满足腹地之间贸易往来、货物集散、人员交流的需要,港口功能比较单一,是比较纯粹的散杂货的"运输中心",而且能力和规模不大。港口与其所在或地理接壤城市伴生相长,城市经济发展与港口的关联度较低,仅码头地区受地域空间的影响较大,码头地区也主要发展一些为港口提供生活服务的关联产业。在这一阶段,港城互动关系表现为经济上相互依存,功能上相互依赖,空间上紧密相连。(见图11-3)

第二阶段,港口发展与城市繁荣阶段。主要特点是港口逐步向贸易物流港转变,城市服务港口的能级提升,港区与城区互促发展。随着临港产业发展、贸易规模不断扩大、港口资源逐步开发,港口由单一的运输功能逐渐向工业贸易功能转变,城市从简单服务于港口转向积极利用港口,港口经济特别是石化、临港加工产业、物流业蓬勃发展,并不断吸引产业链中的上下游关联产业向港口及邻近区域集聚,逐渐形成以港口为主导的港口城市。在港口促进城市经济发展的同时,城市发展又为港口发展提供政策、资金支持和保障。在这一阶段,实现了港城关系的融合互动发展。(见图11-4)

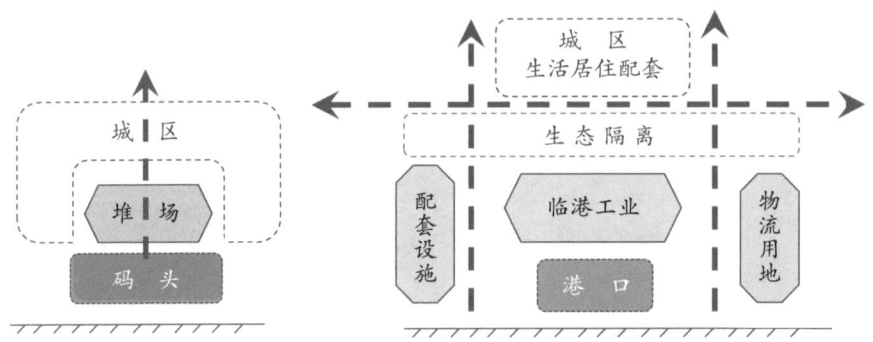

图11-3 初始阶段的港口与城市空间发展示意图

图11-4 融合互动阶段的港口与城市空间发展的示意图

第三阶段,港口受限与城市扩张阶段。主要特点是临港工业在港区集聚,与港口无直接关联的产业在城区集聚,港区与城区逐步背离。由于

第十一章 世界一流强港与产业城市互动融合发展

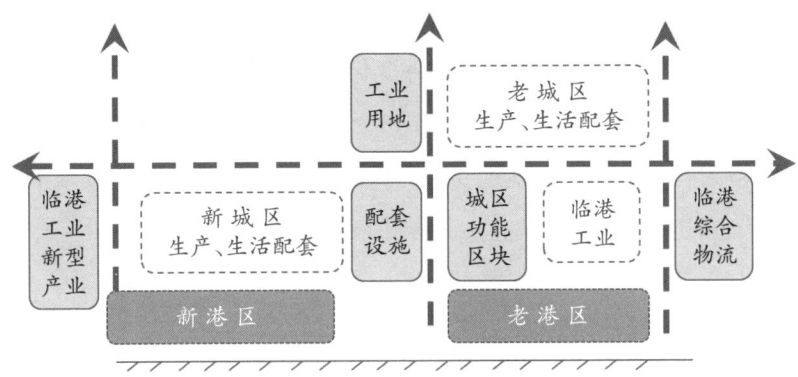

图 11-5 分离阶段的港口与城市空间发展的示意图

港口集疏运体系不断完善,大量临港工业进入,港区规模不断膨胀,给城市带来较大交通和环境压力。同时,港口城市的基础设施逐步完善,吸引与港口无直接关联的产业在港口城市集聚,城市产业体系逐步完备,综合功能不断提升,城市扩张步伐加快。与此同时,港区发展受限,港口及其关联产业被迫向外迁移,港口对城市的贡献度逐步下降,城市经济成为港口城市的主要经济形态。在这一阶段,港城互动关系受到制约,呈现功能明显分异、空间明显分离的格局。(见图 11-5)

第四阶段,港口提升与城市转型阶段。主要特点是港口功能进一步提升,城市加快转型发展,港口和城市实现更高水平的互动发展。在港城

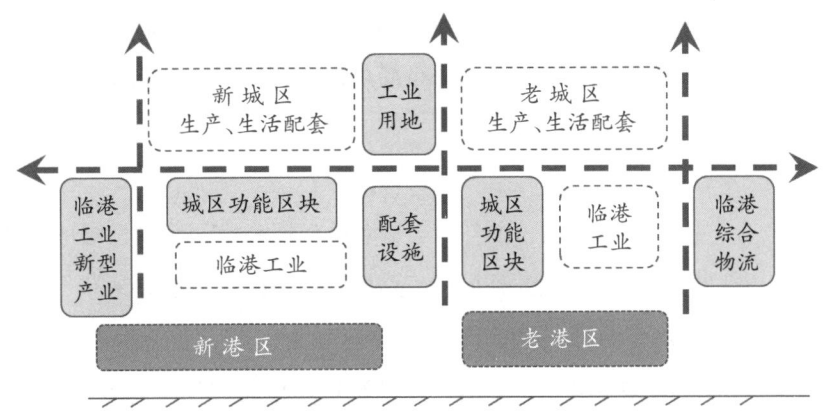

图 11-6 自增长阶段的港口与城市空间发展的示意图

互动关系背离的形势下,港口和城市需要寻求新的发展空间,根据发展趋势、资源条件、发展环境等客观条件变化,调整发展战略,优化空间布局,创新港城互动方式,拓展港城互动领域,促进城市和港口同步转型提升,进入港城自增长阶段,功能上要求更高层面相互促进,空间上要求重新融合布局,真正实现"港兴城兴"。(见图11-6)

二、港产城融合发展的影响因素

影响港产城互动融合发展的因素很多,主要有空间布局、产业选择、岸线资源配置、港口腹地范围、体制机制等五个方面。

(一)空间布局

空间布局是连接港口和城市的载体,主要由港口码头作业区用地、临港产业用地、城市居住生活用地以及连接这三者之间的内外交通系统和嵌入在港区与城区内部的绿地生态系统。按照货物的性质,合理地进行港口码头布局,不但可以提高中转效率,而且在节约利用空间、减少环境污染方面也会起到很大作用;根据临港产业的性质合理布局相关产业,可以减少噪声、污染等环境方面的影响;只有对港口区域、各种服务设施以及居住空间形成合理的布局,才能有效促进港城关系的优化发展;由水运、公路、铁路、航空网络乃至管道组成的高效的立体化运输网络,为港口巨大的吞吐量以及物流服务提供了便捷畅通的集疏运条件。总之,港口与城市空间的合理空间布局可以提高港城运作的效率、提升居住环境的质量。

(二)产业选择

产业是连接港口和城市的纽带,是港城功能和空间互动发展的物质基础。港口产业有着典型的外向型经济特征,可以比较便利地获得国外及区域外的经济资源,同时也可以利用港区的集聚效应形成临港产业,进而带动本地区的经济发展。临港产业是港口城市发展的共同需要,是港城功能和空间互动的结合点和着力点。港城互动的深层联系表现在港口产业链的延伸上,在临港工业的推动下,促进港口城市的工业、商业、贸易、金融业等得到发展,继而满足港口发展对城市的多功能化要求,实现港口与城市协调优化发展。

表 11-2 港口相关产业的结构

港口产业类别	含义
港口直接产业	以港口装卸运输功能为主的装卸产业
港口共生产业	与港口装卸主业有着紧密联系的海运、集疏运、仓储、配送等现代物流业
港口依存产业	凭借港口综合条件而形成的大型加工业以及船舶修造、粮油加工等制造业
港口关联产业	与港口直接产业、共生产业、依存产业相关的金融、保险、商贸、娱乐等服务业

(三)岸线资源配置

岸线资源是港口发展最重要的基础条件,是港口城市发展重要的战略资源。每个港口城市可供建设港口的岸线资源极其有限,岸线资源的利用状况将直接影响到集疏运的效率。"深水深用、浅水浅用"是岸线资源利用的基本原则。由于重化工业原料、产品等都具有"大进大出"的特点,一般需要依托深水岸线布局。在重化工产业临近人口密集的城区时,通过设置生态空间防护隔离或者通过企业技术改造来缓解与城区环境产生的矛盾。

(四)港口腹地范围

港口是港口城市发展的重要基础,但港口只是一个点,最终决定港口以及港口城市兴衰的则是突破港口城市范围的更大的区域。腹地是港口和港口城市吸引和辐射的范围,腹地的经济状况对港口兴衰起着决定性的作用,它不仅决定了港口的规模,也决定了港口城市的规模。广阔的经济腹地范围是促进港口发展、提高港口城市地位的重要因素。

(五)体制机制

体制机制是港城互动的主要活力所在,需要强调港口与所在城市、产业功能区、国家开放政策之间的相互融合、相互协调。建立港城互动多层次协调沟通机制、搭建联合招商平台、推进信息数据共享互通，将产业功能区在税收、海关监管等方面的政策优势与港区在航运、装卸等交通便利的区位优势有机结合，将港口集装箱综合处理与货物分拨、分销、配送等业务有机联动，可以进一步促进港口、产业、开放资源的有效整合，实现航、港、区一体化运作，带动信息流、资金流和商品流的集聚和辐射。

三、港产城融合发展典型模式

由于不同国家港口城市和港口所处区位不同、在国际产业链供应链中的地位各异，在融合发展实践中，形成了多个具有典型代表性的港产城发展模式。

（一）城因港兴、以产带港模式

以荷兰鹿特丹港为代表。鹿特丹不仅是荷兰和欧盟的货物集散中心，也是西欧的贸易中心，具有多功能、多层次的港口经济模式，依托周边英国、德国、比利时、瑞士等西欧发达国家强大的腹地支撑，以港口作为重要的国际贸易中心和工业基地，成为港城一体化的国际城市。同时，以鹿特丹港口为圆心，推动产业呈同心圆作"波浪"式向外发展，产业在空间上形成的"波及效应"，对周边区域的社会生活、经济结构、土地利用、城市建设等产生深刻影响。

（二）产城共进、港城合一模式

以美国纽约－新泽西港为典型代表。纽约市初始依托纽约－新泽西港发展对外贸易，但随着伊利运河开通、铁路网建设、商品贸易集散以及移民大规模集聚，城市迅速向全球化、高端化转型，服务业迅速替代传统制造业成为城市支柱产业。位于曼哈顿岛上的老港区已用于商业地产开发、金融产业等，变成繁华的商业中心。特别是 2008 年金融危机之后，鉴于传统的金融、媒体、广告、法律和咨询业不断萎缩，纽约市政府着手推动建立基于传统产业优势的高科技创新引擎，发展为传统优势产业服的金融科技等知识密集型服务业,吸引亚马逊、苹果、谷歌和脸书等科技巨头齐聚曼哈顿西区,并在与其一河之隔的布鲁克林DUMBO区、布鲁克林造船厂和中心城区大力发展智能制造新业态,集聚移动通信、生物医疗、数字传媒、工业设计、人工智能、航空科技等领域的大量科技公司和科技从业者,形成显著的"科技产业三角区"。

(三)港口群一体化模式

以日本东京湾港口群为典型代表。日本政府注重最大限度利用海岸线长、海湾多的优势,不仅通过环绕现代化港口群建立临港工业带,大力发展临港经济,还通过将各港口与国际机场、新干线以及高速公路交织,构建海陆空立体交通网,既解决资源匮乏问题,也带来国际贸易的繁荣和人口、要素的集聚,支撑起东京、大阪、横滨等发达城市群,港城之间形成了良性互动的格局。东京湾区的人口、地区生产总值和港口容量分别占了整个日本的34%、40%和40%。特别是为解决港产城矛盾,从20世纪60年代开始,东京就实施"工业分散"战略,将一般制造业外迁,临港制造业逐步从东京的中心城区迁移至横滨市、川崎市,进而形成和发展为京滨、京叶两大工业带[1]。

(四)港产深度嵌入城市模式

以新加坡港为典型代表。面对人口与资源矛盾压力、临港污染重工业与城市环境之间的冲突,新加坡及时升级临港产业,将早期发展的劳动密集型工业集中在主岛区域北部,同步推进城市总体规划和空间用地规划,合理规划城市建设和港产用地,通过填海造陆、地下建设,拓展产业空间,布局居住与文化、教育、商业、医疗卫生等公共服务设施,实现土地利用集约高效发展,临港工业产业、城市与人口结构实现协调发展,形成"港产城文"协调下吃、住、行、游、购、娱一体发展的良性循环。凭借优

---

[1] 据粗略统计,目前京滨、京叶两大工业带聚集着日本1/3的人口、2/3的经济总量、3/4的工业产值,以及三菱、丰田、索尼等一批知名大企业。

良的港口软硬件环境,新加坡已经发展成为著名的国际港口城市、国际航运中心。

第二节　宁波港产城互动融合发展的实践

一、主要成就

改革开放以来,宁波抓住国家下放港口管理权限机遇,坚持"以港兴市、以市促港"发展战略,港产城总体上走过了一个港产城良性互动、相得益彰的历程。

(一)城市因港而兴盛

随着港口不断发展,宁波城市空间不断拓展,走过了以三江口为核心的"团状"、沿甬江入海的"带状"、沿港口"三江片、镇海片、北仑片"三片"组团"和都市区四大发展阶段,城市功能地位明显提升,基本建成辐射中西部、对接海内外的亚太开放门户城市。2021年,全市地区生产总值总量居全国城市第12位,自营进出口总额11926.1亿元,居全国城市第6位。

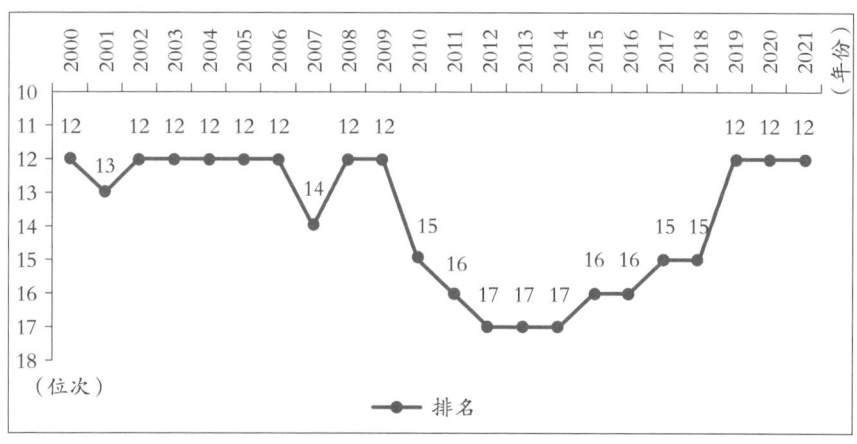

图 11-7　2000 年以来宁波地区生产总值全国排名情况

第十一章 世界一流强港与产业城市互动融合发展

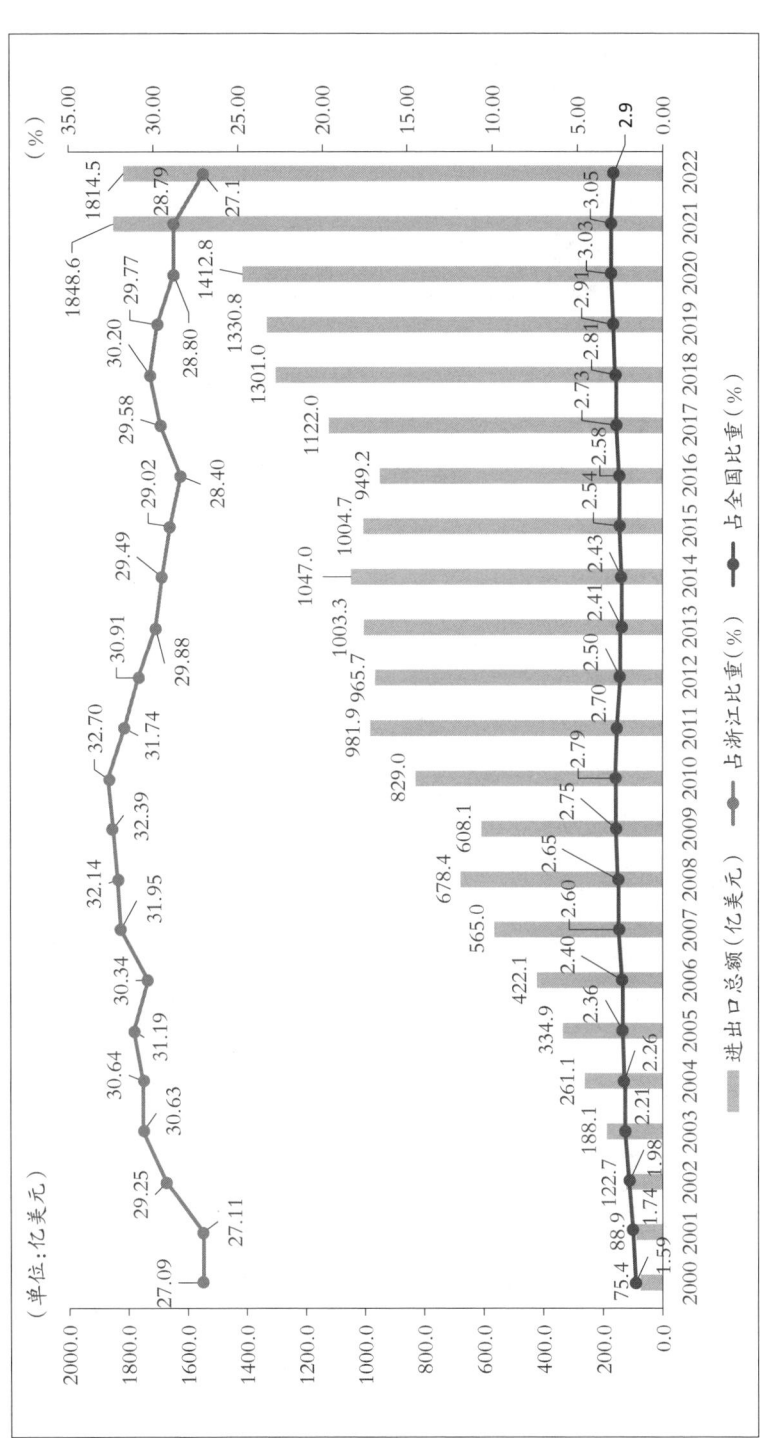

图 11-8 2000 年以来宁波进出口总额规模在全省、全国占比情况

来源：根据国家、浙江省和宁波市历年统计年鉴、统计公报整理制作

315

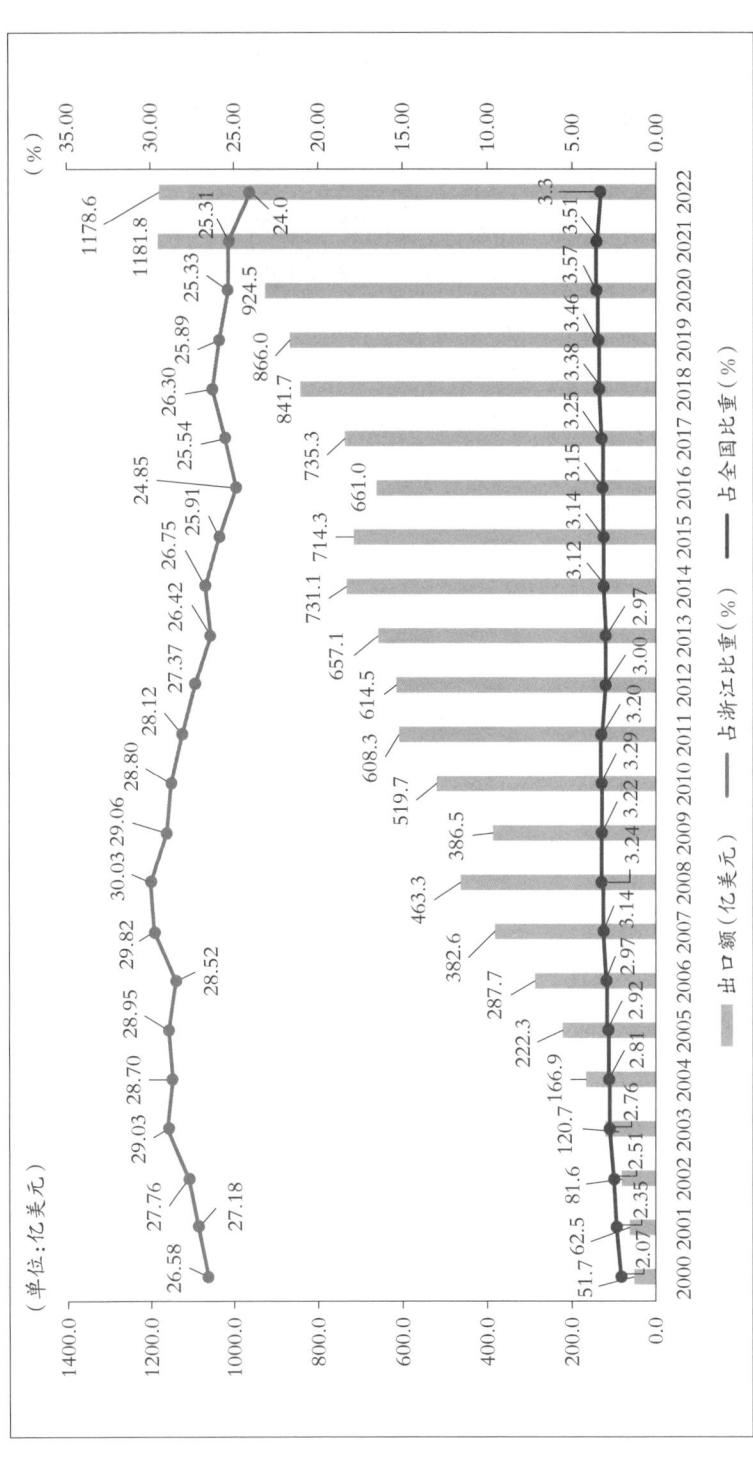

图 11-9 2000 年以来宁波出口额在全省、全国占比情况

来源：根据国家、浙江省和宁波市历年统计年鉴、统计公报整理制作

表 11-3 2021 年全国城市地区生产总值排名

排名	相比上年	城市	2021年地区生产总值（亿元）	2020年地区生产总值（亿元）	实际增速
1	—	上海	43214.85	38700.58	8.1%
2	—	北京	40269.6	36102.6	8.5%
3	—	深圳	30664.85	26992.33	6.7%
4	—	广州	28231.97	25019.11	8.1%
5	—	重庆	27894.02	25002.79	8.3%
6	—	苏州	22718.34	20170.5	8.7%
7	—	成都	19916.98	17716.7	8.6%
8	—	杭州	18109.4	16106	8.5%
9	—	武汉	17716.76	15616.1	12.2%
10	—	南京	16355.32	14817.95	7.5%
11	—	天津	15695.05	14083.73	6.6%
12	—	宁波	14594.9	12408.7	8.2%
13	—	青岛	14136.46	12400.56	8.3%
14	—	无锡	14003.24	12370.48	8.8%
15	—	长沙	13270.7	12142.52	7.5%

说明："—"表示排名不变。　　　　来源：根据各市统计公报整理制作

（二）产业因港而发展

依托港口和区位优势，宁波已形成以绿色石化、汽车制造等临港制造业为龙头，以高端装备、电子信息等战略性新兴产业为支撑的一批千亿级产业集群，成为全国重要的临港产业基地和先进制造业基地。特别是战略性新兴产业快速发展，2015—2020 年，全市战略性新兴产业产值和增加值分别从 3557.0 亿元、583.3 亿元增加到 5263.2 亿元、1199.3 亿元，年均分别增长了 8.2% 和 15.5%；2021 年战略性新兴产业增加值占全市规模以上工业的比重达到 27.9%，成为先进制造业增长的重要引擎。同时，"3433" 现代服务体系快速形成，服务业增加值已成为支撑 GDP 壮大的第一力量，从 2019 年起，第三产业增加值占比超过第二产业，2020 年达创纪录的 51.4%（超过第二产业 5.5 个百分点），2021 年有所回落至 49.6%（但依然超过第二产业 1.7 个百分点）。

表 11-4　宁波绿色石化和汽车制造业规上工业总产值

年份	绿色石化产业		汽车制造业	
	总产值（亿元）	增速	总产值（亿元）	增速
2016	—	—	1924	29.8%
2017	—	—	2355.9	21.2%
2018	3539.2	14.94%	3169.8	—
2019	3521.9		2728.5	—
2020	3055.98	-13.1%	2735.4	0.3%
2021	4145.9		2844.0	—

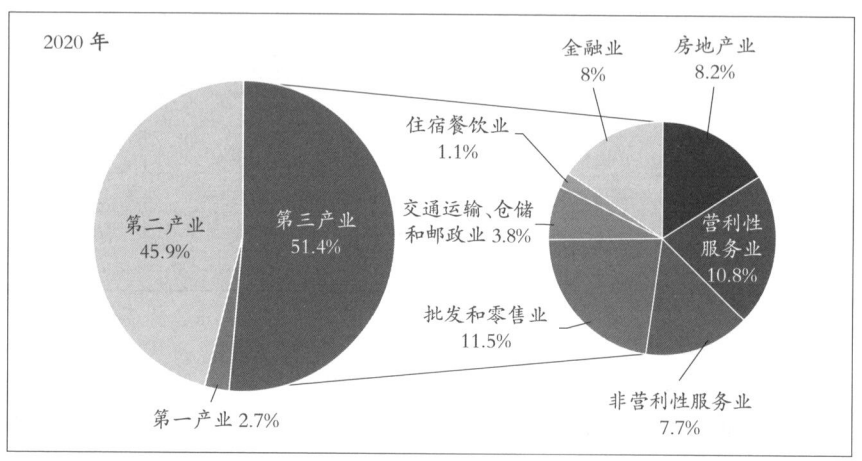

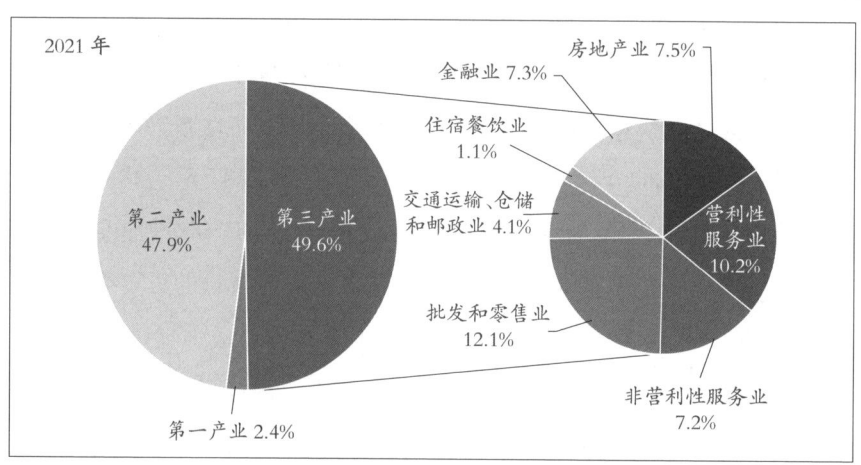

图 11-10　2020—2021 年宁波三次产业结构变动对比

（三）港口因城而壮大

宁波发达的外贸和工业拉动了港口吞吐量增长，同时，良好的集疏运网络也吸引了周边地区货源，港口影响力和辐射力日益增强，宁波舟山港位居2021年度新华·波罗的海国际航运中心发展指数综合排名第10位（2019、2020年分别为第13位、第11位）。

表 11-5 全球领先的港航物流发展优势

指标	2021年	全球排名
港口吞吐量（亿吨）	12.24	第1名
集装箱吞吐量（万标准箱）	3108	第3名
港口连通度	287条航线	第4名
国际航运中心发展指数综合排名	—	第10名

二、存在问题

随着港口、产业、城市规模不断扩大，特别是港产城在代际更迭时期，受限于条块分割的管理体制、事权分离的利益机制以及资源禀赋、环境承载能力的制约，宁波港、产、城深度融合发展面临的困难和短板日益凸显。

（一）共谋港产城互动发展的体制机制有待理顺

港产城深度融合体制机制不健全，宁波舟山港在资源整合时实行了"同股不同权"的政策，而协商合作、利益协调机制不完善，尤其是共推重大招商项目、共谋重大发展项目的机制尚未建立，一定程度上影响了政企协同合力推进港城有机联动、协调互动、深度融合发展的双向积极性。同时在资源整合方面，宁波、舟山两港尚未完全实现实质性一体化，重复建设、多重管理的"名为一港，实为两港"现象仍然存在，岸线资源配置不优，区域产业分工协和集群效应弱，政策不统一，信息互通共享水平较低。

（二）牵引港产城互动发展的经济贡献边际效应下降

目前，宁波港口发展与城市经济之间的联动效应出现弱化。2008—

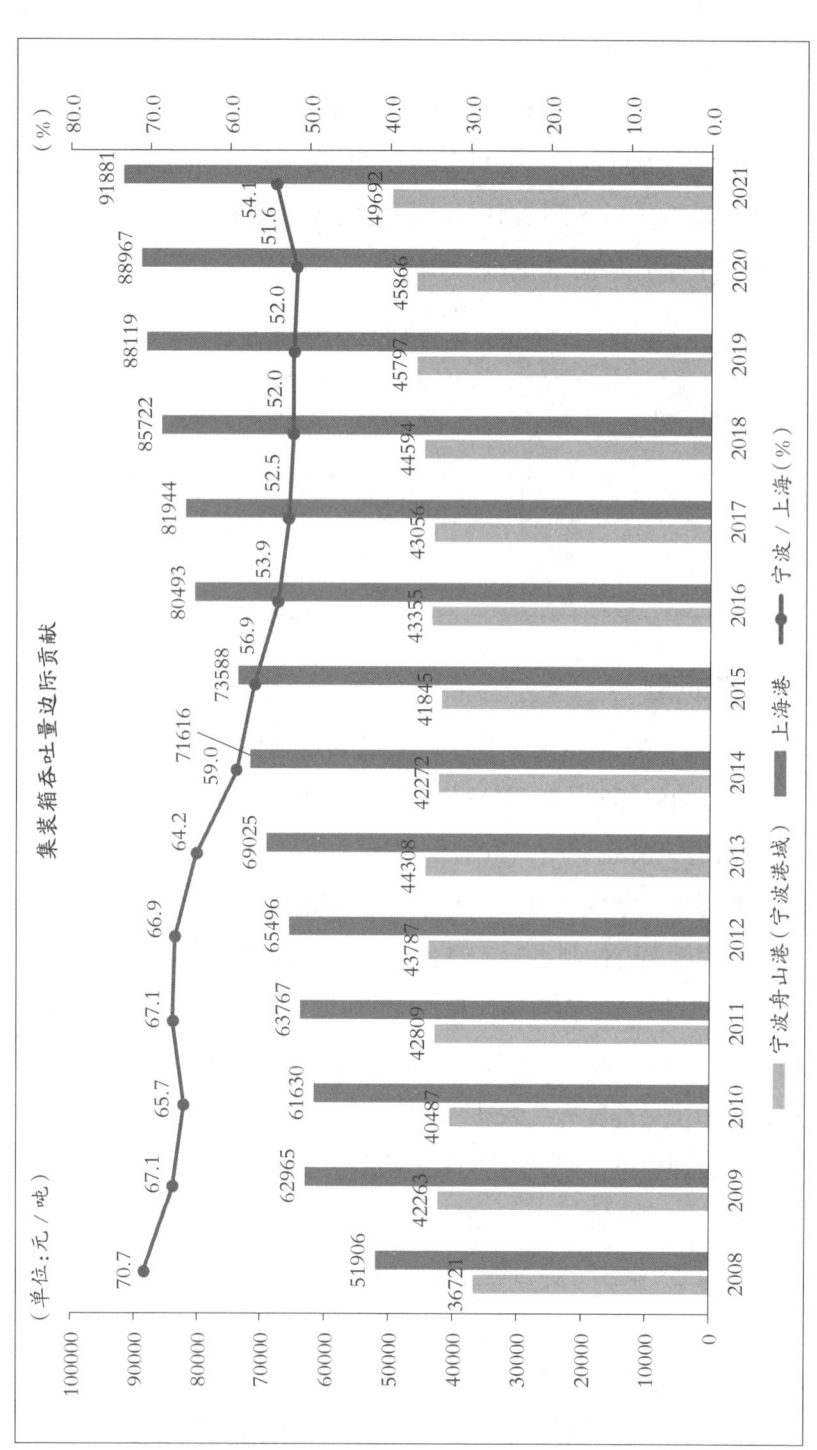

图 11-11 宁波舟山港（宁波港域）与上海港吞吐量边际贡献对比（1）

来源：根据宁波、上海统计年鉴与政府网站数据整理制作

第十一章 世界一流强港与产业城市互动融合发展

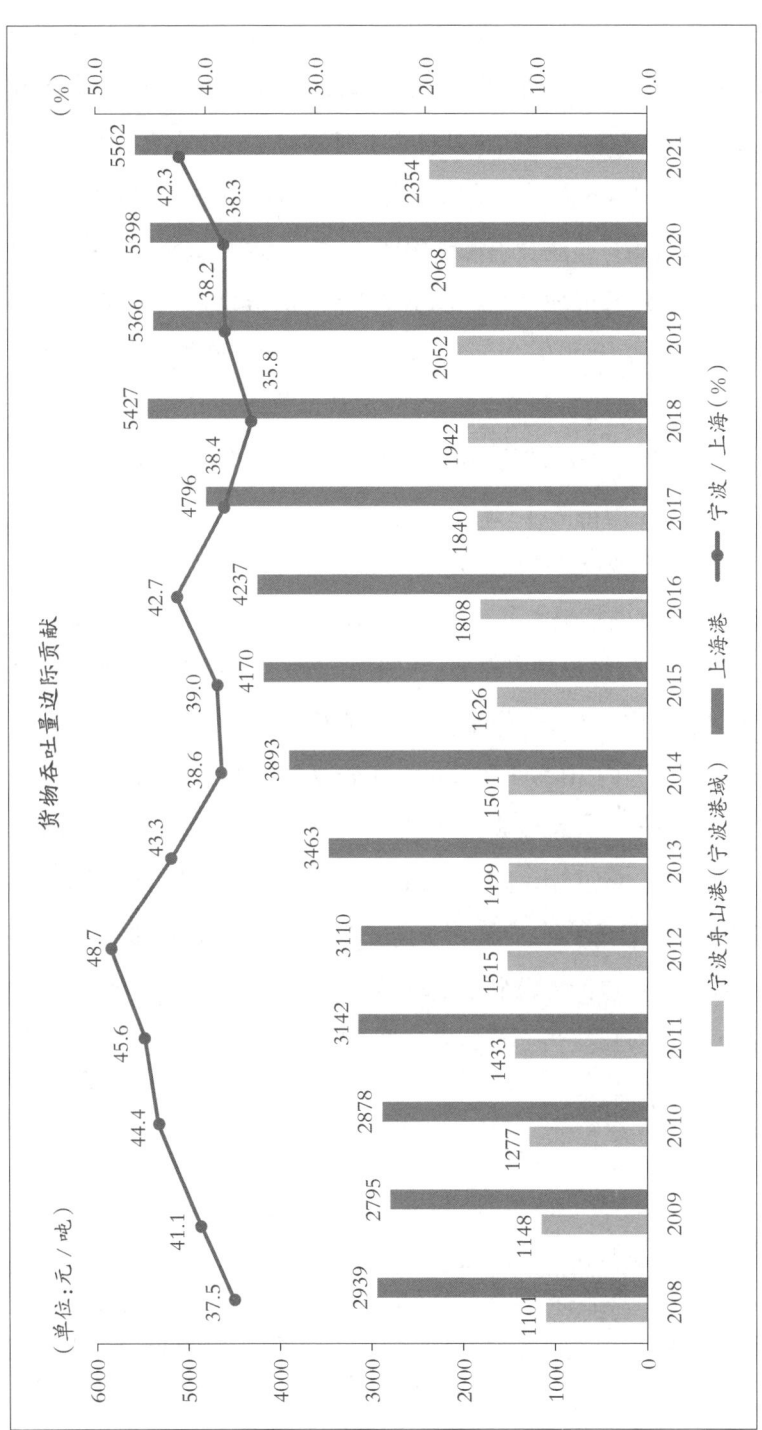

图 11-11　宁波舟山港（宁波港域）与上海港吞吐量边际贡献对比（2）

来源：根据宁波、上海统计年鉴与政府网站数据整理制作

2021年，宁波舟山港（宁波港域）集装箱量吞吐量对城市地区生产总值的边际贡献与上海港的比值从70.7%下降至54.1%；2021年货物吞吐量对城市地区生产总值的边际贡献仅为上海港的42.3%左右，较最高值（2012年）降低了6.4个百分点。宁波港域虽然吞吐量很大，但是货值较低，单位吞吐量进出口货物货值低于深圳的1/3、上海的2/5，据测算，港口直接增加值还不到城市地区生产总值的2%。根据2020年交通运输部水运科学研究院《基于世界一流港口和国际码头运营商指标评价体系的浙江省海港集团同业对标研究》显示，宁波港口总体经济贡献度约为8%（鹿特丹港为40.5%、香港港为20%、新加坡港为13%、天津港为9.40%、深圳港为7.20%、上海港为4.1%）。

（三）彰显港产城互动高质量发展的城市功能不强

宁波港口建设成就举世瞩目，但城市建设特别是临港区域的新兴产业区、城市功能区等建设相对滞后。以港城矛盾问题最为突出的北仑区为代表，临港城区港口功能、物流功能、产业功能和城市居住功能空间交叠，临港产业集聚区内10多个工业区分布着绿色石化、钢铁、汽车、造纸、能源、装备、材料等近万家企业，产业布局分散，港城空间交错，导致港、产、城三者对土地、交通、岸线等资源相互争夺，港口、产业发展对城市环境造成负面影响，港城矛盾严峻。[1]另外，宁波城市高端要素保障能力不足，除创新和人才引进能力已显不足外，创新投入、创新创业载体、高校和人才资源等方面，对比杭州、南京、成都等城市已经没有竞争优势，部分领域甚至已经大大落后。

---

[1] 具体表现为：（1）港口的集疏运体系与城市交通相互交织，导致城区客货混行，交通拥堵压力巨大、交通安全形势严峻；（2）临港产业以及港外堆场、集卡停车场、货运场站等占地规模大、布局分散，集聚集约化程度较低，挤占了城市有限的可开发利用土地资源；（3）港口岸线多元化开发利用滞后，码头岸线占比较大、生活生态岸线缺乏，导致城市滨海旅游与休闲娱乐等都市功能欠缺。

表 11-6　2020 年宁波与部分城市创新指标比较

创新指标	宁波	深圳	杭州	南京	成都	青岛
研究与试验发展（R&D）经费占比	2.6%	4.2%	3.4%	3.1%	2.6%	2.8%
一流高校+一流学科（个）	0+1	0	1+1	2+10	2+6	1+1
国家重点实验室（个）	5	14	10	37	10	9
国家工程实验室（个）	1	7	9	1	7	—
国家工程（技术）研究中心（家）	12	7	6	17	4	10
国家地方联合工程研究中心（家）	1	5	2	1	5	3
高校在校生数（万）	15.6	10.4	47.3	36.2	91.3	25.2

来源：根据各地统计年鉴、政府网站数据整理制作

（四）支撑港产城互动发展的集疏运方式较为传统

宁波是我国重要的港口型交通枢纽城市和贸易物流中心城市，但贸易中心功能与物流集散功能尚未良性匹配，不利于港城主导产业的迭代升级。目前，宁波舟山港集装箱运输以公路为主，占比在 70% 左右，水路运输不足 27%，铁路运输更是不足 4%，省外腹地市场开拓主要集中在公路运距 500 千米左右的范围内，以浙江中西部和江西、安徽等地为主。散

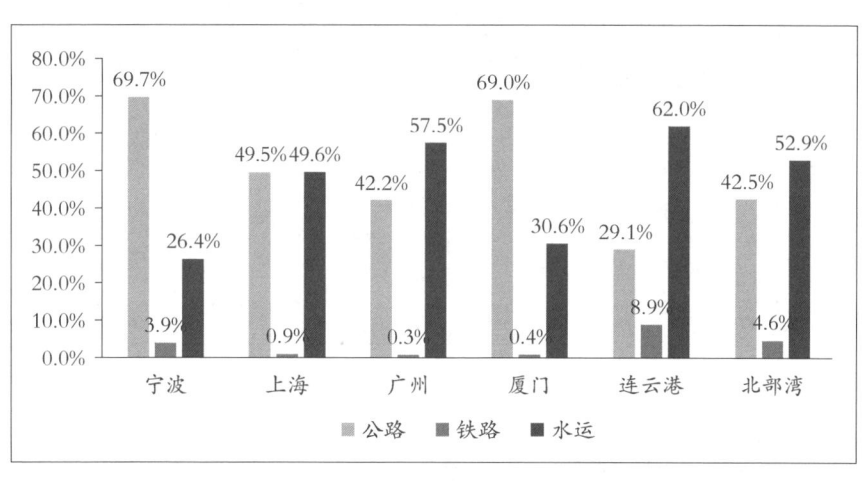

图 11-12　2021 年国内主要港口集疏运结构

杂货运输和客运也不例外,疏港运输均高度依赖公路,主要通道通行能力接近饱和,而且疏港公路部分路段与城市道路重合,在北仑临港区域造成明显的"集卡围城""客货混行"和超限超载等现象,北仑区每年因集卡车造成的交通事故约占其交通事故总量的1/4。

(五)保障港产城融合发展的功能布局不协调

临港区域港产城空间统筹不足,城市、产业、港口规划各自为战,出现争地现象;生产岸线与生活岸线配置失衡,宁波港域188千米[1]的港口岸线布局了300余个生产泊位,生活岸线严重不足,临港而不滨海制约城市风貌提升;北仑区域10多个工业集聚区集聚了6000多家企业,数量多、布局散,港城空间交错,土地集约利用水平低。

堆场、集卡停车场、临港产业空间布局"小散乱"、供需失配等现象明显。从堆场布局看,北仑区域44处港外堆场中37处位于北仑中心城区地带,84.1%的港外堆场布局在北仑、大榭港区(吞吐量合计仅占40.5%),穿山、梅山港区堆场面积合计占比15.9%(吞吐量合计占比达59.5%),导致港区间每年重箱转运量在100万标准箱以上,加重了交通压

表11-7 2019年北仑区各港区集装箱吞吐量与港外堆场数量情况

序号	港区	集装箱吞吐量		港外堆场数量	
		总量(万标准箱)	占比	总量(个)	占比
1	北仑港区	684.75	40.5%	37	84.1%
2	大榭港区	347.35			
3	穿山港区	1035.04	59.5%	7	15.9%
4	梅山港区	479.83			
	合计	2546.97	100%	44	100%

---

[1] 据《宁波舟山港总体规划(2014-2030年)》港口岸线利用规划,宁波港域共188千米,其中已利用95千米,未利用有规划方案43千米、无规划方案50千米。

力。从集卡停车场布局看,集卡停车场车位供需失衡,北仑区域规模较大的12处集卡停车场可提供车位数约8600个,最饱和状态的停车场车位数和实际停车数值比达到1∶1.4,集卡停车需求缺口近3500个,导致乱停乱放现象严重,进一步加剧了交通拥堵和交通安全压力。此外,未来发展空间也极为有限。[1]

第三节 宁波港产城互动融合发展能力提升策略

港产城深度互动融合发展是港口城市发展的高级阶段和美好图景,是实现"以港兴市""以市促港""港强城兴"的前置条件。建设世界一流强港,要系统把握先进经验与时代要求,建立体系化工作思路,真正实现融合共生、可持续发展。

一、系统把握港产城互动发展的经验和新要求

（一）国内外港产城融合发展经验借鉴

考察国内外主要港口城市的发展历程,港口与产业、城市的互动关系具有明显的演变路径,走过三个不同的发展阶段。进入城市主导的港产城融合阶段后,国外先进城市大都顺应港口升级和城市发展需要,及时调整港产城空间格局,科学规划布局集疏运体系,延伸产业链提升价值链,依托港口功能积极开放。

---

[1] 宁波舟山港2025年3500万标准箱、2035年5000万标准箱的发展目标,要求后方堆场、物流、集疏运体系同步提升,加上北仑先进制造业、绿色石化、化工新材料等产业发展也急需空间承载,而"十四五"期间北仑区剩余成片0.56万亩规划指标均位于偏远区域,几乎已无扩展空间。

表 11-8 港产城融合发展不同阶段的不同结构

	港口成长阶段(1.0版)	港口带动阶段(2.0版)	产城带动阶段(3.0版)
基本特征	基于全球分工的开放功能与国际发展,港口发挥枢纽作用,发展"三来一补"加工贸易,吞吐规模逐渐壮大	基于临港区位优势,以临港工业为主体的实体经济属性加强,城市开放、商贸等功能不断完善	基于产业体系现代化和城市治理能力现代化,产业"高精尖"转型,城市自主创新、要素配置等能力逐渐形成并完善,带动港口发展
驱动模式	要素驱动 投资驱动	投资驱动	创新驱动 财富驱动
拉动力量	外需拉动		内需拉动

1.及时调整港产城空间格局,既联系便捷又相对独立。强调城市和港口之间适度分离,从以往港城紧密型向既联系便捷又相对独立方向发展。如优先在港口周围布局与港口关联性较大的产业,减少物流交通对城市的影响;在港区和城市之间建设绿色生态区,开发生活旅游岸线等。

2.科学规划布局集疏运体系,优化运输结构。统筹港口与后方集疏运体系的建设衔接,发展多式联运,降低公路运输占比,建立专门集装箱运输道路,避免疏港交通与城市交通重叠。

3.延伸产业链提升价值链,推动高水平港产城互动协调发展。大力推进港口转型升级,发展高端航运服务;同步提升临港产业链,促进优势临港工业高端化、循环化、集群化发展;同时,优化城市营商环境,积极培育贸易、金融、信息、科创等服务功能。

4.依托港口功能积极开放,提升港城国际化水平。利用港口作为对外开放特殊区域的功能,策划举办国际性重大活动,实施自由港政策吸引世界各国船公司、国际性机构入驻,推动投资贸易便利化,不断提升港城知名度和影响力。

(二)新阶段港产城融合发展新要求

港产城关系一直是宁波经济社会发展中的重大问题,随着发展阶段的逐步演进和功能层级的快速跃升,宁波港产城互动发展面临更趋复杂多元的内外部因素和作用机制,需要用系统思维的方法来观察、分析、思考港城互动发展面临的新形势、新要求。

1.构建更高站位的统一发展体系。从港与城的单向促进带动转向港城双向互促、融合共进的新格局,是国际先进港口城市普遍的发展规律。这要求宁波以建设港口城市为载体,完善港口城市体系,立足港口最大资源优势,统筹城市发展全局,系统谋划临港区域空间结构优化、主导产业和新兴产业升级、城市交通区位条件优化、涉港重大基础设施建设等发展工作,形成整体性最大发展优势,为宁波主动融入国内国际双循环发展新格局、高水平建设现代化滨海大都市奠定坚实基础。

2.发展更高层次的多元主导产业和新兴增长中心。港口城市的现代化建设,在不同阶段具有不同的战略重点,需要与时俱进持续升级主导产业体系,培育和发展新兴增长中心。这要求宁波要在继续做大吞吐规模基础上,提升国内国际两个市场资源要素配置能力,稳定发展产业链供应链,培育临港先进制造业、高端港航服务业、大宗商品储运业等高价值产业新兴增长中心,形成高质量临港经济发展新优势,为现代化滨海大都市创造商务、创新等多样化功能。

3.打造更高能级的港产城互动发展生态。宁波舟山港建设事关全省、全国大局。要始终立足大视野、坚持高站位,将宁波港口开发建设放在全省、全国的大棋盘中进行考虑,充分发挥自身特色优势,在港城互动发展中广泛加强外部联系,释放潜在动能,应对困难挑战,打造全球供应链体系和科技创新中心,优化市场化、法治化、国际化营商环境,不断提升陆海两个扇面的链接能力,在共建"一带一路"、长江经济带发展、长三角一体化发展等中为全省、全国发展做出更大贡献。

二、宁波港产城融合的总体思路

立足新发展阶段,把握新要求,推动宁波港产城深度融合发展,要紧紧围绕锻造硬核力量,聚焦最大化港口资源效益、更新升级产业体系和提升城市能级,借鉴先进经验,积极创新突破,开创形成以港促产、以产兴城、以城育港新局面。在战略选择上,宁波港口具有较为鲜明的临港产业支撑运行特征,发展成为腹地辐射型、中转服务型港口均面临上海等港口的强烈竞争和挤压。因此,必须发挥宁波临港产业优势,延伸产业链,提升城市产业价值链供应链的组织能力,使宁波港产城融合具有强大的内生驱动力和辐射衍生动力,形成港产城互促互进发展模式。

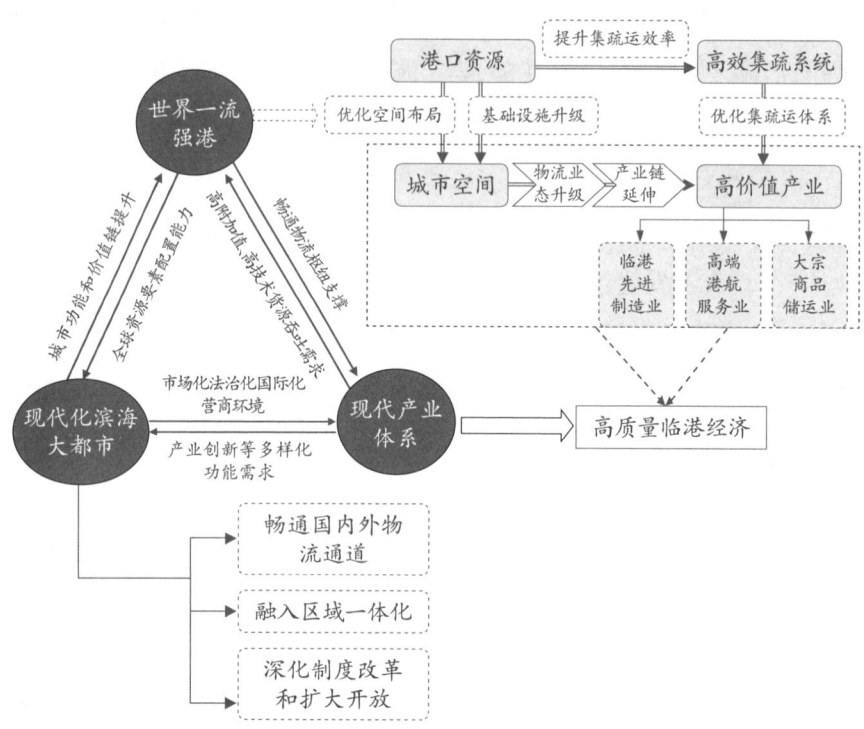

图 11-13 新阶段宁波港产城融合互动发展的思路架构

三、宁波推进港产城融合发展能力提升策略

实现港产城融合是世界港口城市发展面临的共同命题。新发展阶段背景下,宁波加快推进世界一流强港建设,要针对港产城之间矛盾日益突出的问题,着力优化港产城文空间布局、完善港产城融合发展体制机制、拓展生活生态空间、发展临港贸易和先进制造、优化口岸发展环境,真

正实现港、产、城融合共生可持续高质量发展,形成"以港兴市""以市促港""港强城兴"新格局。

(一)优化港产城空间结构

1.加强港产城融合发展空间统筹。一是加强规划统筹。按照"港产城文人"融合方向,改变原有城市、产业、港口规划各自为战的状态,以新一轮国土空间规划为契机,着力解决不衔接、不匹配等问题,真正实现"谋划一张图、落地一张图"。二是加强岸线资源统筹配置。推动岸线优化、提升与转型,探索建立岸线效益评价和置换退出机制,促进港口岸线和产业岸线的集中高效使用,合理布局一定生态和生活岸线,构建形成生产、生活和谐融洽的滨海岸线配置结构。三是优化港产城空间布局。按照货物、产业的性质和人居需要,合理进行港口码头、临港产业、港城服务设施、运输网络和居住空间等布局,优化调整城市、港口和产业之间的空间关系,推进港、产、城功能上相对集中、有机融合,空间上相对独立、有序分离,实现临港区域港产城空间格局重塑,打造生产生活生态"三生融合"的现代化滨海空间。

2.推进临港区域生产空间集约化。一是提升港口作业空间集约化水平。推进码头资源有序整合和货主码头开放经营,实现连片化、专业化、集约化运作。二是优化临港产业布局。优化临港产业布局,通过腾笼换鸟、产业更新推动临港产业升级,优化整合临港小工业集聚区,实现临港制造业"集群化、循环化、高端化"发展。三是统筹港口与后方土地综合开发利用。按照"总量平衡、优化分布、边建边调、腹地扩展"的路径,优化调整现有物流生产基地、集装箱堆场、集卡停车场等布局,在更广区域整合集装箱用箱需求和空箱资源,延伸港区及后方集拼等服务功能。

3.拓展滨海区域城市生活空间。一是打造港产城融合发展示范区。推动建设现代化滨海特色小城镇,加快推进北仑滨海新城、东部滨海新城等建设,引导宁波保税区、镇海物流枢纽港等与相邻港区联动发展。二是打造城市亲海近港的特色门户形象。谋划建设海陆相连的城市近岸湿地公园,推进生态海岸示范带建设,加快建设从北仑梅山湾到奉化滨海新区的"百里滨海景观大道",谋划建设北仑滨海公园,建设特色人文魅力景点。三是促进港口与文旅产业的深度融合。加快推进梅山邮轮码头及海洋主题公园等建设,打造世界级品质梅山湾滨海城市休闲带。推动象山港区域加强涉海涉港资源保护开发,对梅山—鄞州、奉化滨海—宁海强蛟—象山港南岸所形成的"U"形区域加强统筹规划,谋划建设邮轮港口和游艇码头,推进邮轮、游艇、游船旅游发展,促进港口与文旅产业的深度融合。

4. 优化临港区域生态环境。一是开展"双碳"行动。推进港航物流领域碳达峰碳中和工作,确保如期实现碳达峰碳中和。二是加强污染防治。实施港区绿化工程,推进港口和船舶污染防治,加大港区大气污染防治力度,高质量建设"国际卫生港"。三是构建清洁低碳的港口用能体系。推进港口循环化改造,完善港口低硫燃料油和LNG加注、充电桩、岸电标准规范和供应服务体系,大力推广使用新能源和清洁能源,扩大LNG设备和船舶应用规模,加快绿色低碳技术引进和应用。四是加强生态修复。实施生态修复工程,推进临港陆域、水域生态修复。

(二)打造现代临港产业体系

针对高端临港产业发育不足的问题,除了要加快发展现代港航服务业,还要推进临港先进制造业集群高质量发展,打造国际供应链创新中心,建设大宗商品配置基地,加快形成现代化、集群化临港产业体系。

1. 推进临港先进制造业集群高质量发展。一是建设高能级创新平台和载体。推进建设北航宁波创新研究院、中科院宁波北仑微电子应用研究院等一批高能级院所,支持宁波大学等院校涉港学科做大做强,谋划建设国家级实验室、企业工程中心、技术中心等创新载体,开展行业共性关键技术的研究和应用。二是推进产业基础高级化和产业链现代化。依托宁波经济技术开发区等临港产业集聚区,推动宁波临港高科技产业、先进制造业向产业链上下游、价值链高端环节延伸,打造标志性产业链,大力发展新材料、新能源及新能源汽车、高端装备、节能环保、航空航天配套产业等研发、制造,打造绿色石化、高端装备、新能源汽车等临港先进制造业集群。

2. 建设绿色石化产业基地。一是推动临港石化产业集中连片发展。推进镇海、北仑、大榭石化产业一体化发展,实现石化区块连通各油品及化工品码头、罐区和生产企业,构建"企业小循环、产业中循环、区域大循环"的发展格局。积极推进国家石化产业规划布局项目和补链强链型项目建设,打造国际一流的绿色石化产业基地。二是建设油气全产业链。扩大"油头"、深入"化尾",推进以生产、储运、贸易、服务为一体的油气全产业链发展。研究组建宁波市级能源产业基金,强化市级统一规划,投资建设一批具有公共属性的油气大宗商品运输货站、仓库、储罐及地下洞库、管道等物流基础设施。推动甬商所转型发展以油气为重点的大宗商品供应链服务,扩大油气储运规模,争取油气战略资源的话语权和定价权,与舟山协同发展成为既能保障国家能源安全又具有国际影响力的油气资源配置中心。三是大力延伸石化产业链条。充分发挥中科院宁波材料所、中石化宁波新材料研究院、烟台万华高性能研究院等高能级创新平台优势,重点围绕汽车零部件研发、化工新材料研发和产业融合发展的关键技术、重点产品进行攻关突破,培育一批有竞争优势的拳头产品。按照石化产业高端化、精细化发展需求,打造几个高端、绿色、具有自主知识产权支撑的石化产业链延伸专业园,推进石化产业与其他产业融合发展。

3. 加快建设浙江自贸区宁波片区。围绕"一枢纽、三中心、一示范区"的功能定位,聚焦推进投资贸易自由化便利化,在贸易自由、投资自由、金融收付、人员管理、信息管理和航运管理等领域探索实施一批重大制度创新举措,对标国际一流,构建形成一套具有宁波特色的开放型制度体系。加强与上海、舟山、杭州、金义等自贸区的联动发展,争取复制推广海南自由贸易港、上海自贸试验区和上海临港新片区等自贸区(港)改革创新经验成果。

4. 大力发展跨境电商。 深化跨境电商综试区建设,争取跨境电商零售进口正面清单扩增、准入范围扩大业务试点。允许符合条件的跨境电商商品和保税货物实施状态互转,开展"同仓存储、同包发货"监管模式。完善跨境电商综合服务平台建设,整合融资、通关、退税以及物流、保险等各项进出口贸易服务。高质量推进海外仓建设布局,推动出口前置仓和海外仓功能联动,实现货物跨境双向自由互通,鼓励企业共建共享公共海外仓,探索建立海外物流智慧平台,进一步扩大海外仓规模。

(三)优化港产城融合发展的体制机制

协同联动的体制机制是港城互动发展的根本保障。针对近年来港城关系出现的新情况、新矛盾、新挑战,要着力完善多层级的沟通协调机制、协同联动的开发建设机制、合理明晰的利益共享机制、跨区域一体化治理机制,加快推进港产城深度融合发展。

1. 提高共谋发展的思想认识。 港城深度融合发展既是国际港口城市发展的普遍规律,也是双循环新发展格局下的大势所趋。要从建设国家硬核力量、维护产业链供应链安全、提升国家战略资源配置能力的发展高度出发,提高思想站位,创新发展理念,强化省市协同、政企合作、部门联动、甬舟互动,各区(县、市)特别是临港城区要增强积极性,主动作为,在全市形成共同推动"港强城强"的思想共识和行动自觉。

2. 完善多层级的沟通协调机制。 一是完善省市沟通协调机制。争取省级联席会议制度进一步优化,适当扩大宁波和舟山政府在港口建设中的参与权,改变港口管理体制调整后港和城各自发展、相对脱节的现状。二是完善港地沟通协调机制。发挥宁波港城融合发展工作联席会议机制作用,统筹指导和督促推动各地、各部门(单位)抓好港产城融合发展任务落实和项目推进,定期召开联席会议,协调解决港产城融合发展工作中的重大问题。三是完善区港沟通协调机制。建立常态化区港定期会商、联动交流合作的日常工作对接机制,明确专门联系部门,定期召开会议,落实市级联席会议决策部署,推进各项工作的跟踪、指导和具体落实。四

是完善规划对接机制。协调"港产城"各方发展诉求和目标,提升规划的科学性和可操作性。五是推进信息沟通和决策协同。确保重大事项全面征求、切实反映并认真吸收利益相关方的诉求、意见和建议。

3. **完善协同联动的开发建设机制。**一是健全重大基础设施协同建设机制。按照共建共享原则,政企联合共同推进临港重大基础设施、公共服务配套设施等投资、建设与运营。二是健全港、城联合招商机制。发挥宁波舟山港渠道、资源优势,政企联动招引优质港航领域市场主体和重大项目。三是健全港地产业合作机制,支持宁波舟山港加大对港航服务业的投资力度,做大做强港航服务业务板块,投资建设高附加值、智能化、高端化港航物流服务项目,积极投资入股宁波重点产业发展,带动宁波港航服务业发展和城市功能提升。四是健全要素指标统筹机制。对于土地、资金、能耗、公共服务设施配置等指标,要统筹考虑港口和城市两方面需要,港、城共同向上争取,港口要积极协助地方将临港区域土地产出等绩效考核单列。

4. **建立合理明晰的利益共享机制。**一是完善与区域共享相匹配的产出核算机制。鼓励宁波舟山港下属分公司合并重组及新增公司登记时,在北仑、镇海以独立法人形式注册。二是建立生态损害适度补偿机制。建立健全港口投资运营对岸线、海洋生态环境及道路交通等方面所带来负面影响的补偿机制,形成有约束力的生态保护补偿协议,明确各方权责和补偿标准,实现成本共担、合作共治。三是建立利益共享协商调解机制。采用柔性协商、灵活协调机制,在各利益主体间进行多层次、多形式的协商与沟通,充分考虑各方的利益诉求,协调各方利益矛盾。

(四)优化口岸发展环境

按照"低成本、高效率"的原则,对标国际最高标准,打造国际化的一流口岸服务体系。

1. **持续优化口岸营商环境。**继续推进跨境贸易便利化,优化简化通关流程,提升通关效率,巩固压缩整体通关时间成效。深化"提前申报""两步申报""船边直提""抵港直装"等通关模式改革,推广口岸作业无异常报关单"日清"工作制。

2.深化国际贸易"单一窗口"建设。加快推动"单一窗口"功能由口岸通关执法向口岸物流、贸易服务等全链条拓展,推进甬舟口岸深度一体化发展。积极参与RCEP、CPTPP等通关便利化领域的国际交流合作。

3.降低口岸费用。进一步规范海运口岸收费,加强船代货代收费监管,规范港外堆场收费,完善收费目录清单制度,加强监督检查。

第十二章

世界一流强港智慧绿色安全协同治理能力建设

习近平总书记2019年考察天津港时指出："经济要发展，国家要强大，交通特别是海运首先要强起来。要志在万里，努力打造世界一流的智慧港口、绿色港口，更好服务京津冀协同发展和共建'一带一路'。"提升港口设施数字化运营能力和绿色、安全、协同治理水平，是港口治理现代化的重要体现，是彰显世界一流强港硬核力量软实力的关键环节、必经之路，要全面推进智慧绿色、经济高效、安全便捷、保障有力的世界一流强港建设。

第一节　世界一流强港智慧治理能力建设

一、智慧港口建设概述

（一）概念特征

世界一流强港都拥抱科技创新。智慧港口（Smart Port）依靠创新要素驱动，是指应用5G、卫星互联网、物联网、人工智能、大数据、云计算、区块链等新技术手段，促进港口设施智能化、数据交互智能化、运营管理智能化、贸易物流智能化和创新共享生态化，在更高层面上实现港口供应链上资源要素高效配置，满足多层次、敏捷化、高品质港口运输服务要求，具有运营智能化、港口物流供应链协同化、港口贸易便利化和港口数据服务场景化等特征的现代化港口或港口运输新形态，打破了传统意义上港口的物理隔离。

智慧港口是自动化码头的升级版。多年来，全球范围的智慧港口建设，主要在作业自动化、海陆业务协同、信息互联共享、港口物流链整合、新技术及时应用等方面进行积极实践，取得丰硕成果。

表12-1　全球部分智慧港口功能特点

港口	功能特点
荷兰阿姆斯特丹港	采用全自动化码头技术和远程控制船岸起重机；建立港口运营管理CITOS系统，实现信息系统指令与码头机械设备控制功能无缝衔接
西班牙巴塞罗那港	建立风暴预警系统，并量化客户货物的运动轨迹
德国汉堡港	实施监控导航；从可再生能源中获取岸电；使用移动GPS传感器进行智能车队管理
美国洛杉矶TraPac港	收集分析港口生态环境实时数据，提高供应链效率
新加坡大士港	建设自动船坞、自动堆场等设施，采用全自动导引车（AGV）设备
上海洋山港四期码头	使用远程控制岸桥、场桥以及自动导引车（AGV）等设施设备

（二）主要实践

目前，智慧港口建设实践集中在智慧港口作业设备、智慧码头管理系统和新技术应用三个方面。

1. 智慧港口作业设备。包括自动导引车（AGV）和智能集装箱。其中，AGV是全球首个自动化集装箱码头——荷兰鹿特丹ECT码头建成投用至今首选的水平运输方式，主要特点是通过利用电磁或光学等导航设备实现港区车辆（集卡为主）的无人驾驶功能。目前全球主要集装箱码头多采用"电磁＋传感器"引导式AGV，但该方式已无法满足未来智慧港口迭代升级需要[1]，于是"卫星＋传感器"方式的智能导引车（IGV）[2]应运而生。智能集装箱是为进一步提高集装箱的运输效率、缩短在港中转时间、保障运输安全等需要，对集装箱进行智能化管理而产生，具有随时检测集装箱意外开启、全程监测货物运输状态、及时识别货物信息等功能。

2. 智慧码头管理系统。采用图形化技术将港口现有的货物（含集装箱）装卸船、水平运输过程等信息进行实时展示，帮助码头管理者合理配置现有资源，加快货物（含集装箱）装卸效率、缩短在港中转时间、提高堆场空间利用效率，最终帮助降低码头的运营管理成本。

3. 新技术应用。目前大规模应用的技术是5G、人工智能和大数据技术。其中，5G技术因其高速率、低时延、大连接等优良特性，在港口自动搬运、辅助搬运等作业设备和码头管理系统都有广泛应用，可以实现港口货物精准识别、移动设备集群协同调度、远程实时监控、港口设备实时连接、数据共享交互等功能。人工智能技术包括计算机视觉、机器学习、智

---

[1] 原因在AGV自身导航的缺陷：（1）AGV采用电磁导航方式，需在码头建设初期沿规划行驶线路预埋磁钉，对港口的平整性要求较高；（2）AGV生产成本为每套500万—700万元人民币，远高于普通集卡；（3）我国现有大多数集装箱码头区域规划合理、地面相对平整，若要改造为自动化码头，需重新埋设磁钉，资源浪费较大。

[2] IGV可在现有的卡车底座系统上改装而成，具有低成本、高精度和易改造等特点。

能决策等领域,在港口安全生产管控[1]、智能调度两方面应用广泛。大数据技术通过对港口作业过程中产生的海量数据进行收集、处理分析和价值挖掘,可以反过来指导港口的业务发展、运行调度和生产管理,目前主

智慧港口建设案例

• 新加坡大士港。(1)建造上,使用预制沉箱建造码头结构。(2)操作上,使用包括自动引导拖车、自动化堆场龙门吊、自动存储与截取系统等科技,投资建立"PSA应用创新实验室"。(3)管理上,安装先进的海上交通管理系统,协助监督船舶航行。(4)整体发展上,将地面及地下空间用于服务与发展海事相关业务及其他工业所需,包括提供存储设施等。(5)功能设计上,浮动平台可供船舶靠泊,进行加油、补给相关港口业务;无人飞机可以执行船岸之间的递送业务,对船舶的损害情况进行检查;所有的岸吊、堆场龙门吊、拖车都是自动化操作;岸吊和自动引导拖车完全是纯电模式;所有的信息数字化传递,新的船舶交通管理系统使用云计算、数据分析、智能算法、传感器和先进的通信系统以管理和跟踪船舶。

• 上海港。洋山深水港二期码头配备国际领先的"集装箱码头营运系统",罗泾港区配备件杂货码头运营软件,外高桥六期码头应用汽车滚装码头服务系统,有效提高码头作业效率。同时利用集装箱互拖平台实现码头间集卡互拖作业的智能化操作,改变"重箱进港、空车出港"的作业模式。堆场、货代、网上订舱等信息化应用,为港口物流作业效率的提高打下良好基础。建设长江港航信息平台,整合长江各支线船公司和集装箱码头生产信息,统一信息汇总、处理和查询。

---

[1] 目前,国内部分港口已使用人脸识别、手势识别、车辆识别等技术建立智慧安全系统,实时管控作业区域内的作业人员和车辆,识别安全隐患并做出响应。如,深圳赤湾港使用京东云提供的高级驾驶辅助系统(ADAS)以避免车辆碰撞等交通事故发生。

要应用在自动化集装箱码头海量数据汇集、建设港口智能决策大数据知识库等方面,而对作业预测、决策方案优化等方面的功能有待开发。

(三)政策导向

近年来,为推动智慧港口发展,国家层面出台了一系列政策。特别是2019年以来,在密集出台的交通、港口等一系列政策文件中,均提出要加快智慧港口建设,这为各地推动智慧港口建设发展实践提供了遵循依据。

表12-2 国家层面智慧港口建设实践的政策导向

文件	政策导向
《交通强国建设纲要》(中发〔2019〕39号)	港口建设要科技创新、富有活力、智慧引领,要为科技强国建设当好先行,要打造绿色高效的现代物流体系
《关于建设世界一流港口的指导意见》(交水发〔2019〕141号)	打造一流设施、一流技术、一流管理、一流服务的港口,推动陆海联动、江河海互动、港产城融合,促进港口绿色、智慧、安全发展
《关于大力推进海运业高质量发展的指导意见》(交水发〔2020〕18号)	港口作为海洋强国和海运强国的重要支点,要做到绿色低碳发展、智慧创新引领,加快北斗、区块链、5G等新技术应用
《数字交通发展规划纲要》(交规划发〔2019〕89号)	到2025年,港口基础设施和运载装备全要素、全周期地实现数字化升级迈出新步伐,数字化采集体系和网络化传输体系基本形成,初步实现北斗导航、5G、卫星通信系统的行业应用
《关于推动交通运输领域新型基础设施建设的指导意见》(交规划发〔2020〕75号)	引导自动化集装箱码头、堆场库场改造,推动港口建设养护运行全过程、全周期数字化,加快港站智能调度、设备远程操控、智能安防预警和港区自动驾驶等综合应用;建设港口智慧物流服务平台,开展智能航运应用;应用区块链技术,推进电子单证、业务在线办理、危险品全链条监管、全程物流可视化
《国家综合立体交通网规划纲要》(中共中央、国务院印发)	鼓励物流园区、港口、机场、货运场站广泛应用物联网、自动化等技术,推广应用自动化立体仓库、引导运输车、智能输送分拣和装卸设备
《"十四五"现代综合交通运输体系发展规划》(国发〔2021〕27号)	推进大连港、天津港、青岛港、上海港、宁波舟山港、厦门港、深圳港、广州港等港口既有集装箱码头智能化改造;建设天津北疆C段、深圳海星、广州南沙四期、钦州等新一代自动化码头;在"洋山港区—东海大桥—临港物流园区"开展集疏运自动驾驶试点

(四)面临挑战

虽然智慧港口建设已成业界共识,但随着实践的深入推进,在宏观、微观层面均会遇到不平衡不充分的挑战。宏观层面，国际贸易形势依然不容乐观，带动港口业务发展面临较大波动，影响智慧化建设内生动力。微观层面，港口内部业务协调、管理和数据融合等方面存在自动化改造成本高、信息共享交互不充分、服务模式不灵活、业务协同不顺畅等问题。

目前我国智慧港口实践微观层面挑战

·自动化改造成本较高。特别是对现有码头进行自动化改造升级的成本较高，大规模推广难度大。

·信息共享交互不充分。港口集疏运信息共享不充分，尤其是在供应链与公路、铁路集疏运信息共享方面还存在较大障碍，影响港口生产作业效率，也阻滞了物流企业业务模式创新。

·港口服务模式不灵活。受港口内部系统复杂、相互协同和信息共享程度不高等因素影响，提供个性化的定制服务比较少，客户服务体验有待进一步提升。

·港口物流链业务协同不顺畅。未形成大范围的跨业务、跨组织、跨部门、跨系统在线协同，全程物流信息共享和业务协同较难，特别是客户"门到门""端到端"的全程可视化物流信息服务发展不足。

二、宁波舟山港智慧港口建设现状与问题

（一）建设成效

搭建易港通平台，成为全国首个实现集装箱进出口全程操作无纸化、物流节点可视化的港口。自主研发 n-TOS 系统 3.0 版本，建立数字化作业管理系统和生产调度指挥中心业务协同管理系统等，全面推广智能理货系统并启动，实现"船、港、货"全要素管理。宁波数字港航服务平台上线运行，初步建立港航物流相关政府数据、平台数据的连接渠道，实现宁

波港货物物流监测分析和预警。智慧港航建设促进港口作业效能提升，2019 年集装箱总体排名和泊位作业排名均位居全球第三。

表 12-3　2019 年全球二十大集装箱港口效率排名

名次	总体排名	泊位作业排名	辅助作业排名	名次	总体排名	泊位作业排名	辅助作业排名
1	香港	厦门	洛杉矶	11	丹戎帕拉帕斯	丹戎帕拉帕斯	深圳
2	厦门	香港	高雄	12	新加坡	新加坡	青岛
3	宁波	宁波	长滩	13	天津	天津	鹿特丹
4	上海	上海	釜山	14	鹿特丹	鹿特丹	丹戎帕拉帕斯
5	大连	广州	大连	15	迪拜	安特卫普	新加坡
6	深圳	深圳	香港	16	安特卫普	迪拜	纽约新泽西
7	高雄	大连	宁波	17	纽约	纽约	安特卫普
8	广州	青岛	迪拜	18	汉堡	汉堡	广州
9	青岛	高雄	厦门	19	长滩	长滩	汉堡
10	釜山	釜山	上海	20	洛杉矶	洛杉矶	天津

来源：上海国际航运研究中心《全球港口发展报告（2019 年）》

宁波数字港航服务平台系统

主要包括三部分功能：

·"一中心"。港航服务数据中心，汇聚"货""船""箱""主""车"等主体数据。

·"两平台"。政府监测分析平台和市场应用服务平台，分别实现关键要素闭环监测和提供物流相关信息状态查询、作业效率和服务质量展示、行业分析报告等增值服务。

·"一生态"。在合规安全基础上，推动公共数据和企业数据融合应用，创新业务场景、重塑业务流程，打造港航服务大数据生态系统，促进港航服务业提质增效。

(二)存在问题

与新加坡大士港要打造的新一代港口典范、上海洋山港建成的全自动化集装箱码头等相比,宁波舟山港智慧港口建设推进力度有待提升,在自动化、智能化技术引进、研究和推广应用方面依然不足,在港口运营管理层面还缺乏核心的生产指挥和业务协同信息系统。各类港口相关数据资源集成度不高、碎片化明显,且与政府数据交互不够。口岸数字化监管较滞后,在海关监管方面还未引入数字化监管来推进港区内外一体化监管,造成货物进出港需"集卡换乘",降低货物流转效率。

宁波舟山港智慧港口建设的突出短板

·港口自身层面。"智慧大脑"远未形成,当前的"智慧化"建设仍然囿于单项业务、单个码头的探索突破。

·延伸场景方面。由于与"智慧城市""智慧海关"等关联场景建设缺乏更为深入的协同和融合,导致"智慧"外溢效果不足,对港口运转的参与者而言,仍然缺少较为成熟的"智慧体验"。

·大通关建设方面。由于当前的智慧港口建设仍然处于港口、城市、企业、监管机构等各个参与方事实上的"各自为战"状态,港务、船务等港口数据没有集成,"智慧链"没有实现闭环,导致"智慧动力"不足。

·港内外集装箱智慧化调度方面。多年来在货物进出、种类、流向等方面已积淀大量数据,数据的挖掘和利用水平不高,集卡运输信息、集卡运输资源配置不对称,排队等待、码头提箱和送箱周转时间过长。

三、宁波舟山港智慧治理能力提升策略

以港口运营智能卓越(Smart)、港口服务满意便捷(Satisfy)、港口生态圈共享开放(Share)、港口发展可持续(Sustainable)的"4S"标准为愿景,

全面推进港航领域数字化改革,推进实施智慧港口新型基础设施建设,打造智慧港口示范应用场景,形成智慧港口建设"宁波方案"。

(一)推进港航基础设施智能化

开展梅山港区二期工程等智慧港口建设试点,实施港区大型集装箱码头自动化改造,开展5G、北斗、物联网等技术在集装箱泊位试点和批量应用,打造世界领先的新一代自主可控集装箱自动化码头群。按照"流程智能化+设备自动化"的思路,推广应用港区无人驾驶、桥吊远程控制、港作机械和自有船舶在线监控、集群通信等技术成果,加快实现港口货物单证电子化、物流全程数字化,全面提升港口运作效率。

(二)打造智慧港口系统

建设一批集装箱码头桥吊远程控制、无人集卡等先进装备和智能控制系统,集中突破自动混配料控制等自动化技术,实现集装箱码头、大型散杂货码头自动化技术设施全覆盖。加快推广智慧集卡运输系统,实现集卡车队智慧运输系统全覆盖。建设订舱链、集装箱运输链和通关链数据应用与开放平台。

(三)加快建成宁波数字港航服务平台

迭代完善平台功能,增强监测时效性和预警准确性。开发大宗散货货物监测模块,支撑打造大宗商品战略中转基地。建设企业端服务平台,打造"港航服务大数据生态系统",建设"港航信息""港航智链""港航金融"三大服务模块。在发挥电子口岸、数字港航服务平台、易港通等涉港平台作用基础上,谋划对现有涉港数字化平台的整合提升,构建形成功能全面、数据互通、贯通全链条、运作高效的港航领域综合性单一数字化平台。

(四)推进口岸监管智慧化

推广以远程监管、移动监管、预警防控为特征的非现场监管,加大无人机、智能机器人、蛙虫声测仪、智能取样竿、物联网监控等科技装备在口岸监管方面的应用力度,推进口岸智慧监管。加大集装箱空箱检测仪、高清车底探测系统、安全智能锁等设备的应用力度,提高单兵作业设备配备率。

第十二章 世界一流强港智慧绿色安全协同治理能力建设

（五）推进海上智控平台建设

构建以"海事云"数据中心、云计算中心和智能引擎中台为核心的海上智控大脑，建设"全覆盖、全管控、全智能"的海上互联网智慧管控和口岸安全监管平台，形成"整体智治"的现代海上交通治理格局，提升船舶进出港效率和口岸安全监管水平。

宁波舟山港新基建推进重点

・港口设施智慧化改造升级。(1)开展无人驾驶、远程控制、在线监控、集群通信、智能理货等"5G+智慧港口"项目研究和应用，全面打造梅山港区全域智能化集装箱码头、鼠浪湖全程智能化散货码头、甬舟智慧码头。(2)充分运用5G、云计算、物联网、北斗导航等新一代自主可控先进技术，加快推进集装箱码头和散件杂货码头的自动化建设。重点推进梅山港区二期工程智慧港口建设试点，按照"流程智能化+设备自动化"思路，加强集装箱码头大型设备远控、5G技术应用、无人集卡规模化应用试研、智能理货系统内外理一体化、智能调度系统等方面探索，尽快在梅山港区6号、7号泊位投用。

・智慧港口管理系统。建成 iEcs（集装箱码头智能设备控制）系统，打造智能化集装箱码头 n-TOS+iEcs"双芯"核心软件自主品牌。

第二节　世界一流强港绿色治理能力建设

一、绿色港口建设概述

（一）概念特征

海洋运输是当前最主要的国际物流运输方式。港口作为国际运输的主要力量,对生态环境影响巨大[1],亟须加快绿色化发展。绿色港口是较好平衡了经济利益和环境影响的可持续发展港口,是指秉持生态文明发展理念,特别是按照碳达峰碳中和发展要求,将港口发展与资源利用、环境保护无缝衔接,全面应用新型节能环保技术,全面提升新能源使用比例,全面降低污染物排放对生态环境的影响,实现港口生产低碳、港口环境美化、港区观感舒适的花园式生态绿色港口。究其本质而言,绿色港口是绿色经济发展理念在港口领域的实践应用,核心任务是从源头上控制污染物的产生以及减少生产过程中污染物的转化和排放。

（二）主要实践

实现港口可持续发展已成为国际共识,新加坡港、安特卫普港、鹿特丹港等国外港口,以及国际港口及海港协会(IAPH)、亚太经济合作组织(APEC),纷纷提出实施港口绿色可持续发展战略,上海港、深圳港等国内港口也积极加快绿色转型发展步伐。目前国内外绿色港口实践,主要集中在港口用能低碳化转型、应对气候变化、港区及周边环境保护、污染物减排及生物多样性保护四方面。

国外绿色港口建设实践案例

· 新加坡港。提出成为下一代绿色港口的战略发展目标,注重与所有利益相关方合作,积极推动港口和航运绿色可持续发展,在港口、航运、技术、服务、能源等方面持续投入大量资金以激励各利益相关方实施额外的绿色行动。

· 德国汉堡港。根据德国政策要求和自身绿色发展需求,推进清洁能

---

[1] 据SSY(Simpson Spence&Young)公司2022年3月发布的一份报告显示,2021年全球航运排放的二氧化碳量达到8.33亿吨,比上年增长4.9%,较疫情前2019年的8亿吨还多,约占全球二氧化碳排放总量的3%。

源的应用。(1)利用LNG混合动力驳船为到港船舶提供岸电,在冬季将其用作供热站和浮动发电站,能够显著降低靠港船舶污染排放。(2)在港口利用移动LNG发电机组作为岸电电源。(3)在水平运输环节逐步推广应用天然气驱动和电力驱动车辆。(4)大力推进绿色照明以降低码头照明能源消耗。(4)为大型起重设备安装能量回收系统。(5)大力推进可再生能源应用,汉堡港和仓储物流公司应用光伏发电系统和风力发电系统提供更加清洁的能源。

·荷兰鹿特丹港。将港口建设发展与环境改善有机结合,高度重视港口社区环境,从环境健康安全、能源与气候变化和港口社区环境等方面提出战略规划并制定制度规范和行动计划,重点在两个方面提升管理水平。(1)通过技术和管理的提升来提高自身环保水平。具体体现在:大力推进天然气在港口的应用,向运输车辆和内河船舶提供天然气燃料;大规模建设岸电接口,开发手机App"Shore"方便船舶查找岸电分布情况;加入"北海风电中枢联盟",在港区大力推进风力发电;布设大量的iNoses污染监测点,强化港口污染监测。(2)完善鼓励政策,促进整个港口物流链相关方共同推进绿色提升。具体体现在:对氮氧化物ESI(基于环境的指数)得分超过31的船舶给予10%的优惠,如果船舶的ESI单项得分为31或以上,折扣还可以翻倍;持有"环保奖"证书的远洋船可以获得6%的额外优惠。

·比利时安特卫普港。以成为欧洲最可持续发展港口为目标,在其2018—2020年规划中,以向低碳经济转型为方向,提出在能源领域建设循环创新经济,关注环境与人、数据、资产等全方位安全健康发展,以高效可靠的服务使顾客满意度达到最佳。

国际组织绿色港口计划

·国际港口及海港协会(IAPH)。2018年3月启动实施"世界港口可持续发展项目",从气候与能源、港城融合、道德管理、可靠的基础设施和安全等五方面号召会员及合作伙伴协同开展各项行动,为人类社会构建清洁、安全和环境友好的港口产业体系。在"世界港口可持续发展项目"的17项重大目标中，与环境和气候变化相关的就多达11项。

·亚太经济合作组织（APEC）。认为推进亚太港口行业的绿色发展是应对日益严重的全球能源危机和环境恶化形势、促进亚太地区互联互通与经济可持续增长的重要工作。为此，在APEC合作框架下，我国倡议成立亚太港口服务组织（APSN），实施亚太绿色港口奖励计划并发布亚太区域的绿色港口认证标准，分享港口绿色技术应用实践经验，为将先进的生态环保和节能减排技术向发展中经济体转移创造平台。

国内绿色港口建设实践案例

·上海港。走在国内港口低碳转型的前列：(1)顶层规划指引，2015年起相继制定建设绿色循环低碳港节能减排专项规划、创建绿色港口三年行动计划、创建绿色港口重点支撑项目、上港集团"十四五"规划等指导性文件，对绿色港口建设做出了规划。(2)全方位推动绿色升级，包括建设新型岸电设施、更新柴油动力集卡、推广绿色装备和绿色技术、完成中国港口首次LNG"船到船"同步加注作业等。(3)坚持智能和绿色港口同步建设，在洋山四期自动化码头建设上，应用了远程操控桥吊、全自动轨道吊、全电驱动AGV、第二代港口船舶岸电、节能新光源和太阳能辅助供热等新技术。(4)优化运输结构，推出集装箱"陆改水"、内陆集装箱枢纽（ICT）等业务模式。

·深圳港。加快绿色低碳转型升级，绿色港口建设领跑全国沿海港口：(1)在全国率先推广使用低硫燃料油和岸电，持续开展深圳"绿色港口排放清单"研究，推动靠港船舶率先使用低硫油和岸电。2015—2021年10月，超过5.7万艘次船舶靠深圳港期间使用低硫油，减少各类污染物排放超过4万吨。岸电方面，目前深圳港已建成18套岸电设施，覆盖38个大型深水泊位。2016—2021年5月，靠泊深圳港各类船舶使用岸电，减少各类污染物排放928吨，减少二氧化碳排放2.12万吨。(2)建设亚洲最大的LNG海上加注中心，该项目2020年6月签约落户，计划2023年投产，为国际航行船舶提供保税LNG加注业务，近期加注规模为23万吨/年、产值约12亿元/年，远期加注规模可达200万吨/年、产值100亿元/年。（3）持续减少大气污染物排放，实施油改电、油改气等行动，推行电动叉车、氢能拖车、电动巡逻车、LNG大巴等应用，减少龙门吊、拖轮、集卡等港口设施大气污染物排放量。（4）探索结构性节能减排，即通过加强"水水中转"和海铁联运，降低公路运输污染物排放量。

· 天津港。2008年就提出"建设生态港口、共享碧海蓝天"的绿色港口建设发展理念，以建成"环境安全型、环境友好型、资源节约型、生态文明型"国际化港口为目标，相继开展港口绿色发展基础设施建设、完善港口生态功能等工作。

· 青岛港。（1）加强"双碳"港口建设顶层设计，制定年度绿色港口建设重点项目清单。（2）开展新能源示范应用，在油改电、岸电推广的基础上，探索风、光、储、氢一体化综合示范应用，建成港区加氢站等项目。（3）坚持智慧与绿色港口一体建设，自主开发线上能源成本分析系统，实现岸电连船智能机器人作业操作、新能源拖轮、智能清扫机器人等成功应用。

（三）政策导向

自生态文明建设纳入"五位一体"总体布局以来，港口可持续发展受到了各级政府部门、港口企业前所未有的重视，国家层面相继在"绿色交通""绿色港口"等方面出台实施了一系列政策举措，明确了实践方向、目标和任务。

表12-4　国家层面绿色港口建设实践的政策导向

文件	政策导向
《绿色港口等级评价指南》（交通运输部公告2020年第29号）	明确绿色港口等级评价指标体系、等级评价内容及计分方法、等级确定等内容，突出岸电、LNG推广应用、船舶污染物接收处置、油气回收等行业重点工作

续表

文件	政策导向
《交通强国建设纲要》（中发〔2019〕39号）	到2035年，智能、平安、绿色、共享交通发展水平明显提高；到21世纪中叶，基础设施智能化与绿色化水平位居世界前列；打造绿色高效的现代物流体系，促进资源节约集约利用，强化节能减排和污染防治，强化交通生态环境保护修复
《第二届"一带一路"国际合作高峰论坛圆桌峰会联合公报》（2019年4月27日发布）	在加强沿线国家交通基础设施互联互通的任务驱动下，推动可持续发展，鼓励各方加强在环保、循环经济、清洁能源、能效、综合可持续水资源管理等领域的合作实践
《"一带一路"建设海上合作设想》（发改西部〔2017〕1026号）	推进海上互联互通，共建国际和区域性航运中心，支持中国企业以多种方式参与"一带一路"沿线港口的建设和运营，支持推动区域海洋环境保护，加强海洋领域应对气候变化
《关于推进绿色"一带一路"建设的指导意见》（环国际〔2017〕58号）	推进绿色基础设施建设，强化生态环境质量保障，加大对"一带一路"沿线重大基础设施建设项目的生态环保服务与支持，推广绿色交通等行业的节能环保标准和实践，提升绿色化、低碳化建设和运营水平
《国家综合立体交通网规划纲要》（中共中央、国务院印发）	（1）加快推进绿色低碳发展，交通领域二氧化碳排放尽早达峰，降低污染物及温室气体排放强度，注重生态环境保护修复，促进交通与自然和谐发展 （2）优化调整运输结构，推进多式联运型物流园区、铁路专用线建设，形成以铁路、水运为主的大宗货物和集装箱中长距离运输格局 （3）加强可再生能源、新能源、清洁能源装备设施更新利用和废旧建材再生利用，促进交通能源动力系统清洁化、低碳化、高效化发展
《"十四五"现代综合交通运输体系发展规划》（国发〔2021〕27号）	（1）推广绿色智能船舶，推进船舶自主航行等单项智能船舶技术应用，推动船舶智能航行的岸基协同系统、安保系统和远程操控系统整体技术应用 （2）推动既有交通运输设施绿色化改造，加快港口船舶岸电设施设备建设使用 （3）选择条件成熟的港区，建设近零碳交通示范区

（四）面临挑战

与发达国家的港口相比，我国绿色港口建设相对滞后，对绿色港口的理论研究和实践探索尚处起步阶段。理论研究方面，对"绿色港口"的概念、特征、内涵、外延、评价标准等方面尚未形成全面、准确、统一的认识。

实践探索方面,相关主体意识理念、港口设施布局、环保设施规范、岸线综合利用、港口管理制度等方面还存在不少问题。

目前我国绿色港口建设实践层面挑战

・绿色港口意识淡薄。许多港口认为绿色港口建设需要花费大量的人财物资源,但经济效益不显著,实施力度较弱。港口相关人员环保意识不强。

・港口绿色设施升级难度较大。目前,国内多数港口建设年代较早,港口环保设施较为落后,但因绿色化改造升级投入较大,影响了转型的积极性。

・绿色港口节能环保标准规范缺乏。在政策、技术、资金投入方面,绿色港口建设缺少相应产业发展、节能环保技术及完善的标准、政策,特别是对一些较为先进的节能减排技术,尚未形成完善的标准规范及技术政策。

・岸线资源集约化利用效率低下。部分优良岸线资源处于低水平、低效率利用状态,"深水浅用"、被简易码头占用等现象凸显,部分码头作业区规模体量小、布局分散、经营高度同质化等问题不少。

・港口管理制度不健全。国内多数港口平时受多部门分开管理,多头协调困难,工作流程亟待优化,相关环保法律规章不健全,治理体系和治理能力水平不高。

二、宁波舟山港绿色低碳港口建设现状与问题

(一)建设成效

宁波舟山港港口岸电建设引领全国,成为全国港口中船舶岸电接电点最多、分布最广、使用效率最好的港口之一,到2021年宁波港域累计建成低压岸电180座,高压岸电装置14套,年接岸电船舶超3500余艘次,集装箱与散货专业码头岸电覆盖率达到60%,穿山港区是长三角船舶排

放控制区岸电应用试点港区。全面推广龙门吊"油改电",实现宁波港域全覆盖,LNG 集卡规模为全国港口之最。大型电动机械势能回收技术应用率在 90% 以上,综合能耗每万元产值 0.191 吨标煤。积极创建国际卫生港,实现宁波港域"全港创卫",宁波港域绿色港口创建项目通过交通运输部验收,北二集司、北三集司码头入围首批亚太绿色港口奖励计划(GPAS)。

(二)存在问题

对标碳达峰、绿色发展等要求,宁波舟山港绿色作业水平不及洛杉矶、纽约－新泽西、鹿特丹、安特卫普等欧美港口,仍有较大提高空间。宁波舟山港年均到港船舶约 3 万艘次、硫排放量近 3 万吨(比北仑全区工业硫排放总量还多 50%),集卡油改气比例仅 4.7%;受成本等因素影响岸电使用率偏低,散杂货码头的矿石、煤等粉尘防治成本高、效果差。北仑区域集卡车位紧缺导致严重的违停现象,造成环境混乱、绿化带损坏等一系列社会问题。"十四五"期间,受能源、产业和运输结构调整影响,碳达峰碳中和工作将使煤炭、冶金和石化等与港口大宗商品运输密切相关的行业持续处于控产能、调结构状态,资源、空间、交通、环保等方面约束将进一步加强,绿色港口建设面临更高标准。

三、宁波舟山港绿色低碳治理能力提升策略

实施港口及集疏运领域碳达峰碳中和专项行动,加快建设碳达峰港,确保如期实现碳达峰碳中和目标,打造中国美丽港口"宁波样板"。

(一)加强港口污染防治

构建设施齐备、制度健全、运行有效的港口船舶污染防治体系,高质量建设"国际卫生港"。加强对港口生产建设过程中废气、粉尘、废水、危险废物等环境有害因素的监测、收集、储存、处置、排放等工作管控,坚决杜绝违规排放等环保违法现象。建立相关监管部门联合执法机制,织密压实港区污染防治责任。深化船舶大气污染防治,实现低硫燃油和岸电

使用全覆盖。加强污染物接收处置能力建设和港区环境卫生管理,推广应用新能源港作机械设备,改造提升散货码头装卸工艺,实现原油、成品油、LNG等专业码头油气最大效率回收。推进港口集疏运车辆能源清洁化,加快淘汰高排放车辆。加强港口粉尘综合防治,港口露天堆场需设置防风抑尘网、防尘墙、防护林等防尘屏障。

(二)构建清洁低碳的港口用能体系

推进绿色港口示范工程建设,完善港口低硫燃料油和LNG加注、充电桩、岸电标准规范和供应服务体系,大力推广使用新能源和清洁能源,扩大LNG设备和船舶应用规模,实现集装箱及5万吨级以上干散货专业泊位港口岸电全覆盖,岸电使用比例进一步提高。加强港口清洁能源推广应用,加快推进港作机械"油改电"和港口水平运输机械"油改气"。

(三)加强绿色技术引进、应用和创新研发

重点推动研究大数据、5G、AI等新兴技术在港口生态监测、监控和管理方面的应用,推进港口"无人化""无纸化",推广能源智慧管控系统,提升环保信息化水平。引进能源、污水、废料回收和循环利用技术,重点引进替代燃料和应用减排技术。推动运输装备升级、运输结构优化、物流效率提高和低碳基础设施、低碳节能技术完善,确保污染物排放的种类、排放浓度、排放量符合排污许可证要求,建成梅山港区低碳排放示范区。

(四)实施生态修复工程

推进临港陆域、水域生态修复。严格落实围填海管控政策,严格管控和合理利用深水岸线。严格落实生态保护和修复制度,采取生态护岸、增殖放流、设置生态缓冲屏障等措施,开展口岸陆域、水域生态修复。严密防控危化品泄漏、海上溢油污染等重大生态环境风险。

(五)完善污染事件应急体系

进一步强化提升溢油处置联防能力,配置完善应急物资,妥善应对船舶泄漏污染海洋事件,提升海上、陆域环境突发事件的应急处置能力。

第三节　世界一流强港安全治理能力建设

一、平安港口建设概述

平安港口是指围绕发挥港口保障产业链供应链畅通安全作用，以防范和遏制港口重特大安全事故发生、全面提升港口安全韧性能力为目标，通过压实港口企业主体责任和港口管理部门监管责任，以港口生产安全管理、应急体系建设和涉港社会治安防控为核心内容，以科技创新、设施支撑、经费投入、专业队伍和长效机制为保障，实现安全和谐有序发展的一种港口发展形态。2014年6月，交通运输部印发《关于推进港口转型升级的指导意见》，提出要加强港口安全责任体系、完善港口安全设施体系、建立健全港口治安防控体系。

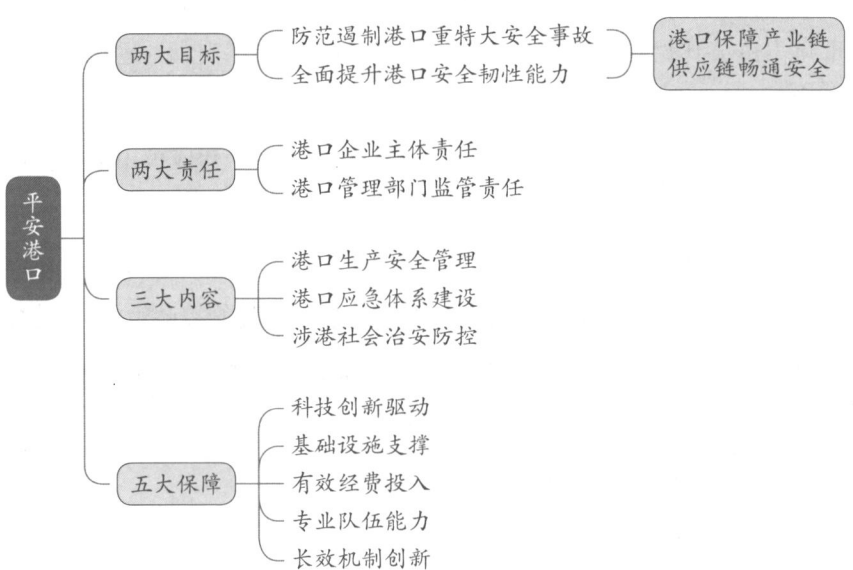

图 12-1　平安港口建设发展"2235"体系示意图

平安港口建设案例

·荷兰鹿特丹港。荷兰中央政府和鹿特丹市联合成立港监部门（DHMR）对海上环节进行安全监管。港监部门投入先进的巡逻船和交通控制系统，对船舶航行进行全天候的控制和管理，保证船舶航行以及周边水域的安全。同时，应用高科技手段。为预防港口装卸、存储及周边区域的工业生产过程中产生的污染物对港区人员造成伤害，鹿特丹港开发 E-nose 网络对港区内空气成分的变化进行实时监控，实现快速发现污染源、通知人员撤离、初期控制污染源扩散，切实保障港区人员的生命安全。

·上海港。完善安全生产机制，责任明确、落实到人；开展安全文化建设，营造安全生产氛围；强化安全教育培训，提升管理队伍的业务水平；坚持以人为本，严格安全管理；搭建信息化平台，科技助力管理；建设网格化体系，全员参与安全管理；加强消防安全管理，提高自防自救能力。

二、宁波舟山港平安港口建设现状与问题

（一）建设成效

科技强安水平持续提高，龙门吊远程控制、智能理货、司机防疲劳系统和港域、码头等作业现场可视化监控系统高效运行。数字化港口安全体系建设逐步完善，港口企业危险货物标准化程序化智能化管理项目入选交通运输部"智慧港口示范工程"，利用北斗系统开展船舶动态监控、港区设备可视化等应用试点。

（二）存在问题

宁波舟山港在风险管控与隐患排查方面领先国内其他港口，但不及世界一流港口，如新加坡港通过建立专门海事安全中心并研发使用追踪探测技术，将船舶航行事故减少到每 10 万艘船 0.3 起；美国休斯敦港在 2008 年就建立起安全管理系统（SMS），且通过 ISO28000 安全认证，成为

世界上首个通过该项认证的港口。北仑区域每天平均有超过 3000 辆次危化运输车辆通过疏港公路进出宁波市[1]（不含途经宁波市的危运车辆），受油气综合管廊建设不足影响，临港区域各化工区之间大宗石化原材料运输主要依靠公路，加之危化品运输与城市交通混行（即客运与危货运输混行），进一步增加了交通安全隐患，危化品运输安全及装卸作业隐患防范任重道远。此外，由于对运输工具和运输车辆集成管理不够，存在超限、超载等问题[2]，交通安全隐患较大，临港区域每年因集卡造成的交通事故占交通事故总量的 24.3%。

三、宁波舟山港安全治理能力提升策略

坚持"临港区域—港口码头—海面"的陆海一体安全观，开展科技安防手段研究应用，健全安全责任体系、应急管理体系、智慧安全集疏运体系。

（一）大力推进科技强安

实施封闭港区车辆人员定位，开展高清视频集成监控系统等科技安防手段应用，实现港域全覆盖。推广工业机器人、智能装备在港口散杂货、化工区等高风险领域的应用，建立安全高效的港口物流运作体系和安全管理体系。加强对化工区、原油作业区、危险品集装箱堆场及长输管线等危险作业区域的安全监测与管控，加快实现重要设施设备实时监测、智能感知和风险预警。加快建设港口危险货物安全监管平台，加强区域间危险货物运输信息交换，推进交通、海事安全信息系统互联互通，实现危险货物运输全过程可视化监管。

---

[1] 其中，仅北仑逸盛石化与镇海中金石化之间日均化工物料运输量就多达 10000 吨，招宝山大桥日均槽车通行有 300 余辆次。

[2] 每天平均有超过 3000 辆危化运输车辆通过疏港公路进出宁波市（不含途经的危运车辆），其中宁波大市范围约占 1/3。

(二)健全安全生产责任体系

强化港口本质安全,建立健全港口储罐、安全设施检测和日常管控等规章制度。推进安全风险分级管控和隐患排查治理双重预防机制建设,强化油气化工储罐、码头堆场、仓库等区域的安全设施日常维护保养,夯实危险品码头安全基础。百万吨吞吐量安全事故率/死亡率进入全球最低梯队。

(三)完善应急管理体系

加强专业化应急救援队伍建设和装备配置,完善应急管理机制和预案,提升港口应急救援能力和水平。加强海上交通安全管控,推广应用浙江海上智控平台,增强海上救援力量,提高技术装备水平,强化海上交通安全专项整治,提升海上交通安全治理水平。

链接 宁波舟山港集疏运智慧监管设施布局建设重点

• 加强海上交通安全管控。推广应用浙江海上智控平台,配套完善智控支撑设施设备,提升海上交通安全治理水平。

• 研究并推广应用"港口安全码"。对企业、设施、设备进行安全"画像",对危险货物全流程实行"扫码"溯源,对人、车、船实行"亮码"通行、"亮码"作业。

• 加快建设港口危险货物安全监管平台。加强区域间危险货物运输信息交换,推进交通、海事安全信息系统互联互通,实现危险货物运输全过程可视化监管。

• 加强疏港智慧交通安全建设。增加交通流量、突发事件等监控、感知和预警及远程响应设施设备,智慧调节疏港车流和客运车流,初步实现客货分流,提高疏港交通安全性。

(四)建立智慧安全集疏运体系

重点聚焦海面、港口危化品储运和疏港交通疏导等,加强港口集疏运设施数字化改造升级,提高港口集疏运安全运营水平。

第四节 世界一流强港协同治理能力建设

一、港口协同治理概述

伴随贸易全球化大发展,海运需求快速膨胀,推动港口吞吐量规模急剧扩张,给港口设施网络布局、港口运营管理、港城协同等带来了巨大压力。如何实现区域港口间业务良性竞争、口岸监管高效协同、保链稳链互为支撑等问题凸显,亟须推进协同治理、共创具有国际影响力和竞争力的港口服务品牌,实现港口间竞合"此消彼长"转向"错位协同""共赢发展"。

(一)概念特征

港口协同治理即一体化治理,目前尚无统一界定。它顺应了第四代、第五代港口发展趋势,是促进港口产业提质增效、化解过剩产能、优化资源配置的重要举措,对建设世界一流强港具有重要意义。简单而言,港口协同治理是指以解决同质化恶性竞争为出发点、以塑造港口群整体竞争优势为落脚点,通过跨区域统筹协调、跨领域系统集成、跨行业融合赋能,实现港口群物流设施大联通、信息交互大联网、港航服务大市场和口岸营商环境共一流的一种现代化港口(群)治理模式。

(二)主要实践

从国内外来看,随着港口集疏运条件和能力的加强,港口有效服务腹地不断扩展,促进了港口向大型化、专业化和规模化发展,世界各港口(群)逐步开始一体化整合实践,在港口物流设施、信息系统、航运服务、政策机制等方面统一规划引领[1]、强化法制保障[2]、共建协调机制（如纽约－新泽西港务局），形成较为成熟的经验模式，具有重要借鉴意义。

港口协同治理部分实践案例

· 哥本哈根－马尔默港。丹麦哥本哈根港和瑞典马尔默港在21世纪初的"跨国联姻"，是跨国港口整合的经典案例，开创了两个国家的两个港口由同一个公司共同管理的先例。哥本哈根港和马尔默港分别地处北欧厄勒海峡东西两侧，分属两个国家，两港以10余千米的大桥相连，共同扼守出入波罗的海的咽喉要道。哥本哈根港吞吐量数倍于马尔默港，前者所在的地区经济相对发达，港口已无发展空间；后者相对落后，但土地资源丰富。2001年，两国政府决定合并两港以实现优势互补、协同发展。在管理体制上，合并后的公司既是港务局，又是港口运营商，拥有政企合一特别许可。为平衡各方利益，整合后的公司在瑞典注册，但总部设在丹麦，股权分别由丹麦哥本哈根市政府（50%）、瑞典马尔默市政府（27%）和瑞典私有股东（23%）持有。整合后，两港业务年均增长有时高达10%，现已发展成为北欧最大的汽车滚装码头、最大的游轮码头。

· 日本东京湾港口群。日本东京湾港口群整合是湾内港口整合的经典案例。历史上，日本东京湾内拥有东京港、横须贺港、横滨港、千叶港、木更津港以及川崎港等六大著名港口。由于地域空间规模狭小，湾内各港口间同质化，恶性竞争十分激烈，严重制约了港口群可持续发展。1967年，日本政府

---

[1] 如，1951年，日本政府制定《日本国土港湾法》，规定由中央政府制定全国港口发展五年规划。1967年，东京湾港口群建设设想提出后，日本运输省拥有港口群规划协调的最终决策权。

[2] 如，除日本中央政府颁布的《日本国土港湾法》外，东京都地方政府重视东京湾港口群法律法规建设，1956年出台《首都圈整备法》。再如，为规范欧盟海上和内河航运，欧洲交通运输委员会制定了欧盟统一的"马可波罗"海商和内陆水运法规。

提出《东京湾港湾计划的基本构想》，整合东京湾内港口，整合后的港口群内部协调由日本运输省负责，地方港口管理机构负责港口的管理。各港根据各自临港工业的特点错位发展，如东京港定位为综合型特色母港，横滨港定位为区域性原材料及工业品运输港，川崎港定位为军事和工业品输出港。整合后，各港虽然保持独立运营，但在对外竞争中则形成整体，做到统一宣传、共同揽货、竞合发展，很好地提升了东京湾港口群的美誉度和竞争力。

· 新加坡港。新加坡非常重视港口经营体制现代化以及布局分工合理化。1996年，新加坡政府为更好适应经济全球化发展要求，对港口实施政企分开的管理体制改革，将原港务局行政管理部门与交通运输部的海事局、海事委员会合并，组建新加坡海运与港口管理局（MPA），并负责港口管理；将原港务局的生产、经营部门改组为新加坡港务集团（PSA）以负责港口生产经营。同时，根据各港区优势特点，优化业务布局，其中新加坡港务集团重点从事国际集装箱业务，裕廊海港私人公司经营的裕廊港依托裕廊工业园区重点从事散杂货业务，促进了新加坡地区港口的有序发展。整合重组后，新加坡港快速发展成为世界上最繁忙的港口之一，集装箱吞吐规模目前位列全球第二；裕廊港也成为亚洲最大的散货运输港，进一步巩固了新加坡港的国际中转枢纽港地位。

· 广西港口整合。这是我国最早的省级行政区内港口整合案例。广西三个主要海港防城港、钦州港以及北海港，地域相近、腹地叠加，港口竞争激烈。为优化港口资源配置，缓解港口间恶性竞争，2007年，广西整合防城港务集团、钦州市港口集团、北海港股份公司和广西沿海铁路股份公司的国有产权，成立广西北部湾国际港务集团，实现全区海港的统一。2019年，北部湾国际港务集团整合西江集团，实现了广西沿海港口和内河港口航运的整合。整合后的北部湾国际港务集团发展迅速，港口货物吞吐量常年保持两位数增长率，营收以及利润持续快速增长，2013年实现企业港口核心资产整体上市，2021年实现货物吞吐量2.69亿吨、集装箱吞吐量601.19万标准箱，增速分别为13.09%和19.01%，居全国首位。

（三）政策导向

21世纪以来，国家层面高度重视区域重点港口协同治理，涌现了渤海、长三角和珠三角三大港口群，形成了港口协同治理1.0版。当前和今后一段时期，随着粤港澳大湾区、长三角一体化、黄河流域生态保护和高质量发展等重大区域发展战略的深入实施，港口群协同治理将向2.0版及以上迭代升级。特别是最近两年，国家发改委积极推动构建长三角世界级港口群一体化治理体系，提出要制定长三角港口群市场化投资运营机构组建方案，明确由上海、浙江共同牵头，以上海为主，组建实操班子，深化研究、加快推进。浙沪两地贯彻国家部署，达成"七个先行、一个纽带"的共识，推动长三角港口群市场化整合工作进入实操化推进阶段。

表12-5 国家层面港口协同治理实践的政策导向

文件	政策导向
《国家综合立体交通网规划纲要》	加强城市群内部重要港口、站场、机场的路网连通性，促进城市群内港口群、机场群统筹资源利用、信息共享、分工协作、互利共赢，提高城市群交通枢纽体系整体效率和国际竞争力
《交通强国建设纲要》	依托京津冀、长三角、粤港澳大湾区等世界级城市群，打造具有全球竞争力的国际海港枢纽、航空枢纽和邮政快递核心枢纽，建设一批全国性、区域性交通枢纽
《"十四五"现代综合交通运输体系发展规划》	建设京津冀、长三角、粤港澳大湾区世界级港口群，支持山东打造世界一流的海洋港口，推进东北地区沿海港口一体化发展，优化港口功能布局，推动资源整合和共享共用
《长江三角洲区域一体化发展规划纲要》	（1）到2025年，港口群联动协作成效显著 （2）推动港航资源整合，优化港口布局，健全一体化发展机制，形成合理分工、相互协作的世界级港口群 （3）加强沪浙杭州湾港口分工合作，以资本为纽带深化沪浙洋山开发合作，做大做强上海国际航运中心集装箱枢纽港，加快推进宁波舟山港现代化综合性港口建设 （4）在共同抓好长江大保护的前提下，深化沪苏长江口港航合作，苏州（太仓）港建设上海港远洋集装箱运输的喂给港，发展近洋航线集装箱运输 （5）加强沿海沿江港口江海联运合作与联动发展，鼓励各港口集团采用交叉持股等方式强化合作，推动长三角港口协同发展

链接 浙沪港口协同治理的"七个先行、一个纽带"共识

・目标导向、规划先行。系统研究长三角港口群未来发展空间，坚持"散集并举""港产城联动"，加快拉长长板、补齐短板，打造国内国际双循环战略枢纽、全球资源配置中心，提升综合能级和竞争力。坚持目标导向，加快统筹整体未来发展空间和三省一市发展潜力、比较优势，强化规划引领、优化功能布局，实现合理分工、优势集成。

・突出重点、浙沪先行。从长三角区域现有港口基础条件、国际港航能级、岸线资源开发潜力等看，一体化发展的重中之重是强化上海与浙江间以海港为重点的整合，因此，应当以浙沪作为长三角港口群整合的突破与先行，推动环杭州湾区域港口群战略合作，并在此基础上进一步强化江海联动。

・强化支撑、基础先行。根据长三角港口群功能布局和区域分工，强化港口群功能布局与生产力布局、基础设施布局、物流通道布局的协同，优化集装箱、大宗散货、油气管网等物流通道布局，强化疏港铁路、内河高等级航道等基础设施建设，打造江河海、公铁海等便捷高效的多式联运集疏运体系。

・内外辐射、对外先行。一方面要面向国内打造一流强港和支撑国内大循环的战略枢纽，强化对长江经济带乃至全国的辐射带动功能，另一方面要面向全球打造国内国际双循环战略枢纽、全球资源配置中心，强化与国际顶级航运服务公司合作，加快推进数字物流创新，强化对外辐射，构建强有力的海外港口、航运等基础支撑与综合服务体系，提升国际竞争力和话语权。

・提升水平、服务先行。对标国际一流强港、国际一流枢纽，长三角港口群当前最大的弱项短板，主要在于高端航运服务业。要加快推进关检、口岸、金融、保险等领域一体化，共享服务、优化环境、提升效率。

・先易后难、增量先行。按照"统分结合、发挥优势""资本纽带、市场运作"原则，保持存量利益格局不变，从各方有共识的合作区域、共建项目、新增资产起步,以新的岸线、泊位、堆场等为切入点,有序推进港口整合。

·改革创新、关检先行。按照"统分结合"的原则,以浙沪洋山区域合作项目为先行,研究长三角关检一体化体制机制,积极争取国家有关部门协助,协调推进口岸信息化建设,推动打造区域"大通关"模式,提高通关效率、优化口岸环境,保障通关一体化、通行便利化和监管高效化。

·市场主导、资本纽带。充分发挥市场在资源配置中的决定性作用,以市场为主导、以资本为纽带,加快研究组建沪浙两省市港口集团为主导,江苏、安徽两省港口企业共同参与的市场投资运营主体,统筹推动世界级港口群深度融合发展。

二、宁波舟山港一体化治理能力建设

（一）现状与瓶颈

1. 治理成效。在全国率先完成宁波、舟山两大港域的资产整合,实现以资产为纽带的实质性一体化,成为全国港口一体化改革标杆,迈入高速发展阶段,实现了"1+1>2"的效果。2020年以来,按照浙沪"七个先行、一个纽带"的共识要求,积极参与构建长三角世界级港口群一体化治理体系相关工作,共建长三角港口"双核并强"新格局。

2. 制约瓶颈。宁波舟山港虽为"一港",实现规划、运营一体化,但管理、建设相关职能分属浙江省、宁波市和舟山市。目前,两港分别拥有不同的国际贸易代码,隶属两个不同的属地海关管辖,国际中转货物无法开展跨关区转运业务,在引航管理体制方面尚未实现统一管理,在锚地开发、集装箱堆场建设、停车场配套等方面缺乏统筹,诸如"一港两政""一港两码""一港两关""一港两引""一港两拖""一港两态"等问题导致资源重复投入和使用浪费,制约了对外服务的进一步提升,两港高水平一体化程度还有待进一步深化。

> **链接** 宁波舟山港港口协同治理部分实践案例

• 规划布局一体化。按照"规划一张图"的总体思路，于2009年、2015年、2022年（尚未完成）先后三次修编了《宁波舟山港总体规划》，统筹了土地利用、海洋功能区划、港口岸线和城市产业等方面的规划，实现两市在岸线开发、水域使用和临港产业等方面的共同利益。

• 资产运营一体化。2005年12月，浙江省委、省政府成立了宁波－舟山港管委会。2015年8月，浙江省组建了海洋港口发展的省级主管机构（浙江省海洋港口发展委员会，亦称"省海港委"），通过股权等值划转方式组建省海港集团。2016年11月，省海港集团与宁波舟山港集团深化整合，实行"两块牌子、一套班子"运作。

• 运输组织一体化。通过强化海港、空港、陆港建设，完善江海联运、海铁联运、河海联运、公水联运，基本建成层次分明、布局合理、功能完善的现代化港口集疏运体系。完善"公路港"信息网络体系，加快推进网络货运平台、甩挂运输等先进运输方式；以建设舟山江海联运服务中心为重点，加强内河运输与沿海港口功能对接，打通江海联运"最后一公里"；自2009年以来，宁波已连续出台五轮海铁联运财政扶持政策。

（二）宁波舟山港一体化治理能力提升策略

贯彻实施深化宁波舟山港高水平一体化改革行动方案，研究制定宁波实施方案，以更高标准、更大力度参与推进两港、两城深层次改革，构建强有力的一体化治理体系，巩固提升全国港口一体化改革标杆地位。

1. 推进港口行政管理一体化。充分发挥宁波舟山港管委会作用，强化省级统筹协调职能。统筹协调涉及宁波、舟山两市的港口规划、建设、运营、管理等重大事项，提高港口资源统筹利用水平和港口运行效率。加强与长三角港口一体化工作的有效衔接，充分调动宁波、舟山两市的积极性,协调推动港产城联动发展。

2.推进海关监管一体化。积极推动宁波、舟山海关一体化改革,持续优化一体化口岸营商环境,推动港内船舶"一次申报、一次查验、一次放行",出口转关货物"一次验封、监管互认",继续压缩货物整体通关时间,进一步降低货物进出口环节的边境合规成本和单证合规成本,实行口岸收费"一站式阳光价格",增强口岸收费透明度和可比性,持续提升宁波舟山港口岸便利化水平。

3.推进海事监管一体化。积极推动宁波舟山港海事监管一体化改革,加强宁波舟山港海上交通流组织,统一航道锚地使用管理,强化核心港区船舶交通流一体化管理,提升船舶进出港效率和安全管理水平,统筹引航员资质管理,为两港域拖轮、引航一体化运行提供制度保障。

4.推进航道锚地资源统筹利用一体化。完善航道锚地统筹调度使用机制,全面优化宁波舟山核心港区船舶交通流组织一体化平台,有序推进"整体智治"的现代海上交通治理格局。建立核心港区航道锚地资源共商共建共养共管机制,实现两地航道锚地统一规划、统一建设、统一养护、统一管理。

5.推进引航管理一体化。成立省级引航管理协调机构,推进引航管理体制改革。制定统一引航规则,推动实现宁波舟山港引航调度一体化。推进引航企业资产整合,按照"存量利益不变、增量利益按股比分配"的原则,研究组建合资引航公司,具体实施引航业务。

6.推进拖轮运营一体化。制定拖轮资源区域配置方案,根据宁波、舟山两港域拖轮实际使用量,合理配置拖轮资源。推进交通港航部门互认,在核心港区设立拖轮协作试点区,推进试点区内拖轮最低配员标准统一。

三、宁波参与构建长三角港口群一体化治理体系

(一)长三角区域港口发展概况

长三角港口群是我国沿海 5 个港口群中港口分布最密集、吞吐量最

大的港口群。长三角港口群中亿吨港口共有17个[1]（2020年），分布在上海1个（上海港）、浙江省4个（宁波舟山港、杭州港、嘉兴港、湖州港）、江苏省9个（苏州港、南通港、南京港、泰州港、连云港港、江阴港、镇江港、扬州港、常州港）、安徽省3个（芜湖港、马鞍山港、池州港）。

1. 长三角港口生产情况。从港口货物吞吐量看，2020年长三角地区主要港口完成货物吞吐量60.72亿吨，比上年增长3.74%，占全国规模以上港口货物吞吐量（145.50亿吨）的比重为41.73%。其中，完成货物吞吐量最大的是江苏港口（29.66亿吨），其次是浙江港口（18.55亿吨）和上海港口（7.11亿吨），货物吞吐量最小的是安徽港口（5.41亿吨），四者占长三角地区主要港口货物吞吐量比重分别是48.85%、30.55%、11.71%和8.91%。从港口集装箱吞吐量看，2020年长三角地区主要港口完成集装箱吞吐量9766万标准箱，比上年增长2.30%，占全国规模以上港口集装箱吞吐量（26430万标准箱）的比重为36.95%。其中，完成集装箱吞吐量最大的是上海港口（4350万标准箱），其次是浙江港口（3327万标准箱）和江苏港口（1895万标准箱），最小的是安徽港口（194万标准箱），四者占长三角地区主要港口集装箱吞吐量比重分别是44.54%、34.07%、19.40%和1.99%。

2. 长三角区域港口资源省级整合情况。近年来，浙江港口整合开启了此轮省级港口整合的大幕，此后多数省份陆续开启了省内的港口整合，被认为是"后港口资源整合时代"下的港口群深度融合。长三角地区的江苏、安徽三省也相继开展了以资产为纽带的港口一体化整合，成立了省级层面的港口集团。

---

[1] 分别是：宁波舟山港（11.75亿吨，沿海+内河，下同）、上海港（7.11亿吨）、苏州港（6.69亿吨）、镇江港（3.60亿吨）、南通港（3.10亿吨）、泰州港（3.01亿吨）、南京港（2.51亿吨）、嘉兴港（2.48亿吨）、江阴港（2.47亿吨）、连云港港（2.42亿吨）、杭州港（1.54亿吨）、芜湖港（1.35亿吨）、湖州港（1.22亿吨）、马鞍山港（1.02亿吨）、常州港（1.01亿吨）、扬州港（1.01亿吨）、池州港（1.01亿吨）。

表 12-6　长三角地区省级港口资源整合情况

	上海市	浙江省	江苏省	安徽省
运营主体	上海港	浙江省海港集团	江苏省港口集团	安徽省港航集团
主要整合港口	—	宁波舟山港、温州港、台州港、嘉兴港、义乌陆港等	南京、连云港、苏州、南通、镇江、常州、泰州、扬州等港口	马鞍山、芜湖、池州、铜陵、安庆、合肥、蚌埠等港口
成立时间	—	2015年8月	2017年5月	2018年11月
整合情况	—	"两大集团"实现"两块牌子、一套机构"运作;完成了对温州港、台州港、嘉兴港、义乌陆港以及有关内河港口的全面整合	第一步:整合长江沿线主要港口;第二步:整合江苏沿海主要港口;目前基本完成第一步	按照"5+2+10+X"的步骤,先行整合沿江马鞍山、芜湖、池州、铜陵、安庆五港和合肥、蚌埠两港中的马鞍山港口集团公司等10家规模较大的港航企业
主要业务板块	集装箱、散杂货、港口物流、港口服务四大板块	港口运营、航运服务、开发建设、投融资等四大板块	港口运营、港口和航运配套服务、港口产业投资等	港口投资建设及运营管理,远洋、沿海、长江及内河运输,陆上货物运输,岸线及陆域资源收储和开发利用等

3.长三角港口群一体化治理推进情况。近年来,为避免港口无序竞争和促进区域经济发展,在国家交通管理部门和地方政府推动下,我国港口行业整合加速推进。在港口整合的形式中,区域整合是主流,其中以长三角港口整合起步最早、力度最大。特别是近几年,国家和省级层面提出构建长三角世界级港口群,形成一体化治理体系。国家层面,2018年,交通运输部联合三省一市印发《关于协同推进长三角港航一体化发展六大行动方案》(交办水〔2018〕161号),提出要积极推进区域港口一体化、航运中心建设联动化等六大行动,协同推进港航一体化发展,完善上海国际航运中心"一体两翼"格局;2020年,国家长三角区域合作办公室拟定《构建长三角世界级港口群形成一体化治理体系总体方案》,明确"以省(市)为单位、以资本为纽带"组建长三角港口集团,"作为世界级港口群

建设的市场主体和投融资平台,统筹管控运营长三角港口岸线资源"。此外,省级层面,长三角三省一市根据各自实际,提出了港口和航运资源合作的方案。

表 12-7　长三角三省一市港航资源合作方案

浙江省	2019年政府工作报告明确提出通过纵深推进小洋山全域一体化开发,协同推进长三角港口一体化发展; 2020年1月发布《浙江省推进长江三角洲区域一体化发展行动方案》,要求推进长三角港航协同发展,推动组建长三角港口联盟,加强以资本为纽带、以增量业务为重点的港口资源整合
上海市	2020年1月发布《贯彻〈长江三角洲区域一体化发展规划纲要〉实施方案》,鼓励上港集团与长三角港航企业开展多层次合作,联合浙江省开展上海国际航运中心洋山深水港小洋山北侧作业区规划编制工作和项目前期工作; 深化沪苏长江口港航合作,以市场化为导向优化集装箱航线布局
江苏省	2020年4月发布《〈长江三角洲区域一体化发展规划纲要〉江苏实施方案》,建设南通通州湾长江集装箱运输新出海口,深化沪苏长江口港航合作,推进苏州(太仓)港建设上海港远洋集装箱运输的喂给港
安徽省	2020年3月,安徽省十三届人大常委会第十七次会议审议《安徽省港口条例(修订草案修改稿)》,提出推动长三角港口一体化发展,建立长三角区域港航协同发展机制,推动形成规划统筹、战略协同、优势互补、市场合作的长三角现代化港口群; 2020年,安徽要合力打造世界级港口群,深化沿江港口与上海、宁波舟山等港口合作,扎实推进长三角一体化发展和区域协调发展

(二)宁波参与长三角港口群一体化治理面临挑战

1.促进港口新一轮开发开放的制度和政策环境相对处于劣势。在长三角区域中,与上海相比,在新一轮港口开发开放方面,宁波舟山在制度和政策上处于相对劣势的地位。上海拥有国际航运中心、上海自贸区、上海自贸区临港新片区等多个国家级政策扶持,优势明显,宁波舟山虽然拥有浙江自贸区这一国家级政策,但政策覆盖面窄,尚未覆盖至宁波,而且舟山的政策并未有效落地,对集聚航运要素资源的作用有限。

2.更高水平的港城和谐互动机制需要加快构建完善。随着港口资源整合范围不断扩大、整合力度和层级不断提升,一定程度上港口管理运营与所在地方城市发展存在脱节,港城矛盾难以协调,产生了疏港交通不畅,集卡车辆堆场不足、布局分散,港后仓储布局与港口吞吐需求不匹配、道路拥堵、环境污染、社会安全等一系列问题。在港口发展的同时,需要按照规划文件对绿色、平安港口的建设要求,探索合理的方式方法,使港口的管理运营和地方城市的发展和谐共生,争取适当的地方城市话语权和主导权。

3.加快建设现代化临港产业体系建设的迫切性日益增强。港口的发展带动宁波形成了临港工业和港航物流业发展的规模优势。当前,全球经贸格局发生新变化,我国对外开放的平台载体层级越来越高,"一带一路"国际合作内容不断创新,产业层次不断提升。宁波的传统临港产业体系需要加快转型升级,以适应新的形势发展要求。此外,国家支持设立上海临港新片区,将保税区升格为综合保税区,这些新的功能区的建立给宁波临港产业转型升级提供了一些新思路、新方法。但从目前港口和航运资源整合形势来看,时间比较紧迫,宁波亟须加快构建起与"核心港口之一"这一定位相符合的临港产业体系,以促进港口、产业之间的合理匹配、相互支撑。

(三)宁波参与长三角港口群一体化治理策略

1.总体策略

宁波参与长三角港口群一体化治理,要以打造世界一流强港为目标,遵循市场经济规律,以经济利益为基础,坚持资源利用最大化、资本配置最优化、货源组织最经济化和地方积极性最大化"四化"方向,积极主动作为,加强省市协同,深度参与长三角区域港航资源整合进程,努力打造成为长三角现代化综合性深水枢纽港,为有效带动长三角更高质量一体化发展、更好引领长江经济带发展、更好服务国家发展大局提供硬核支撑。

2.基本导向

坚持资源利用最大化。加强长三角区域港口自然资源、经营资源、行政资源整合,明确各港口分工,防止港口功能类似、腹地交叉和业务同质化过度竞争，优化资源配置，实现"1+1>2"的效应，提高服务水平和加强资源共享，获取最大化的资源整合效益。

坚持资本配置最优化。通过地方政府间战略合作的引领作用，推动港口企业间以产权为纽带打造利益共同体，优化资本配置方式，通过交叉持股、定向增发等多种形式，共同参与码头泊位建设、内陆无水港布局、集疏运体系建设、航线开拓等方面的投入，避免重复投资，获取最大化的资本配置效益。

坚持货源组织最经济化。在当前世界经济下行影响下，港口运输服务需求下降不可避免。未来长三角区域港口资源的整合必须结合长江流域和中西部腹地经济发展的需求，加强腹地市场分工合作，优化货源组织形式，鼓励各港口发挥区位和资源禀赋等优势，加强揽货体系共用、货源信息共享、运输通道衔接，提高货源组织的投入产出水平。

坚持地方积极性最大化。港口离开与城市的互动将走向衰落是发展规律，中国沿海港口的大发展主要得益于国家将管理体制下放给地方后，地方政府积极性得到极大调动，通过推动港口与城市互动融合，实现城市经济社会的跨越式发展。长三角港口资源整合，要强化港口与地方政府唇齿相依的共生共荣关系，强调地方政府的合理合法利益，保障地方政府对港口发展的参与度和积极性，从而实现地方利益最大化与国家利益最大化相统一。

3. 对策建议

协作开拓货源市场。对港口而言，港和船都不是"老大"，货才是"老大"，港口和船舶都是围绕货物进行的，拥有稳定的货源才是港口生存发展的关键所在。宁波舟山港和上海港因分属不同行政区域，又因地理位置相近，两者之间的货源市场高度重叠，集装箱业务高度同质化。受世界经济复苏乏力影响，我国腹地经济增速放慢，外贸进出口发展放缓，特别是长三角地区以传统制造业为主导的城市进出口受挫，带动集装箱生成量减少，港口之间的集装箱货源竞争日益激烈。推动长三角港口一体化，要摒弃零和博弈思维,采取合作博弈模式,通过发挥自身比较优势,根据港口区位、深水岸线、集疏运设施等条件开展分工协作、充分竞争,开拓货源市场,避免陷入"分货"的陷阱。上海港可以发挥长江战略优势,承接长江沿线的集装箱货源。宁波舟山港则可以依托深水枢纽港优势和铁路集疏运优势,通过加快建设甬舟铁路、甬金铁路、甬台温福高铁等重大通道建设,发展内陆腹地的集装箱海铁联运业务,承接来自东南亚、俄罗斯等地的国际中转集拼业务,继续承担国家大宗货物进口储运职能。

错位发展港航服务业。对现代港口而言,吞吐量已不再是衡量港口竞争力的唯一指标,"拼服务"才是未来的发展方向。目前,宁波舟山港和上海港已经发展成为全球吞吐规模最大的两大港口,而且多年位居世界前列,继续做大港口吞吐规模已无必要,港口的发展方向应由关注"量"向注重"质"转变。要围绕港口的物流通道职能,发展与城市产业主导方向契合的航运金融、航运保险、航运信息、海事法律仲裁等现代港航服务业,提高港口对城市经济的贡献度。目前,长三角地区与航运有关的高端服务和贸易资源主要集聚在上海,国家支持航运服务发展的创新性政策也主要集中在上海。在长三角港口一体化过程中,宁波要发挥优势,坚持港城和谐方向,错位发展一批特色化、专业化的港航服务业。

统一港口群服务品牌标准。作为联通世界的桥梁,港口不仅是一个区域重要的基础设施,也是城市重要的公共服务平台和对外开放的桥头堡。全球化时代,任何一个港口都无法"单枪匹马",只有开放合作才能实现跨越式发展。推动港口开放合作,就是要打造一个由枢纽港、支线港和喂给港组成的港口群,形成主次分明、紧密联动、分工合理的港口体系,实现港口资源整合最优化。在长三角港口一体化过程中,除了通过交通设施实现互联互通,还要推动港口和航运相关政策共享,推进口岸监管和服务一体化,营造良好的发展软环境,打造统一的港口群服务品牌和标准,形成统一的对外认识度。

推进口岸监管服务协同。致力于推动船舶、货物、人员在长三角区域高效便捷流动，推进口岸监管和服务一体化，破解通关一体化体制障碍，简化海关、边检、海事部门对国际航行船舶及进出口货物在长三角各港区内移动流程，提高口岸便利化水平。推动宁波舟山港与长三角港口、内陆无水港的EDI联通，打破港口、铁路、货运场站间的信息孤岛，优化海铁、江海、河海等多式联运信息传递流程，形成货物进出口状态和物权转移情况的实时信息闭环流通。实施长三角"单一窗口"联通共建工程，推动宁波与浙江、江苏、安徽、上海五个"单一窗口"实现用户认证、建设标准和数据管理"三统一"，实现基础设施、应用系统和运行保障"三融合"。推进长三角口岸执法部门信息互换、监管互认和执法互助，协同推进长江经济带海关区域通关一体化和检验检疫一体化。

参考文献

[1] 郑明辉. 坚守精神文化高地 缔造世界一流强港[J]. 思想政治工作研究, 2017（05）: 29-32.

[2] 毛剑宏. 加快率先建成世界一流强港和世界级港口集群[J]. 中国水运, 2020（01）: 24-25.

[3] 杨兵杰. 聚焦六大"硬核"实力 加快建设世界一流强港[J]. 宁波通讯, 2020（13）: 25-27.

[4] 刘万锋, 吴建伟. 谋划浙江港口发展战略 建设世界一流综合枢纽港[J]. 中国港口, 2021（07）: 17-20.

[5] 陈珺, 张弛, 张涛. 中国港口建设世界一流港口新路径[J]. 中国水运, 2020（02）: 11-14.

[6] 周一轩. "十四五"时期天津港建设世界一流港口的战略要点[J]. 中国港口, 2020（08）: 20-23.

[7] 封云. 牢记嘱托 勇攀高峰 加快实现天津港世界一流港口建设——刍议天津港实现高质量发展的方向路径[J]. 产业创新研究, 2020（17）: 11-13.

[8] 李南, 韩国玥, 常文千. 全面贯彻新发展理念 建设世界一流津冀港口群[J]. 宏观经济管理, 2022（06）: 61-67.

[9] 司增绰. 港口基础设施与港口城市经济互动发展[J]. 管理评论, 2015, 27（11）: 33-43.

[10] 崔寅.港口基础设施对城市对外贸易经济增长效应的调节作用——以环渤海地区规模以上港口为例[J].城市,2022(04):58-67.

[11] 董子健,沈连芳.港口基础设施对国际贸易的影响[J].合作经济与科技,2022(21):86-87.

[12] 王孝松.港口基础设施、港口效率与城市贸易发展——基于中国主要港口的经验分析[J].贵州省党校学报,2019(03):5-21.

[13] 梁可迪,梁晶,代天伦.港口互联互通基础设施建设对RCEP成员国的经济影响研究[J].航海技术,2022(02):68-72.

[14] 章杰.港口与腹地经济的互动研究[D].对外经济贸易大学,2020.

[15] 蒋惠园,黄苗,田小勇.沿海港口竞争力与腹地经济的关联效应[J].水运管理,2022,44(10):9-14,23.

[16] 房惠法.环渤海地区港口国际竞争力与腹地经济互动关系研究[D].大连海事大学,2020.

[17] Xia Mingzhu. Analysis and Research of Port Gathering and Transportation System in Tokyo Port[J]. *IOP Conference Series：Earth and Environmental Science*,2021,831(1).

[18] 徐超炎,杨皓然,虞霏.关于国外港口投资项目的初步分析过程探索[J].珠江水运,2021(16):86-88.

[19] 毛鉴明."一带一路"框架下的港口合作:进展、挑战与对策[J].江南社会学院学报,2021,23(01):55-60.

[20] 张磊."海洋命运共同体"视域下我国港口跨境合作的困境与路径[J].对外经贸实务,2021(07):14-17,81.

[21] 冯琳,刘龙方,李杨.公平互惠导向下"海丝"港口合作方式的博弈选择[J].工业工程与管理,2021,26(02):135-142.

[22] 袁炎清,夏新海,易燕,屠琳桓.中国与海上东盟国家港口合作研究[J].广州航海高等专科学校学报,2017,25(03):1-5.

[23] 孙家庆,韩兴华,马悦超,郭春升.21世纪海上丝绸之路沿线国家港口投资风险评价[J].大连海事大学学报,2021,47(02):115-125.

[24] 刘园园.RCEP下的中国与东南亚国家港口合作[J].中国外资,2021(11):56-58.

[25] 赵旭,王晓伟,周巧琳.海上丝绸之路战略背景下的港口合作机制研究[J].中国软科学,2016(12):5-14.

[26] 张晓晴,孙瀚冰,靳廉洁,毕珊珊,刘长俭.航运服务产业选择模型的构建与应用[J].中国航海,2019,42(04):131-135.

[27] 陆军荣.现代航运服务体系构建的国际经验及启示[J].经济纵横,2014(10):96-100.

[28] 孙海宁.发展天津现代航运服务产业的思考[J].中国海事,2016(08):36-38.

[29] 蒋淑华,焦华富,管晶.航运服务集聚区的空间范围界定及功能识别——以上海市为例[J].长江流域资源与环境,2021,30(12):2843-2853.

[30] 王平,初良勇,蔡应强.共生理论的厦门航运服务要素集聚研究[J].广州航海高等专科学校学报,2018,26(04):15-18.

[31] 王俊.宁波舟山港国际航运服务基地建设模式与策略研究[J].中国水运,2019(09):69-72.

[32] 姚丽.加快天津航运服务集聚区发展的创新思路与对策[J].天津经济,2018(01):3-5.

[33] 林珊珊.宁波港口、物流园区与大宗商品市场一体化发展研究[J].经贸实践,2018(09):60.

[34] 李电生,张欢,高爱颖.中国港口大宗商品交易市场空间布局问题研究[J].地理科学,2019,39(04):541-549.

[35] 李电生,王二战,王一凡.基于供给侧结构性改革的港口大宗商品交易市场运作模式研究[J].供应链管理,2020,1(04):89-107.

[36] 唐秀华.打造国家大宗商品战略中转基地重要承载区[J].浙江经济,2021(08):60-61.

[37] 林锋.把上海国际航运中心建成全球航运资源配置中心[J].社会科学,2010(06):28-36,187-188.

[38] 何传勇.上海国际航运中心全球航运资源配置能力评价研究[J].交通与港航,2018,5(02):81-84.

[39] 吴晓磊,刘健,王嘉琦.港产城融合发展关键问题研究[J].水运工程,2022(02):70-75,111.

[40] Tom A. Daamen, Isabelle Vries. Governing the European Port–city Interface: Institutional Impacts on Spatial Projects between City and Port [J]. *Journal of Transport Geography*. 2013,27:4-13.

[41] Anna Bottasso, Maurizio Conti, Claudio Ferrari, Alessio Tei. Ports and Regional Development: A Spatial Analysis on a Panel of European Regions [J]. *Transportation Research Part A*. 2014,65:44-55.

[42] 张向东,杨波,李丽杰.港产城耦合协调发展评价及影响因素分析——以河北省为例[J].河北科技师范学院学报(社会科学版),2022,21(02):1-10.

[43] 朱吉双.世界一流港口经济贡献测算比较研究[J].综合运输,2020,42(05):49-55,92.

[44] 王金金,吴一洲.港口型国际大都市的"港—业—城"互动发展——港口型国际大都市产业发展历程研究[J].浙江经济,2014(13):54-55.

[45] 战炤磊,李芸.江苏沿海开发中的港产城联动:动因、问题与路径[J].科技进步与对策,2014(08):47-52.

[46] 吴文玲."一带一路"背景下我国沿海主要港口效率研究[D].华南理工大学,2018.

[47] 丰茂秀,胡坚堃.基于熵权—TOPSIS和DEA算法的港口综合

实力评价及作业效率研究[J].华中师范大学学报(自然科学版),2017,51(3):356-363.

[48]肖悦.中国自由贸易试验区背景下智慧港口评价指标体系构建研究[D].浙江大学,2022.

[49]周浩青.智慧技术对港口效率的影响研究[D].浙江大学,2022.

[50]袁玉祥,随振营.新兴技术在智慧港口的应用现状及发展趋势[J].中国水运,2022(03):60-62.

[51]谭宇,陈科帆.技术驱动视角下的智慧港口建设路径探析[J].通信与信息技术,2022(01):62-65,42.

[52] Xiaozhe Zhang. Port Development Model Based on Low-carbon Economy[J]. *International Core Journal of Engineering*, 2020, 6(10):22-24.

[53]刘骥鹏,王春,李坤宇.基于低碳发展的港口群内港口竞争力评价研究[J].价值工程,2015,34(30):77-79.

[54]邹林,陈枳君.平安港口建设的思考[J].港口科技,2015(08):40-44.

[55]交水.我国港口推进全港保安计划建设平安港口[J].港口经济,2008(10):26.

[56]姜沂秀.我国省域港口一体化的内涵与模式思考[J].中国水运(下半月),2019,19(04):60-62.

[57]王悦,傅海威,宋夏梁,魏杨涛.区域港口一体化发展水平评价[J].物流工程与管理,2021,43(11):130-132.

[58]贺向阳.宁波舟山港参与长三角港口一体化建设的方向与重点[J].宁波经济(三江论坛),2020(05):34-37.

[59]王丹,柴慧,崔园园,谷金,王玮.国际代表性港口群一体化治理经验及对长三角港口群的启示[J].科学发展,2022(01):78-84.

[60]马克思,恩格斯.马克思恩格斯文集(第2卷)[M].北京:人民出版社,2009.

[61] 张何, 真虹. 引导第三代港口向第四代港口演变的驱动力研究 [J]. 中国港口, 2009（06）: 14-15.

[62] 贺琳, 陈燕, 胡松筠, 孙辉. 第四代港口概念及特点 [J]. 水运工程, 2011（06）: 49-53.

[63] 杨彬. 区域经济驱动下的港口发展模式探析 [J]. 港口经济, 2016（05）: 5-8.

[64] 邵洁, 陈云菲, 丁文龙, 宋爽. 第四代港口视阈下青岛港战略分析与发展规划 [J]. 中国商论, 2019（08）: 17-21.

[65] 席平. 第五代港口——联营合作子母港 [J]. 大陆桥视野, 2009（06）: 39-43.

[66] 李向文. 第五代物联网港口设想及我国港口物联网发展前瞻 [J]. 集装箱化, 2013, 24（02）: 15-17.

[67] 杜明军. 大连港建设第五代物联网智慧港口发展模式研究 [D]. 大连海事大学, 2014.

[68] 杨炎龙. 港口代际中的产业升级与管理机制的改革思路介绍 [J]. 珠江水运, 2022（13）: 88-90.

[69] 陈岩. 论第五代港口 [J]. 中国集体经济, 2009（21）: 114.

[70] 陈振春, 谢凌峰. 基于第五代港口特征的深圳港高质量发展分析 [J]. 水利经济, 2021, 39（04）: 24-27, 78.

[71] Adam Kaliszewski, Arkadiusz Kozłowski, Janusz Dąbrowski, Hanna Klimek. Survey Data on Global Shipping Lines Assessing Factors of Container Port Competitiveness[J]. Data in Brief, 2020,30（5）: 105444-105446.

[72] Rezaei J, Linde V, Tavasszy L, et al. Port Performance Measurement in the Context of Port Choice: an MCDA Approach[J]. Management Decision, 2018, 21（3）:1346-1370.

[73] 丁婉怡. 珠三角地区港口综合竞争力研究 [D]. 华南理工大学, 2010.

[74] Wei Chen. Statistical Analysis of Coastal Port Competitiveness Factors Based on SEM Model[J]. *Journal of Coastal Research*, 2020, 103（5）: 190-192.

[75] 谢译. GZ 港竞争力提升研究 [D]. 广东工业大学, 2021.

[76] 郭琦. 长江三角洲港口竞争力研究 [D]. 曲阜师范大学, 2019.

[77] Kim A-Rom, Kim Kwang-Hee.A Study on the Competitiveness of Terminals in Busan and Shanghai Ports Using TOPSIS[J]. *Journal of Korea Port Economic Association*, 2017, 33（2）: 19-32.

[78] 刘家军, 蒋朝哲. 港口竞争力评价模型研究 [J]. 交通运输工程与信息学报, 2012, 10（4）: 99-104.

[79] 周雅琨. 基于"一带一路"战略的环渤海区域港口竞争力分析 [D]. 大连海事大学, 2017.

[80] 陈艳春, 李扬, 赵玉斌. 环渤海港口综合竞争力评价与提升策略研究 [J]. 石家庄铁道大学学报（社会科学版）, 2022, 16（03）: 8-15.

[81] 罗敏. 港口综合竞争力的系统动力学模型构建研究 [D]. 大连海事大学, 2017.